KB218411

떨기나무

두란노

떨기나무

지은이 | 김승학
초판발행 | 2007. 5. 5
75쇄 발행 | 2024. 11. 12
등록번호 | 제 3-203호
등록된 곳 | 서울시 용산구 서빙고동 95번지
발행처 | 사단법인 두란노서원
영업부 | 2078-3333 FAX 080-749-3705
출판부 | 2078-3477

● 책값은 뒤표지에 있습니다.
ISBN 978-89-531-0839-4 03230

● 독자의 의견을 기다립니다.
tpress@duranno.co.kr http://www.duranno.com

미디안 땅의 시내산을 찾아, 그 7년의 기록

떨기나무

●

김승학 지음

두란노

감추어진 것은
드러날 때가 있나니

   미국 콜로라도 스프링스의 베이스 고고학 연구소장으로 있는 밥 코루눅 박사(www.baseinstitute.org), 작가이며 명성 높은 오스틴 그룹의 프랭크 박사(www.FrankTurek.com), 사우디아라비아 아람코사에 오래 근무하면서 라오즈산을 십 수 차례 탐사한 짐과 그의 부인 페니(www.splitrockreserch.com)가 한국으로 나를 찾아왔다.

   밥 코루눅 박사는 한 번 만난 적이 있지만, 프랭크 박사나 짐 부부와는 그때 처음 만났다. 그들은 취재차 나를 찾아왔지만, 함께 뜻을 모아 진실을 밝히자고 했다.

   나중에 안 이야기이지만, 짐과 페니는 우리 가족이 탐사할 때쯤 그들이 수집한 자료들을 가지고 미국으로 돌아갔다고 했다. 그 후 우리가 그들이 찾아내지 못한 부분들을 찾아냈던 것이다. 준비하시는 하나님의 섭리는 너무나 오묘했다. 아마도 아직 남은 자료들이 있다면, 하나님은 또 누군가를 준비시켜 새로운 역사를 이루어 가시리라. 인간의 지혜로는 하나님을 대적할 수 없다.

우리는 첫 만남이었음에도 손을 잡고 함께 울면서 기도했다. 그리고 서로의 은혜 체험을 나누었다. 세상의 어떤 지식으로도 설명할 수 없는 이 귀한 일들은 은혜 받은 자들만이 느낄 수 있는 희열이었다.

우리는 내가 출석하는 평택 동산교회(담임목사 이춘수) 주일예배에 함께 참석했다. 한국말을 한마디도 알아듣지 못했을 텐데, 그들은 기도와 찬송과 설교를 들으며 눈물을 훔쳐냈다. 예배 후에 목사님과 함께 한 간담회에서도 받은 은혜에 대한 간증을 아끼지 않았다.

2007년은 한국 기독교계에 뜻 깊은 해다. 1907년 평양 대각성부흥회 100주년을 기념함과 동시에 그 요원의 불길을 다시 일으키려는 간절함이 교회 지도자들로부터 평신도에 이르기까지 한 목소리로 높아지고 있다.

통계청 발표에 의하면 지난 10년 동안 한국의 그리스도인들이 1.6% 감소한 것에 비해 천주교는 74.4%, 불교는 3.9% 증가했다. 이제는 우리가 뜻을 모으고 각성할 때다. 무엇이 문제인지 우리는 잘 알고 있다.

세계 곳곳에 하나님의 교회가 있다. 공산권에도 사회주의 국가에도 교회가 있지만, 유일하게 제사장 나라에 가장 근접해 있는 사우디아라비아는 성경 반입마저 허용되지 않는 국가이다. 숨어서 드리는 공중 예배에 군인들은 총부리를 겨누며 우는 아이들과 여인들까지 잡아갔다. 종교가 다르다는 이유로 고문과 추방을 당하는 사람들이 늘고 있는데도 강대국들은 석유에만 눈이 멀어 있다. 어느 국가나 단체도 종교 개방 압력을 행사하지 않은 채 애써 외면하고 있다.

메카가 성지라면 성지를 제외한 타 지역에 종교 부지를 설정하고 제한된 지역에서 타국인들에게라도 종교 활동을 할 수 있도록 배려해야 한다는 것이 내

제안이다. 이는 이 나라 저 나라 할 것 없이 세계 곳곳에 이슬람 사원이 있는 것과 같은 이치다.

또한 기독교와 유대교 그리고 이슬람교가 모두 아브라함을 믿음의 조상으로 믿는다면 구약성서의 모세오경도 믿어야 한다. 이슬람교 역시 모세를 선지자로 믿으며 그의 업적들이 코란에도 기록되어 있는데, 어떤 연유로 하나님의 성산에는 접근도 못하게 할까? 산 전체를 철책으로 두르고, 총칼을 든 베두인이 미친 듯이 돌아다니며, 비밀경찰들과 군인들이 사막과 광야에서 검문하는 이유는 무엇일까? 역사가 기록된 산 주위의 암각화들이 군인들에 의해 지워져야 하는 이유는 또 무엇일까?

그들이 아무리 덮고 또 덮어도 하나님은 기다리셨다. 이스라엘 백성이 애굽에서 종살이 하며 고역할 때도, 하나님께서는 400년 동안 어떤 메시지나 천사도 선지자도 보내지 않으셨다. 묵묵히 기다리셨다. 때가 찰 때까지. 아모리 족속의 죄악이 관영할 때까지. 언젠가 또 때가 차면 이사야 선지자의 예언(이사야 60:7)처럼 게달 민족으로부터도 제사를 받으시리라. 기꺼이 그들을 받아들이시리라.

1990년 초반부터 하나님은 택한 백성들을 부르셔서 수천 년을 감추어 두셨던 하나님의 산, 성산을 조금씩 나타내기 원하셨다. 그럴수록 사우디아라비아는 더욱더 철두철미하게 그 산을 지키고 있다. 미사일과 레이더와 신무기들을 배치해 놓고, 그것도 모자라 베두인에게 총칼을 들려서 지키고 있다.

나는 이번 탐험을 통해 타북(Tabuk)의 광범위한 지역에서 이스라엘 백성이 광야생활에서 남긴 수천 장의 암각화와 유물들을 찾아냈다. 그리고 지금 미국 고고학회에서 그것을 해독 중이다. 며칠 전에는 '야훼(YHWH)'라는 단어와 '모세'라는 단어를 해독하는 데 성공했다는 급보를 받았다. 이스라엘 백성이 남긴 40년 광야생활의 발자취는 이제 하나하나 학자들에 의해 해독될 날을 기다리고 있다.

아무리 사우디아라비아 정부에서 진실을 덮고 또 덮어도, 하나님께는 아무것도 아니다. 예수님께서 예루살렘성에 입성하실 때 아이들은 종려나무 가지를 흔들며 "호산나!"를 외쳤고 제자들은 예수님이 타신 나귀의 등과 길거리에 겉옷을 깔았다. 하지만 제사장과 바리새인과 유대 교권주의자들은 그들의 입을 막았다. "대답하여 가라사대 내가 너희에게 말하노니 만일 이 사람들이 잠잠하면 돌들이 소리 지르리라 하시니라"(누가복음 19:40).

이제 때가되었다! 돌들이 소리 지를 때가 되었다! 돌에 새겨져 수천 년 동안 감추어졌던 비밀들이 해독되어 소리 지를 것이다. 온 우주 만물의 주관자가 누구시며, 하나님 위에 더 큰 신이 없다는 사실을. 수천 년 전의 기적과 이적들이 자연현상에 불과한 것이 아니라, 과학이나 철학으로는 상상하지도 못할 실제 일어난 사실이라는 것을!

감추어진 것이 드러나길 바라며 2007년 5월, 김승학

차례

떨기나무

미디안 땅의 시내산을 찾아, 그 7년의 기록

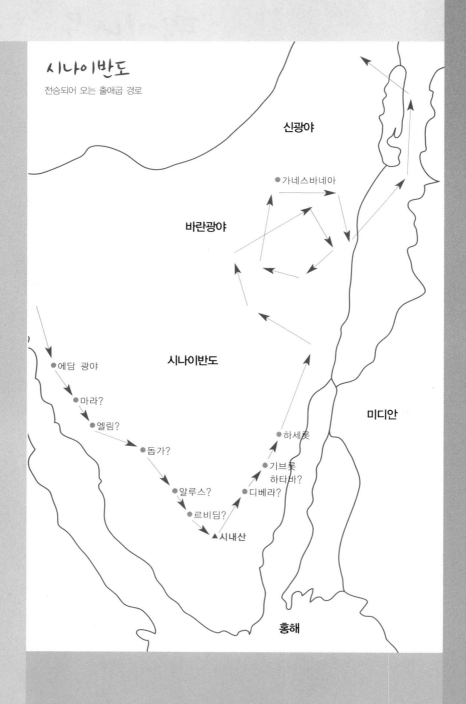

시나이반도

전승되어 오는 출애굽 경로

신광야

가네스바네아

바란광야

시나이반도

미디안

에담 광야

마라?

엘림?

돕가?

하세롯

알루스?

기브롯
하타바?

디베라?

르비딤?

▲시내산

홍해

아라비아반도

글쓴이가 주장하는 출애굽 경로

지중해

이스라엘

시나이반도

요르단

페트라

엘라트

타바 ● 아카바

사카카

두마

엘카딤 ● ● 두라

누웨이바 ● ● 하끌 ● 아쉬 샤리프

시내산 ● 비르 히마스

(무사산) ● 바드 꾸레이야

마아끄나 ● ◉타북

라오즈산

두바

타이마

샤름 엘-세이크

울라(드단)

홍해

● 케이바

● 메디나

● 안부

◉메카

● 제다

르비딤 반석 아래의 고대적 수로

산 하나가 나를 계속 불렀습니다

2004년 10월 23일, 나는 캐나다 토론토 공항에서 밴쿠버 행 비행기로 갈아타기 위해 이민국에서 차례를 기다리고 있었다. 제다 공항에서 밤늦게 출발했고, 거의 뜬눈으로 파리에 도착해서 토론토까지 날아왔다. 꼬박 이틀 밤을 지새운 것이다. 피곤했다. 하지만 나의 명예를 위해서가 아니라 살아 계신 하나님을 위해서였으므로 나는 즐겁게 이 일을 감당할 수 있었다.

이민국에 여권을 제시했다. 여권을 받아든 이민국 직원은 나와 여권을 번갈아 쳐다보더니, 급기야 다른 직원에게 인계를 했다. 하얀 피부, 노랑머리에 갈색 눈을 가진 서양인 여직원의 검정 유니폼과, 옆구리에 찬 수갑과 권총은 기선을 제압하기에 충분했다.

"왜 캐나다에 왔습니까?"

"밴쿠버에 있는 신학교 교수님과 만나기로 약속이 되어 있습니다."

그녀는 내 가방은 물론 주머니 속에 들었던 물건까지도 압수해 갔다. 변명할 시간도 없이 당한 일이었다. 그녀는 떠나면서 한마디 남겼다.

"Sir, you have to go back to Saudi Arabia(선생님은 사우디아라비아로 돌아가야만 합니다)!"

13

두렵거나 당황스럽지 않았다. 베두인이 칼을 휘두르며 아내의 목덜미를 잡아채던 사막 한가운데에서도 나는 두렵지 않았다. 다만 그녀를 기다리는 일이 지루했을 뿐이다. 내가 예약했던, 에어 캐나다 137편 18시 00분 밴쿠버 행 비행기는 출발한 지 오래였다.

이민국은 나의 의사와는 상관없이 캐나다 · 프랑스 · 사우디아라비아 항공사를 번갈아 타며 사우디로 되돌아가는 비행기 일정표를 내 손에 쥐어 주었다. 이민국 안에는 인도인으로 보이는 몇 사람과 중동과 아프리카 사람들이 있었다. 그들은 몇 시간째 거기에 있었는지 지칠 대로 지친 표정이었다. 몇 명은 아예 자리를 깔고 누워 있었다. CCTV 카메라는 우리의 일거수 일투족을 감시하고 있었다. 이틀이나 잠을 못 잤는데, 오늘밤도 잠을 자기는 틀린 모양이었다.

나는 이민국 경찰관을 찾아가 물었다.

"왜 내가 사우디아라비아로 돌아가야 합니까? 그 이유라도 압시다!"

돌아오는 대답은 이것뿐이었다.

"Go back to your seat, sir(자리로 돌아가세요)!"

차라리 덤덤했다. 베두인 천막에 잡혀 가서 권총을 찬 비밀경찰에게 취조당할 때처럼, 카펫 아래 감춰 놓았던 장총을 들이대고 "너희들 여기서 못 나간다."라며 베두인들이 협박할 때처럼.

이민국 여직원은 4시간이나 지난 다음에야, 이미 떠나버린 밴쿠버 행 비행기에서 찾아낸 내 짐을 돌려주었다. 그러더니 나를 조사실로 데려갔다.

"내무부 치안과 소속 직원이 와서 당신을 조사할 겁니다. 한국어 통역이 필요하다면 불러 주겠습니다."

"아니오, 괜찮습니다."

나는 웃으면서 정중히 거절했다. 어떤 불만도 나타내지 않았다. 잠시 뒤에 키가 훤칠하고 감색 유니폼에 출입증을 목에 건 여직원이 나타났다. 그녀는 손에 봉투 하나를 들고 있었다. 안내를 맡았던 이민국 여자 경찰과 치안본부 소속 내무부 직원이 함께 자리에 앉았다. 나의 맞은편에 작은 CCTV 카메라가 돌아가고 있는 것이 보였다.

"지금부터 카메라에 녹음이 됩니다. 어떤 거짓말도 할 수 없으며, 잘못이 발견되면 즉시 캐나다 법에 따라 처벌받을 것입니다."

이민국의 여자 경찰이 앙칼지게 말했다.

"내게 잘못이 있다면 어떠한 조처도 달게 받을 것입니다. 만약 그렇지 않을 경우에는 모든 수단을 동원해서 캐나다 정부에 정식으로 손해배상을 청구하겠습니다."

나는 최대한 정중하게, 그렇지만 말에 뼈를 박으며 말했다.

내무부 직원이 누런 봉투를 내려놓았다. 그 봉투에 쓰인 'SaudiArabia'라는 글씨가 눈에 들어 왔다. 피가 거꾸로 치솟았다.

'그렇다면 이 사람은 캐나다 내무부 직원이 아니라 사우디아라비아 대사관에서 나왔단 말인가?'

만약 그렇다면, 나는 라오즈산에 관한 이야기를 할 수 없었다. 이 일이 사우디아라비아 정부에 노출된다면 가족들과 나는 영원히 사우디아라비아를 빠져나가지 못할 것이기 때문이었다. 예상하지 못했던 일이 벌어진 것이다. 이 일을 어쩌면 좋을까. 이미 그들은 나의 소지품과 노트북 컴퓨터를 책상 위에 올려놓았다. 나는 잠시나마 눈을 감고 하나님의 도우심을 구했다.

눈을 떴다. 봉투에 다시 시선이 갔다. 그런데 자세히 보니 'Sandra'라고 쓰여 있는 게 아닌가. 눈을 비벼 보았다. 분명히 '산드라'였다. 그래도 마음이 놓이질 않았다.

"혹시 사우디아라비아 대사관에서 나오셨습니까?"

나의 갑작스런 질문에 그들은 서로를 쳐다보며 방긋방긋 웃기 시작했다. 봉투 속에서 서류를 꺼내며 내무부 직원이 물어보았다.

"왜 그런 생각을 하셨나요?"

"거기, 거 봉투에 쓰인 게 SaudiArabia 아닙니까?"

그들은 봉투를 보면서 더 큰 소리로 웃기 시작했다. 분위기가 달라졌다.

"제 이름이 '산드라' 입니다. 아휴, 제 필체가 엉망이네요."

그녀의 웃는 모습이 과히 싫지 않았다. 그녀는 이내 정색을 하면서 취조를 시작했다.

"한국 사람인데, 왜 그렇게 오랜 세월 동안 사우디아라비아와 중동 지역과 아프리카를 왕래했죠? 여기에 온 목적을 정확하게 밝히세요."

나는 이제야 그들이 나를 붙잡은 이유를 조금이라도 알 수 있을 것 같았다. 내 여권은 사우디아라비아와 중동과 아프리카의 비자와 출입국 스탬프로 가득했던 것이다. 9·11 테러 이후 서양인은 중동인 모두, 심지어 중동 국가를 왕래한 흔적만 있어도 테러리스트로 보고 있었던 것이다. 잠깐이지만 마음속으로 하나님께 지혜를 구했다.

"혹시 종교가 있습니까?"

그녀들 모두 그리스도인이라고 했다.

"사랑하는 자매님! 하나님이 저를 얼마나 사랑하시는지 모르시지요?"

그들은 내 엉뚱한 질문에 놀란 눈치였다. 나는 설명하기 시작했다.

"세계에는 수많은 석학들, 유명한 고고학자와 성경학자들이 많이 있습니다. 선진국에도 신앙심이 특출한 사람들이 많이 있습니다. 그런데 하나님은 하필이면 왜 우리나라와 같은 작은 나라, 동아시아의 한국에 있는 저를 부르셨을까요? 왜 저 같은 사람을 이슬람 종주국 중에서도 16억 명의 영적 지도자 역할을 했던 메카 주지사의 왕궁 주치의로 보내셨을까요?"

그녀들은 기록할 준비를 했다.

"사우디아라비아는 국내에서도 여행증명서가 없으면 다른 도시로 여행을 할 수 없는 나라입니다(2005년에야 비로소 내무부령으로 해제되었다). 사우디아라비아는 특수한 왕정 국가입니다. 하지만 저는 왕자 명의로 된, 왕자의 특수번호판을 단 자동차를 타고 전국 여행을 할 수 있는 특권을 누릴 수 있었습니다. 물론 여행을 보장하는 왕자의 특별서찰을 가지고 있었지요.

그런데 이상하게도 아라비아 서북부의 미디안 땅에 있는 산 하나가 저를 계속 불렀습니다. 그 산은 라오즈산입니다."

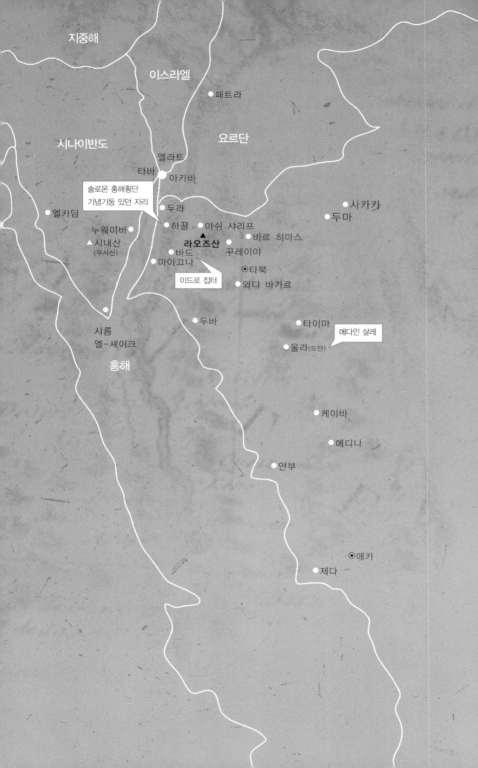

part1

말씀 지도를 따라서

이드로의 집터

우리의 준비는 완벽하다

↟ 출발

2001년 3월 2일 금요일, 첫째 날

우리의 준비는 완벽하다. 1년 동안의 긴 준비가 끝났다. 몇 차례의 확인을 거듭하면서 짐들을 모두 지프에 실었다. 집을 나서기 전에도 주님이 함께하시기를 바라는 기도를 드렸지만, 운전대를 잡은 출발선에서 주님께 또 기도드렸다.

법보다 왕의 권력으로 좌지우지되는 나라, 오직 알라신만이 존재하는 나라 사우디아라비아. 우리는 왕명에 의해 출입이 금지된 곳, 군과 경찰들이 총칼을 들고 주야로 감시하며 무전기를 지프에 달고 순찰을 도는 곳, 공격용 미사일 30기와 4기의 레이더 기지국이 있는 검문소와 여러 곳의 특수부대 검문소를 통과해야 하는 곳, 광야가 끝나는가 싶으면 깊고 험한 산이 솟아 있고 그 산을 지나면 모래바람이 눈앞을 가리는 사막이 펼쳐지는 곳, 위반시에는 왕명에 의해 바로 처단될 수 있는 곳, 절대로 세상에 알려지면 안 되는 미지의 그 세계를 겁도 없이 들어가려고 한다. 이 나라의 법률과 왕명을 고의로 어기기 위해 우리는 1년 동안 치밀하게 준비했다.

우리가 믿는 것은 한국 정부가 아니다. 그렇다고 미 국무성도 아니며 이스라엘의 모사드(Mossad: 이스라엘의 가장 중요한 비밀첩보기관)는 더더욱 아니다. 우리는 우주 만물의 주관자이신 하나님만 믿고 그곳에 가려 한다. 사우디아라비아에 있는 라오즈(Jabal al Laowz)산이 성경의 시내산이라는 흔적을 찾기 위해서 목숨을 건 여행에 나서는 것이다.

모세가 430년 동안 노예 생활에 지친 이스라엘 백성들을 이끌고 약속의 땅을 향해 진행한 대장정의 현장들은 역사학자들의 추측 속에 있을 뿐이다. 기원후 622년 이슬람이 생겨난 이후로 감추어지고 말았다. 기원후 527년 시나이반도에 있는 무사산(Jabal Musa: 모세산)을 시내산으로 명명한 로마 제국의 일방적인 선언으로 그 성스러운 지역들을 찾으려는 노력은 역사의 뒤안길로 자취를 감추고 말았다. 오랜 세월 동안 성경학자들과 대부분의 고고학자들과 로마의 바티칸 교황청은 시내산이 시나이반도에 있다고 주장하고 있다.

나는 성경학자도 아니요 그렇다고 고고학자도 아니다. 그저 평범한 한 신앙인에 지나지 않는다. 게다가 내 주장을 뒷받침해 줄 만한 명확한 물증도 없다. 다만 심증만 있을 뿐이다. 이건 분명 계란으로 바위치기다.

성경학자들과 내로라하는 역사가들과 석학들도 많고, 강대국과 중동 주변 국가들과 현지에 살고 있는 사람들도 많은데, 성경 고고학자들조차 침묵하고 있는 이 일을 하나님께서는 왜 지극히 평범한 우리 가족을 통해 하시려는 것일까?

두려움이 엄습해 오지만 기대가 더 크다. 수천 년 동안 역사학자들과 성경 고고학자들의 논쟁이 끊이지 않는 그 성스러운 산, 하나님이 강림하신 그 신비로운 성산을 찾을 수만 있다면, 하나님의 그 귀한 뜻을 펼 수만 있다면 무엇이 두려우며 무엇이 우리를 막을 수 있으리오.

우리 특공대원은 고작 다섯 명이다. 나와 사랑하는 아내, 열두 살과 열 살 난 두 딸, 그리고 여덟 살 난 아들이다. 그동안 우리가 무슨 게릴라 훈련을 한 것도 아니다. 특수 훈련을 받은 것은 더욱 아니다. 단지 영적 훈련과 기도만 했을 뿐이다. 우리는 그저 그분의 인도하심만 믿고 따를 뿐이다.

지금 우리 손에는 작은 성경 한 권과 나침반 그리고 지도 한 장이 들려 있을 뿐이다. 3월의 날씨지만 한낮의 더위는 예사롭지 않았다.

"Are you ready(준비 됐나요)?"

"Yes! Let's~ go(예스, 출발)!"

나는 자동차의 거리표시기를 누르고 출발했다. 오후 1시 40분, 드디어 6박 7일의 대장정에 돌입한 것이다.

그동안 우리는 오래 전부터 전승되어 온 시나이반도의 무사산이 진짜 시내산이 아니라, 사우디아라비아(미디안)에 있는 라오즈산이 진짜 시내산이라는 주장과 관련된 자료를 수집하고 검토를 마쳤다. 그 산을 찾아내고 이스라엘 백성들이 홍해를 건넜던 자리를 확인하는 것이 우리 대원들의 현재 목표이다.

1차 목적지는 회교도들의 제2의 성지인 메디나(Medina)이다. 이슬람 창시자 마호메트 활동의 전초기지라고도 할 수 있는 곳이며, 기원후 632년에 죽은 그의 무덤이 있는 곳이다. 우리가 살고 있는 항구 도시 제다(Jeddah)에서 304km나 떨어져 있다. 우리는 오후 늦게야 그곳에 도착할 수 있을 것 같다. 먼저 나바테아인의 흔적이 있는 알 울라(Al Ula)를 거쳐, 라오즈산으로 올라갈 예정이다.

우리는 잔뜩 기대에 부푼 채 곧게 뻗은 고속도로를 미끄러지듯 달렸다. 도심을 조금 벗어나자 넓은 황무지가 시야에 들어왔다. 조금 더 벗어나자 작은 산들이 보이고 점점 지대가 높아졌다. 어느덧 도심의 빌딩들은 간곳없고 황량한 황무지가 나타났다. 구름 한 점 없이 무더운 날씨이지만 그런 것쯤은 문제가 안 되었다.

1년 전 왕자의 약제 구입을 위해 중국으로 가는 길목에 한국에 잠깐 들렀다.

대구에 계시는 부모님을 찾아갔다가 깜짝 놀랄 정보를 얻었다. 부모님께 인사를 올리고 안부를 여쭙는데, 아버님이 나를 차근히 부르셨다.

"아들아! 내 부탁 하나 들어주련."

나의 신앙에 흠이 생길까 봐 늘 마음 졸이며 기도하시는 부모님을 위해서라도 나는 그 부탁을 꼭 들어드리고 싶었다. 3남 3녀 중 장남으로 태어났지만, 항시 외지로만 돌아다녀서 부모님과 형제들에게 늘 미안한 마음이었다.

아버님의 부탁은 너무나 놀라운 것이었다.

"내 나이 칠십이고 믿음 생활을 오래하면서 '시내산이 여기 있다, 저기 있다.' 하는 소리를 많이 들어왔다. 너도 알겠지만, 네 어머니와 함께 시나이반도에 있는 시내산에 올라갔다 오지 않았느냐. 그런데 가서 보니 성경과는 너무 달라서 당혹스러워하던 차에, 어떤 분한테서 이 테이프를 입수했다. 이 테이프에서는 사우디아라비아 미디안 땅에 있는 어떤 산이 진짜 시내산이라고 하는데, 아주 성경적이더구나. 네가 지금 사우디아라비아에 살고 있으니, 있는 동안에 네가 기도하면서 사실을 확인해 보면 좋겠다."

나는 귀를 의심하며 아버님의 말씀을 숨죽여 들었다. 입에 침이 말랐다. 그 비디오테이프는 탐험가 론 와이어트(Ron Wyatt)와 그의 아들이 찍은 것으로, 〈디스커버리(Discovery)〉라는 제목을 달고 있었다. 일단 비디오테이프를 틀었다.

비디오테이프는 모세와 이스라엘 백성이 시나이반도에서 홍해를 건너 아라비아 쪽으로 갔다는 사실을 강조하고 있었다. 아라비아 북서부의 홍해 횡단 기념기둥과 진짜 시내산이라는 라오즈산의 금송아지 제단도 촬영되어 있었다.

탐험가인 론 와이어트는 "이스라엘 자손이 호렙산에서부터 그 단장품을 제하니라"(출애굽기 336)는 성경과 코란의 구절에 근거해서, 그때의 그 보물을 캐기 위해 요르단을 거쳐 사우디아라비아에 밀입국했다고 한다. 보물이 묻혀 있다는 라오즈산을 탐사하면서 그는 깜짝 놀랐다. 출애굽기에서 말하는 지형과 너무 비슷했기 때문이다. 하지만 그는 곧 사우디아라비아 경찰에 적발당해 모든 자료를 빼앗기고 추방당하고 말았다. 그때가 1989년도의 일이다. 그 이후에 아들과 함께 다시 잠입하여 이 비디오테이프를 남긴 것이다.

그 비디오를 보는 순간, 나는 엄청난 충격을 받았다. 사실 나는 시골에서 교회를 다녔기 때문에 중학교 시절부터 주일학교 교사로 섬겼다. 어린 내가 성경 말씀을 가르쳐야 했으니 성경을 얼마나 열심히 공부했는지 모른다. 그런데 출애굽 기사를 읽을 때마다 늘 이해할 수 없는 부분이 있었다.

'모세는 분명히 미디안 땅으로 도망갔다고 했어. 그리고 하나님은 다시 미디안 땅으로 백성들을 이끌고 오라고 하셨어. 그렇다면 시내산이나 가데스 바네아는 미디안 땅에 있어야 하는 게 아닐까?'

그리고 몇 해 전 가족과 함께 이집트 시나이반도의 시내산에 올랐을 때, 산 주변이 온통 골짜기에 둘러싸인 것을 보고는, 아무리 몇천 년 전의 일이라지만 어떻게 거기에 수백만이나 되는 이스라엘 백성들이 앉아 있었다는 것인지 난감했던 기억이 떠올랐다.

그날 밤 나는 잠을 이룰 수 없었다. 이집트의 시나이반도는 물론 이스라엘 출입국 도장만 있어도 추방당하는 사우디아라비아에서 성지순례를 위해 목숨을 걸고 이스라엘까지 다녀왔던 나다. 만일 우리가 알고 있는 시나이반도의 무사산이 가짜 시내산이라면 하루빨리 그 진실을 밝혀야 한다는 생각이 머릿속을 떠나지 않았다.

그날밤에서야 하나님께서 왜 나를 사우디아라비아에 부르셨고, 아랍어를 유창하게 익히게 하셨으며, 16억 이슬람의 지도자인 왕자의 주치의라는 사회적 신분을 주셨는지 어렴풋하게나마 이해할 수 있었다.

그동안 나는 내가 모시던 왕자가 예수님만 영접한다면 얼마나 큰 역사를 이루어 낼 수 있을지를 꿈꾸며, 이를 위해 오랫동안 기도해 왔다. 왕자를 그림자처럼 따라다니면서도 왕궁에서 유일한 비회교도로서 회교도로 전환하도록 끊임없이 회유받아 오던 나는, 그 무렵 알 수 없는 무력감에 시달리고 있었다. 서로의 종교를 바꾸도록 회유하는 일은 아무런 결말도 없이 그저 싸움만 계속되는 일이었기 때문이다. 그런 과정 속에서 내가 어떻게 사명을 감당해야 할지 몰라 난감해하고 있었다. 마침 그때 하나님은 아버지를 통해 그 비디오테이프를 보여 주시며 그것이 바로 나의 사명이라고 말씀하셨던 것이다. "내 생각은 너희 생각과 다르며 내 길은 너희 길과 달라서"(이사야 55:8).

'성경학자도 고고학자도 아닌 내가 과연 이 일을 해 낼 수 있을까.'

나는 두려웠지만, 이것을 사명으로 받아들이지 않을 수 없었다. 하나님은 애굽 땅에 있는 수백만의 이스라엘 백성 중에서 지도자를 뽑지 않으셨다. 멀리 미디안 땅, 사우디아라비아 북부에 도망가서 살고 있는, 삶을 포기한 모세를 지도자로 뽑으셨다. 1947년 사해 사본을 발견한 것은 유명한 성경학자가 아니라 17세의 양치는 소년이었다. 터키 아라랏산의 빙하 속에 갇혀 있던 노아의 방주를 발견한 사람도 유명한 성경학자가 아니라, 바로 그 비디오테이프를 찍은 론 와이어트라는 탐험가였다.

사우디아라비아로 돌아간 뒤로 아버지의 말씀은 오히려 더 또렷이 기억났다. 시내산은 날마다 나를 부르고 있었다. 왕자와 동행하여 여러 나라를 다니면서도, 내 마음속에서는 시내산이 자꾸만 떠올랐다.

그 뒤로 나는 시내산을 정탐하기 위한 준비에 들어갔다. 우선은 아버님이 주신 비디오테이프를 정밀하게 여러 차례 반복해서 보았다. 그리고 내가 할수 있는 한 모든 자료를 수집했다. 하지만 그것은 사우디아라비아에서는 엄두도 못 낼 일들이었다. 이 나라는 기독교 관련 서적은 물론이며, 인터넷 웹 사이트도 함부로 검색할 수 없는 곳이기 때문이다.

제다에서 메카로 향하는 30km쯤 지점에서 오른쪽으로 보면 대형 안테나가

도시를 형성하듯이 줄지어 서 있다. 바로 파드 왕립 위성도시다. 정부는 이 위성도시를 이용해 전화와 팩스와 무선 교신들을 도청하고 있다. 또 압둘 아지즈 왕립 대학에서는 시중에 성업 중인 여러 개의 인터넷 회사의 대형 단말기에 감시용 서버를 부착해 섹스와 인권과 타종교 관련 사이트에 대한 접근을 막아 버린다. 그리고 오가는 수상한 메일을 다운받아 압축시켜 영국에 있는 번역 통제실로 보낸다. 이렇게 물샐 틈 없이 정보 도청을 해서 왕권과 종교를 옹호하는 데 최대한 이용한다. 상황이 이렇다 보니 주님께 간구하지 않을 수 없었다.

'주님 과연 제가 이 일을 할 수 있겠습니까…. 하지만 주님께서 은혜를 주신다면 제가 할 수 있을 것입니다. 주님 은혜를 주세요.'

그런데 그 무렵 왕자의 건강이 악화되어 나는 사우디아라비아를 벗어나 오스트리아, 프랑스, 스위스, 독일, 미국 등지를 다닐 수 있게 됐다. 이건 분명히 하나님께서 주신 기회였다.

나는 해외에서 왕자를 돌보며, 시간이 나는 대로 성경을 정독하고 시내산이 미디안 땅에 있다는 관련 자료들을 모으기 시작했다. 그렇게 해서 론 와이어트 외에도 미 특수부대(SWAT) 요원이었던 로버트 코루눅(Robert Cornuke) 박사와 아폴로 15호에 동승했던 짐 래리(Jim Larry) 또한 라오즈산을 정탐했으며, 이들이 사우디아라비아에서 강제 추방당한 이후 라오즈산이 시내산이라는 주장이 세상에 조금씩 알려지기 시작했다는 사실도 알게 되었다.

시내산 관련 자료들을 모으면 모을수록, 미디안 땅에 있는 라오즈산이 바로 시내산이라는 사실을 인정하지 않을 수 없었다. 그리고 마침내 오늘 우리 가족도 그 사실을 확인하기 위해 탐험길에 오른 것이다.

메카 성지 입구의 표지판

✝ 개들이 지나다니는 길

하늘은 청명하고 산들은 그 높이가 조금씩 더해진다. 산이라 하지만 나무 한 그루 보이지 않는 거무스레한 돌산들이다. 이제는 태양도 뉘엿뉘엿 기울어 가고 우리의 1차 목적지인 메디나(Medina)가 이제 4km 정도 남았다. 이정표와 지도만을 의지하여 400km 이상을 달려온 셈이다. 산 중턱에서 멀리 바라보니 울창한 대추야자 숲이 보였다. 바로 우리가 찾는 곳인 것 같았다.

얼마 못 가서 또 다른 거대한 간판이 보이는데 아랍어, 영어, 힌두어, 한국어, 일본어 5개 국어로 "여기는 성지이므로 모슬렘(회교도)이 아니면 좌회전을 하시오."라고 쓰여 있었다. 우리는 시키는 대로 좌회전을 했다. 그들 사이에서는 이 길을 '개들이 다니는 길'이라고 한다. 비회교도를 향해 비아냥거리는 말이다.

좌회전을 하자마자 검문소가 있었지만 경찰들은 보이지 않았다. 우리는 그 길을 따라가다가 로터리를 하나 돌아서 다시 큰길에서 우회전을 하여 도심으로 들어섰다. 거기에서 하루를 묵기 위해 호텔을 찾은 뒤 저녁을 할 참이었다. 또다시 바리케이드가 나타났으나 아무도 없었다.

잠시 뒤 초대형 모스크(회교사원)가 하나 보이고 많은 사람들이 들락거리고 있었다. 그 모스크 주변에 차를 세우고 잠깐 둘러본 뒤 작은 호텔에 들어가 방을 달라고 했다. 지배인은 체류증을 요구했다. 보여 주자 당장 나가라고 했다.

"여기가 어디라고, 모슬렘도 아니면서 어떻게 여기까지 왔습니까? 경찰에 신고하겠습니다."

"길을 막는 사람도 없고 검문하는 사람도 없으니 온 것 아닙니까?"

나도 정색을 하고 말했다. 우리는 회교도가 아니면 갈 수 없는 메디나의 마호메트 사원까지 들어간 것이다.

사우디아라비아에서는 체류증을 이까마(Iqama)라 하는데, 두 가지 색깔이 있다. 하나는 회교도들이 갖는 진한 초록색이고, 다른 하나는 비회교도들이 갖는 초콜릿색이다. 그러니 겉표지만 보아도 구분이 된다. 모양은 가로 8.5cm, 세로 11.5cm의 얇은 수첩 모양이고 표지까지 모두 8장이다. 불심검문을 하면 이까마를 제출해야 하므로 늘 소지해야 한다.

우리 교민 한 사람이 지갑을 사서 이까마를 넣었는데 그것이 지갑보다 커서 밖으로 삐져나왔다. 고심하다가 지갑에 이까마를 맞추느라 가위로 오렸는데 이것 때문에 이민국에 호출당했다는 이야기를 들은 적이 있다. 이처럼 증명서를 훼손하거나 분실하면 범칙금을 물어야 한다.

우리는 밖으로 쫓기다시피 나와 도시 변두리로 차를 몰았다. 멀리 대형 주유소와 상점들과 식당이 보였다. 배고픔이 몰려왔다. 아이들도 저녁부터 먹자고 했다. 주유를 한 다음 식사까지 마쳤다. 이미 날은 어두워졌지만 호텔 시설이 없는 그곳에서 잠을 자기는 힘들 것 같았다. 일단 가는 데까지 가 보기로 했다.

🕆 무슬림과 라마단

야간 운전은 쉬운 일이 아니다. 더욱이 사우디아라비아에서는 불시에 튀어나오는 짐승들이 달리는 자동차보다 더 무섭다. 변두리 지역에는 들개들이 떼를 지어 다닌다. 좀 전에도 도로가에 죽어 나뒹구는 개 한 마리를 보았다(일설에 의하면 이삼십 년 전만 해도 들개들이 많았는데 한국 근로자들이 보양식용으로 많이 잡아 그 수가 줄었다고 한다).

밤 11시, 몇 개의 작은 마을을 지나쳤는데도 호텔이 보이지 않았다. 지루하기도 하고 조금씩 졸음이 밀려오기 시작했다. 아내가 눈치를 채고 오징어 다리 하나를 건네줬다. 오징어는 고단백질 식품으로 영양이 풍부하고 오래 두고 먹을 수 있어서 장거리 여행에는 적격이다. 그런데 이렇게 맛있는 오징어를 사우디아라비아인은 냄새만 맡아도 기겁을 한다.

우리는 조금 더 달려 케이바(Khaybar)라는 도시에 도착했다. 지도상에 나타난 것보다는 조금 더 커 보였다. 잠시 눈을 붙일 여인숙 정도라도 있었으면 좋겠다는 생각을 했다. 여기저기 물어서 파키스탄 사람이 운영하는 간판도 없는 모텔을 찾았다. 장거리를 뛰는 운전사들이 시간당 얼마씩 주고 자는 곳이어서인지 험하기 그지없었다. 어쩔 수 없이 하룻밤을 유숙하기로 했다. 80리얄(SR: 사우디아라비아 화폐 단위, 1리얄은 우리 돈으로 250원)에 합의하고 첫날밤을 맞았다.

사실, 지금은 사우디아라비아의 명절 가운데 하나인 하지(Haji) 휴가 기간이다. 그렇기 때문에 우리도 긴 여행 일정을 잡을 수 있었다. 여기 사람들은 모두 헤지라력을 쓰는데, 동양의 월(음)력과 거의 비슷하다. 무하람(1월), 싸파르(2월), 라비I(3월), 라비II(4월), 쥬마다I(5월), 쥬마다II(6월), 라잡(7월), 샤반(8월), 라마단(9월), 샤왈(10월), 알카다(11월), 하지(12월). 이슬람교는 1년에 두 달, 즉 라마단과 하지의 달을 절기로 지킨다.

라마단 한 달 동안에는 해가 뜰 때부터 질 때까지 음식은 물론 물도 마시지 못하며 껌과 흡연도 금지한다. 향수도 뿌릴 수 없으며 부부관계도 금지된다. 욕망을 억제하며 알라신에게 가까이 가고자 하는 인간의 강한 의지의 표현인 것이다. 라마단 기간 중에는 하루 종일 양치질도 하지 않는다. 양치질하다가 양칫물이 뱃속으로 들어갈지 모른다는 이유 때문이었다. 그러다 보니 대화할 때 나는 입 냄새는 가히 살인적인 악취다. 바싹 마른 입가는 절기 내내 그렇게 건조해 있다. 그래서 해가 졌다하면 야단법석이다. 특히 해지는 시간대의 퇴근길은 그야말로 한바탕 소동이 난다.

우리나라의 설날처럼 일가친지들이 함께 모여 저녁식사를 하고, 부자들은 가난한 이들을 위해 만찬을 베푼다. 해질녘이면 많은 사람들이 삼삼오오 부유층 집 앞을 서성이다가 그들이 건네주는 음식을 받아 그 자리에서 먹거나 집으로 가져가 가족들과 함께 먹는다.

한번은 라마단 기간에 제다에서 비행기를 타고 리야드로 갈 일이 있었다. 비행기가 이륙하기 전에 해가 서산으로 넘어가자 사람들은 아랍 커피와 대추야자를 먹기 시작했다. 하루 종일 굶었으니 오죽이나 배가 고팠을까. 정신없이 먹고 마시는 가운데 비행기가 이륙했고, 곧이어 기상천외한 일이 벌어졌다. 지상에 있을 때는 해가 보이지 않았는데, 상공에 오르자 다시 해가 드러난 것이다. 사람들은 입에 든 음식을 뱉느라고 야단이었다.

하지는 일 년 동안 지은 죄를 대속받는 기간이다. 돈 많은 사람은 여러 마리의 낙타나 양을, 가난한 사람들은 양 한 마리를 가지고 회교도들의 제1의 성지인 메카로 가서 지정된 장소에서 그 짐승을 죽여 속죄받는다. 하지가 끝날 무렵인 10일에서 14일까지 '이드 알 아드하(Id al Adha: 속죄제)'라 하여 양을 죽이면서 축제가 시작된다.

하지 기간의 첫째 날은 '미나' 평원의 북쪽에서, 둘째 날은 예언자 마호메트가 운명하기 석 달 전에 설교를 한 '아라파트' 산에서, 셋째 날은 메카의 '카바'라는 검은 장방형의 대사원에서 기도한다. 넷째 날은 악마를 쫓는다는 뜻에서 미나 평원 산자락에 세워진 기둥을 향해 수백만 명이 한꺼번에 몰려가 작은 돌을 주워서 기둥을 향해 던진다. 그러나 오벨리스크(Obelisk: 고대 이집트 왕조 때 태양신앙의 상징으로 세워진 기념비)처럼 생긴 기둥을 맞추기란 쉬운 일이 아니다. 기둥 가까이에 있던 순례객들이 다른 순례객들이 던지는 돌에 맞는 사고가 속출하자 지금은 아예 그 기둥을 벽으로 만들어 버렸다. 그리고 마지막 다섯째 날은 다시 메카에 있는 대사원을 일곱 번 도는 것으로 끝이 난다. 이것을 '싸이(질주)'라고 하는데, 하갈이 이스마엘을 위해 물을 구하려고 일곱 번 뛰어다녔다는 데서 유래한 의례이다.

'라마단'과 '하지' 두 절기는 거의 축제 분위기다. 절기 때마다 회교 국가 원수들을 포함하여 250~300만 명이 이 절기에 참석하기 위해 입국한다. 자국민 1,800만여 명과 국내에 거주하는 외국인 회교도들과 순례객들을 모두 합하면 2,800~3,000만 명이 넘는 사람이 한자리에 모이는 것이다. 그 가운데 아이들을 제외한다 해도 1,400~1,500만 명이 되는 엄청난 인파가 동시에 움직이다 보니 각종 사고들이 빈번하게 발생한다.

사고가 나는 것은 이 기간뿐만 아니다. 메카 성지에는 카바 신전(알라신의 집, 장방형의 검은 신전)이 있다. 수만 명 또는 수십만 명이 한꺼번에 신전을 만지기도 하고 입맞춤을 하면서 일정한 방향으로 신전 주위를 빙글빙글 돈다. 그 신성한 장소에서의 이 종교의식은 거룩하리만큼 엄숙한 분위기에서 거행된다.

그들의 종교의식 복장은 '이흐람'이라는 커다란 흰 타월 두 장인데, 속옷은 입지 않고 한 장으로는 상체를, 다른 한 장으로는 하체를 가리다 보니 주머니가 없다. 그래서 돈이나 귀중품들은 둘둘 말아 타월 속에 보관하는데, 몇 바퀴 돌지 않아서 사라지는 경우가 많다. 모슬렘은 공공장소에서 남녀를 구분하는 장소를 따로 두지만, 신전에서는 남녀의 출입을 구분하지 않고 함께 움직인다. 그래서인지 여성의 핸드백은 도둑들의 표적이 되곤 한다. 신전 앞에서도 도둑들의 일과는 변함없는 모양이다.

라마단 기간에는 무타와(Mutawa: 종교 지도자)들이 긴 수염을 늘어뜨린 채 한

라마단 하지 기간 사고 일지

- 1979년 7월: 메카에서 '수니파'와 사우디아라비아 경찰의 총격전. 75명 사망.
- 1980년 8월: 파키스탄 순례객들을 태운 비행기 화재 발생으로 301명 사망.
- 1987년 7월: 이란의 '시아파' 순례객들과 사우디아라비아 경찰 간의 충돌로 402 명 사망, 649명 부상.
- 1989년 7월: 폭탄 폭발로 1명 사망, 16명 부상.
- 1990년 7월: 아라파트로 이동하는 터널에서 1426명 압사 또는 질식사.
- 1991년 3월: 세네갈 군인 92명 메카 참배 후 귀환 중 수송기 폭발로 전원 사망.
- 1994년 5월: 인도네시아 순례객 270명이 메카에서 압사.
- 1997년 4월: 미나 평원 순례객들의 천막 화재로 340명 사망, 1,500명 부상.
- 1998년 4월: 미나에서 118명 압사, 180명 부상.

손에는 회초리를 들고 시커먼 망토를 질질 끌면서 복잡한 도심에 등장하곤 한다. 무타와가 인파 속에 나타나면 여인들은 재빨리 얼굴을 가린다. 아름다움을 과시하고 싶지 않은 여인이 어디 있으랴. 행여 베일로 얼굴을 가리지 않고 다니는 여인을 발견하면 무타와는 여인의 남편을 불러다가 호통을 친다. 그들은 회초리로 여인을 때리기도 하며 때로는 얼굴에 침을 뱉기도 한다.

이런 일은 꼭 절기 때만 벌어지는 것은 아니다. 실제로 우리 교민 가운데 한 사람도 부부가 함께 차를 타고 가다가 도로에서 무타와를 만났는데, 부인 얼굴에 가래침을 뱉더니 "머리를 당장 가려." 하고 호통 치더란다. 일전에 미국 대사관의 영사 부인이 휴가를 다녀오면서 아바야(여인들이 겉옷 위에 걸치는 검은색 망토)를 하지 않고 리야드 국제공항에 내렸는데, 무타와가 부인을 불러 세워 놓고 아랍어로 호통을 쳤다고 한다. 까닭을 설명하는 영사 부인의 말을 도무지 알아듣지 못하자, 무타와는 들고 있던 회초리로 부인을 때렸다. 이 사건은 양국 간의 문제로 비화될 뻔했다.

사우디아라비아에 사는 여성들의 생활은 이처럼 제약이 많다. 여성들은 '아바야'로 온몸을 칭칭 감고 눈만 내놓고 다녀야 한다. 지역에 따라서는 발목도 노출하지 못하며, 머리카락이 밖으로 노출되지 않도록 검은 스카프로 감싸야 한다. 여성의 얼굴이나 머리카락 또는 피부가 남성들의 성욕을 자극시키기 때문이라는 것이 그 이유다. 제3국 여성들도 예외는 아니다.

뿐만 아니라 여성들은 운전을 해서도 안 된다. 몇 년 전에 외국에서 공부한 여성들과 운전할 줄 아는 여성 이백여 명이 자신들의 차를 몰고 리야드(Ar-Riyad: 사우디아라비아의 수도) 도심을 배회하며, "여성도 운전을 하게 해 달라."고 시위를 하다가 몽땅 잡혀간 적도 있었다.

2000년에 들어서야 여성에게 주민등록증이 발급될 정도였으니 다른 문제에 대해서는 더 말할 필요도 없을 것이다. 당시 내무장관이었던 나이프 왕자가 여성도 증명서를 만들고 거기에 사진을 붙여도 된다고 발표해서 여성들에게 대단한 호응을 불러일으켰었다.

이런 일도 있었다. 걸프전에 미 여군들도 많이 왔었는데, 하루는 여군들이 겁도 없이 군청색 짧은 민소매 셔츠를 입은 채로 군용 지프를 몰고 다하란(Daharan: 동부 지역) 시내 중심가로 물건을 사러 나온 것이다. 무더운 날씨에 땀을 많이 흘려서인지 셔츠가 몸에 들러붙어 여군의 몸매가 고스란히 드러나고 말았다.

삽시간에 사람들이 지프 주위로 몰려들었다. 모여든 사람들은 그 여군을 구경하느라 정신이 없었다. 그 사이 누가 신고를 했는지, 경찰 두 명이 무타와와 함께 여군들 앞에 나타났다. 사우디아라비아 전통의상 차림에 긴 수염을 늘어트린 무타와는 아랍말로 여군을 향해 소리소리 지르며 야단을 쳤다. 무타와가 아무리 목청을 높여도 여군은 태연하기만 했다. 아무런 반응이 없자 무타와는 옆에 있던 경찰들에게 체포하라고 말하면서 여군 얼굴에 침을 탁 뱉었다.

경찰들이 그녀를 체포하려 하자, 여군은 M16총을 번쩍 들어 무타와를 겨누었다. 그러자 무타와는 긴 치맛자락을 무릎 위까지 걷어 올리고는 뒤도 돌아보지 않고 도망을 쳤다. 경찰들도 뒤따라 도망을 쳤다. 그 광경을 지켜보던 수많은 사람들이 일제히 박수를 쳤다.

🌴 도단, '울라'에서

<u>2001년 3월 3일 토요일, 둘째 날</u>

오늘을 새롭게 주신 하나님께 감사드렸다.

사우디아라비아 관광 안내 책자를 통해 케이바(Khaybar)라는 도시에 고대 유대인(이스라엘)의 유적이 산재해 있다는 것을 알게 되었다. 그래서 우리는 케이바로 향하기로 했다.

케이바 마을 어귀에 오아시스가 있었다. 얼마나 오래되었는지 알 수 없지만 댐 형태를 갖춘 저수지였다. 하지만 물은 없었다. 그 근처에 검은 돌덩이가 돌무덤처럼 수북이 쌓여 있어서 아이들과 함께 둘러보고 있었다. 그때 어디선가 개 짖는 소리가 들려서 돌아보니 들개 떼가 먼지를 일으키며 우리 쪽으로 달려오고 있었다. 우리는 얼른 자동차로 피신했다. 들개 20여 마리가 차 근처까지 쫓아와서 침을 질질 흘리며 으르렁거렸다. 더 둘러 보는 것을 포기하고 갈길을 재촉했다.

앞으로 우리의 갈 길은 멀다. 이제는 더 깊숙이 내륙으로 들어가 미디안 땅으로 갈 계획이다. 성경에는 '미디안'이라고 하지만 여기 사람들은 '메다인'

과 '마다인'에 가까운 발음을 한다. 아직도 수천 년 전 모세가 부르던 그 이름을 거의 그대로 부르고 있는 것이다.

지도에서 보면, 미디안 땅은 사우디아라비아 북서쪽에 위치하고 있다. 거기는 나바테아인(Nabataeans: 기원전 7~2세기 무렵까지 활동한 아라비아의 한 종족, 이스마엘의 장남 느바욧을 일컫는다)의 유적지가 산재해 있는 곳이다. 지금 우리가 있는 곳에서 약 200km 떨어져 있는 곳으로 어림짐작으로 2시간 정도는 걸릴 것 같았다.

광대한 사막길을 달렸다. 제법 돌산들이 드문드문 보이기 시작하더니, 잠시후 곳곳에 사암으로 형성된 바위산들이 시야에 가득 들어왔다. 풍화작용에 의해 만들어진 산의 모양새가 독특했다.

온통 기기묘묘하고 아름다운 형상을 한 바위산으로 둘러싸여 별천지를 연상하게 했다. 마을 전체가 한 폭의 그림을 그려 놓은 듯 아름다웠다. 지하수가 풍부하고 대추야자와 농작물들이 많이 자라고 있어서 도시 전체가 푸르른 것이 다른 도시와는 사뭇 달랐다. '울라(Al Ulra)'에 도착한 것이다.

"세상에! 이렇게 아름다울 수가!"

우리 모두의 입에서 감탄사가 절로 나왔다. 다행히 날이 어둡기 전에 호텔을 찾을 수 있었다. 꽤 고급 호텔이었다. 호텔 뒤편으로 기묘한 바위들이 병풍처럼 감싸고 있는 모양이 마치 동화 속의 어느 별나라를 연상하게 했다. 〈혹성탈출〉이라는 영화에도 비슷한 장면이 나오지만 이에 비할 바가 못 된다.

호텔에 들어서자 카운터의 종업원이 반갑게 맞으며 우리나라 대사님이 투숙 중이라고 했다. 깜짝 놀라 방 호수를 물어보고 확인했더니 일본 사람이었다. 그 종업원이 우리를 일본 사람으로 착각한 것이다.

왕족의 말이 곧 국법이며 신의 뜻인 사우디아라비아에서 왕자의 주치의인 나는 교민들 사이에서도 꽤 유명한 인사이다. 사우디아라비아에서 통장·반장 노릇 다하면서 겪는 에피소드도 많다.

울래(드단)의 풍경

하루는 깊은 잠에 빠져 있는데 전화벨 소리가 요란하여 잠에서 깼다. 시간은 새벽 4시를 넘어서고 있었다.

"여보세요."

잠결에 받아 보니 어느 아낙네의 목소리가 다급하게 들려왔다.

"김 선생님, 우리 애들 아빠가 경찰에 잡혀갔어요."

평소에 가까이 지내던 집이고, 일 년 전에 전도를 받아 교회에 열심히 다니는 집이었다. 화들짝 놀라 잠이 깼다.

나는 밤중이든 새벽이든 언제라도 누가 부르면 달려가야 한다. 열 번 도와주다 한 번 무관심하면 언제부터 왕자 끄나풀이 되었냐는 둥, 별소릴 다 듣기 때문이다. 업체는 업체대로, 개인은 개인대로 문제가 발생하면 나부터 찾았다.

급하게 가 보았더니, 아주머니는 눈물 콧물이 뒤범벅이 되어 자초지종을 설명했다.

"함께 사업하던 사우디아라비아 사람이 자꾸 돈을 요구했어요. 돈이 없다고 하자 우리 집 창고에 있던 건설 자재를 빼앗을 심산으로 밤늦게 술을 가지고 나타난 거예요. 우리 남편이 평소에 술을 좋아하는 것을 알고서요. 함께 마시고 있을 때 경찰들이 쳐들어왔는데, 그 사람은 도망치고 우리 남편만 잡혀갔어요."

사우디아라비아는 코란 경전에 의해서 술을 가지고 있을 수도 없고 마실 수도 없으며 반입도 금지되어 있다. 듣고 보니 경찰들이 어떻게 그 집에서 술을 마시는지 알게 되었으며, 왜 아녀자들이 있는 집을 주인 허락도 없이 무단으로 침입했는지, 술을 가지고 온 사람은 풀어 주고 한국 사람만 잡아왔는지 모든 것이 이상했다. 그의 계략이 틀림없는 것 같았다. 나는 평소에 알고 지내던 비밀경찰에게 전화를 걸어 소재 파악을 부탁했다. 곧 어느 경찰서 유치장에 있다는 연락이 왔다. 거기로 달려가 담당 경찰에게 물어보았다.

"이미 병원에서 피를 뽑아 알코올 농도를 확인했습니다. 세 명의 의사가 서명을 했기 때문에 이제는 옴짝달싹도 못할 겁니다. 또 그 사람을 연행하는 과정에서 그 집 아주머니가 경찰의 팔목을 물어뜯어서 전치 2주의 상처가 생겼습니다. 내일 날이 밝으면 그 아주머니도 연행할 겁니다."

사우디아라비아에서는 증인 세 명만 있으면 법적인 효력을 발휘할 수 있다. 보통 심각한 문제가 아니었다. 나는 생각을 정리하면서 그들에게 먼저 정황을 살펴보고, 앞의 문제에 대해 해명하라고 했다. 경찰의 얼굴이 울그락불그락하더니 내게 따지듯 되물었다.

"대사관에서 나왔습니까?"

"그렇지는 않지만 원하면 지금이라도 대사관 직원들을 부르겠습니다."

경찰은 당장 나가지 않으면 나도 집어넣겠다고 으름장을 놓았다. "네가 집어넣으면 들어가야 하겠지만, 쉽게는 안 될걸!" 하고 말하자, 약이 오른 이 친구가 인터폰으로 하급자 한 명을 부르더니 나를 집어넣으라고 명령했다. 상황이 심각해지고 있었다. 이러다 정말 들어가면 나는 교민 사회에서 유명무실한 허수아비가 되고 마는 것이다. 나는 큰소리를 쳤다.

"너희들, 내 몸에 손가락 하나라도 대면 너희들이 다 들어간다!"

나는 체류증과 왕자의 서찰(왕자가 비상시에 쓰라고 써 준 특수 서한)을 담당관에게 던지면서 지금 왕자 비서에게 급한 전화를 해야겠다고 말했다. 그때만 해도 휴대폰 가격이 비싸서 아무나 갖지 못할 때였다. 내가 휴대폰을 꺼내 들고 전화 거는 시늉을 하자 다급하게 내 손을 잡으며 말했다.

"사딕(친구), 사딕! 독토르(닥터), 독토르!"

그들은 홍차인 샤이를 권하면서 아주머니의 남편은 자기들이 책임지고 출감시킬 테니 왕자에게는 절대로 이야기하지 말라고 오히려 부탁했다.

나는 그들과 함께 유치장으로 가 보았다. 아주머니의 남편은 신발이 벗겨진 채로 양쪽 발목에는 쇠사슬이 채워져 있었다. 허리띠를 빼 버려서 흘러내리는 바지를 양손으로 잡은 채로 다른 죄수들 틈에 끼어 있었다. 아직도 술이 덜 깬 모습으로 비실거리면서 나를 보더니 "아니, 이거 창피하게…. 김 선생님 어인 일이십니까?" 하고 말했다.

그를 데리고 나오면서 압수당했던 그의 소지품도 되돌려 받았다. 그런데 그의 지갑에서 부적 한 장이 나왔다. 믿음 생활한 지 일 년이 지났는데도 아직까지 부적을 소지하고 있으니 안타까운 일이 아닐 수 없었다.

잠시 뒤 먼동이 터왔다. 밤을 하얗게 지새운 것이다. 나는 그를 도심 변두리에 있는 홍해 바닷가로 데려가 진지하게 이야기를 나누었다. 그는 명문학교를 우수하게 졸업하고 영어와 아랍어를 능통하게 하는 수재였다. 그는 내가 보는 앞에서 부적을 찢어 홍해 바다에 뿌리며 말했다.

"김 선생님, 날 용서하시오. 사실 그동안 어머님 말씀 들으랴, 믿음 생활 하랴 갈등이 많았는데, 이제는 작심했소."

숙연한 그의 말과 눈빛에서 그동안 얼마나 많은 고충이 있었는지 알 수 있었다. 눈앞에는 붉은 태양이 힘차게 솟아오르고, 바다 새들은 먹이를 찾아 날고 있었다. 그리고 몇 주 뒤, 그 부부는 딸 둘과 아들까지 다섯 식구 모두가 전교인이 지켜보는 앞에서 세례를 받았다.

✝ 메다인 살레

2001년 3월 4일 주일, 셋째 날

호텔 직원에게 나바테아인 유적지인 메다인 살레(Medain Saleh)를 보려고 하는데 어떻게 해야 하는지 알아보았더니, 출입허가서가 있어야 한다고 했다. 하지만 휴일이라 주지사 사무실은 문을 닫았고, 며칠 뒤에나 다시 연다고 했다. 우리는 그렇다 하더라도 주지사 사무실에 가 보기로 했다. 작은 마을이지만 오래된 도시여서 그런지 주지사 사무실 옆에는 박물관도 있었다. 그 입구에 경찰들이 보초를 서고 있었다.

"지금은 하지 휴가라 아무도 없으니 사흘 뒤에나 다시 오십시오."

"안 됩니다! 우리는 제다에서 수천 리 길을 달려왔는데 그냥 돌아갈 수 없어요. 꼭 출입허가서를 받아야 합니다."

어쩔 수 없어서 왕자 서찰을 경비에게 보여 주었다. 경비는 무전기로 호출을 하기도 하고 여기저기 전화를 하더니 좀 기다려 보라고 했다.

조금 있자 검은 지프 한 대가 미끄러지듯이 정문으로 들어왔다. 검은 망토를 걸치고 길게 수염을 늘어뜨린 건장한 사람이 다른 두 사람을 대동하고 내렸다. 관할 주지사였다. 내가 인사를 하자 반갑게 사무실로 불러들였다. 그는

메다인 살레의 바위 무덤 메다인 살레에는 에돔족들의 요새였던 페트라처럼 큰 바위에 굴헐을 뚫어 만든 무덤들이 광범위하게 산재해 있었다.

우리 체류증을 받아 다른 사람에게 주면서 빨리 서류를 만들라고 다그쳤다. 그러고는 홍차를 준비하여 함께 나누길 바랐다.

주지사는 우리 가족을 돌아보더니 아이들 이름까지 물어보며 친절을 아끼지 않았다. 출입허가서를 받아 들고 고맙다는 인사를 하고 헤어졌다. 왕자의 서찰은 여기에서도 빛을 발했다.

차를 돌려 바위산 뒤쪽으로 올라가 보았다. 오스만투르크제국 때 지어진 낡은 집들이 주위에 즐비하게 늘어서 있었다. 그러나 이미 사람이 살지 않는 폐허로 변해 있었다. 그 모습을 카메라에 담고 산 뒤를 돌아 골짜기로 빨려들어 갔다. 사방의 기묘한 바위 군들이 우리를 부르고 있었다. 여러 장의 기념사진을 찍고 다시 메다인 살레로 향했다.

메다인 살레의 입구를 못 찾아 헤매다가 한 청년의 안내로 입구까지 무사히 도착하니 유럽인 가족들이 여러 대의 차편으로 관광을 와 있었다. 입구에서는 총을 든 군인들이 일일이 출입허가서를 검사하면서 비디오카메라나 카메라를 휴대하지 못하게 했다. 하지만 나는 이 엄청난 유적들을 놓칠 수 없다는 생각에 카메라를 몰래 숨기고 들어갔다.

메다인 살레에는 에서의 후손인 '에돔' 족들의 요새였던 페트라(요르단 남부에 있는 고대 도시 유적, 7대 세계 불가사의 가운데 하나)처럼 큰 바위에 굴혈을 뚫어 만든 무덤들이 광범위하게 산재해 있었다. 어떻게 그토록 칼로 두부를 자른 듯이 정교하게 바위를 조각했는지 믿기지 않았다. 모두 80여 기 정도 되는 무덤들은 페트라의 축소판이라 할 정도로 잘 만들어져 있었다. 차를 타고 둘러보는 데도 3시간은 족히 걸렸다. 여러 곳을 돌아보는 동안에 비밀경찰이 계속 미행을 하며 사진 촬영을 금했지만, 우리는 사진도 여러 장 찍고 비디오에 담기도 했다.

지도를 보니 성산으로 추정되는 라오즈산이 있는 타북(Tabuk)까지는 497km를 더 가야 했다. 수월찮은 시간이 걸릴 것 같았다.

간단하게 점심을 먹은 뒤 자동차에도 기름을 잔뜩 먹이고 타북으로 출발했다. 광활한 사막이 전개되는가 싶더니 높은 산들이 줄지어 서 있었다. 지루한 길이었다. 끝없이 펼쳐지는 광활한 사막을 지난 후 거대한 바위산들이 눈에 가득 들어왔다가 다시 사막이 이어지고 있었다.

늦은 시간에 타북에 도착, 시내 중심에 있는 호텔에서 셋째 날 밤을 보냈다.

하나님의
성산을 찾아서

✝ 라오즈산으로

<u>2001년 3월 5일 월요일, 넷째 날</u>

이른 아침, 타북 시내에서 필요한 음료수와 음식을 준비하여 출발했다.

타북에서 약 51km 떨어져 있는 비르 이븐 히마스(Bir Ibn Hirmas)에서 좌회전을 하여 70km 지나면 아지 제이타(Azi Zayt)가 나오고 거기서 약 21km 지점을 더 가다 좌회전을 하면 군사 도로가 나온다. 그 길을 쭉 따라가면 우리가 찾는 라오즈산이 나타날 것이다. 아이들과 아내에게 군사 지역이어서 위험하니까 마음을 단단히 먹고 가자고는 했지만, 어떤 상황이 발생하든 모두 내가 감당해야 할 몫이니까 마음이 무거웠다.

도심을 벗어나자 스프링쿨러를 이용한 밀 농장이 대규모로 펼쳐져 있어서 온통 푸르렀다. 여기에서 생산되는 밀은 주로 식품으로 충당되고 일부는 사료로 쓰이며, 수출까지 할 정도로 양이 많다. 품질 또한 세계 최고를 자랑한다. 물론 이들이 세계 최고라고 자랑하는 것은 단연 기름이다. 몇 대에 거쳐 개발해도 남을 양이 매장되어 있다니 대단한 나라이긴 하다.

어느덧 요르단 국경으로부터 20km 떨어진 곳에서 좌회전을 하고 길게 뻗은 길을 또 달렸다. 예상 지점에 다섯 동의 주택과 간이 상점이 나타났고, 상점 앞에 있던 청년들에게 라오즈산으로 가는 길을 물어보았다.

"가던 길로 15km 정도 더 가다가 좌회전해서 계속 올라가면 됩니다. 그런데 그 지역은 군사 지역이고 길도 험해요. 얼마 전에도 필리핀 사람들 차가 전복되어서 두 사람이 죽었거든요. 워낙 고지대라 산꼭대기에서 내려다보면 이집트와 요르단 그리고 이스라엘까지 다 보여요."

고맙다는 인사를 하고 출발했다. 청년들이 알려 준 것보다 5km 더 가서 좌회전하는 길을 만났다. 그러고는 그 길을 따라 달리는데 도로에는 차량이나 인적이 전혀 없었다. 산길은 점점 높아지고 급경사를 이루어, 이런 곳에 어떻게 도로를 건설했나 싶을 정도로 위험해 보였다.

안전벨트를 착용하지 않으면 몸이 이리저리 쏠릴 정도의 급커브와 오르막과 내리막이 번갈아 이어졌다. 때로는 방금 산에서 굴러 떨어진 듯한 바위 조각과 곧바로 덮쳐 내릴 것 같은 바위 덩어리들이 도사리고 있었다.

오르는 길은 그렇다손 치더라도 다시 내려올 생각을 하니 걱정이 앞섰다. 산 중턱을 돌아서자 오른쪽으로 수백 미터의 낭떠러지가 나타나면서 현기증이 일었다. 아래가 까마득히 내려다보이는 비탈길을 운전대를 꼭 잡고 조심스럽게 올라가는데 여차하면 큰일을 낼 것만 같았다. 뒷자리의 아이들에게도 안전벨트를 단단히 매게 했다. 조금 더 오르니 30도가 넘는 급경사가 앞을 가로막았다. 순간적으로 속도를 줄이고 사륜구동으로 전환했다. 아내는 무서운지 연방 "여보! 여보!" 하고 불러댔다.

해발 2,401m의 높은 산 정상에 근접한 것 같았다. 오른쪽으로 돌아서니 거기서부터는 내리막길이 보였다. 어느새 맞은편 산 정상 위에 우뚝 솟은 레이더 기지가 보였다. 차를 길가에 세우고 보니 산꼭대기로 이어지는 비탈을 따라 오솔길이 나 있는 것 같았다.

차 문을 열자 한기가 확 들어왔다. 기온이 많이 떨어져 있었다. 우리는 차 안에서 두꺼운 옷으로 갈아입고 꼭대기까지 걸어 올라갔다. 고지대여서인지 가만히 있어도 숨이 찼다.

10여 분을 걸어 올라가 산 정상에 다다랐다. 모든 산들이 발 아래 펼쳐져 있고 눈앞에 성큼 다가선 라오즈산은 우리가 오른 봉우리보다 200~300m 더 높아 보였다.

우리가 오른 산꼭대기에는 수십여 명이 함께 앉을 수 있는 반석이 있었다. 우리는 그 위에 둥그러니 앉아 손에 손을 잡고 하나님께 찬양을 드렸다. 그리고 아이들 한 명 한 명의 손을 잡고 축복 기도를 해 주었다.

다시 내려와서 차를 몰고 모퉁이를 돌아서자 100m 정도 전방에 큰 철재 대문이 도로 한가운데를 가로막고 있고, 그 옆에는 군인들 초소처럼 보이는 작은 집이 하나 보였다. 차를 조금씩 접근시켰지만 군사 지역이라 불시에 어떤 상황이 발생할지 몰랐다. 그래서 30m 정도 전방에 차를 멈추고 가족들을 내리게 한 뒤 혼자서 인기척을 내며 걸어갔다.

5m 정도 떨어진 곳에서 초소를 바라보니 검은 차광 유리 창문이 보이고 그 문이 조금 열려 있었다. 대형 철재 대문에는 흰 바탕에 붉은 글씨가 적혀 있었다. 아랍어로 '통제구역'이라고 쓰여 있는 것 같았다. 더 이상 접근하기 불안해서 "알로(헬로우)! 싸딕(친구)!" 하고 몇 번 불렀지만 전혀 인기척이 없었다. 한 줄기의 찬바람이 도로의 먼지를 휘저으며 지나갔다. 맞은편 산 중턱에서 까마귀 울음소리가 아스라이 메아리치고, 조용하다 못해 적막감마저 돌았다.

할 수 없이 초소를 손으로 두드리며 불러 보았지만 아무 응답이 없었다. 이제는 빠끔히 열린 문을 열어 보는 수밖에…. 손잡이를 잡고 살살 열어 보니 좁은 방에 가지런히 정돈된 군인들의 사물함이 보이고 방바닥에는 찻잔과 누런 주전자가 있었다. 아무도 없는 것이 확인되었지만 더 이상 갈 수도 없었다.

우리는 10분쯤 기다리다가 다시 돌아서야만 했다. 경찰이든 군인이든 사람이 있어야 라오즈산이 어느 산인지 물어보는데 이 깊은 산속에 아무런 인적이 없었다. 목표물을 눈앞에 두고 다시 내려가야 하다니, 돌아서는 발걸음이 무겁기만 했다. 1년 동안의 준비가 수포로 돌아가는 순간이었다.

이 산을 찾으려고 집을 나선 지 나흘째였다. 그 먼 길을 마다 않고 기대에 부풀어 달려왔건만 하나님은 왜 우리의 길을 막으시는 것인지…. 거룩한 산이어서 선별된 사람만 갈 수 있는 지역이란 말인가. 하기야 죄로 얼룩진 우리가 감히 거룩한 하나님께서 강림하신 산을 어떻게 오를 수 있겠는가.

'그래, 우리는 아직 부족한 것이 너무나 많아. 일단 내려가자.'

✝ 지도에서 와디 무사를 발견하다

'우리가 왔던 길은 군사 도로야. 라오즈산으로 가는 다른 길이 분명 있어.'

이런 생각이 내 머리에 번개처럼 스쳐 지나갔다. 나는 아이들과 아내에게 용기를 갖자고 하면서 지도를 펼쳐 보았다.

"여기가 타북이고, 여기가 우리가 찾는 라오즈산이면, 현재 우리가 있는 곳이 이 산 근처 어디임에는 틀림없는데…."

지도를 일일이 손가락으로 짚어 가며 조심스럽게 검토하던 나는 깜짝 놀랐다. 여러 차례 지도를 펼쳐 보고 확인했으나 지금껏 보지 못했던 것을 본 것이다. 거기에는 작고 가는 글씨로 '와디 무사(Wadi Musa: 모세강, 아랍인은 무사로 발음한다. 와디는 비 올 때만 형성되는 마른 강)'가 표기되어 있었던 것이다. 와디 무사는 라오즈산을 시원으로 해서 바드(Bad)라는 도시 쪽으로 흐르고 있었다.

구약성서의 일부를 믿으며 모세를 선지자라고 칭하면서도 세상에서 유일하게 기독교 관련 자료들을 감추기 위해 애쓰고 있는 사우디아라비아 정부에서 그들이 발행한 지도에 와디 무사를 표기해 두었다는 사실이 놀라웠다. 하나님의 역사하심이 아니고는 이런 일이 일어날 수 없었다! 이것을 볼 수 있도록 나의 눈을 열어 주신 하나님께 감사했다.

'와디 무사'를 발견한 지도

"와디 무사는 라오즈산 바로 밑에서 바드라는 곳으로 흐르고 있으니, 와디 무사만 찾는다면 성산을 쉽게 찾을 수 있을 거야."

우리는 새로운 용기를 얻어 그 험산 준령을 굽이굽이 돌아 내려갔다. 오를 때보다 내려가는 길이 더욱 힘들었다. 길이 너무 가팔라서 브레이크 대신에 기어 변속으로 속도를 조절해야 했다. 브레이크를 자주 쓰다 보니 타는 냄새가 심하게 났다. 산을 거의 다 내려올 때까지도 지나가는 차량이 한 대도 보이지 않더니 지프 한 대가 올라오는 것이 보였다. 휘청거리는 긴 무전 안테나를 단 군용차였다.

"녀석들, 하지 휴가 중이라고 군기가 다 빠졌군."

혼잣말로 중얼거리며 큰 길에 이르렀다.

처음에 들어왔던 큰 길을 만나 다시 좌회전을 하여 직진을 하면, 요르단 국경과 마주하는 하끌(Haql)이라는 도시가 나온다. 그 전 분기점인 아쉬 샤라프(As Sharaf)에서 좌회전을 하면 바드에 갈 수 있다. 바드에 도착하기 전 15~20km 지점쯤에서 좌회전을 하여 강줄기를 타고 들어가면 와디 무사가 있을 것이다.

1987년, 나는 6개월 동안의 선교사 훈련을 끝내고 사우디아라비아에서도 가장 외진 곳, 예멘과 국경을 마주한 '지잔(Zizan)'이라는 곳의 정부 병원인 파드 왕립병원에서 1년을 근무했다. 그러다가 회교도들의 성지인 메카에서 가장 가까운 '제다' 라는 도시에 있는 뉴제다 종합병원에서 일하게 됐다.

사우디아라비아 보건사회부에서 동양 의술을 인정하지 않고 있을 때, 나는 파드 왕립병원인 제다의 뉴제다 종합병원에서 침 시술을 함으로써 사우디아라비아에서는 제1호로 침구 한방과를 개설한 사람이 되었다. 아무도 시도하지 않았던 침 치료를 처음으로 시술하자, 그 소문을 듣고 중동 지역 환자들이 몰려들었다. 얼마 뒤 사우디 각 일간지 신문에 크게 기사화되면서 보건사회부에서도 더 이상의 제재가 없어졌다.

그러던 어느 날, 병원장이 직접 찾아와서는 내가 쓰는 의료기구 일체를 새 것으로 바꾸고 유니폼도 깨끗한 것으로 갈아입으라고 했다. 그 무렵 나를 찾는 전화 한 통이 왔다. 왕자의 비서실장이라고 했다.

"신문 기사를 보았소. 좀 만납시다. 왕궁으로 좀 들어오시지요."

이 나라에서 왕자가 얼마나 막강한 인사인지를 잘 아는 나는, 덜컥 겁이 났다.

그 다음날, 텔레비전에서만 보던 왕궁에 내가 직접 있다는 것이 놀라웠다.

"사실 우리 왕자님이 목 디스크가 심합니다. 스위스에서 수술을 받으려고 예약까지 해 놓았습니다. 예정대로라면 열흘 뒤에 수술을 받으셔야 합니다. 그런데 당신 기사를 보았습니다. 혹시 당신이 치료해 줄 수 있는가 해서 한 번 보자고 했습니다. 그 침이 그렇게 효능이 좋다면서요."

"인샬라(하나님이 치료해 주신다면)."

그들은 아마도 내가 알라신 이야기를 했다고 생각했을 것이다. 하지만 나는 하나님께 이 문제를 올려 드렸을 뿐이다. 아내와 나는 이 일을 통해 하나님께서 영광받으시기를 얼마나 기도했는지 모른다.

나는 왕자를 여섯 차례에 걸쳐 시술했다. 그런데 신기하게도 왕자의 병이 나았다. 나도 놀라고 왕자도 놀랐다. 물론 수술 일정은 취소되었다.

다음 날부터 왕자의 차가 나를 데리러 왔다. 나는 왕궁에 들어가서 왕자와 함께 담소를 나누었다. 그는 나에게 텔레비전에서 볼 때의 카리스마 넘치는 모습이 아니라 인간적인 모습을 많이 보여 주었다.

"주사를 놓는 거야 그렇다 치지만, 침으로 찌른다고 병이 낫다니 정말 신기하네. 당신 정말 용한 사람이야. 덕분에 내가 이제 건강해졌다고."

그는 몇 번이나 나를 칭찬했다. 그럴 때마다 나는 하나님께 기도했다.

'16억 이슬람의 지도자, 이 메카 주지사를 제게 붙여 주신 하나님, 이분을 어떻게든 전도해서 수많은 이슬람 교도들을 구원할 수 있도록 인도해 주소서.'

왕자에게는 세 명의 주치의가 있었는데, 주치의마다 장에 좋은 약, 위에 좋은 약 등 여러 약을 권했기 때문인지 왕자는 꽤 많은 양약을 복용하고 있었다. 양약을 그렇게 많이 먹다가는 오히려 해가 되지 않을까 싶었다. 그래서 나는 한약을 권해 보았다.

"왕자님, 한약을 한 번 드셔 보시면 어떻겠습니까? 인공적으로 만든 약이 아니라, 사람의 체질에 맞게 약초를 달여서 먹는 것인데요, 몸에 해롭지 않고 부작용이 적습니다."

그는 좋은 생각이라며 한 번 먹어 보겠다고 했다. 그 뒤부터 한국 주재 사우디 대사관을 통해 한약재를 사우디 왕실로 보내오면, 그것을 받아다가 내가 직접 끓여서 왕자에게 가져갔다. 한약을 먹은 이후로 왕자는 몸이 굉장히 좋아졌다. 그러자 그는 양약을 일절 끊고 한약을 먹기 시작했다.

왕자와 자주 만나면서 알게 된 것인데, 그는 악몽에 시달린다고 했다. 한낮에는 너무 더워서 일할 수 없기 때문에 아랍인은 낮에 오침 시간을 갖는다. 그런데 왕자가 이 오침 시간에 잠을 자려고 하면, 귀신이 달려와 목덜미를 짓누르고 자신을 어디론가 끌고 가는 듯해서 도저히 잠을 못 이룬다고 했다. 코란을 틀어 놓고, 수면제도 먹어 보았지만 소용이 없다는 것이었다.

그래서 하루는 왕자가 잠들 때까지 내가 곁에 있겠다고 했다. 그런데 그날 왕자는, 내가 방에 있는 동안에는 마귀 형상이 나타나지 않았다면서 신기해하는 게 아닌가. 그 일을 계기로 나는 왕위 계승 서열 상위권에 속하는 왕자의 주치의가 되었다. 왕자가 가는 곳은 어디든지 수행하게 된 것이다.

왕자 주치의로서의 생활이 힘들고 어려울 때면 조용히 하나님께 기도해 보았지만 한 번도 뚜렷한 응답을 받은 적이 없었다. 그럴 때마다 '그래, 여기야말로 지구상에서 유일하게 복음이 들어오지 않은 곳이 아닌가? 어쩌면 하나님의 분명한 뜻이 있을 거야.' 하면서 스스로를 위로했다.

모세는 40년 동안 바로 왕궁에 살면서 애굽의 모든 문물에 대해 교육받았다. "모세가 애굽 사람의 학술을 다 배워 그 말과 그 행사가 능하더라"(사도행전 7:22). 물론 그의 어머니 요게벳에게서 큰아들 아론이나 딸 미리암도 독실한 신앙교육을 받았을 것이다. 모세 또한 하나님의 도구로 쓰임받을 수 있도록 어릴 때부터 어머니에게 양육받았다. 출애굽기나 역대서에 보면 모세는 아므람의 아들이요, 레위 지파에 속해 있었다. 하나님께서 필요로 하실 때 모세를 사용하셨던 것처럼 어쩌면 내게도 그런 날이 올 수 있지 않을까 하는 분에 넘치는 상상을 하면서 그동안 지내왔다.

왕궁 안에서는 유일하게 나 혼자만 그리스도인이다 보니 여러 가지 회유와 멸시가 목을 조여 왔다. 하지만 나는 참고 인내하며 때를 기다렸다.

궁에서 근무한 지 몇 년이 지난 어느 날 궁에 근무하는 사람들이 모두 한자리에 모였는데 쌀라(회교도 예배) 시간이 되었다. 나는 슬그머니 일어나 나왔다. 그러자 이맘(Imam: 회교도의 예배를 집전하는 종교 지도자)이 나를 힐끔 쳐다봤다. 그 눈초리가 이상하다고 느끼는 순간, 그가 내 얼굴에 침을 "탁!" 하고 뱉었다. 그의 눈빛 속에는 조롱과 멸시가 가득 담겨 있었다. 그들은 비회교도를 '개'라고 부르지 않던가. 얼굴에 튄 침을 손으로 닦으면서 나는 "주여! 저들을 불쌍히 여기소서!" 하고 기도했다.

왕궁에서 나에 대한 왕자의 신임이 점점 더 높아지자, 하루는 누군가가 나를 찾아왔다. 내 얼굴에 침을 뱉었던 그 이맘이었다. 그는 무작정 내게 용서를 빌었다. 내가 그 일을 왕자에게 말할까 봐 불안했던 것이다. 이번에도 하나님께 기도할 수밖에 없었다. "주여! 저들을 불쌍히 여기소서!"

✝ 산꼭대기의 미사일 기지

지도에서 본 와디 무사를 찾아간다는 생각을 하자 졸음도 가시고 오히려 흥분되었다. 액셀러레이터를 힘주어 밟았다. 출발한 지 사흘째, 자동차의 계기판은 벌써 1,612km를 달렸다고 말해 주었다.

조수석에 앉아 있는 아내와 뒷자리에 앉아 있는 아이들은 여행길이 힘들었는지 잠에 빠져 있었다. 다시 한 번 성산에 있어야 할 것들을 생각해 보았다.

시내산에 있어야 할 것들

- 엘리야 동굴(열왕기상 19:9)
- 산 주위 지경(출애굽기 19:12)
- 성막 친 장소(출애굽기 26장)
- 12돌 기념 기둥(출애굽기 24:4)
- 하나님이 지나가신 바위틈(출애굽기 33:22, 시편 94:22, 열왕기상 19:11)
- 광야 산에 흐르는 물(신명기 9:21)
- 아론의 금송아지 단(출애굽기 32장)
- 미사일 기지(론 와이어트의 비디오에 의하면 성산에는 현재 레이더 미사일 기지가 있을 것이다.)

라오즈산 입구의 표지판

산길을 굽이굽이 돌아 남쪽으로 달리는데 좌우에 보이는 산과 광야가 황량하기 이를 데 없었다. 아쉬 샤라프에서 좌회전하여 30km 쯤 지났을 때, 멀리 여러 산봉우리들 가운데 왼쪽 산 정상에 가물거리는 둥그스레한 물체가 시야에 들어왔다.

"여보! 저것 좀 봐!"

나는 졸고 있던 아내를 다급하게 깨웠다. 차를 도로변에 세우고 주위를 둘러보았다. 아무도 없는 것을 확인하고 얼마 전 러시아에서 온 메카 순례자로부터 사들인 천체 망원경을 찾아 드는데 갑자기 손이 파르르 떨렸다. 그것이 성산 위에 있다는 미사일 기지일 수 있다는 생각이 들자, 순간 온몸에 전율이 일었다. 망원경을 길게 펴들었다. 접안시킨 뒤 흐릿한 초점을 조금씩 맞추어 나갔다. 역시 미사일 기지가 맞았다.

라오즈산 라오즈산의 레이더 기지가 어렴풋이 보인다.

54

'아, 저것이 미국과 사우디아라비아가 1985년 비밀리에 협정을 맺고 만든 레이더 기지구나!'

타북 지역에서 제일 높은 산인 라오즈산은 해발 2,400m가 넘는다. 산봉우리에서 이스라엘, 이집트, 요르단, 시리아가 육안으로 내려다보인다. 1985년 미국과 사우디아라비아가 '평화의 방패(Peace Shield)' 라는 조약을 체결했는데, 그 중에 라오즈산에 감시용 레이더와 방어용 미사일을 설치하자는 내용이 있었다. 그래서 4층 높이 정도의 탑 2개가 공사되었다. 공사비로 무려 200억 달러가 사용되었으며, 시행국은 미국이었다.

그 뒤로 사우디아라비아는 곧바로 중국으로부터 핵을 장착할 수 있는 액체 연료 추진 단탄두 미사일 28기를 '동풍' 이라는 배로 홍해변 카디마 항구로 들여와 이 산 정상에 설치했다. 이 미사일은 사정권이 4,000km나 되며, 현재 이스라엘과 이라크 등 몇 나라를 겨냥하고 있다.

사우디아라비아 정부는 그 산 주위를 특수부대와 비밀경찰대, 베두인 (Bedouin: 아라비아 반도 내륙을 중심으로 시리아 · 북아프리카 등지의 사막에 사는 아랍계 유목민) 들을 훈련시켜 개미 한 마리 얼씬하지 못하도록 철통같은 경계를 펴고 있었다.
"여보, 바로 저기야! 저기가 하나님이 모세에게 십계명을 주신 시내산이야!"

저곳이 바로 하나님께서 친히 강림하신 후 모세를 불러 세우시고 십계명을 주신 시내산이라는 사실을 과연 미국은 알고 있었을까? 고도로 발달된 위성은 지붕 위에 있는 골프공도 찾을 수 있다는데, 다 알면서 눈감아 주고 있는 것인지, 아니면 모종의 거래가 있었는지 알 길이 없었다. 어찌 되었건, 저 성스런 곳에 미사일 기지를 설치한 사실이 용납되지 않았다.

와디 무사를 따라가기만 한다면 저 산에 오를 수 있을 것이다. 우리는 큰 도로를 벗어나 좌회전을 하고 와디 무사로 추측되는 곳을 향해 무작정 나아갔다. 베두인의 자동차 바퀴 자국을 따라 비포장도로로 서행하면서 2~3km 정도 들어서는데 멀찌감치 자동차 한 대가 우리 쪽으로 질주해 오고 있었다. 주위를 살폈으나 광활한 사막의 먼지바람만 횡 하니 지나쳤다. 자동차를 세우고 오른손으로 왼쪽 조끼 안주머니를 더듬어 보았다. 찾고 있던 권총이 손에 잡히자 다시 손을 뺐다.

출발하기 며칠 전 일이다. 허리 디스크 치료 중인 셰이크(족장)인 칼리드에게 말했다.

"일주일 뒤에나 다시 치료를 할 수 있겠습니다. 우리 가족이 북쪽 지방으로 여행을 떠나기로 했거든요. 다녀오는 대로 연락 드리겠습니다."

그가 다시 물었다.

"북쪽 어느 지역으로 여행을 떠납니까? 함께 가는 사람이 있습니까?"

"타북 지역으로 떠납니다. 우리 가족끼리만 갑니다."

그의 안색이 굳어졌다.

"그쪽은 베두인이 많이 삽니다. 그 사람들은 떠돌이 생활을 해서 법도 잘 지키지 않소. 특히 아녀자와 함께할 때는 무척 조심해야 하오. 만약을 위해 총기를 휴대하는 것이 좋을 것이오. 왕자에게 부탁해서 총을 한 자루 가지고 떠나시오."

나도 베두인에 대해서 들은 바가 있었다. 중동 사람들은 결혼을 하려면 결혼 지참금을 준비해야 한다. 남자는 결혼할 여자의 아버지에게 금이나 돈, 양, 낙타 등을 주고 딸을 데려와야 하기 때문에 상당량의 금전이 필요하다. 돈이 없어 평생 혼자 사는 사람들이 있는가 하면 돈이 많은 사람은 코란에 명시되어 있듯이 부인을 네 명까지 데리고 살 수도 있다. 그러다 보니, 돈이 없어 결혼을 못하는 사람들 사이에 동성연애가 흔하다. 양치는 목동 베두인은 양 무리 중에서 가장 잘생기고 깨끗한 암놈 하나를 선택하여 옆에 끼고 자면서 수

간을 한다는 이야기도 들었다.

"그런데 지금 왕자님은 오스트리아에서 휴가 중이세요."

"내 총이라도 줄 테니 가지고 가십시오."

하지만 총기를 함부로 소지할 수도 없고 해서 극구 사양하고 말았다.

그날 밤 아내와 나는 잠자리에 누워 일정을 의논하면서 준비물을 하나하나 꼽아 보았다. 텐트, 나침반, 전등, 가스등, 쌀, 아이들 간식, 밑반찬, 구급약, 사우디아라비아 전역 지도와 타북 지역 대·소형지도, 성경에서 뽑은 자료들(미디안과 시내산과 호렙산 관련), 자동차 부착용 냉장고, 고기 잡을 때 쓸 작살(삼지창), 물안경, 카메라 2대, 비디오카메라 등이었다.

이것저것 생각하다가 기도를 하는데, 낮에 칼리드가 한 말이 자꾸 기억났다. 하지만 옆에 누워 있는 겁 많은 아내에게는 도저히 말할 수 없었다. 날이 밝으면 시내 상점에서 모조 권총이라도 살 작정을 하고 잠을 청했다.

다음날 아침 일찍 시내로 나가서 온 상점을 뒤지다시피 했으나 권총을 찾을 수 없었다. 할 수 없이 집으로 돌아와 여행에 필요한 물건들을 챙겼다. 아내는 부엌에서 밑반찬을 만드느라 뚝딱거리고 아이들도 자기들의 짐을 준비하느라 바빴다. 나는 그날 밤 잠자리에 들기 전 침대 모서리에 손을 얹고 하나님께 그 어느 때보다 진지한 기도를 드렸다.

"자비로우신 하나님, 지금까지 저희와 동행하신 하나님께 찬양을 드립니다. 하나님 아시죠? 저희가 내일 예배 후 하나님의 인도하심을 따라 하나님께서 불과 구름과 천둥소리로 강림하셨던 그곳으로 갑니다. 일찍이 우리가 살아가는 데 꼭 지켜야만 할 십계명을 직접 쓰셔서 믿음의 선조인 모세에게 주셨던 그 산과, 홍해를 갈라 애굽 군대에 쫓기는 이스라엘 백성들을 탈출시키시고 가나안으로 인도하신 하나님의 역사가 살아 있는 그곳을 보기 위해 떠나려고 합니다. 초행길이지만 어려움을 겪지 않게 하시고, 가는 곳마다 준비해 두

신 꼭 필요한 사람들을 만나게 하소서. 모세에게 보여 주신 것과 같이 불기둥과 구름기둥으로 저희들을 인도해 주시고, 돌아오는 길에는 저희 모두가 은혜로 충만하게 하옵소서. 살아 계신 예수님의 이름으로 기도드립니다. 아멘."

기도를 마쳤을 때 칼리드가 한 말이 또다시 떠올랐다. 아내 몰래 아이들 공부방에 불을 켜고 막내 철웅이의 장난감 상자를 방바닥에 쏟았다. 로봇이며 자동차, 인형, 퍼즐 등 잡동사니 속에서 오래 전 5리얄을 주고 산 플라스틱 권총이 보였다. 얼른 집어 들고 살펴보니 실물 크기의 38구경 권총처럼 보여 여행 조끼 주머니에 넣어 두었다.

조금 전 주머니에서 확인한 총이 바로 그 권총이다. 저렇게 사막길을 질주하는 걸 보면 위험할지도 모를 거라는 생각이 들어 몰래 무기 점검을 해 본 것이지만, 하나님을 믿는 우리를 누가 어찌하랴.

대낮이지만 자동차의 상향 라이트를 켜고 그들이 접근하기를 기다렸다. 먼지 속에 나타난 그들은 우리를 힐끗 쳐다보고는 지나쳤다. 베두인이었다.

✝ 금을 캐러 다니는 베두인

2km 정도 산속으로 들어가자 멀리 로뎀나무 한 그루가 보이고, 그 아래 흰 옷을 입은 사람들이 어렴풋이 눈에 들어왔다. 그쪽으로 차를 접근시키며 살펴보니 50세쯤으로 보이는 베두인 세 사람이 나무 그늘에서 쉬고 있었다.

"쌀라 말라이꿈(신의 은총을 빕니다)."

하나님의 이름으로 평안을 비는 인사를 하자 그들도 금세 반가운 기색으로 평안을 빌어 주었다.

"말라이꿈 쌀람(당신에게도 신의 은총을)."

내가 중학생일 때 아버지는 강원도 삼척 장성이라는 탄광지에서 '동해 한약방'을 운영하셨다. 하루는 아버지가 나를 조용히 불러 앉히시고는 사람의 관상보다는 인상이 중요하다며 사람의 얼굴을 보면 그 사람의 생활 습성에서부터 주위 환경과 건강 상태까지 알 수 있다고 하셨다. 나도 한의사가 되어 수많은 사람들을 만나고 치료하면서 또 서적을 통해서 사람 보는 법을 익혀 왔다.

보아하니 그들의 행색은 베두인이 분명한데, 주위를 돌아봐도 낙타나 양은 한 마리도 보이지 않았다. 대신 찌그러진 미쯔비시 픽업트럭 한 대만 보여 도대체 뭘 하는 사람들인지 궁금했다. 인상이 좋아 보이지 않아 차에서 내리지는 않고 손짓하자 한 사람이 자동차 쪽으로 다가왔다.

"친구!"

내가 먼저 말을 건넸다.

베두인은 아무에게나 친구라고 부른다. 1970년대 후반, 한창 중동건설 붐이 일 때 수십만 명의 한국 근로자들이 여기 사우디아라비아로 건너왔다. 한국 근로자들이 영어도 아랍어도 하기 힘드니까 아예 한국말을 썼다고 한다. 그래서 지금도 상술에 능한 아랍 상인중에는 한국말을 유창하게 하는 사람들이 많다. 이들은 한국 사람처럼 보이면 "친구! 친구! 오이 있어. 열무 있고 호박도 있어. 싸다 싸!" 하고 흥정을 하다가 돌아서면 뒤에서 "에이 또라이, 돈 없어!" 하고 핀잔을 주었다.

운전대 옆으로 다가온 베두인에게 물었다.

"혹시 와디 무사가 어딘지 압니까?"

그러자 그는 흥분된 눈초리로 말했다.

"단도직입적으로 말하겠소. 나와 동업합시다."

무슨 말인지 몰라 의아해하는데, 그가 서둘러 말을 이었다.

"50:50으로 합시다!"

처음 사우디아라비아 생활을 시작했을 때는 아랍어로 내 이름조차 읽지 못했다. 2년 남짓 지나면서 뉴제다 병원에서 환자를 볼 때의 일이다. 간호사가 여자 환자가 전화로 나를 찾는다고 해서 수화기를 건네받았다. 아랍어로 여러 가지 질문을 하는데, 전혀 알아들을 수 없었다. 아무래도 "이러이러한 병도 침으로 치료할 수가 있습니까?"라는 질문 같았다. 그래서 "마담이 이리로 오면 살펴보고 말해 주겠습니다." 하고 말했다. 그러자 깔깔거리는 웃음소리가 끊어지질 않기에 옆에 있던 간호사에게 통역을 부탁했다. 그 여성은 생리 불순도 침으로 치료가 가능한지 물었다는 것이다.

그럴 때도 있었지만, 이제는 아랍어로 환자도 보고 사업 이야기며 정치적인 이야기도 할 수 있을 만큼 의사소통에 전혀 어려움이 없었다. 그런데 도대체 이 사람의 말은 알아들을 수 없었다. 베두인이 다시 한 번 물었다.

"당신 보물 캐러 왔지?"

와디 무사를 찾는 내게 이 베두인이 무슨 연고로 50:50을 운운하는 것인지 황당하기 그지없었다. 나는 다시 물었다.

그러고 보니, 여행을 떠나기 전에 내 친구가 했던 말이 갑자기 생각났다. 라오즈산 등반 계획을 세우기 몇 주 전, 동자부(광산자원부)에 근무한 적이 있는 시리아 사람이며 지질학자인 친구에게 전화를 걸어 라오즈산에 관한 정밀 지도가 있으면 좀 구해 달라고 했다. 그날 밤 친구가 찾아와 한다는 말이 이랬다.

"나와 함께 가자."

시치미를 떼고 이유를 물었다.

"내가 동자부에 근무할 당시 들은 이야기인데, 이스라엘 백성이 홍해를 가로질러 모세와 함께 라오즈산에 당도한 뒤, 모세가 십계명을 받으러 산에 올라가서 40일을 하나님과 함께 있었잖아. 그런데 모세가 십계명을 들고 내려왔을 때 이스라엘 백성이 아론과 함께 금송아지를 만들어 제사 지내는 모습을 본 거야. 너무 화가 나서 금이 악을 부른다며 이스라엘 백성이 이집트에서 출애굽할 때 가져온 금을 모두 수거해서 꼭 필요한 만큼만 남기고는 라오즈산 근처 어디엔가 묻어 버렸대. 정부에서도 비밀리에 고고학자와 내무부가 함께 베두인들의 안내로 몇 차례 조사했다지, 아마. 내가 금속 탐지기를 살 테니 함께 가자.”

상상치도 못했던 너무 황당한 말이라서 나는 “다음에 기회를 만들어 보자.”고 말하고는 그 친구에게서 지도만 받았다.

그렇다면, 지금 앞에서 50:50을 운운하는 이 베두인들은 틀림없이 바로 그 보물을 캐러 다니는 친구들일 것이다.

“여호와께서 모세에게 이르시기를 이스라엘 자손에게 이르라 너희는 목이 곧은 백성인즉 내가 순식간이라도 너희 중에 행하면 너희를 진멸하리니 너희는 단장품을 제하라 그리하면 내가 너희에게 어떻게 할 일을 알겠노라 하셨음이라 이스라엘 자손이 호렙산에서부터 그 단장품을 제하니라”(출애굽기 33:5-6). 출애굽기 32장의 아론의 금송아지 사건이 있은 뒤, 실제로 단장품을 회수하여 호렙산 근처 어디에 묻어 버렸는지, 아니면 귀고리나 팔찌나 반지 같은 단장품을 따로 보관한 것인지는 알 수 없다. 하지만 출애굽기 36장에서 성막과 성소에 진열될 각 기구들을 만들 때에 각종 보물들이 쓰인 것을 보면 호렙산 근처에 지금까지 그 금붙이들이 묻혀 있다고 보기는 어렵지 않을까. 그러나 한편으로는, 만약 정밀 조사를 한다면 수백만 명에 달하는 이스라엘 백성이 11개월 동안 생활했던 곳에서 금붙이가 얼마나 발견될지 궁금하기도 했다.

“와디 무사를 압니까?”

“이 강줄기가 와디 무사요.”

‘주님! 감사합니다. 지도만 보고 무작정 찾아왔는데 여기가 와디 무사라니요!’

그 강가에 우리 가족이 함께 서 있다는 사실이 너무도 감격스러웠다. 하나님께 감사하지 않을 수 없었다. 나는 다시 베두인에게 물었다.

"그렇다면 혹시 라오즈산도 압니까?"

그러자 그는 대뜸 정색을 하면서 모른다고 했다. 나는 얼른 분위기를 바꾸어 보물 이야기를 다시 꺼냈다.

"진짜로 금을 발견하면 반반으로 나눌 수 있는 거요?"

"틀림없이 약속을 지키지. '알라' 의 이름으로 맹세해요."

나는 다른 것을 얼른 물었다.

"혹시 바위에 소 그림이 조각되어 있는 곳이 어딘지 알고 있소?"

내가 바위에 새겨진 소 그림을 찾았던 이유는 바로 거기가 아론의 금송아지 제단이 있었던 곳이라는 증표이기 때문이었다.

"거기는 갈 수 없어. 군인들과 경찰들이 깔려 있어서 곧바로 감옥행이야."

그러면서 멀찌감치 떨어진 다른 베두인들을 슬쩍 돌아보았다. 나는 이 친구들이 뭔가 알고 있으면서 감추려 한다는 것을 알 수 있었다.

"하지만 바위에 다른 그림이 있는 곳은 알아요. 굉장히 오래 전에 야후드(이스라엘) 백성이 머물렀던 곳인데…."

그가 말을 하다가 멈칫했다. 나는 얼른 냉장고 속의 시원한 물 세 병을 그에게 주면서, 거기로 안내를 부탁했다. 그는 돈을 요구했다.

"얼마면 가겠소?"

"500리얄!"

"너무 많은데."

"40km 정도 가야 하는 거리요."

우리는 결국 200리얄로 합의를 보았다. 흥정을 하면서 아내를 바라보는 그의 눈초리가 심상치 않았다.

"우리가 먼저 출발할 테니 곧장 따라오시오."

베두인이 말했다. 옆에 앉아 있던 아내가 대화 내용을 듣고는 그 사람들과 같이 안 갔으면 했다. 뒷좌석에 있던 아이들도 무서워했다. 베두인이 우리 가족끼리 하는 말을 알아들은 듯 말했다.

"마담, 마피 무시낄라(부인, 걱정하지 마세요)."

그런 상황에서는 내 신분을 밝혀 두는 것이 좋을 것 같았다.

"나는 마지드 빈 압둘 아지즈 왕자의 주치의요. 왕자의 여행증명서도 있소."

나는 금물로 사우디아라비아 정부 마크가 선명하게 프린트된 서찰을 베두인에게 보여 주었다. 그는 얼른 펼쳐들더니 줄줄 읽어 보고는 엄지손가락을 치켜들어 보였다. 그가 서찰을 돌려주는 순간 나는 얼른 안주머니 속에 들어 있던 장난감 총을 살짝 보여 주었다. 그가 한 발짝 뒤로 물러서면서 말했다.

"친구, 대단하다!"

'자식들! 장난감 총을 진짜 총으로 착각하고 있구면.'

혼자 생각하며 베두인의 차를 뒤따르기 시작했다.

🌲 아라비아인의 상술

갑자기 뒷좌석에 앉아 있던 막둥이 철웅이가 "아빠! 그 총 진짜예요?", 둘째 딸 은설이는 "아빠! 그 총 가짜죠?", 큰딸 은지는 "아빠! 그 총 왕자가 줬어요?"하고 물었다. 나는 얼른 "이 총은 하나님이 주셨다."라고 말할 수밖에 없었다. 아내를 보니 눈을 감고 있는 것이 기도를 하는 것 같았다.

앞서가는 베두인들의 차를 뒤따르다 보니 우리는 온통 먼지 속을 달리고 있었다. 와디 무사 너비는 어림짐작으로 족히 1km 남짓해 보였고 좌우로는 작고 큰 산들이 병풍을 두르듯 산맥을 이루고 있었다. 하지만 풀 한 포기 보이지 않는 전형적인 사우디아라비아 산이었다. 언제부터 이 강을 와디 무사라고 불렀는지는 아무도 모른다. 아마도 베두인의 입에서 입으로 전해 오던 것을 그대로 사용하는 것이겠지.

3,500여 년 전, 이스라엘 백성은 바로 왕에게서 풀려난 뒤 라암셋을 출발해 모세를 선두로 이 강을 거슬러 시내 광야로 나아갔으리라. 성경학자들은 그 수를 노약자와 아녀자들을 제외한 장정 60만 명과 중다한 잡족(출 12:37-38)을 합쳐 250~300만 명으로 추산한다. 양과 소와 많은 생축들도 그들과 함께했으리라. 바로 눈앞에 그들의 웅장한 행렬이 그려졌다.

30여 분을 뒤따라가는데, 그들이 차를 세우더니 앞에 보이는 바위가 이스라엘 백성의 그림이 있는, 우리가 찾는 바위라고 했다. 흥분된 마음으로 차를 몰아 바위를 한 바퀴 돌아보았으나 아무것도 없었다. 나는 항의했다.

"나를 속였잖아!"

"100리얄을 더 주면 거기까지 틀림없이 데려다 주겠소."

역시 전형적인 아랍 상인의 모습을 그대로 보여 주고 있었다. 그들의 표정을 보니 당당하기 그지없었다. 그렇다고 중도에서 포기할 내가 아니었다.

'우리 한국 사람을 잘 모르는군. 우리나라는 기름 한 방울 나지 않고 자원도 부족한 나라지만 머리와 부지런함으로 선진국 대열에 드는 나라가 되었지. 너가 100리얄을 더 요구한다고 내가 줄 것 같으냐?'

나야말로 당당하게 말했다.

"친구! 그렇다면 당신들이 먼저 약속을 어겼으니 지금까지 헛수고했다고 생각하고 그냥 돌아가시오. 나는 1리얄도 더 줄 수 없을 뿐 아니라, 설사 내가 금을 캐더라도 한 조각도 당신들에게 주지 않겠어."

그러자 베두인의 얼굴은 사색이 되어 처음 약속한 만큼만 달라고 했다. 나에게 한방 맞은 그들은 금세 순한 양이 되었다.

"처음에 200리얄을 약속했는데, 지금은 당신들을 믿기 어려워. 그러니 100

리얄에 데려다 주면 가고, 그렇지 않으면 우리가 알아서 찾아가겠소."

그랬더니 그들은 아무 말도 하지 않고 다시 차를 몰고 앞장섰다. 아내가 우스웠던지 오랜만에 키득키득 소리 내어 웃었다. 자동차 오디오의 가스펠송에 맞추어 아이들은 손뼉을 치고 엉덩이까지 들썩거리며 찬양하는 통에 자동차가 흔들리기까지 했다.

'하나님 오늘 우리에게 무엇을 보여 주시렵니까? 이스라엘 백성이 광야생활 40년 동안 남긴 흔적이 3,500년이 지난 지금까지 남아 있을까요?'

베두인의 상술에 말려들지 않았다는 것도 기쁘지만, 이스라엘 백성의 광야생활의 흔적을 찾을 수 있다는 기대감 때문이었다. 하나님이 우리와 함께만 하신다면 그 흔적의 일부라도 발견할 수 있으리라.

✝ 구름기둥을 만나다

몇 킬로미터나 왔는지 모르지만, 와디 무사를 따라 험준한 산속을 달렸다. 물기 없는 메마른 땅, 앞서가는 베두인 차의 흙먼지를 계속 뒤집어쓰면서 뒤따라갔다. 여기저기 산들이 줄을 이어 지나갔다. 어느 산이 우리가 찾는 라오즈산인지 쉽게 알아낼 수 있을 것 같지 않았다.

앞서가던 베두인의 차가 우측 깜빡이를 켜고 길을 따라 도는데, "여보! 여보!" 하고 아내가 소리쳤다. 아내가 손으로 가리키는 곳을 보는 순간, 나는 내 눈을 의심했다. 이럴 수가! 하늘이 이렇게도 맑디 맑은데 오직 저 산 위에만 구름기둥이 있다니. 놀라운 일이 아닐 수 없었다. 그냥 죽 퍼져 있는 그런 구름이 아니라 하늘 쪽은 산 쪽보다는 약간 넓고 내려오면서 점점 좁아지는 기둥 모양을 하고, 산 정상 전체의 10% 정도를 가리고 있었다. 그 순간 내 마음에 저 산이 시내산이라는 이상한 확신이 들었다.

라오즈산에 걸린 구름기둥 하나님은 구름기둥으로 우리에게 거룩한 산을 알려 주셨던 게 분명하다.

"여보! 무슨 생각이 떠오르지 않아요?"

내가 말문이 막혀 아무 소리도 못하고 있는데 아내가 물었다.

"그럼, 떠오르고 말고! 나도 당신 생각과 같아. 우리 예수 믿는 사람들은 저런 현상을 자연 계시라고 하지."

"오, 하나님! 우리는 너무 부족하고 죄악으로 얼룩져 있는데, 우리 같은 연약한 자들에게 이 놀랍고도 엄청난 것으로 확신을 주시니 감사합니다."

'가자! 바로 저기 보이는 저곳으로!'

뭔가 하나님께서 주시는 새로운 희망의 메시지가 먼 길을 달려온 우리를 기다리고 있을 것 같았다. 산이 점점 가까워지면서 흥분된 마음을 억누를 수 없었다. 그러나 한편으로는 두려운 마음도 들었다.

하나님이 시내산에 강림하실 때 백성들로 하여금 옷을 빨게 하시고 성결케 하시며, 3일을 기다리게 하셨다. 그리고 사면으로 지경을 정하게 하시고 산을 오르거나 그 지경을 범하면 정녕 죽는다고 경고하셨다. 3일째 되는 날 아침에 우레와 번개와 빽빽한 구름이 산 위에 있고 나팔소리가 심히 크게 들렸다. 모세가 하나님을 맞으려고 나오자 연기가 떠오르고 온 산이 크게 진동을 하면서 불 가운데서 여호와 하나님이 강림하셨다고 말씀하신다(출애굽기 19:10-19).

떨리는 마음을 가라앉히는 순간, 지금까지 살아오면서 저지른 숱한 죄들이 영화처럼 뇌리를 스쳐 지나갔다. 눈앞에 보이는 산에 도저히 접근할 수 없을 것 같아 이 죄인을 용서해 달라고 마음으로 기도하며 나아갔다. 온몸이 떨려 왔다. 하나님께서 우리를 위해 구름기둥을 보여 주셨다는 사실에 감격하지 않을 수 없었다.

어느덧 베두인의 차는 산 아래 약간 경사진 비탈길을 오르며 멈춰 섰다. 우리도 흥분된 마음을 차분히 가라앉히며 그들의 뒤를 쫓아 차를 세웠다. 이곳은 와디 무사 줄기의 발원지라 할 수 있는 마지막 골짜기 지점이었다.

✝ 돌무더기에 새겨진 그림들

그들을 따라 차에서 내리자 출발하기 전에 나와 대화를 나누었던 베두인 친구가 내 손목을 잡아끌면서 바닥을 살피더니 손가락으로 한 곳을 가리켰다. 거기에 내 시선이 멎었다.

두근거리는 마음을 간신히 진정시키고 다가가 보니 불에 탄 듯도 하고 그을린 듯도 한 새카만 돌 위에 그림이 선명하게 새겨져 있었다. 베두인이 옆에 있는 돌무더기를 뒤적거리더니 또다시 나를 불렀다. 거기에도 조금 전에 본 것과 유사한 그림이 있었다. 돌무더기를 헤치자 그림이 새겨진 돌들이 나타났다. 수천 년이 지난 것 같았다.

나는 가족들을 불러 그것을 카메라와 비디오에 담기 시작했다. 반복되는 몇 가지 그림들을 자세히 살펴보니 유대인의 전통적인 여러 개의 신발(샌들)과 함께 신발 끈이 모두 풀어져 있는 그림이었다. 그 그림들이 무엇을 뜻하는지 베두인에게 물어보았으나 고개만 살래살래 흔들 뿐이었다.

'왜 이런 그림을 그려놓은 것일까? 이 산은 신을 벗어야만 하는 거룩한 산이라는 뜻일까? 신을 벗는다는 것은 무슨 뜻일까?'

예수님께서 십자가를 지시고 갈보리로 향하실 때 신을 벗으셨다. 주님은 당신이 곧 하나님이신데도 가장 천한 모습으로 우리 죄를 대신하기 위해 십자가를 지시고 골고다로 향하셨으며, 무거운 십자가 아래 주님의 발에는 신발조차 없었다. 모든 것을 포기하고 오직 연약하기 짝이 없는 종의 모습 그대로였다.

다윗 왕이 자기 아들 압살롬에게 쫓길 때 맨발이었다. "다윗이 감람산 길로 올라갈 때에 머리를 가리우고 맨발로 울며 행하고 저와 함께 가는 백성들도 각각 그 머리를 가리우고 울며 올라가니라"(사무엘하 15:30). 또 룻기에는 "옛적 이스라엘 중에 모든 것을 무르거나 교환하는 일을 확정하기 위하여 사람이 그 신을 벗어 그 이웃에게 주더니 이것이 이스라엘의 증명하는 전례가 된지라"(룻기 4:7)는 말씀이 있으며, 예수님의 말씀 중에도 집 나간 탕자가 돌아왔을 때 "아버지는 종들에게 이르되 제일 좋은 옷을 내어다가 입히고 손에 가락지를 끼우고 발에 신을 신기라"(누가복음 15:22)는 구절이 있다.

위 구절을 종합해 보면 신을 벗는다는 것은 크게 두 가지의 함축된 뜻이 있음을 알 수 있다. 하나는 자기의 권리 주장을 전혀 하지 못하는 종으로서의 모습이며, 또 하나는 그것을 약속의 징표로 삼았다는 것이다. 하나님은 "여호와께서 그가 보려고 돌이켜 오는 것을 보신지라 하나님이 떨기나무 가운데서 그를 불러 가라사대 모세야 모세야 하시매 그가 가로되 내가 여기 있나이다 하나님이 가라사대 이리로 가까이 하지 말라 너의 선 곳은 거룩한 땅이니 네 발에서 신을 벗으라"(출애굽기 3:4-5).고 말씀하시며, 호렙산에서 모세에게 위엄을 보이시고, 거룩한 하나님의 산에서 모세를 종으로 삼으셨다는 것과 다시 그곳

으로 돌아올 것이라는 증
표를 동시에 보여 주
시기 위해 하나님은
모세에게 신을 벗으라
고 하신 것이다. 나는
그 바위그림을 보며
가시떨기나무 앞에 선
모세처럼 온몸을 떨지 않
을 수 없었다.

끈이 풀린 신발 바위그림

　이스라엘 백성이 신광야에서
출발하여 르비딤에 장막을 쳤으나, 마실 물이 없었다. 그들의 원성이 높아지
자, 모세는 하나님께 부르짖었다. 그러자 하나님은 모세에게 지팡이를 잡고
반석을 치라고 하신다. 그 뒤에 모세는 백성들을 호렙산 앞에 앉혀 놓고 이렇
게 긴 설교를 시작했을 것이다.

　"여러분들도 아시다시피 나는 히브리인으로 태어났지만 바로의 왕궁에서
자랐고 애굽의 모든 문물을 다 배웠습니다. 하지만 나는 한 번도 히브리인의
하나님과 내가 히브리인이라는 사실을 잊어본 적이 없습니다.

　그러던 어느 날 내 동족의 고역을 보려고 나갔다가, 애굽인이 내 동족을 치
는 것을 보고 참을 수 없어서 그 애굽인을 쳐 죽여 모래에 묻었습니다. 다음 날
다시 그 자리에 나갔다가 히브리인끼리 싸우는 모습을 보고 잘못한 사람을 꾸
짖었더니 그 사람이 내게 '어제는 애굽 사람을 죽이더니 오늘은 나를 죽이려
하느냐? 누가 너를 우리의 주재와 법관으로 삼았느냐?' 면서 덤벼들었습니다.
그 전날 애굽인을 죽인 사실이 이미 탄로가 났을 뿐 아니라 바로 왕마저도 나
를 죽이려고 하기에, 나는 애굽 땅을 떠나 여기 미디안 땅으로 도망쳤습니다.

여기에서 그리 멀지 않는 곳에 있는 미디안 제사장 이드로의 딸 십보라와 결혼하여 함께 살았습니다. 그렇게 산 지 40년이 지난 어느 날, 양을 먹이려고 이리저리 다니다가 바로 여기, 하나님의 산 호렙으로 인도함을 받았습니다. 여러분이 보시는 바로 저 가시떨기나무에 불이 붙어 있었는데 나무는 타지 않고 불꽃만 일었습니다. 하도 신기해서 그 광경을 더 자세히 보려고 가까이 가는데 하나님께서 나를 부르셨습니다. 두려워서 꼼짝 못하고 서 있는데 하나님께서 내게 말씀하셨습니다.

'너의 선 곳은 거룩한 땅이니 네 발에서 신을 벗으라.' 하시기에 신을 벗자 '내가 애굽에 있는 내 백성의 고통을 정녕히 보고 그들이 그 간역자로 인하여 부르짖음을 듣고 그 우고를 알고 내가 내려와서 그들을 애굽인의 손에서 건져 내고 그들을 그 땅에서 인도하여 아름답고 광대한 땅, 젖과 꿀이 흐르는 땅 곧 가나안 족속, 헷 족속, 아모리 족속, 브리스 족속, 히위 족속, 여부스 족속의 지방에 이르려 하노라.' 하셨습니다.

또한 '이스라엘 자손의 부르짖음이 내게 달하고 애굽 사람이 그들을 괴롭히는 학대도 내가 보았으니 이제 내가 너를 바로에게 보내어 너로 내 백성 이스라엘 자손을 애굽에서 인도하여 내게 하리라.' 하시기에 내가 하나님께 '내가 누구인데 바로에게 가며 이스라엘 자손을 애굽에서 인도하여 내겠습니까?' 했더니 '내가 정녕 너와 함께 있으리라 네가 백성을 애굽에서 인도하여 낸 후에 너희가 이 산에서 하나님을 섬기리니 이것이 내가 너를 보낸 증거니라.' 하셨습니다. 나는 '내가 이스라엘 자손에게 가서 이르기를 너희 조상의 하나님이 나를 너희에게 보내셨다 하면 그들이 내게 묻기를 그의 이름이 무엇이냐 할 텐데 어떻게 대답하면 될까요?' 했더니 '나는 스스로 있는 자니라. 스스로 있는 자가 나를 너희에게 보내셨다 하라.' 하셨습니다.

사실 나 같은 사람이 어떻게 그렇게 큰 역사를 이룰 수 있을까 걱정하면서 하나님께 보낼 만한 자를 보내라고 했더니 내가 홍해를 가를 때도 사용했던 이 지팡이를 던지라고 하셨습니다. 그래서 던졌더니 지팡이가 뱀으로 변하고, 다시 꼬리를 잡으라고 하시기에 꼬리를 잡았더니 다시 지팡이로 변하는 놀라운 하나님의 역사를 바로 이 자리에서 보여 주셨습니다.

여러분, 돌이켜 보면 그 강퍅한 바로왕의 손에서 우리를 구해 내시고 낮에는 구름기둥으로, 밤에는 불기둥으로 우리를 인도하시며 홍해를 마른 땅 밟듯이 건너오게 하신 것 등 감사한 것뿐입니다. 이제 여호와 하나님께서 우리에게 약속하신 대로 '너희가 이 산에서 하나님을 섬기리니 이것이 내가 너를 보낸 증거니라.' 하신 말씀이 이루어졌습니다. 사랑하는 이스라엘 백성과 자손들이여! 이 위대하시고 놀라우신 야훼 하나님께 함께 찬양 드리지 않겠습니까?"

모세가 설교를 마쳤을 때 온 이스라엘 백성은 우레와 같은 박수와 함께 여호와 하나님을 향해 두 팔을 들고 찬양했을 것이다. 그리고 모세의 이야기를 기나긴 광야생활 동안 바위 위에 그림으로 남겨졌을 것이다.

☨ 바위에 새겨진 뱀 모양의 지팡이

누군가가 마음대로 쌓아 놓은 것 같은 여러 개의 돌무더기를 뒤지고 있는데, 베두인이 내 손을 잡아끌 듯이 오른쪽 산으로 데려갔다.

다시 오른쪽에 있는 산으로 조금 오르자 베두인이 가리키는 곳에 큰 바위에 새겨진 그림이 보였다. 많이 지워져 있었으나 자세히 관찰해 보고 베두인의 얘기를 종합한 결과, 그것은 지팡이 형태의 뱀의 모습이라는 것을 알 수 있었다.

모세가 호렙산에서 하나님이 처음으로 부르실 때 들고 있던 그 지팡이. 바로 왕 앞에서 애굽 술객들과 대결할 때, 홍해를 가르며 반석을 쳐서 물이 솟아나게 할 때 사용했던 그 지팡이. 아말렉과의 전투를 승리로 이끌었으며 광야

뱀모양이 그려진 바위그림

생활 사십 년을 인도했던 그 지팡이. 본래 그의 막대기는 황량하기 그지없고 먼지바람을 맞으며 늑대와 들개들을 쫓고 양들을 이리저리 몰아야 하는 마른 막대기에 지나지 않았다. 하지만 그 마른 막대기에 하나님의 능력이 함께하실 때 놀라운 역사가 일어났다.

바로 그 지팡이가 그려진 바위를 발견한 것이다. 그 외에도 몇 개의 그림들이 여기저기 있었으나 형태를 알아보기 힘들 정도로 훼손되어 있었다. 우리가 안타까워하자 베두인이 말했다.

"영국인인지 미국인인지 여기에 다녀간 뒤 정부에서 군인들을 동원해 산 전체를 돌며 바위에 있는 그림들을 지워 버렸어요. 작은 돌덩이들은 한 곳에 무더기로 묻거나 없앴죠. 나는 조상 대대로 이 주위를 돌아다니며 살고 있는데, 오래 전부터 구전으로 내려오는 이야기에 의하면 이스라엘 백성이 여기를 지나갔대요. 그래서 이 산을 알라(하나님)의 산이라고도 하고 무사(모세)의 산으로 부르기도 한대요. 여기서 멀지 않은 바드에 가면 모세의 장인 이드로의 집터가 있어요. 그런데 집터 전체를 철조망으로 둘러치고 고고학 지역이라고 부르며 출입을 통제하고 있죠."

'이런, 세상에! 아니 어떻게 이럴 수가 있단 말인가. 하나님께서 이 거룩한 땅을 언제까지 알라신에게 맡겨 두고 계실 것인지, 구약시대에는 직접 말씀하시기도 하고 즉시 형벌을 내리시기도 했는데….'

이미 사우디아라비아 정부 군인들에 의해 지워져 버린 그림들은 형체를 알아보기 힘들 정도였지만, 몇몇 군데에는 뱀 그림과 뱀 모양을 한 지팡이 그림이 그대로 남아 있었다. 그 바위그림들은 그곳이 이스라엘 백성들이 출애굽이후에 머물렀던 르비딤이라는 사실을 입증해 주고 있었다.

대부분의 그리스도인은 이드로의 양 무리를 치던 모세가 불타는 떨기나무에 임재하신 야훼를 만난 곳을 시내 광야에 있는 시내산으로 생각하고 있다. 하지만 좀 더 말씀을 자세히 관찰해 보면, 광야 서편이요 광야의 끝에 해당하는 곳은 르비딤이라는 것을 알 수 있다. "모세가 그 장인 미디안 제사장 이드로의 양 무리를 치더니 그 무리를 광야 서편으로 인도하여 하나님의 산 호렙에 이르매"(출애굽기 3:1).

이 말씀을 보면 하나님의 산은 호렙산이요, 호렙산은 곧 시내산이다.

"내가 거기서 호렙산 반석 위에 너를 대하여 서리니 너는 반석을 치라 그것에서 물이 나리니 백성이 마시리라 모세가 이스라엘 장로들의 목전에서 그대로 행하니라 그가 그곳 이름을 맛사라 또는 므리바라 불렀으니 이는 이스라엘 자손이 다투었음이요 또는 그들이 여호와를 시험하여 이르기를 여호와께서 우리 중에 계신가 아닌가 하였음이더라 때에 아말렉이 이르러 이스라엘과 르비딤에서 싸우니라"(출애굽기 17:6-8).

모세는 장인과 작별하고 르비딤을 출발하여 시내 광야에서 다시 진을 친다(출애굽기 19장). 그리고 시내 광야에서 금송아지 사건이 일어난다.

모세가 처음 떨기나무에 현현하신 하나님을 만나고 샌들을 벗은 거룩한 장소는 호렙산 뒤쪽이며 르비딤이다. 그곳에 많은 고대 암각화 중에 유난히 끈이 풀어진 샌들과 뱀 형태의 지팡이 그림이 많으며 여기저기 산재해 있는 것이다.

출애굽기 한 권만 보면 호렙산과 시내산을 명백하게 구분하고 있지만, 신명기에서부터는 뒤섞여 있다. 모세가 처음 가시떨기나무 불꽃 가운데서 하나님께 부름받은 곳, 그가 출애굽한 이스라엘 백성들을 이끌고 신광야를 떠나 도착한 곳은 호렙산이다. 하나님이 모세에게 법도와 율례를 주신 곳은 시내 광야 동편에 있는 시내산이다. 모세는 왜 이 산을 시내산이라고도 하고 호렙산이라고도 했을까?

나는 여러 차례 말씀을 비교하고 분석해 보았다. 고(古) 지도와 관련 자료들을 통해 알아낸 바로는, 같은 산인데 산의 동쪽과 서쪽 위치에 따라 이름을 다르게 부르는 것이다. 호렙산맥에 있는 산 하나를 시내산으로 불렀으리라고 추측할 수 있었다. 내가 갖고 있는 여러 장의 고지도 사본에는 라오즈산을 따라 서남쪽으로 내려가다가 끝나는 산을 호렙산(해발 1890m)이라고 분명히 명시하고 있었다. 또 '쓰나'에 가깝게 발음되는 '시나이'라는 아랍말은 낙타 등에 있는 두 개의 낙타 봉을 뜻한다. 한 산에 두 개의 봉우리를 역시 '시나이'라고 한다. 그렇다면 한 산에 두 개의 봉우리가 있다는 뜻에서, '시나이'산이라는 지명을 사용하기 시작했을 것이다.

그런데 현장에 직접 와 보니 이해가 갔다. 호렙산이든 시내산이든 산의 밑 둥지(Mountain Foot)는 시내 광야를 끼고 서 있었다.

우리는 뒤쪽의 작은 능선 위에 차를 세운 뒤, 베두인의 안내를 따라 이스라엘 백성의 흔적을 찾아보았다. 그 능선에는 더 이상 차로 갈 수 없는 낭떠러지 길이 있었으나 거기를 지나니 축구장 수십 개를 합쳐 놓은 것만큼이나 넓은 광야가 펼쳐졌다.

✝ 천둥과 번개 그리고 흑암

여기저기 정신없이 오르내리며 뒤지고 있는데 섬광이 번쩍하더니 "꽈르

릉!” 하는 소리가 귀를 찢었다. 너무 놀라 가족들을 돌아보니 아이들은 귀를 막고 있고, 아내는 정신이 나간 듯 나를 쳐다봤다.

맞은편 라오즈산 쪽을 보니 하늘에서부터 그 산 정상 쪽으로 또 몇 가닥의 번개가 떨어지고, 이어서 다시 천둥이 온 산을 뒤흔들었다. 먹구름이 어느덧 산중턱까지 가리고 있었다.

그렇게 가까운 곳에서 떨어지는 번개는 난생 처음이었다. 두려웠다. 온 사지가 부르르 떨리며 내 자신이 하나님의 위엄 앞에 완전히 발가벗겨진 것 같았다. 그렇게 맑던 하늘이 갑자기 흑암으로 변하는가 싶더니 라오즈산을 삼켜 버렸다. 후드득 떨어지는 굵은 빗방울이 죄로 가득 찬 내 몸을 두들겨댔다. 어느새 내 눈에는 회개의 눈물이 쏟아져 내렸다. 온몸이 떨려왔다.

“오! 주여! 이 시간 하나님께서 살아 역사하심을 봅니다. 세상의 물욕으로 가득 차고 오만하기 이를 데 없이 살아온, 세상의 온갖 더러움으로 가득 찬 이 죄인을 용서하옵소서.”

그 순간, 나를 대속하시기 위해 하늘 영광을 버리시고 골고다 언덕에서 가시관을 쓰시고 피 흘리시는 주님이 저 멀리서 나를 물끄러미 쳐다보시는 것 같았다.

“주여, 용서하소서! 저는 죄인입니다. 죽을 수밖에 없는 죄인입니다.”

다시 한 번 섬광이 눈앞을 가로지르더니 큰 천둥소리가 지축을 흔들었다. 바위가 곧바로 굴러 내릴 것만 같았다. 라오즈산을 오르고 싶은 마음이 순식간에 사라져 버렸다. 두려움과 하나님의 위엄 앞에 두 손을 들고 만 것이다.

주위를 둘러보니 이미 우리 가족들과 베두인들은 차 안으로 들어가고 없었다. 베두인이 차에서 손짓을 하기에 갔더니, 자기들은 이만 돌아갈 테니 약속한 돈을 달라고 했다. 돈을 주면서 내가 물었다.

“여기가 비가 자주 오는 지역입니까?”

"우기인 11월과 12월 사이는 5~6년에 한 번씩 비가 오지만, 우기가 지난 지 석 달이나 되었는데, 이 시기에 비가 오는 것은 내 평생에 처음 있는 일이오. 이렇게 이상한 구름을 본 것도 처음이고. 너무 무섭고 떨려!"

나는 처음 약속한 200리얄을 주면서 잘 가라고 인사를 했다. 그러자 돈을 못 받을 줄 알았었는지 일일이 손을 내밀며 악수를 청했다. 그들은 알라의 이름으로 축복을 빌며 떠나갔다.

"슈크란 자질란, 하이야 까알라(정말 감사합니다. 알라의 축복이 함께하시기를!)"

아이들과 아내도 빨리 그들을 따라 돌아가자고 했지만 나는 이 먼 길을 언제 또다시 올 수 있을까 하는 생각에 조금만 기다려 보자고 했다.

그들이 떠나고도 한참 동안 천둥과 번개가 치더니 서서히 구름이 걷히고 언제 그랬냐는 듯 뜨거운 햇볕이 쏟아졌다. 금세 사우디아라비아 날씨로 변한 것이다.

가족들과 다시 밖으로 나와 돌무더기를 들춰 가며 사진을 찍었다.

"아빠, 누가 이쪽으로 오고 있어요!"

아이들 말소리에 얼른 카메라를 감추었다. 고등학생쯤 되는 남자아이 두 명이 전통의상 차림으로 다가와 인사를 했다. 차림새도 깨끗하고 머리에 쓴 터번도 단정한 것으로 보아 베두인은 아닌 것 같았다. 말을 붙여 보았다.

"부모님은 베두인이고 저희는 타북에서 공부하고 있는 학생입니다. 하지 휴가로 집에 와 있습니다."

집이 어디냐고 물으니 손으로 가리키는데, 호렙산 뒤편에 천막으로 된 유목민의 집들이 보였다.

"그런데 이 깊은 산속에서 뭐하세요?"

"하지 휴가에 맞춰 그냥 여기저기 여행 중이야."

학생들을 의심하지 않아도 될 것 같았다. 나는 그들에게 음료수를 하나씩 주면서 바위에 그려진 그림에 대해 슬쩍 물어보았다.

"그림의 뜻은 전혀 모르지만 산에 있던 그림들을 전부 군인들이 지운 것은 사실이에요. 어른들 이야기로는 오래 전에 유대인이 여기 살면서 그렸다고 하던데요. 으이구, 이스라엘 놈들 다 죽여 버려야 해요."

갑자기 눈에 핏발이 서더니, 유대인이 팔레스타인 사람들을 몰아내면서 무기도 없는 사람들에게 마구 총질을 해댔다고 열변을 토했다.

나는 한참을 들어주고 나서 물었다.

"혹시 저 산 앞쪽으로 가는 길을 아니?"

"거기는 당신들 같은 사람들이 가면 곧바로 체포되어 감옥에 갈걸요. 갈 수 있다고 하더라도 산이 가로막혀 한참 돌아가야 해요. 그리고 와디 아비얏(W. Abyat: 하얀 모래 강)을 지나야 해요."

✝ 모세의 우물에 대해 듣다

갑자기 내린 비는 기류를 변화시켜 와디 무사 여기저기에 사막 회오리바람을 일으켰다. 우리는 들어갔던 길을 다시 돌아 나오면서 3,500여 년 전에 이스라엘 백성들이 체험했던 구름기둥과 천둥, 번개를 우리에게 보여 주시며 확신을 주신 하나님께 감사와 찬송과 영광을 올려 드렸다.

가물거리는 기억을 되살려 산 입구 쪽에 다 나와 갈 무렵, 우리를 안내했던 베두인을 처음 만났던 장소에서 다시 만났다. 먼발치에서 그들에게 손짓으로 인사하고 하얀 모스크를 왼쪽으로 돌아서 바드 쪽으로 향했다.

바드 마을 입구에 들어서자 바리케이드가 쳐진 검문소가 있어서 잠시 멈췄다. 경찰은 하지 휴가 중에 근무하는 것이 짜증이 났는지 그냥 통과시켰다. 마을 입구 쪽으로 조금 더 들어가서 기름도 넣고 와디 무사에 대해서 알아볼 겸 주유소에 잠시 들렀다. 사우디아라비아 사람이 나타났다. 재빨리 지도를 펼쳐 들며 인사를 청했다.

"와디 무사를 압니까?"

"저도 타지방에서 와서 잘 모릅니다."

그러자 기름을 넣고 있던 인도 사람이 대답해 주었다.

"바드 마을이 끝나는 지점쯤에 신호등이 하나 있는데, 거기에서 우회전을 하여 30km쯤 직진하면 마아끄나(Maqna)라는 마을이 있습니다. 거기에 가면 아무에게나 물어봐도 가르쳐 줄 거예요."

와디 무사를 갔다 오는 길에 확인하기 위해 물어본 것인데, 이 친구는 다른 쪽을 가리키면서 너무 확실하게 말하는 게 아닌가. 예사로이 넘길 일이 아니었다. 지도상에는 북쪽인데 무슨 소리냐고 내가 따져 묻자, 그는 알라신에게 맹세코 분명히 거기에 있다고 했다.

"친구도 거기에 가 봤어?"

"그럼. 몇 번이나 다녀온걸. 내 친구와 낚시하러 자주 가지."

사우디아라비아에 저수지나 강이 흔한 것도 아닌데 낚시라니….

"그렇다면 거기가 바닷가야?"

혹시나 했는데 인도 사람은 그곳은 바닷가이고 거기에 가면 멀리 육안으로도 이집트 시나이반도가 보인다고 했다.

"그럼 거기가 모세하고 무슨 상관이 있어?"

"에인 무사(Ain Musa: 모세의 우물)라는 곳이 있는데, 타 지방 사람들과 관광객들이 많이 와."

와디 무사와는 전혀 상관없는 곳인데, 이 친구는 무사(모세)라는 말만 듣고 예상치도 않은 곳을 알려 주었다. 그 말을 듣고 번쩍 스쳐 가는 생각이 있었다.

'그렇다면 에인 무사라는 곳이 혹시 모세의 장인 이드로가 살았던 집터가

아닐까?'

사막 지역에는 오아시스, 에인(Ain), 비르(Bir)가 있다. 엄밀하게 말하면 오아시스는 사막 한가운데 물이 고여 있어서 나무와 그늘이 있는 곳을 말하고, 에인은 물이 땅에서 솟구쳐 올라오는 웅덩이를 말한다. 그리고 비르는 인공적으로 땅을 파서 지하수를 모아놓은 우물이다. 구약성경의 '브엘세바'라는 일곱 개의 우물을 뜻하는 히브리어와 흡사하다. 예상하지도 못했지만, 어쩌면 우리는 이드로의 집터도 볼 수 있을 것이다.

우리는 그 인도 사람이 가르쳐 준 대로 에인 무사를 찾아가 보기로 했다.

바드 마을에 들어서니, 낯선 동양인이 신기한 듯 지나는 사람들마다 야릇한 눈초리로 우리 가족을 쳐다봤다. 하지 휴가 탓인지 대부분의 가게가 문을 닫은 상태였다. 명절의 들뜬 기분에 마을 어귀마다 몇 사람씩 어울려 담소하는 모습과 아이들의 장난기 어린 눈빛들이 평온해 보였다.

마을의 중간쯤에 위치한 간이 식당에서 양파를 잘게 갈아 우리가 흔히 말하는 걸레빵에 둘둘 만 숄마(Sholma: 아랍식 샌드위치)와 양고기로 허기를 달랬다. 그리고 마을 모스크에 있는 세면대에서 손과 얼굴을 닦았다. 어느 모스크에서든지 씻는 물을 구할 수 있다.

이슬람교도들은 하루에 다섯 번씩 알라신에게 쌀라(제사)를 지낸다. 지금은 시계를 보거나 매스미디어를 통해서 쌀라 시각을 알 수 있다. 하지만 시계가 없던 옛날에는 태양의 위치로 가늠해야만 했다. 동트기 전인 '파즈르(Pazr)', 해가 중천에 떠 있는 '주흐르(Juhre)', 오후에 그림자의 길이가 자기 키 높이와 같을 때인 '아스르(Asre)', 해가 지자마자 '마그립(Magrib)', 밤에서 새벽 사이인 '이샤(Isha)' 이렇게 하루에 다섯 번씩 쌀라를 지낸다.

쌀라 시각을 알리는 아잔 소리가 들리면 관공서든 일반 상점이든 모두 문을 닫는다. 심지어 식당에서는 식사를 중단한 채 밖으로 쫓겨날 수도 있다. 그 시간에 문을 연 가게가 무타와에게 발각되면 연행되거나 영업 취소를 당하기 때문이다. 무슬림은 일을 하다가도 쌀라 시간이 되면 지체 없이 모스크로 향한다. 아니면 사무실이든 복도든 장소에 관계없이 삼삼오오 짝을 지어 질서정연하게 줄을 맞추어 메카를 향해 절을 한다.

쌀라를 하기 전에 '우드(Wud: 제사 전에 행하는 의식)'라 하여 물로 얼굴을 일곱 번씩 씻고 신체의 각 구멍마다 일곱 번씩 헹궈 내며 손에서 팔꿈치까지, 발에서 무릎까지 일곱 번 씻는다. 그리고 나서야 회당에 신을 벗고 들어가 메카를 향해 엎드려 절하며 의식을 행한다. 그러니 모스크에는 늘 물이 있을 수밖에 없다.

모스크에서 잠깐 동안 휴식을 취한 다음, 우리는 성경을 펴들었다.

"바로가 이 일을 듣고 모세를 죽이고자 하여 찾은지라 모세가 바로의 낯을 피하여 미디안 땅에 머물며 하루는 우물 곁에 앉았더라 미디안 제사장에게 일곱 딸이 있더니 그들이 와서 물을 길어 구유에 채우고 그 아비의 양무리에게 먹이려 하는데 목자들이 와서 그들을 쫓는지라 모세가 일어나 그들을 도와 그 양무리에게 먹이니라 그들이 그 아비 르우엘에게 이를 때에 아비가 가로되 너희가 오늘은 어찌하여 이같이 속히 돌아오느냐 그들이 가로되 한 애굽 사람이 우리를 목자들의 손에서 건져내고 우리를 위하여 물을 길어 양무리에게 먹였나이다 아비가 딸들에게 이르되 그 사람이 어디 있느냐 너희가 어찌하여 그 사람을 버리고 왔느냐 그를 청하여 음식으로 대접하라 하였더라 모세가 그와 동거하기를 기뻐하매 그가 그 딸 십보라를 모세에게 주었더니"(출애굽기 2:15-21).

혹시 어딘가에 있을지도 모를 이드로의 흔적을 찾아 마을을 기웃거렸다. 곳곳에 보이는 종려나무들이 거기가 오아시스임을 증명이라도 하듯 키재기를 하며 서 있었다. 골목마다 뒤져보았지만, 안타깝게도 이드로의 집터는 찾을 수 없었다.

인도 사람이 말해 준 '에인 무사'까지 가려면 30km쯤 더 가야 했다. 일단 거기 숙박 시설이 어떤지 알 수 없어서, 그곳에 들렀다 돌아오는 길에 이드로 집터를 찾아볼 생각으로 큰길로 나왔다.

마을을 막 벗어나는 지점에서 철재 울타리가 시작됐다. 울타리 안쪽으로는 그저 황량해 보이기만 했다. 하지만 울타리를 타고 조금 더 지나자 청색 바탕의 표지판에 아랍어와 영어로 이렇게 쓰여 있었다.

'고고학 지역, 관계자 외에는 왕명에 의거하여 출입을 금한다.'

그래서 더 유심히 울타리 안쪽을 살폈다. 그러자 작은 능선 아래쪽에 바위를 파서 움막을 지은 오래된 집이 몇 채 보였다.

'저곳이 모세가 그의 장인과 함께 기거했던 곳일까?'

맞은편 도로변의 주유소에 달린 작은 상점 주인한테 물어보았다.

"바로 앞에 보이는 고고학 지역이 무엇입니까?"

상점 주인은 거침없이 대답했다.

"이드로의 집터예요."

우리는 깜짝 놀라고 말았다. 이렇게 쉽게 이드로 집터를 찾다니.

"그렇다면 들어갈 수 있는 방법이 있어요?"

"외국인들이 근처에서 사진 촬영을 하다가 경찰에 잡혀 갔어요."

상점 주인과 대화를 하고 있는 동안에도, 외부 차량임을 알아차린 듯 경찰이 멀리서 바라보고 있었다.

모세의 제단으로 추정되는 돌

엘림과
모세의 제단

✛ 물샘 열둘과 종려 70주, 엘림

마을을 벗어나자마자 와디(강줄기)가 끝없이 펼쳐졌다. 그 가운데로 잘 포장된 도로를 따라 목적지로 향했다. 평지였던 와디는 완만한 구릉으로 올라가는가 싶더니 작은 산들 사이로 계속 이어졌다.

마침 손에 막대기를 든 베두인 목동 하나가 한 떼의 양 무리를 이끌고 광야를 지나가고 있었다. 광야나 산 어디에도 생물체가 없는 것처럼 보이지만 자세히 보면 지난 우기 철에 자라난 빼빼 마른 풀들이 다음 우기를 기다리며 간신히 생명력을 간직하고 있었다. 양 떼는 그 말라비틀어진 풀을 뜯느라 강줄기를 헤매고 있는 것이다.

어느덧 마을이 보이는 곳으로 접어드나 싶었는데 언덕 아래로 파란 바다가 한가득 들어왔다. 바다 주위의 작은 어촌 같은 가옥들과 듬성듬성 모인 종려나무 군락들이 죄다 보였다.

경사진 도로를 따라 조금 내려가다가 파키스탄 사람들을 만났다.

"에인 무사가 어디입니까?"

그들은 왼쪽을 가리켰다. 좌회전을 하자 여러 대의 자동차들이 무질서하게 주차되어 있었다. 필리핀 사람들이 차 위에 걸터앉아 기념사진을 찍고 있었다. 우리도 주변에 차를 적당히 주차시키고 내려서 그들에게 에인 무사가 어디냐고 물으니 조금만 걸어 내려가면 있다고 했다.

발이 빠질 정도로 모래가 쌓인 곳을 지나자, 언덕 아래쪽에 종려나무가 빼곡히 둘러싸여 있었다. 한눈에도 오아시스라는 것을 알 수 있었다. 거기에는 관광객들이 많이 있었다. 그들을 따라서 조금 더 내려가자 지름이 10m 남짓한 웅덩이가 보였다. 쓰레기와 썩은 종려나무 기둥들이 주위에 널려 있고 여러 사람이 신기한 듯 웅덩이를 들여다보고 있었다. 바로 그 웅덩이가 모세의 우물이라고 했다. 나는 갑자기 궁금해졌다.

'사막의 오아시스와 별다를 것이 없는데, 왜 여기를 모세의 우물이라고 부를까? 그리고 왜 이렇게 많은 관광객들이 모여들고 있는 것일까?'

그들이 들여다보는 곳을 유심히 보고 나서야, 사람들이 왜 그렇게 넋을 잃고 보고 있는지 알 것 같았다.

사우디아라비아 전통의상을 입은 한 사람이 관광객들이 보는 앞에서 종이를 찢어 풍풍 솟아오르는 샘물 위에 올려놓고 있었다. 물의 솟구치는 힘에 의해 당연히 종이가 주위로 밀려나 떠내려가야 하는데, 신기하게도 종이는 물이 솟구치는 쪽으로 빨려 들어가고 있었다. 그뿐만 아니라 들어간 종이는 어디로도 다시 나오지 않고 사라져 버렸다.

한참을 구경하던 우리 아이들도 신기한지 종이를 가져다가 사우디아라비아 사람을 따라했다. 역시 종이를 쭉 빨아먹고 말았다. 몇 번이고 되풀이해도 같았다. 정말 신기한 노릇이었다.

관광객 대부분이 외국인이고 현지인은 별로 보이지 않아 종이를 찢어 넣던 사우디아라비아 친구에게 인사를 건넸다.

"우리는 제다에서 왔는데, 당신은 어디서 왔습니까?"

"예, 저는 타북 지역에서 왔습니다. 타북 지역 전화국 고위직 간부지요. 저는 여기에서 태어나고 자랐어요. 고향이니까 자주 오지요."

영어도 잘하고 꽤 교양도 있어 보이고 생김새도 준수한 편이었다. 내 명함을 건네주었더니 깜짝 놀랐다.

"마지드 빈 압둘 아지즈 왕자의 주치의입니까?"

내가 그렇다고 말하자 그는 다시 반갑다면서 내 손을 덥석 잡았다.

"저도 그 왕자를 매우 존경합니다. 그분은 전 세계 이슬람교도들의 최고 지도자이지요. 그런데 어떻게 언제부터 그분과 함께 지내게 됐습니까?"

나는 차근차근 대답해 주었다. 그리고 서서히 세상 돌아가는 이야기로 화제를 바꾸다가 정말 묻고 싶었던 것을 물었다.

"왜 여기를 에인 무사라고 합니까?"

그러자 그는 신바람이 난 듯 이야기를 하기 시작했다. 그런데 너무나 놀라운 사실들을 털어놓았다.

"오랜 옛날, 이집트에서 모세라는 선지자가 여기 미디안 땅에 쫓겨 와서 살았는데, 거기가 바로 바드입니다. 그가 쇼합(성경에서는 이드로 또는 르우엘)이라는 제사장의 딸 십보라를 아내로 맞아 살다가, 애굽에서 종살이하던 백성들을 이끌고 홍해를 건너와 해변 도로로 내려오다가 여기에 한동안 정착했다고 합니다. 이 주변에는 오아시스가 열둘이 있었는데, 이스라엘 백성이 열두 부족이어서 한 우물마다 한 부족씩 차지하게 했습니다. 모세는 이 우물에서 지냈다고 하지요. 정부에서 아무도 들어가지 못하게 저렇게 콘크리트 담장으로 막아 놓았지만, 사실 담장 안에는 큰 돌덩어리 두 개가 있었고, 모세가 여기를 떠날 때까지 거기에서 하나님께 제를 올렸다고 합니다. 오래 전부터 조상대대로 여기를 에인 무사라고 불렀습니다."

이 얼마나 성경적인 사실들만 이야기하는지, 어안이 벙벙하다는 말은 이럴 때 쓰는 것 같았다.

엘림 이곳은 종려 70주와 물샘 열둘이 있는 엘림이 분명했다.

'여기가 엘림(Elim)이구나, 엘림! 성경에도 그 이야기가 나오지 않던가.'

"그들이 엘림에 이르니 거기 물샘 열둘과 종려 칠십 주가 있는지라 거기서 그들이 그 물 곁에 장막을 치니라"(출애굽기 15:27). 하나님의 말씀이 너무나 사실적이고 현실적이어서 나는 그만 입을 다물지 못했다.

'성경 66권이 정말 사실이구나. 도대체 누가 성경을 유대인의 전설이라고 했던가, 이렇게 사실적인 역사인 것을.'

나는 하나님의 감동으로 기록하게 하신 성경의 위대함에, 너무나 분명한 하나님의 살아 계심에 압도되지 않을 수 없었다. 아무리 생각해도 하나님은 우리를 너무나 사랑하시는 것 같았다. 이렇게 미리 준비된 사람을 만나게 하시고, 상상하지도 못한 일들을 이교도의 입을 통해 듣게 하신 것을 보니 말이다.

✝ 해안경비대의 선처

한동안 전화국 간부와 이야기를 주고받다가 오아시스에서 200m 정도 떨어진 언덕 쪽에 콘크리트 담장으로 가려져 있다는 모세의 제단이 궁금해졌다. 그래서 그에게 모세의 제단에 대해서도 물어보았다.

"15년쯤 전까지만 해도 그냥 방치돼 있었어요. 나도 거기에 있던 두 덩어리의 돌 제단을 만져 보았으니까요. 하지만 지금은 정부에서 어디론가 치워 버려서 어디에 있는지 모르지요. 둥그런 바위 위에 두 개의 구멍이 파여 있었다는 것은 기억이 납니다."

나는 고맙다는 인사를 하고 혹시 제다 쪽으로 올 기회가 있으면 우리 집에도 한 번 들르라는 말을 한 후 그와 헤어졌다.

해질녘이어서인지 오아시스의 구경꾼들도 하나둘 떠나기 시작하고 종려나무 그림자도 길어졌다. 우리는 관광객들이 떠나기를 기다렸다가, 모세의 제단이 있었다는 콘크리트 담장을 따라 한 바퀴 돌았다. 혹시 틈새라도 있는지 살펴보았지만 없었다. 담장은 가로 세로 길이가 약 $90 \times 130m$의 직사각 형태이며 높이는 거의 2.5m나 되었다.

뒤쪽을 돌아오는데, 코너 쪽에 쓰레기 더미가 쌓여 있었다. 나는 주위를 살핀 후 뛰어올라가 담장 너머로 카메라를 치켜들고 재빠르게 사진을 찍었다. 그러고는 태연하게 내려와 차를 몰고 마을로 들어섰다.

어느덧 해는 자취를 감추었다. 골목을 돌며 호텔을 찾아보았으나 여인숙도 없는 작은 마을이었다. 우리는 속도를 늦추고 오늘밤을 어디에서 지낼지 걱정하며 해변을 따라갔다. 시나이반도가 어렴풋이 보이고 그 너머로 노을이 붉게 물들면서 고기잡이 나갔던 어선 한 척이 지친 듯 해변으로 돌아오고 있었다.

귀소본능이랄까, 낮에는 모르고 지내다가 해질녘이면 집이 그리웠다. 누구나 마음이 약해지면 신에게 의지하고 싶어지듯이, 사람이 하늘나라를 그리워하는 것도 어쩌면 귀소본능의 일종일 것이다.

다시 호텔이 있는 곳으로 가려면 172km 떨어진 하끌이나, 수백 킬로미터 떨어진 타북까지 가야 했다. 가족들에게 내색은 하지 않았지만 걱정이 앞섰다.

'사우디아라비아에서는 가능하면 밤길 운전을 피하라고 하는데…'

호텔을 찾아다니는 모습을 지켜보던 아이들이 걱정이 되는지 바닷가에 텐트를 치자는 의견을 내놓았다. 지금으로서는 그것이 최상의 방법이지만, 하나님께 기도하자고 말했다. 지는 해를 바라보고 있자니 배고픔이 밀려왔다. 멀리 보이던 시나이반도 쪽에서 전깃불이 하나둘 켜지더니 어느덧 어둠이 바다와 대지를 뒤덮어 버렸다.

'그래, 아이들 말대로 날이 밝을 때 텐트 칠 곳이라도 찾아둘걸.'

후회가 앞섰다. 바닷가의 밤과 낮은 어쩌면 이렇게도 다른지, 골목의 전기불도 거의 꺼져 버려서 음산한 기분마저 들었다. 텐트 칠 곳을 찾기 위해 해변을 기웃거리다가 산모퉁이를 돌아섰는데 대낮처럼 밝은 마을이 눈앞에 펼쳐졌다. 가로등이 켜진 죽 뻗은 도로가 마을까지 이어져 있었다.

환호성을 지르며 그곳 정문까지 갔는데 총을 멘 군인 두 명이 앞을 가로막고 서더니 차를 옆으로 세우라고 신호를 보냈다.

'에라! 차라리 잘된 일이다. 죽기 아니면 까무러치기다.'

시키는 대로 차를 갓길에 세웠다. 군인들이 운전석 옆으로 다가와 용무를 물었다. 나는 왕자의 여행허가서를 보이면서 말했다.

"잠잘 곳을 찾아다니는데 도움이 필요합니다."

"그러세요. 경비실로 들어오세요. 차를 대접하지요."

내가 사양을 하자 그가 경비대장에게 보고하더니 잠시 기다려 보란다. 10분도 채 지나지 않았는데 지프 한 대가 다가왔다. 누군가 내리기에 반갑게 맞으면서 인사를 건넸다. 명함을 주고받았다. 예상대로 그는 해안 경비대장이었다.

"여기는 해안 경비대원들의 막사입니다. 빌라 한 채를 치워 줄 테니 유숙해도 됩니다. 마침 제 가족과 친척들이 내일 타북에서 바다 구경을 온다고 해서 바닷가에 대형 텐트와 물차와 가스등까지 갖춰 놓았으니, 바닷가 장막을 써도 됩니다."

나는 하나님의 섬세하심에 그저 놀라지 않을 수 없었다.

'하나님, 우리는 이렇게 한치 앞도 모르는 나약한 인간입니다. 그저 눈앞에 보이는 것이 전부인 줄만 압니다. 우리가 여기로 오기 전부터 준비하시고 기다리시는 하나님을 모르고 걱정만 했습니다.'

가족들과 얘기해 보니 모두들 바닷가 텐트에서 하룻밤을 지내자고 했다. 며칠 동안 내륙으로만 다녀서인지 바닷가에서 자는 것도 추억에 남을 것 같았다. 우리가 바닷가로 향하자 경비대장이 말했다.

"경비 요원 두 명이 지키도록 할 테니 걱정하지 마십시오. 즐거운 밤이 되기를 바랍니다. 필요한 것이 있으면 언제든 경비 요원에게 말하세요."

너무 친절하게 대해 주니 그저 이래도 감사, 저래도 감사가 절로 나왔다. 내가 그에게 해 줄 수 있는 것은 제다에 오면 꼭 연락을 달라는 말밖에 없었다.

해안 경비대의 지프를 따라 북쪽으로 올라가자 바다 가까이에 대형 텐트가 쳐져 있고 큰 물차 한 대가 서 있었다. 우리는 거기에 여장을 푼 뒤에 맛있는 저녁을 지어 먹고 잠자리를 준비했다. 그때 경비대장이 음료수와 아이들이 좋아할 비스킷을 들고 다시 찾아왔다. 나는 제다에서 출발할 때 혹시 쓰일지 몰라 갖고 온 한국 인삼차 몇 통이 생각나 그에게 주었다. 그렇지 않아도 한국 인삼에 대해 들은 적이 있다며 무척 좋아했다.

그의 말에 의하면 해안 경비대는 홍해를 중심으로 아카바(al Aqaba)만 쪽의 이스라엘과 요르단 쪽을 경비하는데, 특히 육안으로도 보이는 이집트 시나이 반도에서 술과 마약을 실은 밀수꾼들이 자주 출몰하여 신경이 많이 쓰이는 곳이라고 했다.

한낮의 바다는 아름답지만 밤바다는 무서우리만큼 짙은 검정색으로 변했다. 그에게 내일 아침 다시 보자는 인사를 나누고, 텐트 속으로 들어와 사랑하는 아내와 귀여운 아이들과 손을 잡고 가정예배를 드렸다. 여느 때 부르던 찬송보다도 더 뜨겁고 감격스러웠다.

돌이켜 보면 얼마나 먼 길을 은혜 가운데 지나왔던가. 예상하지도 못했던 사람들을 필요 적절하게 만나게 하셨고, 여인숙 하나 없는 외진 그곳에서 대접까지 받으며 은혜 가운데 있게 된 것을 생각하니 하나님께서 우리를 얼마나 사랑하시는지 알고도 남을 것 같았다. 아내도 내 마음과 같은지 훌쩍거렸다.

바닷가에서 바라보는 밤하늘은 별들이 쏟아진다는 표현이 어울릴 정도였다. 시나이반도 쪽 하늘에서 미디안 광야 쪽으로 유성 하나가 긴 꼬리를 보이며 떨어졌다. 공해 하나 없는 밤하늘이 오랫동안 기억에 남을 것 같았다.

밤낮의 기온차가 심한 사막의 바닷가에서 아내가 끓인 따뜻한 커피로 모처럼 여유 있는 시간을 가졌다. 우리 가족은 가스 등불을 밝히고 둘러앉아 시간 가는 줄 모르고 이야기꽃을 피웠다.

멀리 시나이반도 쪽의 불빛이 하늘거리고 총총히 쏟아지는 별빛 사이로 어느덧 달빛이 우리를 비추고 있었다. 이 바닷가의 밤은 금세 나를 감성이 넘치는 청년으로 만들어 놓은 것 같았다.

몸은 피곤하여 누웠으나 좀처럼 잠이 오지 않았다. 바깥에서 들리는 자동차 소리만 선명했다. 경비들의 순찰차인 것 같았다.

밤 열두 시가 넘었을 것 같은데, 텐트가 바람에 흔들리고 파도 소리도 제법 들려왔다. 텐트를 붙잡아 맨 끈이 텐트를 후려치는 소리가 요란하게 들렸다. 바람 소리와 파도 소리가 심상치 않게 들려오더니 한기가 몰려왔다. 아내도 아이들도 몸을 자꾸 움츠렸다. 옷가지를 있는 대로 끄집어내어 아이들을 덮어주었지만 휘몰아치는 한기를 감당할 수 없었다. 맹렬한 바람과 파도 앞에 도저히 잠을 이룰 수 없었다.

✝ 모세의 제단을 이런 곳에 방치하다니

어느덧 새벽 기도를 알리는 모스크의 아잔 소리가 바람을 타고 들려왔다.

"알라~후 악크바르, 알라~후 악크바르(알라 신은 위대하다)."

결국 나는 한숨도 잠을 이루지 못했다. 밤새 그렇게 불던 바람이 잠잠해지고 날이 밝았다. 텐트를 나와 보니 언제 그랬냐는 듯 고요한 바다에서는 연초록 빛의 플랑크톤이 오존을 뿜어내느라 바빴다.

요즘 선진국들, 특히 프랑스에서는 오존 요법이 유행하고 있다. 공해와 스트레스로 나약해진 육신을 좀 더 건강하게 하기 위해 몸에서 320cc 정도를 채혈하여 오존을 잘 섞은 다음 다시 혈관에 주입하는 요법이다.

의학 저널의 발표에 의하면 이 요법은 여러가지 장단점이 있다고 하는데도, 돈 많은 사우디아라비아 갑부들과 왕자들은 앞 다투어 시술을 받고 있다.

바다 속의 산호초를 자세히 관찰해 보면 작은 구멍들이 산호초 전체를 이루고 있는데 그 구멍 속에 수많은 플랑크톤이 서식하고 있다가 이른 아침 해가 뜰 때 해수면으로 올라와 오존을 마구 뿜어댄다. 맨발로 백사장을 거닐면서 숨만 쉬면 오존이 흡수되는 것이다. 이른 아침 바닷가에 나와 자연이 주는 오존을 무상으로 흡입한다면 얼마나 좋을까.

하나님이 인간을 창조하실 때 개개인을 소우주 모양으로 창조하셨다. 지구가 5대양(태평양, 대서양, 인도양, 북극해, 남극해)과 6대주(아시아, 아프리카, 유럽, 오스트레일리아, 남아메리카, 북아메리카)로 형성되어 있듯이 우리의 몸도 오장(심장, 간, 비장, 폐, 신장)과 육부(위, 소장, 대장, 방광, 쓸개, 삼초)로 구성되어 있다. 1년이 4계절 12개월 365일로 이루어진 것은 우리의 몸이 사지(팔, 다리)와 12경락에 365혈로 구성되어 있는 것과 상통한다.

지구 전체에서 바다가 차지하는 비율이 75%인 것처럼 우리 몸속의 피와 수분도 75%를 차지한다. 지구축의 기울기만큼 심장도 왼쪽으로 기울어져 있으며, 지구의 자장이 7.83Hz인 것처럼 우리의 뇌파도 동일하게 7.83Hz이다. 하늘의 북두칠성과 그 뒤에 가려져 있는 두 별을 합하면 9개의 구멍이 형성되는데, 우리 몸도 2개의 눈과 2개의 귀와 2개의 콧구멍과 입 그리고 아래쪽에 숨겨진 두 개의 구멍을 합하면 모두 9개의 구멍으로 이루어져 있다.

사람은 해가 뜨면 일어나 일을 하고, 해가 지면 집으로 돌아와 가족과 함께 지내야 하는 것이 당연한 이치이다. 주야를 마음대로 바꿔 생활하면 건강에 무리를 준다. 예를 들어 우리가 감기에 걸렸을 때, 낮에는 그런대로 지내다가 밤이 되면 고열이 생기고 밤새도록 기침을 주체할 수 없는 것은 태양 에너지가 멀리 있기 때문이다. 다시 말하면 태양의 에너지와 우리 몸의 에너지는 늘 교감을 하고 있는 셈이다.

나는 가끔 현대인이 작은 일에도 성질을 내고 급하게 화를 내는 것은 하나님이 만드신 자연을 멀리하고 콘크리트나 아스팔트와 같은 인공적인 환경에서 살기 때문이 아닐까 하는 생각을 한다.

나는 신과 양말을 벗어 들고 하나님이 무상으로 주시는 오존을 들이마시며 해변을 걸었다. 오랜만에 밟아 보는 백사장에서 지구의 자장이 발바닥을 꿰뚫으며 전신을 거쳐 나의 뇌파와 교감하고 있었다. 발바닥에서 전해지는 자장은 어느새 무겁기만 하던 나의 목 언저리를 시원하게 하고 머리를 맑게 했다. 어떤 드링크제보다 효과가 빨라 몸이 금방 가벼워지고 피로가 가시는 것 같았다.

주변을 보니 뒤쪽으로 동산이 나지막하게 있고 몇 그루의 종려나무도 보였다. 동산으로 올라가 멀리 시나이반도 쪽으로 끝없이 펼쳐진 광야를 바라보며 찬송을 불렀다.

아, 하나님의 은혜로 이 쓸데없는 자,

왜 구속하여 주는지 난 알 수 없도다.

내가 믿고 또 의지함은 내 모든 형편 잘 아는 주님,

늘 돌보아 주실 것을 나는 확실히 아네.

잠은 못 잤지만 기도와 찬송으로 마음이 한결 가벼워졌다. 아침 햇살이 빛나는 바닷가에서 바닷새가 해초 사이를 오가며 먹이를 쪼는 모습은 한 폭의 그림 같았다. 다시 텐트 쪽으로 내려오니 아이들이 모두 일어나 바닷가를 걷고 있었다. 아침 인사와 함께 아이들을 꼭 껴안아 주었다.

아침 식사 준비로 바쁜 아내와 눈이 마주치는가 싶었는데, 둘째 딸 은설이가 달려와서 물차 옆에 큰 바위가 있다면서 내 손을 잡아당겼다.

"바위는 무슨 바위!"

해변 어디에도 돌 하나 보이지 않았다. 있다면 건조한 산호초 조각이 전부였다. 사막과 바다가 이어져 있어서 어디에도 바위가 있을 수 없었다.

마지못해 딸의 손에 이끌려 물차 뒤쪽으로 가보니 잘 다듬어진 둥그런 바위가 하나 놓여 있었다. 찬찬히 둘러보니 높이는 1.2m 정도이고 둘레도 거의 그와 비슷할 정도의 바위였다. 윗부분이 움푹 패여 있고 팬 곳에 두 개의 구멍이 뚫려 있었다. 그 구멍에 새카맣게 탄 재 같은 것이 가득 차 있었다. 움푹 팬 곳은 새끼 양 한 마리를 올려놓기에 충분했다.

얼른 자동차로 달려가서 고기잡이용 작살을 들고 와 재 같은 것을 파 보았으나 돌처럼 단단히 굳어 있었다. 그 순간, 어제 에인 무사에서 들은 전화국 간부의 말이 생각났다.

'콘크리트 담장 안에 있던 모세가 제사를 드렸다는 두 덩어리의 돌 제단이 사라졌다더니….'

우리는 다시 흥분된 마음으로 주위를 살폈다. 텐트에서 100m 남짓 떨어진 지점에 거의 같은 크기의 바윗돌이 눈에 들어왔다. "저기다!" 하고 너나없이 달려가 보니 같은 크기, 같은 모습의 돌덩어리가 놓여 있었다.

'왜, 누가 이런 곳에 두었을까? 오, 주여!'

어젯밤 우리가 해안 경비대의 빌라에서 편하게 잤으면 이런 일들을 감히 상상도 할 수 없었을 것이다. 놀라운 하나님의 섭리에 두려움마저 느꼈다.

나는 경비원에게 돌에 대해 물었다.

"제가 군 생활을 한 지 2년 남짓한데, 그때부터 있었던 것 같은데요."

이 넓은 바닷가에 던져진 이름 모를 바위가 3,500여 년 전 모세가 엘림에서 사용하던 제단이라는 사실을 어떻게 밝혀야 할까.

성경에는 모세의 제단에 관한 기록이 없을 뿐만 아니라 엘림에 대해서도 간략하게만 기록되어 있다. 하지만 사우디아라비아 정부가 오랜 세월 모세의 제단이라고 구전되어 오던 이 돌 제단을 바닷가에 버리고, 돌 제단이 있던 곳은 울타리를 쳐 사람들의 출입을 못하게 하는 것을 보면 그들이 감추어야 할 이유가 있는 것이 아닐까? 그 돌단들이 모세가 제사를 드린 제단이라면 유네스코의 보호 차원을 떠나 그리스도인에게는 대단한 관심사가 아닐 수 없다.

모세의 제단 모세의 제단은 이렇게 방치되어 있었다.

94

써서 못 먹는 물, 마라

아침밥은 라면과 준비해 온 밑반찬으로 맛있게 먹었다.

잠시 후 경비대장이 자신의 가족과 친척들을 데리고 나타나 일일이 소개시켜 주었다. 그들은 타북에 살고 있는데 하지 휴가를 거기에서 보내기로 했단다.

벌써 집을 나온 지 여러 날이 지났다. 시내산과 이스라엘 백성이 홍해를 건너 지나던 곳들을 돌아보려면 며칠이 걸릴지 몰라 마음이 바빴다.

"감사했습니다. 갈 길이 바빠 이제 그만 떠나려고요."

경비대장이 얼른 대답했다.

"잠깐만요, 보여 줄 곳이 있습니다. 함께 갑시다."

그는 우리를 차에 태워 해변 도로를 따라 북쪽으로 20분쯤 갔다. 검문소를 지나는데 경비대장과 함께 가는 터라 경례까지 받았다.

"지금 가는 곳은 수천 년 전에 큰 지진으로 큰 산 하나가 반으로 갈라졌는데 경관이 아주 수려한 곳입니다. 여기까지 왔다가 못 보고 가면 후회할 겁니다. 몇 해 전 이집트에서 큰 지진이 있었거든요. 여기까지 흔들렸는데, 그때 산 위에 있던 바위가 굴러서 산 아래에 살던 베두인 가족들이 깔려 죽기도 했습니다. 예전에는 관광객들이 드나들었는데, 지진이 났던 뒤로 초소를 세우고 출입을 금하고 있습니다. 제가 경비대장이니까, 제 권한으로 출입하는 겁니다."

그는 어깨를 으쓱해 보였다. 10분쯤 더 가자 종려나무들이 작은 오아시스를 감싸 안고 있었다. 그 옆으로는 어마어마한 산이 정말로 반으로 갈라져 있었다. 그것을 보니 현기증이 절로 나면서 자연의 조화 앞에 인간이 얼마나 작고 연약한지 실감이 났다.

갈라진 산 사이로 차를 타고 굽이굽이 들어가다가 더 이상 들어갈 수 없는 곳에서 차를 세웠다. 카메라만 들고 계곡을 따라 더 들어갔다. 계곡물이 졸졸 흘러내리고 있었다. 경비대장은 설명을 아끼지 않았다.

"지금까지 여기를 '타입 이씀(Taib Issm: 좋은 이름)'이라 부릅니다. 모세가 바위를 쳐서 거대한 산을 반으로 갈라놓았다는 곳입니다."

그의 말이 진짜일까. "내가 거기서 호렙산 반석 위에 너를 대하여 서리니 너는 반석을 치라 그것에서 물이 나리니"(출애굽기 17:6)라는 말씀에 비추어 보면 저 산은 므리바 반석이 아니다. 이 근처에는 산은 없고 광야뿐이기 때문이었다. 하지만 분명한 것은 이 일대 모두가 모세와 연관되어 있다는 것이었다.

물줄기를 타고 계속 올라가다 보니 발목에 긴 끈이 묶인 비둘기 한 마리가 등에 나일론 줄로 만든 올가미를 매달고 있었다. 무엇이냐고 물었더니 베두인들이 매 사냥을 하는데 매가 비둘기를 낚아채면 자동적으로 매의 발톱이 비둘기 등의 올가미에 묶이도록 고안된 것이라고 했다. 베두인의 기발한 생각이었는데, 험한 광야생활에서 얻은 지식인 것 같았다.

사실 광야에서 사냥할 때는 사냥개가 제격인데, 베두인은 반드시 매를 동원한다. 이슬람교도들의 코란 경전에 개는 만져서도 안 되고 혹시 만지거나 스치기만 해도 몸을 일곱 번 씻어야 하는 계율이 있기 때문일 것이다. 그래서 지금도 사냥을 즐기는 사람들은 집에 잘 길들여진 매를 키운다. 아라비아의 말과 함께 매는 세계의 명물로 꼽힌다. 하지만 세월은 계율도 변하게 하는 모양이다. 여기 사우디아라비아에도 애완용 개를 키우는 사람이 있고 공공연하게 애완용 개를 파는 가게도 생겨났으니 말이다.

좀 더 올라가자 물줄기가 점점 커지고, 얼마나 오랜 세월 동안 물이 흘렀는지 계곡의 바위가 움푹 파여 있었다. 물이 있는 곳에는 생명이 있는법, 잔잔히 흐르는 물가로 이름 모를 풀들이 자라고 작은 곤충들이 움직이고 있었다.

아래쪽은 그렇게 덥더니 거기는 오히려 한기가 돌았다. 이렇게 깊은 산중에 종려나무가 서 있고, 베두인 두 명이 그 아래 앉아 있었다. 그들이 비둘기의 주인인지 우리를 보더니 돌아가라고 손짓을 했다. 경비대장도 귀찮은지 돌아 가자고 했다. 왔던 길을 되돌아가면서 그가 말했다.

"예로부터 이 물은 써서 못 먹는 물이에요."

그 순간 귀를 의심했다. 산골의 물이든 옹달샘이든 물은 물이지, 물이 쓰다 는 것이 이해가 안 되었다. 그래서 이렇게 물을 수밖에 없었다.

"물이 귀한 사막에서 저렇게 줄줄 흐르는 물을 마시지 못하다니, 그게 무슨 말입니까?"

"아, 그러니까요. 물이 워낙에 써서 짐승들이나 먹고, 사람은 마시지 못한다 는 겁니다. 땅을 파서 나온 물이라 해도 다 먹을 수 있는 것은 아닙니다. 오래 전에 바다였는지 어쨌는지 어떤 오아시스들은 물이 짜다 못해 쓰거든요."

나는 '마라(Marah)의 쓴 물'이 생각났다. "모세가 홍해에서 이스라엘을 인도 하매 그들이 나와서 수르 광야로 들어가서 거기서 사흘 길을 행하였으나 물을 얻지 못하고 마라에 이르렀더니 그곳 물이 써서 마시지 못하겠으므로 그 이름 을 마라라 하였더라 백성이 모세를 대하여 원망하여 가로되 우리가 무엇을 마 실까 하매 모세가 여호와께 부르짖었더니 여호와께서 그에게 한 나무를 지시 하시니 그가 물에 던지매 물이 달아졌더라"(출애굽기 15:22-25).

바로 여기가 그곳이 아닐까 하는 생각이 들었다. 하지만 증빙할 자료도 없 고, 내용을 아는 사람도 없었다. 경비대장은 점심을 먹고 가라고 했지만 우리 는 갈 길을 재촉하기로 했다. 경비대장과는 만난 지 하루도 채 안 되었지만 무 척 친근해져서 부둥켜안고 입맞춤으로 작별인사를 했다.

솔로몬이 세운
홍해횡단 기념기둥

🕆 홍해횡단 기념기둥이 서 있던 자리

우리는 하끌로 향했다. 하끌은 론 와이어트의 비디오테이프에서 눈이 닳도록 보았던, 솔로몬이 세웠다는 홍해횡단 기념기둥이 있는 곳이다.

지난 밤 한숨도 잘 수 없었지만 컨디션은 괜찮았다. 아내가 피곤하지 않느냐며 나를 쳐다보았지만, "걱정 마. 주님이 함께하시는데 뭐."라며 안심시켰다. 아이들도 간밤에 잠을 설쳐서인지 세 놈이 한데 뭉쳐 곤한 잠에 빠져 있었다. 이미 오후 6시가 넘어섰다. 아직 갈 길은 멀었다.

1994년 초 어느 날 아침, 모시던 왕자가 내게 제안할 것이 있다면서 함께 차를 마시자고 했다.

"닥터 김."

"예, 왕자님."

그는 내가 침구사인 줄 알면서도 항상 닥터로 호칭하며, 배려를 아끼지 않았다. 그는 나를 한참 살피더니 이렇게 말했다.

"나이도 많아지는데 해외 생활이 점점 잦아지니 은근히 건강이 염려되는데, 나를 위해 중국으로 가서 더 공부해 볼 수 없겠나? 물론 모든 항공료와 학비를 비롯해 경비 일체를 지원해 줄 테니….”

뜻밖의 제안이었다. 그래서 나는 중국 창춘(長春)에 있는 한의대에서 틈나는 대로 3년에 걸쳐 연수를 마쳤다.

왕자는 내게 수고했다며 자동차를 선물하고 싶다고 했다. 어떤 차종이라도 좋으니 원하는 것을 비서실장에게 말하라고 했다. 나는 미쯔비시 파제로 지프를 받았는데, 왕자는 VIP들만 달 수 있는 차 번호 999를 달아 주었다. 이 번호판을 달고 나니 주차할 공간이 없어서 도로 가에 그냥 세워 두면 경찰들이 지켜주기까지 했다. 왕국인 이 나라에서만 누릴 수 있는 특별대우라고나 할까?

끝없는 탐험길을 나선 지금에서야 왜 하나님이 내게 그 귀한 차 번호를 달게 해 주셨는지 알 것 같다.

도로 좌우로 크고 작은 산들이 산맥을 이루고 있었다. 계속 오르막길인 것으로 보아 무척 높은 지대로 향하고 있다는 것을 알 수 있었다. 산악 지역이어서인지 해가 서쪽 산봉우리에 걸리는가 싶더니 금방 어둑어둑해졌다. 아직도 80km 정도 더 가야만 하끌에 당도할 수 있는데, 날은 점점 더 어두워지고 졸음과 피곤과 배고픔이 한꺼번에 밀려왔다.

“주님, 힘을 주세요! 힘을 주세요!”

기도하면서 달렸다. 하끌에 도착하면 호텔에서 따뜻한 물로 오랜만에 샤워를 하고 푹 잘 생각이었다.

저녁 8시 가까이 되어서야 하끌 검문소에 도착했다. 많은 차량들이 검문을 받기 위해 줄지어 서 있는 것을 보니 국경선이 가까운 모양이었다. 10여 분 만에 우리 차례가 되었다. 가족들의 체류증과 왕자 여행증명서, 자동차 등록증, 운전 면허증을 제시한 후 통과했다. 마을 입구로 들어서니 눈앞에 꽤 큰 항구 도시가 펼쳐졌다.

네온사인 간판들이 즐비하고 바닷가에 늘어선 상가들이 오색찬란했다. 먼저 호텔 간판을 보고 들어서는데 입구가 무척 붐비고 있었다. 단체 관광객들이겠거니 했는데 모두들 방이 없어서 그러고 있는 중이라고 했다.

하지 휴가에 해외로 나가지 못한 타북 지역 사람들이 그곳 바닷가로 몰려든 것이다. 우리가 잠잘 방 하나가 남아 있지 않았다. 아이들은 오늘도 텐트에서 자야 하느냐며 칭얼거렸다. 나는 아이들에게 말했다.

"아니야, 하나님은 우리에게 최상의 것으로 준비하고 계실 거야."

걱정이 앞서는 것은 사실이었지만, 나를 편들어 주는 건 아내밖에 없었다.

"얘들아, 걱정 마. 아빠가 알아서 하실 거야."

"그래, 내게는 한 분의 아빠가 더 계시는데, 바로 하나님이시다."

나는 그렇게 말하며 내 자신에게도 힘을 주었다.

몇 군데 더 돌아보았으나 역시 방이 없었다. 호텔 방이 동났다는 소리를 듣고 힘없이 호텔 정문을 걸어 나왔다. 자동차 쪽으로 가는데 허름한 옷차림의 남자가 우리가 동양인이어서 그런지 아내가 예뻐서 그런지, 우리를 멀끔히 쳐다보고 있었다.

"쌀라 말라이꿈."

내가 먼저 인사를 하자 얼른 우리에게 다가오면서 손을 내밀며 말했다.

"말라이꿈 쌀람."

이들은 악수하는 것을 너무 좋아한다. 방금 만나고 돌아섰다가 또 만나도 악수를 청할 정도이다. 나는 그에게 사실 얘기를 했다. 가족이 제다에서 자동차로 여행을 하는 중인데 호텔에 방이 없어서 돌아다니고 있노라고.

"친구여, 걱정 마시오."

보아하니 호텔 주인은 아닌 듯한데, 무슨 뾰족한 수라도 있는 것 같았다. 우리는 기대에 부풀었다.

"저는 이집트 엔지니어이며 이름은 우사마라고 합니다. 타북에서 여기로 출장을 와 있는데 지금 6개월째 호텔에서 지내고 있습니다. 방을 비워 줄 테니 하룻밤 지내십시오."

"너무 고마운데, 친구는 어떻게 하려고?"

"나는 친구 집에서 자고 오면 돼요."

나는 아이들에게 얼른 말했다.

"할렐루야! 너희들도 봤지? 하나님이 우리를 얼마나 사랑하시는지?"

아이들은 약속이나 한 듯이 "예!" 하고 합창을 했다. 그 친구 덕분이지만 하나님께서 준비해 주신 호텔 방에서 따뜻한 물로 샤워를 하고 가정예배를 드렸다. 오랜만에 단잠을 잤다.

✝ 이른 아침의 산책

2001년 3월 7일 수요일, 여섯째 날

감사 기도로 하루를 시작했다. 잠들어 있는 아이들의 얼굴은 한없이 평화로워 보였다. 먼동이 트기 시작한 상쾌한 아침이었다.

홀로 호텔 문을 나섰다. 어젯밤 그렇게도 북적거리던 도시는 모두들 단잠에 빠졌는지 조용했다. 큰 도로를 건너자 작은 동산이 보였다. 여느 야산이겠거니 했는데 오르면서 보니 모두 산호층으로 형성되어 있었다.

이 작은 동산도 고대에는 바다였나 보다. 발로 툭툭 건드리기만 해도 산호더미가 으스러졌다. 동산 위에 올라보니 멀리 시나이반도가 눈앞에 성큼 다가왔다. 바다 위로 빛나는 아침 햇살이 금빛 가루를 뿌려 놓은 듯 반짝거리고, 몇 척의 요트가 하얀 물살을 길게 남기며 어디론가 떠나고 있었다. 잔잔히 불며 지나가는 바람이 비릿한 바다 냄새를 한 움큼 던지고는 내륙 쪽으로 향했다. 동산 아래쪽은 바다와 맞닿아 있고 해변 도로가 잘 정비되어 있었다. 도로 변에서는 젊은 친구들이 바다낚시를 즐기고 있었다. 그들과 잠시 이야기를 주고받았다.

해변이 북에서 남으로 뻗어 있는데 그 해변을 따라 위락 시설과 별장들이 질서 정연하게 늘어서 있었다. 바다와 육지를 나누는 경계선은 칼로 오린 듯 뚜렷해서 멀리까지 볼 수 있었다. 바다와 산과 광야가 잘 어우러지는 것이 한 폭의 그림 같았다.

오늘은 해변의 남쪽을 따라 내려가서 이스라엘 백성들이 홍해를 건너 도착한 곳으로 추정되는 지점을 확인하고, 시간이 되면 시내 광야로 들어가 라오즈산을 탐사할 예정이다. 물론 이것은 나의 계획일 뿐이다. 여기 오기까지 그랬던 것처럼 하나님이 우리를 어떻게 인도하실지 모르는 일이다. 하나님의 인도 없이는 상상도 못할 무모한 일을 우리가 하고 있기 때문이다.

호텔로 돌아와 아이들을 깨워 차례로 샤워를 시켰다. 아내가 준비한 간단한 아침 식사를 마쳤다. 하나님이 은혜 주시면 이스라엘 백성이 홍해를 건넜던 자리를 두 눈으로 직접 확인하고 시내 광야도 밟아 보고 그 성산도 직접 볼 수 있을 것이다. 하나님께서 이스라엘 백성을 만나 주실 때도 사흘 동안 몸을 정결하게 하고 옷을 빨게 하신 것처럼, 우리도 그동안 여행을 하느라 더러워진 몸을 깨끗하게 씻고 모두 새 옷으로 갈아입었다.

호텔을 출발하기 전 다른 날과 달리 간절하게 하나님께 기도를 드렸다.

"사랑의 하나님 찬양 받으소서. 우리를 극진한 사랑으로 돌보시사 지금까지 인도하신 것처럼 우리의 행할 길 앞에서 꼭 필요한 사람들을 순적하게 만나게 하소서. 오늘은 이스라엘 백성이 홍해를 마른 땅 밟듯이 건너온 자리를 찾아가려고 합니다. 아직도 홍해 기적을 전설로 생각하는 사람들이 많이 있지만 저희 가족은 분명히 하나님의 역사를 사실로 믿으오니 그 자리로 인도하여 주소서. 예수님 이름으로 기도드립니다. 아멘."

이집트인 엔지니어 친구에게 고맙다는 인사를 하고 호텔을 나섰다. 그의 친절이 너무 고마워 인삼차 한 통을 선물로 주자 그는 무척 기뻐했다. 그 모습을 보니 우리 가족도 기뻤다. 그가 온정을 베풀지 않았다면 우리 모두 이러한 기쁨을 누리지 못했을 것이다. 남에게 베푸는 것이 천국의 삶을 실천하는 첫걸음이라는 것을 여행길에서 더욱 분명하게 깨달았다.

아직도 이른 아침이어서 그런지 싱그러운 공기와 바다 내음이 우리들 가슴속 깊이까지 파고들었다. 상쾌한 아침이었다. 한 떼의 철새들이 시나이반도 쪽에서 홍해 바다를 건너와 내륙 쪽으로 무리 지어 날았다. 구름 한 점 없는 푸른 하늘과 떼 지어 나는 철새들, 검게 솟아오른 시나이반도 쪽의 산맥과 사우디아라비아 쪽의 광활한 사막 사이로 펼쳐진 짙은 청색 바다. 명화가 따로 없었다.

우리는 바닷길을 따라 남쪽으로 서서히 출발했다.

✝ 젊은 낚시꾼들, 미끼를 물다

지금으로서는 솔로몬이 세웠다는 홍해횡단 기념기둥이 하끌에서 얼마나 떨어져 있는지, 어디에 있는지 알지 못한다. 바다와 멀지 않은 곳의 작은 집들을 스쳐 지나가던 화면과 붉은 페인트 깃발, 론 와이어트의 비디오테이프에서 본 어렴풋한 기억만이 우리가 가진 자료의 전부이다.

약 10여 km를 서행하다가 우연치 않게 자동차 기름 계기판을 보니 이미 위험을 알리는 경고등이 깜박였다. 조금만 늦게 발견했으면 사막 한가운데서 오도 가도 못 하는 신세가 될 뻔했다.

바닷길을 따라 시내 쪽으로 향했다. 한참만에야 주유소를 찾아서 기름을 잔뜩 넣었다. 아침에 산책했던 호텔 뒤쪽 동산을 돌아 바닷길로 향하다 산책 중에 안면을 익힌 젊은 친구들을 다시 만났다. 낚시하는 곳 옆에 차를 세워 두고 그들에게 다가가면서 말했다.

"사바 할 케르, 사딕(친구, 좋은 아침이기를 바랍니다)!"

그들도 같은 인사로 응답했다. 내가 다시 물었다.

"사딕, 사막 카티르(친구, 고기 많이 잡았어요)?"

"꿀루로 하지 이자자(고기들도 다 하지 휴가를 떠났나 봐요)."

우리는 한참 껄껄 웃었다.

"우리도 휴가 중인데, 이 근처에 역사가 오래된 곳이 있으면 말해 줘요."

"유대인이 모세와 함께 이 근처에서 홍해를 건넜다는데…."

나는 그 소리를 듣자마자 되물었다.

"언젠가 내가 책에서 봤는데, 하끌 바닷가 근처에 큰 돌기둥이 세워져 있던데, 그거 본 적 있어요?"

내 질문에 그 중 한 명이 눈을 동그랗게 뜨고는 다그치듯 말했다.

"당신 어디서 왔어요? 그런 질문, 다시는 다른 사람들한테 하지 마세요."

그는 엄중히 경고하듯 우리를 타일렀다. 이 녀석은 분명 무엇인가를 알고 있는 듯했다. 나는 차에 있던 음료수 두 병을 그들에게 건네면서 가족들을 데려와 인사시켰다. 그리고 왕자의 여행증명서를 보여 주며 말했다.

"혹시 제다에 오면 전화해요. 우리 친구 하자."

그들은 왕자의 여행증명서를 보더니, 왕자를 자기에게 소개시켜 줄 수 있느냐면서 내 손을 덥석 잡았다.

"제다에 오면 언제든지 왕자를 친구로 소개할 용의가 있어요. 하지만 우리가 아직은 친구가 아니라서 어떻게 대답을 해야 할지 망설여지네."

그러자 그는 칭얼거리듯 애원을 했다.

"암미(아저씨)! 암미!"

사실 '암미'라는 말은 자기보다 훨씬 나이 많은 집안 어른한테 칭얼거리듯 어리광을 부릴 때 쓰는 말인데, 지체 없이 이 말을 쓰는 것을 보니 무척이나 순진한 것 같았다.

"그럼, 바닷가에 세워져 있던 돌기둥에 대해서 아는 대로 이야기 해 줘."

그는 옆에 있던 친구를 슬쩍 쳐다보더니 이야기를 시작했다.

"우리 이웃에 연세는 거의 100세에 가까우신 할아버지 한 분이 사셔요. 그분이 사학자이시거든요. 중동 쪽의 저널리스트들이 수시로 찾아와 취재하곤 하는데, 그 할아버지한테 이야기를 좀 들었어요. 그런데 사실은 그 할아버지한테 이야기를 듣기 전에 저도 큰 돌기둥을 봤어요. 어느 날인지 그 돌기둥이 없어졌지요. 나중에 알고 보니 미국 사람이 와서 조사를 하더니 그 돌기둥이 유대인이 홍해를 건넌 자리를 표시해 둔 거라고 하니까 사우디아라비아 정부에서 그것을 치워 버린 거예요. 지금 어디에 있는지 알지만 말할 수 없어요. 하지만 그 전에 돌기둥이 서 있었던 곳을 말해 드릴게요."

"그건 네 마음이니, 네가 좋을 대로 해."

아마도 그 미국 사람은 론 와이어트일 것이다. 꿀떡도 단번에 먹으면 체하기 쉽지만, 조금씩 야금야금 먹으면 체하지 않고 맛도 좋은 법이다. 일단은 원래 돌기둥이 서 있던 곳을 알아내고 그 돌기둥이 보관된 장소를 어떻게든지 알아내기로 마음을 먹었다.

"그럼, 그 장소는 여기서 얼마나 떨어져 있어?"

"하끌 마을 어귀에서부터 바다 길을 타고 남쪽으로 20~30km 지점에 가면 금속 파이프로 기둥을 세우고 그 위에 깃발처럼 붉게 칠해져 있는 곳이 있어요. 거기가 그 돌기둥이 서 있던 곳이에요."

그렇다! 그 청년은 내가 본 비디오테이프의 장면을 정확하게 말해 주고 있었던 것이다. 메모지에 기록하고 싶은 마음이 굴뚝같았지만 머리에만 담아 두고, 명함을 그들에게 건넸다. 언제쯤 제다에 올 수 있는지 속히 만났으면 좋겠다고 하자 그들은 빙글거리고 웃었다. 그러면서 푸념을 했다.

"어젯밤부터 낚시를 했는데, 고기는 한 마리도 못 잡았어요."

"미끼는 뭐로 했는데?"

"새우나 오징어를 쓰죠. 때로는 고기를 통째로 쓰기도 해요. 얼마 전에는 1m가 넘는 상어를 잡은 적도 있는데."

그렇게 말하고는 큰 검은 쓰레기 봉지를 벌려 바람 부는 쪽으로 향하게 하더니 봉지 안으로 바람을 잔뜩 넣었다. 봉지 입구를 고무줄로 꽁꽁 묶더니 적당히 바람을 빼고 그 위에다가 통째로 낚시 바늘에 끼운 고기를 올려서 바다 위에 놓았다. 그리고 낚시 줄을 쉬엄쉬엄 풀어 주자 쓰레기 봉지는 순풍에 돛단 듯 수면 위로 잘도 흘러갔다. 그렇게 한참을 흘려보내다가 슬쩍 잡아당기자 낚싯대와 고기만 바닷물에 빠졌다. 우와! 고기 잡는 아이디어가 기발했다.

"친구! 머리가 아주 비상한데 대학생이지? 공부도 아주 잘하겠는데."

"예. 공부는 잘 못하지만 초등학교 때는 반장을 했어요."

"그 나이 많으신 할아버지를 잘 알아?"

"그 할아버지도 옛날에는 베두인이었대요. 상식과 역사를 넘나드는 풍부한 지식에 입담이 좋아서 얼마 전만 해도 어느 왕자와 함께 담소를 즐겼는걸요."

사실이지, 아랍인은 자리에 앉으면 담소를 즐기는 정도가 아니라 밤을 새워 가며 토론하는 것을 즐긴다. 돈 많은 갑부나 왕자들은 대부분 입담 좋은 사람을 고용한다. 어디든지 데리고 다니며 그들이 들려주는 유머나 음담패설을 즐기려는 것이다. 자리에 앉으면 시샤 허브리 바브리(물 담배)를 한 모금씩 돌아가며 피다가 입심 좋은 친구가 이야기를 시작한다. 그러면 끝없이 이야기가 이어진다. 나중에는 주제를 하나 정해 놓고 종이 한 장에 돌아가면서 한 줄씩 시를 쓰며 밤을 지새우기도 한다. 이것이 바로 《아라비안나이트-천일야화》를 만들어 낸 원동력이 아닌가 싶다.

갈 길은 멀고 찾아가야 할 곳도 많은데 지체할 시간이 없었다.

"친구! 너와 내가 이미 친구가 되었다면 이야기 못할 이유가 없잖아? 그 돌기둥 말이야, 나에게 숨길 이유가 전혀 없다고 보는데. 왜 그렇게 감추려 드는지 그 이유라도 알려 줘. 네가 제다에 오면 나는 너처럼 감추고 거짓말하지는 않을 거야. 아무래도 그 노인한테서 들은 정보가 있는 것 같은데. 물론 말하지 않아도 되지만 너와 내가 믿을 만한 친구가 되기는 힘들지."

내가 이렇게 말했더니 그가 오히려 내게 되물었다.

"절대로, 누구에게도 이 비밀을 말하지 않겠다고 약속할 수 있어요?"

그렇다면 이야기해 줄 수도 있다는 말이었다. 이럴 때 곧 바로 응수를 하면 오히려 역효과가 생기는 법. 나는 한 번 더 돌려서 말했다.

"야, 이 친구야! 그게 그렇게까지 중요한 비밀이면 말하지 말아야지. 하지만 세상에는 비밀이 없는 법이야. 너는 그 비밀을 너 혼자만 알고 있는 것 같겠지만 한번 생각해 봐. 네가 알 정도면 이미 수많은 사람들이 다 알고 있는 거야. 그리고 나는 이스라엘 사람도 아니고 한국 사람이야. 이 문제와 전혀 상관없는 사람이지. 너 한국 어디 있는지 알아?"

그는 한동안 바다 쪽만 쳐다보고 있었다. 한참 뒤 드디어 입을 열었다.

"정부에서 노인과 돌기둥에 대해 상의를 한 모양입니다. 최종적으로 그 돌기둥에다가 아랍어로 '라 일라 일랄 라(알라신만이 유일신이다).'라고 써서는 돌기둥을 뿌리 채 뽑아서 깊은 바다에 빠뜨렸대요."

그 친구는 노인의 이야기를 듣고 나서 직접 바다에 잠수해서 그 기둥이 빠져 있는 곳을 확인까지 했단다. 돌기둥은 본래 있던 곳 바로 앞 바다 수심 5~6m 정도 깊이에 누워 있다고 했다.

웃어야 할지 울어야 할지…. 나도 이렇게 억울한데, 하나님 보시기에는 어떠실지, 입이 떨어지지 않았다. 무슬림도 이스라엘 백성이 애굽에서 노예 생활을 하다가 모세의 손에 이끌려 출애굽한 뒤 홍해를 건넜다는 것을 믿는다. 그들의 경전인 코란에도 그렇게 기록해 두었기 때문이다. 그런데 왜 그 흔적들을 감추려고 하는 것일까.

우리는 청년들에게 다시 만나자는 인사를 하고 헤어졌다. 고기 많이 잡으라는 덕담도 잊지 않았다.

참으로 전능하신 하나님은 꼭 필요한 때에 꼭 필요한 내용들을 기대하지 않은 사람들을 통해 세세하게 알려주고 계셨다. 만약에 우리가 다른 길로 갔거나, 자동차 연료가 충분했거나 이른 아침에 이 친구들이 고기잡이를 하지 않았다면 이런 귀한 정보를 어디서 누구에게 전해 들었겠는가. 생각하면 할수록 하나님의 섭리는 놀라웠다.

✝ 금속 깃발을 찾아라

우리는 마을 어귀에서 자동차 미터기를 확인하고 해변 도로를 따라 천천히 달렸다. 머지않은 곳에서 3,500년 전 수백만의 이스라엘 백성이 좌우로 벽을 이룬 바닷물을 지나 바닥을 밟으며 찬송을 불렀을 것이다. 지금도 불어오는 저 동풍을 맞으며 홍해를 건넜을 것이다. 그곳을 찾아간다고 생각하니 벌써부터 가슴이 뛰었다.

"하나님, 저희들이 그 역사적인 현장을 찾아갑니다. 무작정 찾아가는 저희들의 눈을 밝히사 그곳으로 인도하소서."

해변 길을 따라가는 중에 드문드문 바닷가에 텐트를 치고 가족 단위로 또는 친구들과 함께 노는 모습들이 평화로워 보였다. 비포장도로여서 중간 중간에 산호더미와 바위들이 무질서하게 널려 있기도 했다. 맑은 날씨 덕에 바다 건너 시나이반도가 훤히 보였다. 높은 산들이 키 재기 하듯 솟아 있었다. 조금 더 지나자 초소가 높은 망대처럼 서 있었지만 아무도 보이지 않았다. 다 휴가를 떠난 모양이었다. 드문드문 보이던 텐트도 더 이상 보이지 않았다.

자동차의 계기판을 확인하니 거의 반 정도는 온 것 같았다. 가족들에게 신신당부를 했다.

"아빠가 차를 천천히 몰 테니까 잘 살펴 봐. 비디오테이프에서 본 깃대 기억나지? 그걸 찾으면 되는 거야. 알았지?"

약 20km 정도 지나자 큰 산이 앞을 가로막고 있어서 더 이상 진행할 수 없었다. 당황하다가 그 길을 따라 내륙 쪽 산비탈을 한참 올라가 보니, 다시 바닷길과 연결됐다. 바닷가에 작은 공장 같은 건물이 보이고 지붕 위에 사우디아라비아 국기가 펄럭이는 것을 보니 해안 경비대 건물 같았다.

이제 젊은 낚시꾼들이 말한 지점인 30km 정도를 달려왔다. 아내와 아이들은 그 깃대 표시를 찾느라 정신이 없었다. 때때로 특이한 기둥 같은 것이 있으면 아이들은 신이 나서 나를 불렀다. 인적 없는 바닷가에 물체라곤 우리가 전부인 것만 같았다. 그 순간 자동차 한 대가 뿌연 먼지를 일으키며 우리 쪽으로 달려왔다. 해안 순찰차처럼 보였다. 도둑이 제 발 저린다더니, 괜히 마음이 쿵쾅거렸다. 거의 우리 쪽으로 오는가 싶더니 우회전을 해서 계곡 쪽으로 지나가 버렸다. 다행이었다.

30km 지점을 지났는데, 아무것도 발견하지 못한 우리는 조금씩 초조감이 들기 시작했다. 기둥 같은 것이 보여도, 무조건 '저것 같은데….' 하는 생각이 들었다.

35km도 지난 것 같은데 아직도 깃대는 나타나지 않았다. 정오의 바닷가 햇살은 눈이 부실 정도로 따가웠다. 자꾸만 포기하고 싶은 생각이 들었다.

'끝없이 이어지는 바다. 도대체 얼마나 더 달려야 하는 것일까, 어쩌면 우리가 모르는 사이에 지나쳐 버린 것은 아닐까.'

나는 아내에게 말했다.

"여보 이제 그만 돌아갑시다."

아내가 펄쩍 뛰었다.

"지금 무슨 소리를 하는 거예요. 여기까지 오느라 얼마나 힘들었는데요. 조금만 더 가 봅시다."

아내와 공방을 몇 차례나 더 했는지 모른다. 간간이 보이던 산모퉁이도 이제는 사라졌다. 그러더니 갑자기 넓은 광야가 눈앞에 펼쳐졌다. 바다 색도 초록빛으로 변했다. 해초들이 밀려 나와 해변에 널려 있었다. 바람 한 점 없이 조용한 이 바다는 3,500년 전 이스라엘 백성들의 엄청난 행렬을 보았으리라.

나와 아내는 거기에서부터 5km만 더 가 보고 돌아가기로 약속을 했다. 광야의 바닷길을 달려가다 보니 왼쪽으로 뿌옇게 높은 산들이 나타났다.

'저 산맥을 타고 내려간다면 라오즈산과 연결될 것이다. 그렇다면 분명 이 근처 어디엔가 깃대가 있을 것이다.'

"우리 정신 바짝 차리고 찾자. 하나님께서 우리를 인도하실 거야."

멀리 바닷가에 해안 경비 초소 망대가 서 있었다. 그 쪽으로 점점 가까이 다가가다가, 누가 먼저라고 할 것 없이 초소 망대의 맞은편에 서 있는 깃대를 발견했다.

"예스! 예스!"

나는 운전대를 놓고 오른 주먹을 불끈 쥐고 몇 번이나 환호를 질렀다.

"저거다! 저거다! 찾았다! 우리가 찾았다! 하나님이 우리와 함께하셨다. 우리 눈을 열어 주셨어! 얘들아 저거 보이니? 여보 저거 좀 봐!"

우리 모두 흥분을 감출 수 없었다. 흥분된 마음을 억지로 누르며 깃대 쪽으

솔로몬 홍해항단 기념기둥이 있던 자리

로 서서히 접근했다. 깃대에서 약 100m 떨어진 능선 위에 하얀 자동차 한 대와 초막이 보였다. 먼저 거기에 가 보기로 했다. 우유팩이며 찻잔이 널브러져 있는 것을 보면 조금 전 까지도 누군가 있었던 것 같은데, 주위를 아무리 둘러 보아도 인적이 없었다.

좀 전에 먼지바람을 일으키며 계곡 쪽으로 지나간 차량이 생각났다. 아마도 얼마 전까지 여기 있다가 다른 용무로 잠깐 자리를 비운 것 같았다. 만약에 그렇다면, 그들은 돌기둥이 서 있던 자리를 감시하고 있었다는 뜻이다. 우리는 서둘러 사진기와 비디오카메라를 가지고 촬영에 들어갔다.

홍해 바다에서 약 500m 정도 동쪽으로 나와 광야 가운데 금속 깃발이 서 있었다. 금속 깃발에 붉은 페인트를 칠하여 2m 남짓한 높이로 세워 놓았다. 깃대를 고정시킨 받침은 놋쇠로 만들고 그 주위를 콘크리트로 고정했으며 놋쇠 위에다 사우디 해안 경비대(Saudi Coast Guard)라고 표기해 놓았다. 주위의 다른 콘크리트 말뚝 아래는 아랍어로 표기해 놓았으면서 왜 깃대 아래에는 영어로 표기해 놓았는지 이해할 수 없었다.

해변에는 경고판이 세워져 있었다.

'일반인이든 거주자든 이 지역에서는 수영을 금함. 해양 경찰대.'

사우디아라비아 해변 어느 지역에 가더라도, 아무리 깊어도, 심지어 상어가 출몰하는 지역이라도 이런 입간판은 없다. 그런데 무엇 때문에, 왜 여기에서는 수영을 금지할까?

금속 깃발이 서 있는 넓은 광야는 풀 한포기 없는 돌밭이었다. 가시떨기나무만 듬성듬성 있을 뿐이었다. 이 광야는 동쪽으로 끝없이 이어지다가 멀리 보이는 시내산과 연결될 것이다. 이 황량한 광야가 출애굽한 이스라엘 백성들이 홍해를 건너 도착한 곳이란 말인가.

✝ 수르 광야에서

하나님은 출애굽한 이스라엘 백성들을 가나안으로 가장 빠르게 갈 수 있는 블레셋 길로 인도하지 않으시고 홍해 광야 길로 인도하셨다. 블레셋 길이란 시나이반도 상단, 즉 북쪽 지중해 연안 길을 뜻한다. 그 쪽에는 오래 전부터 애굽 군인들이 진을 치고 있었고, 애굽 국경선인 아카바를 지나자마자 블레셋 군사들이 또 진을 치고 있었다.

"바로가 백성을 보낸 후에 블레셋 사람의 땅의 길은 가까울지라도 하나님이 그들을 그 길로 인도하지 아니하셨으니 이는 하나님이 말씀하시기를 이 백성이 전쟁을 보면 뉘우쳐 애굽으로 돌아갈까 하셨음이라 그러므로 하나님이 홍해의 광야 길로 돌려 백성을 인도하시매 이스라엘 자손이 애굽 땅에서 항오를 지어 나올 때에"(출애굽기 13:17-18). 하나님은 백성들을 단 한 명도 애굽에 남기지 않으시고 하나님의 기적적인 영광에 참여시키기 위해 홍해 길을 택하신 것이다.

"그들이 숙곳에서 발행하여 광야 끝 에담에 장막을 치니 여호와께서 그들 앞에 행하사 낮에는 구름기둥으로 그들의 길을 인도하시고 밤에는 불기둥으로 그들에게 비취사 주야로 진행하게 하시니 낮에는 구름기둥 밤에는 불기둥이 백성 앞에서 떠나지 아니하니라"(출애굽기 13:20-22). 애굽을 떠난 그들이 '숙곳'을 지나 처음 장막을 친 곳이 광야 끝 '에담'이다. 급하게 서둘러 애굽을 떠나온 그들은 에담에서 항오를 정비하고, 저 넓은 광야를 지나야 했다. 하나님은 구름기둥과 불기둥으로 그들을 인도하셨다.

이스라엘 백성은 밤잠도 자지 않고 주야로 광야를 달려왔다. 그런데 그들 앞에 홍해가 나타났다. 더 이상 도망 갈 데가 없었던 것이다. 게다가 이스라엘 백성들을 쫓던 애굽은 특별 병거 600승을 비롯한 애굽의 모든 병거와 장관들이 다 참여하는 대작전을 펼쳤다. "바로가 곧 그 병거를 갖추고 그 백성을 데리고 갈새 특별 병거 육백 승과 애굽의 모든 병거를 발하니 장관들이 다 거느렸더라 여호와께서 애굽 왕 바로의 마음을 강퍅케 하셨으므로 그가 이스라엘 자손의 뒤를 따르니 이스라엘 자손이 담대히 나갔음이라 애굽 사람들과 바로의 말들, 병거들과 그 마병과 그 군대가 그들의 뒤를 따라 바알스본 맞은편 비하히롯 곁 해변 그 장막 친 데 미치니라"(출애굽기 14:6-9).

이를 본 이스라엘 백성들의 심경은 어땠을까? 아이들은 울부짖고 아낙들은 비명을 질렀을 것이다. 그들이 할 수 있었던 것은 단 한 가지, 하나님께 기도하는 것뿐이었다. 평범한 기도가 아니라 애타게 부르짖었다. "바로가 가까와 올 때에 이스라엘 자손이 눈을 들어 본즉 애굽 사람들이 자기 뒤에 미친지라 이스라엘 자손이 심히 두려워하여 여호와께 부르짖고"(출애굽기 14:10). 이스라엘 백성들은 부르짖으며 기도하는 한편, 고난이 닥치자 지긋지긋한 노예생활에서 해방된 것에 대한 감사는 자취를 감추고 원망이 터져 나왔다. 구름기둥과 불기둥이 밤낮으로 인도해 주었음에도 그들은 하나님을 믿지 못하고 있었던 것이다. "그들이 또 모세에게 이르되 애굽에 매장지가 없으므로 당신이 우리를 이끌어 내어 이 광야에서 죽게 하느뇨 어찌하여 당신이 우리를 애굽에서 이끌어 내어 이같이 우리에게 하느뇨 우리가 애굽에서 당신에게 고한 말이 이것이 아니뇨 이르기를 우리를 버려 두라 우리가 애굽 사람을 섬길 것이라 하지 아니하더뇨 애굽 사람을 섬기는 것이 광야에서 죽는 것보다 낫겠노라"(출애굽기 14:11-12).

그때 모세가 이렇게 말했다. "모세가 백성에게 이르되 너희는 두려워 말고 가만히 서서 여호와께서 오늘날 너희를 위하여 행하시는 구원을 보라 너희가 오늘 본 애굽 사람을 또 다시는 영원히 보지 못하리라"(출애굽기 14:13). 이제 모세는 하나님의 지시대로 지팡이를 들고 손을 바다 위로 내밀었다. 그 순간 바다가 쫙 갈라져 곧바로 걸어갔으면 좋았겠지만 그렇지 않았다. "모세가 바다 위로 손을 내어민대 여호와께서 큰 동풍으로 밤새도록 바닷물을 물러가게 하시니 물이 갈라져 바다가 마른 땅이 된지라"(출애굽기 14:21).

동풍을 이용한 하나님의 역사는 바다 맞은편, 미디안 땅(수르 광야)의 바다에서부터 갈라져 시나이반도 쪽으로 왔으니, 이스라엘 자손이 머무르던 곳까지 갈라져 오려면 꽤 시간이 걸렸을 것이다. 어쩌면 해질녘에 역사가 시작되어 동이 트기 몇 시간 전에 바다가 완전히 갈라졌을지도 모른다. 그들은 그때 알았을 것이다. 하나님께 손을 드는 순간 하나님의 역사는 시작되었다는 사실을, 기도했다면 물이 갈라지고 마른 땅으로 걸어갈 때까지 기다려야 한다는 사실을. 이스라엘 자손들은 때가 차자 바다를 마른 땅 밟듯이 걸었으며, 아이들은 손뼉을 치며 여호와를 찬양하고, 오랜만에 한뜻이 되어 모세 앞에 순종했으리라.

모세의 노래 (출애굽기 15:1-6)

"내가 여호와를 찬송하리니 그는 높고 영화로우심이요

말과 그 탄 자를 바다에 던지셨음이로다

여호와는 나의 힘이요 노래시며 나의 구원이시로다

그는 나의 하나님이시니 내가 그를 찬송할 것이요

내 아비의 하나님이시니 내가 그를 높이리로다

여호와는 용사시니 여호와는 그의 이름이시로다

그가 바로의 병거와 그 군대를 바다에 던지시니

그 택한 장관이 홍해에 잠겼고

큰 물이 그들을 덮으니 그들이 돌처럼 깊음에 내렸도다

여호와여 주의 오른손이 권능으로 영광을 나타내시니이다

여호와여 주의 오른손이 원수를 부수시니이다"

미리암의 노래 (출애굽기 15:21)

"너희는 여호와를 찬송하라

그는 높고 영화로우심이요

말과 그 탄 자를 바다에 던지셨음이로다"

이스라엘 백성이 시나이반도의 비하히롯, 지금은 관광지로 변한 누웨이바 (Nuweiba) 해안에서 홍해를 거쳐 미디안 땅으로, 지금 우리가 서 있는 이곳으로 건너온 것이 사실이라면 몇 가지를 증명할 수 있어야 할 것이다.

첫 번째는 반대편 누웨이바 해안에도 솔로몬이 세웠다는 홍해횡단 기념기둥이 있어야 한다.

두 번째는 홍해에 수장된 애굽 군사의 흔적이 있어야 한다. 이스라엘 백성들이 바다를 다 건너고, 추격해 오던 애굽 군사들이 건너려고 할 때 물벽이 무너져 내리고 말았다. 애굽의 모든 병거가 이 작전에 투입되었다면 얼마나 많은 군력이 홍해에 수장됐을지 상상해 보라. 그렇다면 반드시 증거가 있을 것이다.

세 번째는 우리가 지금 서 있는 이곳이 미디안의 수르 광야가 맞는지 확인해야 한다.

그런데 놀랍게도 이 세 가지 모두 증거가 있다. 우선 말씀을 통해서 옛날에 수르 광야는 미디안 종족의 두령(족장)이 차지하고 있었음을 알 수 있다. "죽임을 당한 미디안 여인의 이름은 고스비니 수르의 딸이라 수르는 미디안 백성 한 종족의 두령이었더라"(민수기 25:15). "그 죽인 자 외에 미디안의 다섯 왕을 죽였으니 미디안의 왕들은 에위와 레겜과 수르와 후르와 레바이며 또 브올의 아들 발람을 칼로 죽였더라"(민수기 31:8).

론 와이어트 팀이 찍은 비디오테이프는 누웨이바 해안의 솔로몬 홍해횡단 기념기둥을 담고 있으며, 그들은 고고학자들의 도움으로 그 돌기둥에 쓰여 있는 몇몇 글자를 해독하는 데 성공했다. 그 돌기둥은 오랜 세월 풍화 작용에 의해 많은 글자가 지워져 없어졌으나 에돔, 솔로몬, 죽음, 이스라엘, 모세 등의 글자를 해독해 냈다.

또한 론 와이어트 팀은 영국 해군사령부가 위성 촬영한 홍해 지도를 통해 누웨이바 해안에서 홍해를 가로질러 미디안(사우디아라비아) 땅까지의 바닷길을 찾아내는 데 성공했다. 그의 발표에 의하면 누웨이바 해변, 즉 시나이반도 쪽에서 경사가 6도 기울기로 서서히 바다 속으로 내려가다가 다시 완만한 넓은 길이 바다 건너편 미디안 땅까지 연결되어 있다고 했다. 그 바닷길을 조사하던 중에 애굽 병거들의 바퀴를 홍해바다 속의 산호더미 속에서 찾아내는 데 성공했다. 찾아낸 일부의 병거 바퀴를 이집트 국립 박물관 관장에게 건네주기도 했다.

'홍해'를 놓고 일부에서는 갈대바다(얌쑵)라고도 한다. 그 당시 애굽인들에게 죽음은 곧 내세와 직결되었다. 고대 애굽인의 장례 관련 문서에서도 죽은 자의 영혼들이 내세로 들어갈 때 '갈대바다'를 건너간다고 표현했다. 그런데 이것은 모세의 개인사를 알면 어느 정도 실마리를 찾을 수 있다. 모세는 애굽의 왕궁 생활을 통해 그들의 종교적 특수 용어인 '갈대바다'의 의미를 알고 있었을 것이다. 히브리인에게 죽음은 영혼이 이 세상을 지나 하늘나라로 건너가는 것이므로, 그들이 홍해를 건너 안전한 땅으로 간 것을 모세는 '갈대바다'로 표현했을 것이다(《고고학과 구약성경》, 알프레드 J. 허트, 강대흥, 미스바, 224쪽). 라훔 M. 사르나 교수도 애굽의 기록들을 통해 지중해와 홍해를 구별하지 않고 '푸른 바다(Green Sea)'로 사용했던 점을 들어 홍해와 갈대바다는 동일한 바다라고 주장했다.

우리가 가는 곳마다 마치 약속이라도 한 듯 해안 경비들은 자리에 없었다. 우리가 마음 놓고 현장을 돌아볼 수 있도록 하나님께서 세심하게 배려하신 거라는 생각이 들었다. 비록 풀 한 포기, 나무 한 그루 없는 외진 이 땅에서 아무도 보아 주는 사람 없어도 우리 가족은 덩실덩실 춤을 추며 하나님을 찬양했다. 3,500년 전 그곳에서 소고 치며 하나님을 찬양했던 이스라엘 자손들의 모습을 상상하면서.

왔던 길로 다시 돌아가는 우리의 마음은 한없는 기쁨으로 가득 차 있었다. 찬양을 틀어놓고 나와 아내는 손을 맞잡고 그 높고 위대하신 하나님을 찬양했다. 아마도 우리가 누웨이바 해안을 탐험한다면 더 분명한 사실을 알게 될 것이다.

라오즈 산에
세번째 오르다

만남과 동행

2001년 3월 7일 수요일, 여섯째 날

집을 떠나온 지 엿새가 지났다.

오늘도 라오즈산에 올라가려고 한다. 이번 여행에서만 벌써 세 번째 시도다. 처음에는 미사일 기지가 설치된 군사 도로로 잘못 들어가서 산 정상 가까이는 갔지만 철제 바리케이드 앞에서 발길을 돌려야 했다. 두 번째 시도 때는 와디 무사 줄기를 타고 들어가다가 베두인들의 안내로 라오즈산 뒤쪽에 갔었는데, 우리가 산에 올랐을 때 천둥과 번개가 쳤고, 거기에서 이스라엘 백성이 돌에 새겨놓은 신발 그림과 모세 지팡이 그림을 보았다. 우리가 또다시 시내산을 탐험하려는 이유는 정상에 오르고 싶어서였다.

시내산으로 출발하기 전에 우리는 하나님께 간절히 기도드렸다.

"전능하신 하나님, 영광받으소서. 일찍이 우리를 택하시어 믿음의 가정에서 자라게 하시고 기도로 양육받게 하심을 감사드립니다. 참 믿음이 무엇인지, 참 신앙생활이 무엇인지 깨닫게 하신 뒤 저희들을 부부로 삼아 주시며 사랑하는 아이들을 선물로 주셨음에 감사드립니다. 우리가 부모님께 물려받은 귀한 신앙을 다시 자녀들에게 물려줄 수 있도록 은혜 주심도 감사드립니다. 돌이켜

121

보면 숱한 죄악된 일들이 있었지만, 우리를 벌하지 않으시고 사랑으로 보호하
셔서 회개할 수 있는 은혜를 주시며 오늘까지 저희들과 동행하심을 감사합니
다. 오늘 하나님이 유일하게 이 땅에 강림하셨던 그 성산을 찾아가려 합니다.
아브라함이 나이 들어 이삭의 아내를 구할 때, 늙은 종과 리브가를 순적하게
만나게 하셨던 것처럼 우리도 하나님의 성산을 아는 사람들을 순적하게 만날
수 있도록 은혜 주옵소서. 꼭 성산을 보고 돌아가기를 기도드립니다. 우리와
동행하시는 예수님 이름으로 기도합니다. 아멘."

　　운전을 하면서 생각해 보니, 그랬다. 하나님은 정말 나를 그동안 순적하게
인도해 주셨다. 살포시 잠이 든 아내와 세 아이들의 얼굴을 보니 새삼스레 우
리들의 첫 만남이 떠올랐다.

　　1987년 나는 구로구 독산동에서 한의원과 치과 병원을 운영하다가 실패했
다. 장안동 어느 연립주택 골방을 사글세로 얻어 며칠이고 틀어박혀 신세타령
만 하던 중에 해외개발공사에서 근무하던 지인에게서 사우디아라비아에서 의
료 요원을 모집하는데, 의학 용어 통역이 힘드니 며칠만 도와주면 고맙겠다고
했다. 마침 쉬고 있던 차에 잘 되었다 싶어 나는 해외개발공사 의료 요원 선발
대의 통역을 맡았다.

　　나는 사우디아라비아 의사가 영어로 질문을 하면 한국말로 한국 의료인에
게 질문을 하고, 그 대답을 받아서 영어로 다시 통역해 주는 일을 했다. 수많
은 사람들이 테스트를 거쳐 갔다.

　　그런데 하루는 한 지원자가 책상 앞에 앉았는데, 그렇게 순진무구하게 보일
수가 없었다. 통역이고 뭐고 손을 잡고 나가고만 싶었다.

　　이런 느낌은 처음이었다. 그때 나는 미혼이었다. 이제껏 통역을 하면서 여
자 의료인을 많이 보았고 맞선이라는 것도 많이 봤다. 부모친지들 소개로

거의 주말마다 맞선을 본 적도 있었다. 그런데도 마음에 드는 사람이 없었는데, 유독 그녀가 내 마음을 꿰차고 앉은 것이다.

나는 그녀에게 말했다.

"옆에 있는 사우디아라비아 사람은 한국말을 하나도 모르니, 동요나 민요 가사도 좋고 국민교육헌장도 좋으니 내 질문이 떨어지자마자 무조건 말을 많이 하시오. 그러면 내가 꼭 합격시켜 드리겠소."

그녀가 조금 당황하는 눈치더니 생긋 웃었다. 웃는 그 얼굴이 어찌나 고운지…. 그녀는 내 말대로 질문이 끝나자마자 재잘거리며 답했다. 합격이었다! 그녀는 사우디아라비아로 떠났고 통역을 하던 나도 얼떨결에 함께 떠나게 됐다.

내가 근무하던 파드 왕립병원은 예멘 국경에서 그렇게 멀지 않은 지잔 지역에 있었다. 거기에 도착한 뒤, 그녀가 우리 병원에서 가장 가까운 쌈타 병원에서 근무하고 있다는 것을 알게 되었다. 하늘의 도우심이었다.

그런데 사우디아라비아가 어떤 나라인가. 부부가 아니면 함께 찻집도 못 가는 나라가 아닌가. 그녀는 기숙사에서 생활했는데, 일주일에 한 번씩 외출을 할 수 있었지만, 감시원이 눈을 부릅뜨고 따라다니는 통에 입맞춤은커녕 눈맞춤도 못하는 실정이었다.

궁리 끝에 나는 권력의 힘을 빌리기로 했다. 얼마 전에 허리가 아파 고생을 하다가 내게 침 치료를 받고 완치된 보건청장을 찾아가기로 했다.

"보건청장님, 청이 하나 있는데 도와주실 수 있는지요?"

"무슨 일이라도 도와주지. 무슨 일인가?"

아랍 사람들은 무조건 오케이다. 끝까지 들어 보지도 않고, 또 할 수 있건 없건 간에 일단 "인샬라(신의 뜻이라면!)" 하고 쉽게 말하고는 한다. 사실 '인샬라'라는 말은 아주 다양하게 사용된다. 같은 사무실에 근무하는 동료에게 근무가 끝난 뒤 헤어지면서 하는 인사말도 "인샬라!"이다. 오늘 밤 사이에 무슨 일이 생길지 모르며 신만이 아는 일이라는 것이다. 그래서 나도 때로는 몹시 좋지 않은 환자가 찾아와 이런 병도 치료할 수 있느냐고 물어보면 "인샬라(신만이 알고 있다)!" 하고 대답하곤 했다.

나는 조금 망설이다가 말했다.

"쌈타 병원에 있는 아무개 양이 제 친척입니다. 그런데 너무 멀리 있으니 불쌍해 죽겠습니다."

"그럼 어떻게 하라고?"

"보건청장님께서 가능하시다면 그녀를 우리 병원으로 발령시켜 주시면 고맙겠습니다."

"그건 간단해. 너희 병원에 있는 필리핀 사람하고 네 친척하고 맞바꾸면 되니까. 이름이나 확실히 적어 주면 이번 주 내로 발령시켜 줄게."

나는 그쪽 병원에 한국 여자 의료원 두 사람의 이름을 적어 주었다.

"무슨 사람 이름이 이렇게 길어?"

"아, 그쪽에 한국 아가씨들이 두 사람이 있어서요. 둘 다 발령 내기 힘들면 거기 표시해 놓은 한 명만 해 주셔도 돼요."

일주일이 조금 지난 어느 날 그녀는 내 곁으로 왔다. 다른 한 명의 아가씨와 함께. 그들은 자신들이 왜 그 병원으로 오게 됐는지 몰랐다.

나는 그녀를 8개월 남짓 옆에서 지켜보면서 평생을 같이할 수 있을지 눈여겨보았다. 그녀가 내 배우자감이라는 확신이 들었을 때, 작전에 돌입했다.

"제다에 들러 새 일자리를 알아보고 한국에 들어갔다 올 겁니다."

내가 떠나는 날, 그녀는 작은 크리스털 선물을 예쁘게 포장해서 주었다.

"저도 제다 쪽으로 갈 수 있도록 도와주세요."

"그래요. 제가 제다에 직장을 잡아 줄게요."

이렇게 약속하고 작별을 했다. 나의 본심은 차마 이야기할 수 없었다. 제다를 거쳐 한국에 돌아와서 그녀에게 전화를 했다.

"직장 자리 확실하게 잡아 놓았으니 지금 바로 한국으로 나오세요."

정말 직장을 잡았는지 거듭 확인한 뒤에 그녀는 응급 휴가를 신청하겠다고 했다.

나는 그녀를 한국에서 만나볼 날을 손꼽아 기다렸다. 공항에 도착했을 때, 그녀는 나와 인사를 하는 둥 마는 둥 하고 직장에 대해서만 물었다.

"직장은 잘 골라 놓았으니 걱정하지 마십시오."

나는 공항에서 그녀의 고향까지 기차로 동행하면서 말했다.

"아무 소리 하지 말고 나와 결혼합시다. 이건 평생 직장입니다."

그 뒤 우리는 2주 만에 결혼식을 올렸다. 아무리 생각해도 나는 그녀의 직장을 잘 잡아 준 것 같다. 우리는 사우디아라비아로 돌아가서 신혼살림을 차렸다.

🌱 와디 아비앗을 찾아서

하끌 검문소를 지나 아쉬 샤라프를 통과해서 타북으로 가다가, 약 45km 지점에서 우측으로 난 군사 도로를 따라 계속 오르면 미사일 기지가 나온다. 라오즈산 뒤쪽에서 만났던 대학생 친구들과 베두인의 말에 따르면, 라오즈산으로 가려면 와디 아비앗(하얀 계곡)을 지나야 한다고 했다. 우리는 먼저 와디 아비앗을 찾아야 했다.

군사 도로를 따라 계곡 옆으로 오르다가 산 아래쪽에 있는 베두인의 천막을 발견했다. 천막 안에서 9살쯤 되어 보이는 남자 아이가 불쑥 나왔다가 다시 들어가더니, 조금 뒤 그의 형인 듯한 아이가 나왔다. 형은 동생보다 두어 살 위로 보였는데, 얼굴빛이 가무스름해서 건강해 보였다. 눈동자가 반짝반짝 빛나는 것이 영특해 보였다. 차창을 내리고 "쌀라 말라이꿈!" 하고 인사하자, 그 아이도 "말라이꿈 쌀람!" 응답해 주었다. 그렇지만 경계심을 늦추지는 않았다.

나는 얼른 우리 아이들을 차에서 내리게 했다. 나는 그 아이의 환심을 끌면서 여기서 잠깐 쉬었다 가도 되느냐고 물었다. 베두인 아이는 우리 아이들을 보고는 마음이 놓였는지 그제야 웃으면서 말했다.

"아할란 와사흘란(어서 오세요. 환영합니다)."

우리는 아이들을 따라 천막 안으로 들어갔다. 장작불 위에는 가흐와(Gahwa: 아랍 커피, 커피 원료를 볶지 않고 말려서 절구에 빻아 끓는 물에 넣어서 마신다. 원산지는 예멘이지만 베두인이 즐겨 마신다)가 끓고 있었고, 양 가죽으로 만든 이불이며 찌그러진 양은 그릇이 이리저리 흩어져 있었다. 바닥에는 낡은 양탄자가 모래 위에 깔려 있어서 그런대로 유목민의 운치가 감돌았다.

나는 손을 내밀어 악수를 청했다. 아내와 딸들 그리고 막내 녀석까지 소개하고 있는데, 천막 다른 쪽에서 인기척이 들렸다. 얼굴을 가리고 있어서 정확히 알 수는 없지만, 여자 아이들 몇 명과 늙은 아낙들이 우리 쪽을 기웃거리며 수군거리고 있었다. 나는 자동차에 있는 음료수와 과자들을 가져 와서 그들에게 나눠 주었다. 그들은 반갑게 과자를 받아먹었다.

우리를 초대한 아이에게 나이를 물었다.

"12살이고요, 타북에서 공부하고 있어요. 휴가라서 집에 와 있어요."

그는 내게 가흐와를 한 잔 주었다. 나이에 비해 몸집은 작으나 꽤 의젓해 보였다.

"우리는 제다에서 왔어. 자동차로 여행 중인데 그냥 여기저기 돌아다니고 있는 중이야."

내가 이렇게 말하자, 직업이 뭐냐고 물었다. 나는 왕자 이름을 밝히며 그분의 주치의라고 했다. 그러자 아이가 눈을 동그랗게 뜨고 물었다.

"사실이에요?"

나는 여행증명서를 보여 주었다. 그러자 아이는 왕자가 너무 좋은 분이라며 칭찬을 아끼지 않았다. 그제야 슬쩍 물었다.

"너 혹시 와디 아비얏이 어디 있는지 아니?"

"여기를 계속 올라가서요, 약 15km 지점에서 좌회전을 해서 산 고개를 넘으면 와디 아비얏이에요."

녀석이 순순히 말해 주었다. 나는 내친김에 물었다.

"그러면 너 혹시 소 그림이 그려진 바위 무더기가 있는 곳도 아니?"

그러자 금방 얼굴색이 변했다. 그러더니 딱 잘라서 모른다고 했다. 정부 측에서 베두인을 단단히 교육시켜 놓은 모양이었다. 아이의 얼굴에서 뭔가 석연찮은 점이 보였다.

"걱정 마. 너도 알다시피 나는 일반인들하고 달라. 왕족들하고 지내기 때문에 나는 어디든지 갈 수도 있어. 여행증명서에도 써 있듯이 국가 공무원들은 내가 필요로 할 때는 최우선으로 도와줘야 한다고."

"거기 가면 깔라부시(감옥) 가는데…."

녀석은 말꼬리를 흐렸다. 나는 괜찮다고 달래듯이 타이르며 말해 보라고 했다. 녀석은 몇 번이나 망설이다가 "앗뜨랏뜨." 하고 짧게 말하고는 입을 다물어 버렸다. 처음 듣는 소리였다. 아랍어 같기는 한데 그 뜻을 알 수 없었다. 나는 그 아이가 보지 않을 때 아내에게 얼른 '앗뜨랏뜨'를 기록하라고 말하고 다른 이야기로 화제를 돌렸다.

"어른들은 어디 가셨니?"

"양 떼에게 물 먹이러 가셨는데, 돌아올 시간이 됐어요."

그러면서 밖을 힐끔 내다봤다. 나는 용기를 내서 물어봤다.

"너도 그 앗뜨랏뜨라는 데에 가 보았니?"

"전에 아버지를 따라 가 보았는데, 이제는 경찰들이 있어서 못 가요. 거기에 가면 산에서 물이 흘러요."

나는 아이에게 빈 종이를 하나 주면서 거기에 좀 적어 달라고 말했다. 아이는 망설이다가 마지못해 아랍어로 '앗뜨랏뜨(Atrat)'를 적어 주었다. '고고학 지역'이라는 뜻이었다.

'이제 찾아가는 일만 남았다!'

하나님은 이 어린아이를 순전하게 만나게 하셨다. 아이의 입을 통해 우리가 알고 싶었던 모든 것을 들려주셨다. "주의 대적을 인하여 어린아이와 젖먹이의 입으로 말미암아 권능을 세우심이여 이는 원수와 보수자로 잠잠케 하려 하심이니이다"(시편 8:2).

아이에게 잘 있으라는 말과 입맞춤으로 작별인사를 했다. 천막 뒤에 있던 아낙들이 "마 아 쌀라마(신의 은총으로 잘 가시오)." 하고 말하며 그제야 밖으로 모습을 내보이고 손을 흔들었다. 우리도 그들에게 손을 흔들며 복을 빌어 주고 차에 올랐다.

한낮의 더위는 지친 듯이 한풀 꺾이고 오후의 햇살이 저만치 멀어져 있다. 차를 돌려 천막에서 막 나오는 순간, 맞은편에서 낡은 픽업트럭 한 대가 우리 쪽으로 다가왔다. 양 떼에게 물을 주고 돌아오는 아이의 아버지임을 직감했다. 아이의 아버지가 그 자리에 있었더라면, 아마 말해 주지 않았을지도 모를 일이다. 간발의 차이였다. 하나님께 감사!

자갈밭을 지나 다시 레이더 기지로 향하는 군사 도로를 달리기 시작했다. 아이가 일러준 대로 거리를 가늠하며 달렸다. 평지에서 차츰차츰 산길을 오르며 주위를 살폈다. 너무나 조용한 길이었다.

어느덧 그 아이가 일러준 대로 15km를 다 왔으나 왼쪽으로 빠지는 길이 보이지 않았다. 20km를 가도 좌회전할 만한 길이 나타나질 않았다. 지나가는 차량은 한 대도 없고, 군사 도로는 쥐 죽은 듯이 고요했다. 먼 산 위로 독수리

한 마리가 원을 그렸다.

왔던 길을 5km 정도 되돌아가서 차를 세우고 지나는 차를 기다렸다. 아이들은 차에서 내려 뛰어놀고 있었다. 20~30분이 지났을까. 어디서 자동차 소리가 들리더니, 산 위쪽에서 급히 내려오는 차를 발견했다. 나는 도로가에 서서 손을 흔들며, 아이들에게도 손을 흔들라고 소리쳤다.

빠른 속도로 달리던 자동차는 순간적으로 우리를 지나쳤고 저만치 앞에서 급브레이크 밟는 소리가 들렸다. 곧이어 자동차 바퀴에서 시커먼 연기가 일더니 후진을 해서 우리 쪽으로 다가왔다. 차 안에는 운전사와 젊은 친구 두 명이 타고 있었다. 나는 간청을 했다.

"와디 아비얏을 찾아 가려 하는데, 길을 몰라서요. 이 근방에서 좌회전을 해산을 넘으면 있다고 하는데, 제발 거기까지 데려다 주세요."

"뒤에 있는 친구들을 큰길까지 데려다 주고 돌아오는 길에 거기로 안내할 테니까, 조금만 기다리쇼."

운전사는 이렇게 말하고 쏜살같이 사라졌다. 차가 지나가고 채 몇 분이 안 되어 산 아래쪽에서 픽업트럭 한 대가 느린 속도로 올라왔다. 자세히 보니 베두인 천막 앞에서 만났던 아이의 아버지였다. 안색이 좋아 보이지 않았다. 아마 아이한테서 우리가 질문했던 내용들을 들은 것 같았다. 그래도 용기를 내서 물었다.

"와디 아비얏을 아세요?"

그는 대답도 하지 않고 그냥 지나쳤다. 할 수 없이 한참을 서 있는데, 다시 오겠다던 친구의 차가 우리 쪽으로 다가오면서 상향 라이트를 번쩍였다. 우리는 그 차를 뒤쫓아서 약 22km 정도 오르막길을 올랐다. 그는 좌측신호를 넣으면서 차를 세웠다. 나도 그를 따라 차를 세우고 차에서 내렸다.

"고맙습니다. 어딥니까?"

그는 산 아래쪽을 손가락으로 가리켰다. 내려다보니 계곡 전체가 하얀 색깔이었다. 정말 와디 아비얏이었던 것이다. 나는 혹시나 싶어서 물었다.

"혹시 라오즈산을 아십니까?"

"나는 그 산에서 근무하는 군인입니다. 조금 전 내 차에 있던 그 두 사람도 여기에서 근무하다가 타북에 일이 있어서, 그들을 큰길까지 태워 주고 돌아가는 길입니다."

군인이라니까 구체적으로는 물어볼 수는 없어서 지나가는 말처럼 물었다.

"그런데 그 산에 뭐가 있습니까?"

"미사일 기지라 아무도 들어갈 수 없습니다."

잠깐 동안 낙심이 됐지만, 생각해 보니 우리가 꼭 시내산에 올라갈 이유는 없었다. 그곳 전체가 레이더와 미사일 기지여서 오를 수도 없을 뿐 아니라, 사실 산 위에는 유적도 없다. 아론의 금송아지 제단이며, 모세가 시내산에 들어가지 못하도록 돌무더기로 경계 표시한 것도 다 산 아래쪽에 있을 테니 말이다.

✝ 구름기둥과 또 만나다

와디 아비얏으로 내려가기 전, 두근거리는 마음을 억누르면서 먼 산 주위를 돌아보니, 맑은 하늘에서 섬광이 스쳤다. 그리고 한참 뒤에 천둥소리가 들렸다. 그런데 산 계곡의 굽이를 지나 멀리 보이는 산들 가운데서 유독 산봉우리 하나에만 검은 구름기둥이 내려와 있었다.

"오, 주여! 여보 저것 좀 봐!"

나는 아내에게 손짓으로 가리켜 보였다. 하나님께서 또 우리에게 직접 이 산이 진짜 시내산임을 알려 주시려는 것 같았다. 나는 그 산이 하나님이 강림하셨던 성스러운 산이라는 확신을 가지고 가파른 산길을 내려갔다. 순간순간

마다 보여 주시는 하나님의 섭리는 놀라운 것이었다. 확신에 확신을 더해 주셔서 강한 믿음을 갖게 되었다.

험준한 산길을 돌고 돌아 겨우 와디 아비얏에 도착해 보니, 우리가 내려온 산길이 아닌 베두인의 자동차 바퀴가 나 있는 길이 따로 있었다. 그렇다면 이제 저 길만 따라가면 시내산에 갈 수 있는 것이다.

계곡을 지나 산모퉁이를 몇 번이고 돌아섰는데도, 금세 당도할 것만 같던 시내산은 자꾸만 멀어지는 것 같았다. 간간이 베두인의 천막이 보였다. 산 위에서 보았던 구름기둥도 계곡에서는 전혀 보이지 않았다. 베두인의 자동차 바퀴만 밟으며 한참을 오르는데, 맞은편에서 픽업트럭 한 대가 우리 쪽으로 질주해 오고 있었다. 나는 속도를 늦췄다. 그 차는 상향 라이트를 켰다. 길을 비켜 달라는 것이다. 하지만 비키려고 보니 조금만 옆으로 나가도 모래에 빠질 것 같았다. 주춤하고 있는 사이, 그 차가 우리 차 앞으로 다가왔다. 나이 들어 보이는 아낙들로부터 어린 아이들까지 십여 명이 짐칸까지 빼곡하게 앉아 있었다.

잠깐 손을 들어 신의 은총을 빌고 안부를 물었다. 그들도 응답은 했지만, 이방인의 출현을 의아해하는 눈초리가 역력했다. 젊은 청년이 운전을 하고 있기에 물어보았다.

"앗뜨랏뜨(고고학 지역)가 어디입니까?"

내 질문에 젊은 청년은 정색을 했다.

"절대로 그런 소리는 꺼내지도 말아요. 속히 돌아가요. 거기에 가면 잡혀서 감옥에 가요. 경계가 아주 엄합니다."

하지만 수천 리 길을 달려왔는데 어떻게 바로 코앞에 두고 돌아가란 말인가. 우리는 망설였다. 이들은 외부인이 절대로 들어올 수 없는 곳인데 어떻게 군인들의 검문소를 통과했는지 의아해들 했다. 베두인이 다니는 길목마다 군인들의 초소가 여러 군데 있다는데, 우리는 단 한 번도 초소를 통과하거나 불심검문을 당하지 않았다. 듣고 보니 우리가 군인들의 검문소를 통과하지 않은 이유는 계곡을 타고 가파른 지름길로 왔기 때문이었다.

"지금도 늦지 않으니 빨리 돌아가세요. 그렇지 않으면 순찰차에 적발될 수 있습니다. 서두르지 않으면 큰일이에요."

사람들이 주위를 살피며 조언을 해 주는데, 어느 사이엔가 뿌연 먼지를 일으키면서 다른 픽업트럭 한 대가 우리 쪽으로 달려왔다. 그들은 차를 보는 순간 얼굴이 사색이 되었다.

"무시낄라(큰일이다)! 무시낄라! 아스까리(경찰이야)…!"

🌲 불시에 나타난 비밀경찰

드디어 올 것이 왔다. 이런 때일수록 당황하면 안 된다. 담대해야 한다.

'하나님, 우리가 당신의 성산을 찾아가는데 이들이 우리를 어떻게 하겠습니까? 하나님이 우리를 지켜 주시지 않으면 누가 우리를 보호해 주겠습니까? 저들은 이교도들입니다.'

마음속으로 기도를 하고 있는데, 아내의 얼굴도 창백해져 있었다. 달려오던 차가 우리 앞에 바짝 붙더니, 오십은 족히 되어 보이는 깡마른 몸집의 사나이가 내렸다. 그는 눈을 부라리며 이까마를 요구했다.

"아무리 급해도 인사부터 해야지 이게 무슨 짓입니까!"

나는 미리 호통을 쳤다. 움찔하는 눈초리가 역력했다.

"나는 사우디 전역을 여행할 수 있는 허가서를 소지하고 있습니다. 여기까지 오는 동안 어느 누구도 제재를 가하지 않았습니다. 무슨 이유인지 먼저 설명을 하고 이까마를 요구해야 하지 않습니까?"

나는 다시 한 번 호통을 쳤다. 이것도 오랜 사우디 생활에서 얻은 경험이었다. 이 나라는 왕국이다. 왕족과 서민들의 격차는 하늘과 땅 만큼이나 크다. 서민들은 왕족 앞에서는 주눅부터 든다. 신분이 천한 자나 가난한 자는 부하고 높은 자 앞에서 깍듯이 예를 갖추기 마련이었다.

　그는 기가 한풀 꺾여 우리 차번호를 슬쩍 쳐다보았다. 왕족들만 달 수 있는 차번호 999를 보았을 것이다. 나는 왕자의 여행증명서와 이까마를 내밀며 말했다.

　"만약 내게 무슨 잘못이 있으면 왕자에게 알리십시오."

　경찰은 내 여행증도 받지 않고 갑자기 소리를 쳤다.

　"나는 어느 누구에게도 간섭을 받지 않고 왕명에만 의해 일합니다. 지금 당장 돌아가지 않으면 이 자리에서 체포하겠소."

　옆에서 지켜보던 베두인들은 슬금슬금 눈치를 보더니 떠나가 버렸다.

　나는 다시 한 템포 낮추어, 사이좋게 친구 하자고 했다. 그런데 말이 먹혀들지 않았다.

　"빨리 돌아가지 않으면 지금 당장 체포하겠소."

　이러다가는 진짜 무슨 일이 일어날 것만 같았다. 우리는 차를 돌려 내려올 수밖에 없었다.

　그렇게도 애타게 찾아 헤매던 하나님의 성산을 눈앞에 두고 돌아서려니 마음이 아팠다. 괜스레 눈시울이 뜨거웠다. 그렇게 억울할 수가 없었다. 몇 날 며칠 하나님의 성산을 보고 싶어 피곤함을 무릅쓰고 여기까지 왔는데, 저 깡마른 뼈다귀 같은 놈에게 쫓기는 신세가 되어 돌아서야 한다고 생각을 하니 억울하기 짝이 없었다. 그대로는 돌아갈 수 없었다.

　백미러로 보니 경찰은 어느새 가고 없었다. 차를 180도 돌려 경찰이 사라진 그 길로 들어섰다. 아내와 아이들은 잔뜩 겁먹은 얼굴로 내게 말했다.

"좀 더 깊이 생각하고 행동에 옮겼으면 좋겠어요."

"우리가 아니면 그 어느 누구도 여기에 올 수 없어. 지난 며칠 동안 하나님이 얼마나 세심한 배려를 베푸셨는지 생각들 해 보라고. 가는 곳곳마다 여호와 이레로 우리를 돌보시는 것을 실감했잖아. 도저히 여기에서 돌아갈 수가 없어. 우리 잠깐 기도하자."

나는 차를 잠깐 멈추고 억울하고 분통한 가슴을 쓰다듬으며 기도를 했다. 모두 한 목소리로 기도했으니까 아빠가 하자는 대로 따르기만 하면 된다고 안심을 시키고 다시 가던 길을 재촉했다.

해는 어느덧 땅거미를 길게 드리우고, 산은 붉은 석양빛에 물들었다. 멀리서 베두인이 양 떼를 몰고 집으로 돌아가는, 영화보다 더 영화 같은 풍경이 펼쳐지고 있었다.

또 한 번 모퉁이를 돌아서자, 멀찌감치 사우디 국기가 펄럭이는 콘크리트 집 한 채와 베두인의 검은 천막이 보였다. 이런 깊은 산속에 관공서가 있을 리는 없다. 그러면 저곳은 분명히 비밀경찰들의 아지트일 것이다. 그렇다면 우리는 체포당할 것이 불 보듯 뻔했다.

가는 데까지 가 보자는 심산으로 서행을 했다. 산 귀퉁이 옆에서 또 다른 베두인 천막을 발견했다. 그곳으로 차를 몰고 들어서니 노인 한 명이 우리 쪽을 돌아보았다. 신의 가호가 있기를 빌고 인사를 건넸는데, 낯선 이방인의 방문이 이상한지 양 떼에게 물 먹이는 일만 계속했다.

나는 그 노인에게 물었다.

"앗뜨랏뜨가 어디 있습니까?"

몇 차례 더 간곡한 부탁을 했으나 여전히 대답하지 않았다.

우리는 차를 후진해서, 다시 돌아 나와 비밀경찰들의 아지트인 콘크리트 건물을 지나야 하는지 말아야 하는지 갈림길에 서 있었다. 마침 그 건물에 가기 전에 있는 뒷길로 들어섰으나, 200m도 못 가서 막다른 골목을 만났다.

이제 남은 길은 비밀경찰들의 앞마당을 지나가는 길밖에 없었다. 아내는 자꾸만 돌아가자고 했다. 나는 다시 한 번 기도하자고 했다.

"우리를 사랑하시어 이 먼 곳까지 동행하신 거룩한 하나님을 찬양합니다. 벌써 수천 킬로미터를 달려왔습니다. 하나님이 강림하셨던 산에 거의 다다른 것 같습니다. 우리를 여기에서 돌려보내지 마시고 저 경찰들의 눈을 가려 주셔서 무사히 이곳을 지나 하나님의 산을 보여 주소서. 저희가 이 사실을 밝히지 않으면, 얼마나 많은 사람들이 알지도 못하는 산을 시내산으로 여기고 성지순례를 할지 모릅니다. 저희가 아니면 여기를 돌아보려는 엄두도 낼 수 없다는 것을 주님이 아십니다. 저를 일찍이 사우디아라비아로 부르셔서 왕자 궁에서 일하게 하신 하나님의 뜻을 이제 알았습니다. 저를 더욱 불쌍히 여기시고 사랑하셔서 시내산을 만민에게 알릴 수 있도록 쓰임받는 도구가 되기를 원합니다. 우리를 죄에서 구원해 주신 예수님 이름으로 기도드립니다. 아멘."

기도를 마치자 새로운 힘이 생기고 다시 담대해졌다.

비밀경찰들의 앞마당에 거의 다 와서 보니, 건물 밖으로 담장이 높이 둘러져 있었다. 담장을 따라 중간 지점에 대문이 활짝 열려 있어서 안을 훤히 들여다볼 수 있었다. 입구 쪽에는 총 한 자루가 기대어 서 있을 뿐 사람은 없었다. 마당에는 베두인의 천막이 있고, 천막 안쪽 바닥은 붉은 카펫이 깔려 있었다. 사람은 보이지 않았다. 지금쯤 낮잠을 자는 시간인지도 모르겠다.

"휴우!"

긴 숨을 내 쉬며 할렐루야! 비밀경찰 아지트를 무사히 지나쳐 작은 동산을 돌아서자, 그렇게도 첩첩이 쌓였던 산들 뒤로 드넓은 광야가 눈앞에 펼쳐졌다. 광야 맞은편에는 론 와이어트의 비디오테이프에서 본 아론의 금송아지 제단이 보였다. 아론의 제단이 가까이 있는 것을 보면, 우측으로 높이 솟은 산이 시내산임이 분명했다. 운전대를 잡은 손이 떨리고 흥분됐다.

비디오카메라를 든 아내도 흥분과 두려움 때문인지 아론의 금송아지 제단에 초점을 맞추지 못하고 떨고 있었다. 잠깐 차를 멈추고 내가 비디오카메라를 건네받았으나 나 역시 손이 흔들려서 초점을 잡기가 힘들었다.

'아! 우리를 결국 여기로 인도하셔서 그렇게도 애타게 찾아 헤매던 귀한 곳을 보여 주신 하나님을 찬양합니다.'

곧장 시내 광야에 엎드려 가족들의 손을 잡고 찬양하고 기도하고 싶었으나, 어느 순간 어떻게 될지 몰라서 일단 자료를 담는 일이 급선무였다. 이렇게 휑하니 넓은 곳에 돌아다니는 우리가 발각되는 것은 불을 보듯 뻔한 일이었다. 잡혀 가는 것도 시간 문제였다. 론 와이어트는 두 아들과 이 산 주위를 배회하다가 비밀경찰에 발각되어 이스라엘 첩자라는 죄목으로 3개월 가까이 감옥에서 취조를 받아야 했다. 로버트 코루눅 박사와 짐 래리도 비밀경찰들에게 잡혀서 고초를 당해야 했다. 우리는 할 수 있는 한 많이 보고 말씀과 견주어 생각해 보았다.

✝ 아론의 금송아지 제단

아론의 금송아지 제단까지는 가까이 가지 못하고 비디오카메라를 줌으로 당겨 촬영을 하고 있는데, 베두인 천막 쪽에서 사우디아라비아 전통의상을 입은 두 사람이 우리 쪽으로 오고 있었다. 나는 은지와 은설이를 시켜 빨리 차에서 내려 소변을 보는 척 하게 하고 아내에게 빨리 아바야를 벗고 차 밖으로 나가라고 내보냈다. 여자 아이들이 소변을 보고 있거나, 여인이 있으면 사우디 남정네들이 접근하지 않는다는 것을 알았기 때문이다.

애굽의 신 하토르 암각화

두 사람이 딸아이와 아내를 보고는 주춤주춤하며 오지 못하고 반대쪽으로 돌아서 있었다. 나는 그 순간에 비디오카메라의 필름을 다른 것으로 갈아 끼우고, 사진기 한 대는 감추고 그냥 일반 사진을 찍은 사진기를 밖에 놓았다. 그러고 나서 차 밖으로 나와 그들을 불렀다.

가까이서 보니 아직 어린 고등학생들처럼 보였다. 나는 아랍어 대신 영어로만 이야기하기로 마음먹었다. 비상시에는 오히려 아주 낯선 이방인인 것처럼 보이는 것이 유리할 것 같아서였다. 영어로는 의사소통이 되지 않았지만, 나는 그 학생들이 하는 아랍어는 다 알아들을 수 있었다. 그들은 타북에서 공부하는 학생들인데, 휴가라서 고향 집에 내려와 있다고 했다. 나는 일부러 물어보았다.

"여기가 어디예요?"

"지도가 있으세요?"

나는 지도를 보여 주었다. 그들은 우리가 서 있는 그곳이 마시트 하밋드 (Masit Hamit)라며 손가락으로 지도를 가리켜 보였다. 그들이 가리켜 보인 곳 바로 옆에 라오즈산이 있었다. 그렇다. 우리는 라오즈산 아래 와 있으며 지금 시내 광야에 서 있다는 것을 다시 한 번 확인하는 순간이었다.

나는 그 학생들에게 우리 가족들을 일일이 인사시켰다. 그들은 낯선 외국인 가족들과 가까이 해서인지 연신 벙글벙글 웃으며 흥분된 눈초리를 감추지 못했다. 나는 저렇게 많은 산봉우리 중에서 과연 어느 산이 하나님의 성산인지 두리번거리고 있었다. 그런데 그들이 갑자기 말했다.

"산에서 시냇물이 흐르는 곳이 있어요. 거기 가 볼래요?"

처음에는 한가롭게 웬 시냇물인가 했다. 저기 보이는 금송아지 제단에 가서 바위에 그려진 그림을 눈으로 직접 확인하고 사진에 담아야 했다. 시내산도 찾아야 했다. 이렇게 바쁘고 급박한데 시냇물 타령이라니. 그 순간 갑자기 무엇인가 내 머리를 번개처럼 스쳐 지나갔다. 나도 모르게 아랍어가 튀어나갔다.

"너 지금 뭐라고 했지? 시냇물? 시냇물이라고 했지?"

"예!"

학생들은 조금 놀란 표정으로 말했다. 풀 한 포기, 나무 한 그루 찾아보기 힘든 그곳에 시냇물이 있다면, 그것은 분명히 시내산에서 흐르는 물일 것이다. 아론의 금송아지 사건 이후에 화가 난 모세는 이렇게 말하지 않았는가. "너희의 죄 곧 너희의 만든 송아지를 취하여 불살라 찢고 티끌같이 가늘게 갈아 그 가루를 산에서 흘러내리는 시내에 뿌렸었느니라"(신명기 9:21). "모세가 그들의 만든 송아지를 가져 불살라 부수어 가루를 만들어 물에 뿌려 이스라엘 자손에게 마시우니라"(출애굽기 32:20).

'오, 주여! 주님의 말씀은 정말 정확하나이다. 그런데 수천 년이 지난 지금에도 그 물이 흐르고 있나이까?'

뜨겁던 태양은 어느덧 산꼭대기에 걸려 그 붉은 모습이 짙어지고 있었다. 맞은편 산 그림자가 길게 드리워지자, 몸이 으스스 추워졌다. 비밀경찰이 언제 갑자기 들이닥쳐 무슨 낭패를 당할지 몰랐다. 빠르게 움직여야 했다.

"친구! 가자! 그 시냇물이 흐르는 곳이 어디야?"

"저기 보이는 모스크를 돌아 길을 따라 오면 시냇가에 갈 수 있어요. 저희들은 지름길로 갈 테니 저 길을 따라오세요."

그들은 지름길로 걸음을 옮기고, 우리 가족은 차에 탔다. 모스크를 돌아 자동차 바퀴 자국을 따라 구릉지를 지났다. 나지막한 언덕을 오르는데, 왼편 산모퉁이에 바위 하나가 불쑥 나와 있었다. 그 바위에는 여러 마리의 얼룩소 모양의 그림이 새겨져 있었다. 한눈에 보기에도 꽤 오랜 세월이 지난 듯 그림들이 많이 마모되어 보였다.

'그렇다. 저건 분명히 애굽의 신 하토르다.'

나는 얼른 그림을 사진에 담았다. 사진 찍느라 우리 차 뒤에 황토색의 지프차 한 대가 와 있는 것도 모르고 있었다. 얼른 사진기를 감추고, 학생들이 기다리고 있는 쪽으로 차를 몰았다.

학생들 옆에 차를 세웠다. 가족들과 함께 차에서 내려 시냇물을 직접 보니 놀라지 않을 수 없었다. 아이들은 신기한 듯 감탄사를 마구 날렸다. 계곡물이 세 줄기로 시내를 형성하며 흐르고 있었던 것이다.

학생들 뒤를 20대 후반의 젊은이들이 뒤따라오고 있었다. 그들의 인상은 너무 험상궂었다. 나는 최대한의 예의를 갖추고 영어로 대화를 시도했다. 물론 영어로 의사소통하는 것은 힘들었다. 그들은 내가 아랍어를 알아듣는다는 걸 모를 것이다.

"우리는 산 맞은편 천막에서 살고 있습니다."

그들은 우리를 안내하는 척하면서, 아내와 딸아이들을 힐끔거렸다. 그리고

희생제단으로 향하는 제물 길(좌)과 12돌(우) ⓒ 짐과 페니의 사진

는 뭐가 좋은지 킥킥 웃었다. 흉측했다. 청년들이 말했다.

"사진들 찍으세요."

이들이 무슨 계략을 가진 것은 아닐까, 하는 의심이 들었다. 하지만 이때 사진을 담지 못하면 또 언제 기록을 남길지 몰라, 우리는 사진을 찍었다.

산 계곡에서 흐르는 물은 잔잔하게 멀리 사막을 적시며 흘러가는 것이 아니었다. 산 아래를 조금 내려가다 지하로 모두 스며들어 갔다. 우리가 서 있는 곳에서 호렙산까지 약 200여 미터의 언덕을 사이에 두고 개울 건너 산 전체는 철책으로 둘러싸여 있었다. 시선을 돌려 철책을 따라가다 보니, 철책 옆에 콘크리트로 지어진 초소가 하나 있었다. 철책 안쪽을 자세히 살펴보니, 산 밑을 돌아가면서 큰 돌무더기가 수북이 쌓여 있었다.

'아 저 돌무더기가 산 사면에 지경을 정했다는 것이구나.'

나는 그제야 성경의 산 사면의 지경을 정한다는 것이 어떤 것인지 알 수 있었다. 하나님은 모세와 이스라엘 백성들을 시내산에서 만나실 때, 사흘을 여인과 가까이 하지 못하게 하시고 몸을 깨끗이 씻을 뿐만 아니라 산 사면에 지경을 정하시고 사람이나 우양(짐승들)도 가까이 하지 못하게 하셨다. "너는 백성을 위하여 사면으로 지경을 정하고 이르기를 너희는 삼가 산에 오르거나 그 지경을 범하지 말지니 산을 범하는 자는 정녕 죽임을 당할 것이라 … 모세가 여호와께 고하되 주께서 우리에게 명하여 이르시기를 산 사면에 지경을 세워 산을 거룩하게 하라 하셨사온즉 백성이 시내산에 오르지 못하리이다"(출애굽기 19:12-23).

문이 굳게 닫힌 철책 안에는 성막을 쳤던 흔적들이 돌담이 되어 선명하게 그대로 남아 있었다. 게다가 인근에는 모두 검은 색깔의 돌인데, 유독 하얀 돌기둥 12개가 나뒹굴고 있었다. 그 12돌은 분명히 이스라엘 12지파를 기념한 돌기둥일 것이다.

'아! 이 놀라운 사실들을 보라! 너무나 생생한 이 현장을!'

말씀과 현장이 일치하는 것을 보니 온몸이 갑자기 부르르 떨려왔다. 전능하신 하나님의 놀라운 능력의 현장과 역사의 현장에 우리가 서 있다는 사실에 나는 숨이 막힐 지경이었다.

저렇게 쌓아올린 돌무더기들이 이스라엘 백성들이 더 이상 시내산에 올라가서는 안 된다는 것을 나타내는 지경이었다고 생각하니, 시내산에 올라가고 싶은 마음이 사라졌다. 아이들을 불러 시내산에 관한 간단한 이야기를 해주었다. 혹시 모세가 던져 깨뜨려 버린 십계명 돌판 조각들이 여기 어딘가에 있을지 모른다고 설명하고 있는데, 어느 사이에 왔는지 베두인 아이들 서너 명이 낯선 이방인을 구경하고 있었다.

시내산 아래를 돌아보던 나는 산모퉁이 저편 아래에 지름 100m 이상의 검은 땅을 발견했다. 주위 전체가 황토색의 사막인데 유일하게 그곳만 시커멓게 그을린 듯도 하고 불에 탄 듯 보였다.

우리를 안내한 학생들과 뒤쫓아 온 젊은 청년들을 불러 시내산을 배경으로 기념 촬영을 하는 척하며 시냇물도 사진에 담았다.

사진 촬영을 하려고 포즈를 취할 동안 아내가 사진기를 잡았는데, 옆에 함께한 녀석들이 내가 아랍어를 못하는 줄 알고 떠들어댔다. 음심이 가득한 말

141

로, 두 딸아이와 아내를 놓고 차마 말로 표현할 수 없는 지저분한 소리들을 쏟아냈다. 주먹으로 얼굴을 한방 후려치고 싶었다. 하나님의 성산 앞에서 거침없이 쏟아내는 저 악한 사람들을 어떻게 해야 할까.

그러는 사이 해는 거의 사라지고 여명만이 남았다. 빨리 서둘러 아론의 금송아지 제단을 돌아보고 싶은 마음이 들었다.

처음 만났던 학생 중 선하게 보이는 학생 한 명을 우리 차에 태우고, 금송아지 제단으로 향하려는데, 그 학생이 말했다.

"그쪽으로는 접근하면 안 됩니다. 저희 집으로 가세요."

하지만 이 순간을 놓칠 수 없기에, 나는 그를 달래서 금송아지 제단에 도착했다. 재빨리 사진기를 꺼내 차 안에서 근접 촬영에 성공했다. 하지만 어떤 상황이 닥칠지 몰라 가슴이 조마조마했다. 그때 심정은 주님만 아실 것이다.

금송아지 제단은 철망으로 둘러져 있었다. 푸른 철판 위에 "여기는 고고학 지역임으로 접근하는 자는 왕명에 의거 보호받을 수가 없다." 라는 글씨가 아랍어와 영어로 선명하게 표기돼 있었다. 섬뜩했다.

차에서 내릴 수 없어서 차 안에서 둘러보았다. 아래 부분에는 다듬지 않은 거의 1m 이상의 둥그런 바위들이 기초가 되어 있었다. 그 위로 가로 10m, 세로 5m 정도의 높이로 돌무더기가 차곡차곡 쌓여 있었다. 윗부분은 평평하게 자연석 그대로 만들어져 있었으며, 다듬은 흔적은 없었다.

바위에는 힘센 황소의 그림이 여기저기에 그려져 있었다. 모두 열두 마리였다. 역시 애굽 신 아피스의 형상이었다.

"사딕! 소라 몸누! 몸누! 사딕, 몸누! 무시낄라 카티르, 소라 몸누(친구, 사진 촬영 금지야! 큰일났다)!"

사진을 찍으면 안 된다며 차에 함께 탔던 학생은 발을 동동 굴렀다. 그는 사진기를 들고 셔터를 누르느라 정신없는 내 팔을 잡아끌었다. 그 학생의 애처로운 눈빛을 보는데, 내 마음속에서 울분이 터져 나왔다.

'누가 너에게 그렇게 가르쳤니? 이 산은 온 우주를 다스리시는 하나님이 강림하신 산이야. 이 산이 너희 땅이라고 그 사실까지 너희 맘대로 왜곡할 수는 없어. 너희들이 총칼을 들고 가로막는다고 알려지지 않을 것 같니? 너희들이 얼마나 어리석고 우둔한 일을 저지르고 있는지 알기나 하니?'

우리가 조사한 바에 의하면 아론의 금송아지 제단의 둘레는 약 15~20m 정도로, 제단 받침 돌은 큰 바위이며, 불규칙하게 바위로 쌓아서 높이는 약 4~5m 정도이다. 윗면은 평평하게 만들었고 바위에는 얼룩소 모양의 그림들이 열두 개가 그려져 있으며 소뿔 모양은 좌우가 안쪽으로 휘어져 있다.

리야드에 위치한 압둘 아지즈 왕립대학교 고고학 교수이며 아랍 전역의 바위 그림을 조사한 바 있는 한 교수는 이 돌단에 그려진 소 그림은 유일하게 이집트의 라암셋 지역에서만 보이는 소 그림이라고 단정지었다.

성경에는 이렇게 기록되어 있다. "감독들을 그들 위에 세우고 그들에게 무거운 짐을 지워 괴롭게 하여 그들로 바로를 위하여 국고성 비돔과 라암셋을 건축하게 하니라"(출애굽기 1:11). "이스라엘 자손이 라암셋에서 발행하여 숙곳에 이르니 유아 외에 보행하는 장정이 육십만 가량이요"(출애굽기 12:37).

요셉은 형들에게 미움을 사서 애굽에 팔려갔다. 그 뒤로 요셉은 하나님의 축복으로 애굽의 총리대신이 되었다. 흉년이 들었을 때 아버지 야곱과 그의 자녀들 70명이 요셉의 초청으로 애굽 땅의 고센 지역에서 살게 된다. 요셉과 그 시대 사람들이 다 죽은 뒤, 요셉을 알지 못하는 왕이 이스라엘 사람들이 강성해지는 것을 두려워하여 이스라엘 사람들을 노예로 만들었다. 그들은 바로를 위해 국고성 비돔과 라암셋을 짓는 노역을 해야 했다.

성경 어디에도 그들이 노예 생활을 하는 동안 하나님을 찾았다는 내용이 없

철망으로 둘러싸여 있는 아론의 금송아지 제단(위)과 제단의 하토르 바위그림(좌)과 희생제물을 드린 제단(우)

다. 이것은 그들이 애굽 사람들처럼 애굽의 신을 섬겼으며, 그 소를 하나님으로 착각하고 있었을지도 모를 일이다. 그러기에 애굽에서 430년 동안 종살이를 하다가 하나님의 도우심으로 탈출하고 시내산에 도착했을 때 그들은 애굽에서 늘 보아왔던 신한테 제사를 드렸을 것이다.

그때는 고센 지역뿐 아니라 애굽 전역에 걸쳐서 '아피스'라는 황소 신과 '하토르'라는 암소 신을 섬겼다. 두 신 모두 얼룩소 문양이 있는 것이 특징이다. 지금도 영국에 있는 대영박물관이나 프랑스의 루브르박물관에는 당시의 아피스와 하토르의 암각화와 그림이 수도 없이 진열되어 있다.

압둘 아지즈 왕립대학교 교수 말이 사실이라면, 이 소 그림이 애굽에서나 볼 수 있는 특이한 것이라면, 이 그림은 3,500년 전에 이스라엘 백성들이 광야생활을 할 때 그린 그림이라는 것이다. 어쩌면 돌 제단에 그려진 열두 마리의 소는 열두 지파를 상징하는지도 모를 일이다.

✝ 사우디아라비아에서 예수를 믿는다는 것

아무리 생각해도 사우디아라비아 정부는 뭔가를 알고 있는 게 분명했다. 그렇지 않다면, 이렇게 인적도 없는 깊은 산중에 길목마다 초소를 지어 놓고 비밀경찰들을 배치해 놓을 이유가 없지 않은가. 이러한 돌무더기를 한마디 설명도 없이 고고학 지역이라고 명명해 놓고 근처에 얼씬도 못하게 할 이유가 없지 않은가. 순간 이런 생각이 들었다.

'혹시 이집트와의 관계 때문은 아닐까?'

이집트의 관광 수입은 엄청나다. 그 관광 수입의 대부분은 시나이반도 성지순례자들이 올려준 것이다. 우리나라에서 이집트 카이로로 향하는 비행기 승객들의 상당수가 성지순례자들이다.

다른 이유가 있다면 종교 문제 때문일 것이다. 아라비아인의 조상은 이스마엘이다. 자식이 없었던 아브라함에게 하나님은 하늘의 별처럼 셀 수 없이 많은 자손을 주시겠다고 약속하셨다. 하지만 아브라함의 아내 사라는 하나님의 약속을 기다리지 못했다. 그녀는 자기의 몸종인 하갈을 아브라함과 동침하게 해서 아들을 낳게 했다. 그 아이의 이름이 바로 이스마엘이다.

그리고 아브라함은 100세에 하나님의 약속대로 본처인 사라에게서 아들 이삭을 낳았다. 이삭이 젖 떼는 날 연회를 베푸는 자리에서 이스마엘이 이삭을

희롱하는 것을 본 사라는 아브라함에게 하갈을 내어 쫓으라고 한다. 아브라함이 고심 중에 있을 때 하나님은 아브라함에게 본처인 사라의 말을 들으라고 말씀하신다.

아브라함의 친자 이삭에게는 큰 축복이 이어지는 반면, 서자 이스마엘은 이런 예언을 받았다. "그가 사람 중에 들나귀같이 되리니 그 손이 모든 사람을 치겠고 모든 사람의 손이 그를 칠지며 그가 모든 형제의 동방에서 살리라 하니라"(창세기 16:12).

아버지의 집에서 쫓겨난 이스마엘은 광야에서 활 쏘는 자로 살다가 이집트 여자를 아내로 맞이하여 열두 명의 아들을 낳고 137세에 죽었다. 이스마엘의 자손들은 지금의 사우디아라비아 북서부의 헤자즈, 그러니까 미디안 광야인 타북 전역과 사카카(Sakkakah) 지역에 넓게 퍼져서 살게 된다. 어쩌면 중동 문제의 불씨는 아브라함이 하갈과 동침하던 그 밤에 댕겨진 것이라 할 수 있다.

사우디아라비아와 이스라엘은 국교가 수립되어 있지 않을 뿐만 아니라, 대천지원수지간이나 마찬가지이다. 그래서 사우디아라비아에서 일하는 사람은 이스라엘에 다녀올 수 없으며, 여권에 이스라엘 비자가 찍혀 있는 것이 발견되면 문초를 당한 뒤 추방당한다.

뿐만 아니라 사우디아라비아에서는 예수님을 믿으면 곧바로 취조와 고문을 당한 뒤 추방당한다. 생계를 팽개치고 감옥에 갈 각오가 없으면 예수를 믿지 못한다. 처음 사우디아라비아에 온 교민들이 가끔 한국 사람들을 만날 생각으로 예배에 참석하다가 이 사실을 알게 되면 줄행랑을 놓는다.

처음 교민들은 건설 현장에서 예배를 드리기도 했다. 그러다가 탄압이 시작되면서 버스 안에서 예배를 드렸다. 차창에 커튼을 치고 시내를 돌면서 예배를 드리는 것이다. 가정집에서 모이면 이웃 사람들에게 발각될까봐 찬송가를 부를 수 없었다. 그럴 때는 리듬 없이 가사만 한 목소리로 읽었다. 인쇄물은 모아서 불에 태워 없앴다. 흔적을 남기면 잡혀가니까.

신앙을 지키기가 그렇게 힘들고 어려웠지만 우리는 새벽예배를 드렸다. 남자 집사 한 분이 이집 저집을 돌면서 부인들을 차에 태운 다음 도로를 달리며 예배를 드렸다. 그러면 경찰이 부리나케 쫓아와서 물었다.

"무슨 여인들이 이렇게 차에 많습니까?"

그러면 부인들은 플라스틱 바구니를 들어 보이며 한 목소리로 말했다.

"생선 시장에 가는데요."

검문하던 경찰이 사라지면, 사실은 우리가 사람 낚는 어부라고 하면서 다함께 웃었다. 그러다가 늘 생선 시장에 간다고 할 수는 없어서 태권도 도복을 입고 도장에 간다고 말할 때도 있었다. 하긴 새벽기도는 십자가 군병이 되기 위해 영적 힘을 기르는 거니까. 그것도 안 되면 테니스 라켓을 들고 운동복을 입고 운동하러 간다고 했다. 사실 우리는 성령 운동을 하는 거니까. 이렇게 어렵게 신앙생활을 하면서도 우리는 말했다.

"초대 교회에 비하면 아무것도 아닙니다, 아무것도 아닙니다."

사우디아라비아에서 우리는 신앙 생활에 최우선 순위를 둘 수밖에 없었다. 치열한 영적 전투의 현장에 있었기 때문이다. 그래도 초대 교회에 비하면 아무것도 아니다.

초대 교회 사도들에 의해 전파되기 시작한 복음은 이제 이스라엘과 맞닿은 중동 앞에서 멈춰서 있다. 하나님께 택함받은 나라와 지척에 있으면서도 가장 종교 탄압이 심한 나라 사우디아라비아! 인권 탄압이 있는 곳에는 앞장서 달려가면서도 왜 이들의 종교 탄압에 세계는 침묵하는 것일까.

정부의 탄압적인 기독교 정책을 대할 때마다, 이 땅에 복음이 전파되려면 얼마나 많은 시간이 필요할지 가끔은 암담할 때도 있었다. 그때마다 "내 생각은 네 생각과 달라서"라는 하나님의 말씀에 위안을 받았다. 여기에서도 마음

놓고 선교할 수 있게 된다면, 그때가 어쩌면 세상 끝 날의 전주곡이 될지도 모르겠다. "복음이 먼저 만국에 전파되어야 할 것이니라"(마가복음 13:10).

이런 일도 있었다.

걸프전이 끝난 어느 날, 영국에서 선교사님 한 분이 사우디아라비아에 오셨다. 선교를 하겠다고 단단히 각오를 하고 오셨는데, 옴짝달싹도 할 수 없자 무척 힘들어 하셨다. 그러던 어느 날 그분이 리야드에 있는 정부 병원에 무작정 들어갔다. 그리고 고혈압과 당뇨로 죽음 직전에 있는 한 스리랑카 회교도에게 다가가서 말했다.

"예수님을 믿기만 하면 구원을 얻습니다. 하나님이 원하시면 병도 고침 받을 수 있습니다."

병이 나을 수 있다는 말에 그 스리랑카 회교도는 기도해 줄 것을 요청했다. 기도를 받은 그의 병은 깨끗이 완치되었다!

다음날 아침 이집트 의사가 회진을 돌다가, 하루 사이에 완치된 그를 보고 기절할 만큼 놀랐다.

"도대체 어떻게 된 일입니까?"

의사가 묻는 말에, 그가 말했다.

"예수님을 믿고 병이 나았어요."

이슬람 국가에서 이와 같은 고백을 한 것은 목숨을 내놓는 것이나 마찬가지였다. 아니나 다를까 그 의사가 다른 의사 두 명을 더 데려왔다. 의사들이 또 묻자, 그는 같은 대답을 했다. 충직한 이슬람교도인 의사들은 증인 세 사람의 이름으로 그를 감옥에 넣어 버렸다. 회교법은 세 사람의 증인만 있으면 처벌할 수 있기 때문이었다.

마침 그 스리랑카 환자는 어느 왕자의 왕궁 청소부였는데, 왕자가 소식을 들고 그를 불렀다. 그런데 죽을 줄만 알았던 그가 멀쩡히 살아 있지 않는가. 왕자는 깜짝 놀라면서 말했다.

"다리를 못 쓰는 우리 누이 알지? 우리 누이도 예수님께 기도하면 나을 수 있다는 말이야? 네가 기도를 하면 나을 수 있어?"

"예, 제가 한번 기도해 보겠습니다."

청소부는 이렇게 말하고 기도를 했다. 그 기도를 받고 왕자의 누이도 고침을 받았다. 그 뒤로 청소부는 이리저리 불려 다니며 사람들을 열심히 고쳐 주었다. 금세 리야드 전역에 소문이 퍼졌고, 급기야 종교경찰들 귀에까지 들어가고 말았다. 종교경찰들은 청소부를 공개재판하기로 왕자와 타협했다.

수많은 사람들이 그 소문을 듣고 몰려들었다. 종교경찰들은 청소부를 리야드에서 제일 큰 모스크의 단상 위에 올려놓았다. 군중들이 소리쳤다.

"저 놈을 죽여라! 저 놈은 사탄이다!"

군중들의 아우성에 흥분을 했는지, 최고 종교 지도자 이맘인 무타와 왕이 단상에 서 있던 그 스리랑카 사람의 얼굴에 침을 탁 하고 뱉었다. 이슬람교도들이 가장 저주스럽게 여기는 행동이었다. 그런데 놀랍게도 그 순간 이맘이 피를 토하며 쓰러져 죽었다. 군중들은 아우성을 치며 "라 일라 일랄라(알라신만이 유일신이다)!"를 외치며 흩어져 버렸다.

그 후로 사우디아라비아 정부는 청소부를 회유하기 위해 갖은 노력을 다했다. 하지만 그는 넘어가지 않았다. 그는 결국 국외로 영원히 추방당했다.

그 소식을 듣고 우리는 너무도 놀라고 감격하여 하나님께 영광을 돌렸다. 그러면서도 한편 이런 생각이 들었다.

'왜 하나님은 열심히 믿는 신실한 한국 그리스도인이 아니라, 하필이면 사람들이 가장 천하게 여기는 스리랑카 사람, 게다가 청소부한테서 성령의 능력이 나타나게 하신 것일까?'

생각해 보니, 바로 이것이 교만임을 알았다. 하나님은 천한 자, 나약한 자를 들어 쓰시는 분이지 않는가. "주의 대적을 인하여 어린아이와 젖먹이의 입으로 말미암아 권능을 세우심이여 이는 원수와 보수자로 잠잠케 하려 하심이니이다"(시편 8:2). "주 앞에서 낮추라 그리하면 주께서 너희를 높이시리라"(야고보서 4:10).

성경책과 찬송책의 반입은 물론이고, 종교 서적도 반입이 불허되는 나라, 십자가 목걸이도 할 수 없는 나라, 믿음의 선배들이 수도 없이 추방당하고 고문당한 나라, 예수님을 믿기 위해서는 목숨을 내놓아야 하는 나라, 그럼에도 예수님의 탄생지가 가장 가깝고 하나님께 택함받은 제사장 나라가 지척에 있는 바로 그 나라, 사우디아라비아.

2003년 12월 말 즈음, 제다 공단 지역에서 각국 기독교 대표들과 몰래 집회를 가진 적이 있었다. 도중에 예수님을 영접한 사우디아라비아 현지인 한 명이 단상에서 잠깐 간증을 했는데, 경찰들의 습격을 받았다. 그때 여러 명의 대표자들이 구금을 당했다. 간증을 하던 형제의 행방을 아는 사람은 오늘까지 아무도 없다.

✝ 비밀경찰대의 출동

사진을 찍으면 안 된다고 만류하는 학생의 손길을 뿌리치고 재빨리 사진 몇 장을 찍고 차를 돌려 베두인의 천막 쪽으로 갔다. 천막 앞에 검은 망토를 걸친 세 사람이 서 있었고 그 옆에는 황토색 지프도 세워져 있었다. 학생의 얼굴이 사색이 되었다.

"큰일 났어요. 큰일 났다고요. 관할 비밀경찰 경비대가 출동했잖아요. 저들은 어느 누구의 지시도 받지 않아요. 왕명에 의해서만 움직인단 말이에요. 절대로 사진 찍었다고 말하지 말고 구경만 했다고 하세요. 알았죠?"

내게 충고를 하면서도 학생은 떨고 있었다. 나는 마음속으로 기도했다.

'하나님, 한바탕 일이 벌어질 모양입니다. 하지만 저는 두렵지 않습니다. 하나님이 함께하시니까요. 당신의 백성이 어떻게 이방의 종교경찰을 두려워할 수가 있습니까?'

나는 학생에게 태연하게 말했다.

"친구, 걱정하지 마."

나는 가족들한테도 안심하라고 했다. 아론의 제단을 찍은 사진기는 얼른 아내에게 감추게 하고 일반 사진기를 보이는 곳에 내어놓았다. 베두인의 천막 앞으로 다가가 서니, 건장하게 생긴 세 사람이 나를 잡아먹을 듯 노려보고 있었다. 차번호 999자가 보이게 천막 앞에 차를 세웠다.

"앗쌀라 말라이꿈(신의 은총이 함께하시기를)."

차에서 내리면서 태연하게 악수를 청했다. 그들도 "말라이꿈 쌀람!" 하면서 악수를 받아 주었다. 나는 가족들을 인사시켰다. 그들은 외면했다.

"가족들은 텐트 뒤에 있는 베두인 가족들한테 가 있으시오."

가족들을 그쪽으로 보내고, 나는 그들과 함께 베두인들의 천막에 앉았다. 이미 천막 안에는 시내산 아래에서 만났던 험상궂게 생긴 세 사람과 학생들이 앉아 있었다. 한참 동안 무거운 침묵이 흘렀다. 천막 안에는 베두인이 즐겨 마시는 가흐와 끓는 소리만 요란했다.

나를 쳐다보는 종교경찰들의 눈초리가 유난히도 번들거렸다. 그들은 나를 탐색하고 있었을 것이다. 나도 이것저것 살펴보았다. 그제야 텐트 앞에 세워진 지프에 무전기 박스와 길게 달린 안테나가 눈에 들어왔다. 나는 그들의 뜸들이기 작전에 맞서 딴전을 피워보기로 했다. 영어로 말했다.

"어떻게 이런 산골에 물이 흐르는지 신기합니다."

그들은 영어를 전혀 알아듣지 못했는지 서로 얼굴만 쳐다보았다. 우두머리 격인 녀석이 자세를 바꾸어 앉는 순간, 검은 망토 사이로 권총과 가슴팍에 둘러매고 있는 실탄 띠가 고스란히 보였다. 일부러 그러는 것 같았다.

'너희들에게 총이 있으면 내게는 구원의 방패가 있다. 너희들에게 실탄 띠가 있으면 나에게는 성령의 띠가 있다. 좋다. 어디 한번 해 보자. 얼른 덤벼라, 이놈들아!'

마음은 어느새 담대해졌다. 나의 꼿꼿한 자세는 조금도 요동하지 않았다. 무슨 말을 하더라도 대답할 준비가 되어 있었다. 잠시 후 우두머리 경찰이 아랍말로 대뜸 이렇게 말했다.

"인타 레쉬 사우이 소라 헨나(당신 왜 여기에서 사진 찍었지)?"

"What(뭐)?"

나는 일부러 영어로 말했다. 그들은 그제야 손으로 사진 찍는 흉내를 하면서 눈을 부라렸다. 나는 그게 뭐가 잘못된 일인지 이해가 가지 않는다고 영어로, 몸으로 이야기를 했다. 그들은 체류증과 여행증명서를 요구했다. 나는 아랍어를 섞어 쓰면서 억양을 높여 말했다.

"나는 누구에게도 취조받을 수 없습니다. 왕자님이 준 여행증명서에는 분명히 이렇게 쓰여 있습니다. 국가 공무원들은 나를 우선적으로 우대하고, 도움이 필요할 때는 도와주며, 왕자에게 허락을 받아야만 나를 취조할 수 있습니다. 이걸 보십시오."

그리고는 체류증과 여행증명서를 그들 앞에 던졌다. 내가 이렇게 나오자 그들은 움찔했다. 그렇지만 그들은 자동차등록증도 요구했다. 특수번호 999가 쓰여 있고 왕자 이름으로 되어 있는 자동차등록증을 보란 듯이 그들 앞에 던졌다.

사실 왕자는 차를 선물하면서, 자기 이름으로 산 것이니 내 이름으로 바꾸고 싶으면 바꾸라고 했지만 이럴 때를 대비해서 그대로 두었다. 세 가지 모두에 왕자 이름이 들어 있자, 종교경찰들의 기가 한풀 꺾였다. 그러는 사이 곧 무전기를 장착한 흰색 픽업트럭 한 대가 우리 앞에 멈추어 섰다. 사막의 먼지가 휙 하니 천막 안으로 쏟아져 들어왔다.

차에서 누가 내리기에 자세히 보니, 우리가 광야로 들어올 때 "당장 나가지 않으면 체포하겠다."고 눈을 부라리던 깡마른 뼈다귀 녀석이었다. 그는 나를 보더니 흠칫 놀라는 눈치였다. 나를 본체만체 하고는 다른 경찰들에게 인사했다. 뼈다귀는 그들보다는 한참 아래 하급자인 게 분명하다. 옆에서 말하는 걸 들으니, 그는 시내산 아래서 함께 사진을 찍었던 험상궂은 청년들의 아버지였다.

'저 자는 나를 아는 체 할 수 없다. 아는 체 해 봐야, 내가 광야로 들어오는 걸 자기가 막지 못했다는 사실을 스스로 시인하는 셈이기 때문이다.'

아니나 다를까, 그는 끝내 나와 시선을 맞추지 못하고 다른 곳만 쳐다보고 있었다. 경찰들이 자기들끼리 쑥덕거리더니 우두머리 경찰이 말했다.

"여기는 왕명에 의해 외부인은 절대로 올 수 없는 곳입니다. 그런데 당신이 여기에 들어온 것입니다. 이 사실을 인정한다는 글을 쓰시오."

그러면서 종이와 펜을 내게 주었다. 나는 버티기 작전에 돌입했다.

"나는 쓸 수 없습니다. 꼭 써야 한다면 우리 왕자님한테 연락하십시오."

"그러면 카메라 필름을 우리들이 보는 앞에서 뽑으십시오."

일종의 거래였다.

"정 그렇다면, 알겠습니다."

나는 차에 있는 일반 사진기를 가져와서 그들 보는 앞에서 필름을 뽑아 버렸다. 그런 내 모습을 보고 경찰들이 말했다.

"여기에 한 번만 더 오면 그때는 용서하지 않을 겁니다. 당장 돌아가시오."

그들은 이렇게 말하면서 누렇게 찌든 치아를 내보이며 싱긋 웃었다. 하지만 나는 그들보다 더 기뻤다. 그들은 나의 계략에 속았다.

하나님께서 지켜 주심에 우리는 왔었네
하나님께서 지켜 주심에 우리는 하나님의 산을 보았고
하나님께서 지켜 주심에 우리는 떠나네

하나님이 주신 담대함으로 조용히 텐트 밖으로 나와 보니 이미 해는 지고 땅거미가 광야를 덮어 오고 있었다. 그러나 아직 어둡지는 않았다.

아이들과 아내를 찾았으나 보이질 않았다. 아이들 이름을 한참을 불러도 대답이 없었다. 아이들을 기다리며 서성거리고 있는데, 천막 안에서 그들의 대화가 들려왔다.

"빨리 무전을 쳐. 타북 쪽의 지시를 따르든지, 그렇지 않으면 좀 더 시간을 끌어야 할 것 같아. 타북의 허락을 받은 뒤에 보내도 늦지 않는데, 아무래도 저들이 수상해…."

등골이 송연했다. 그 소리를 차라리 듣지 않았으면 좋았을 텐데. 하지만 그들의 계략은 이미 진행되고 있었다. 그때 인상이 험하게 생긴 녀석의 목소리가 들려왔다.

"그냥 보냅시다."

나는 뒤쪽으로 가서 가족들을 데려다가 서둘러 차에 태웠다. 손이 바들바들 떨렸다. 빨리 빠져나가지 않으면 무슨 상황이 벌어질지 종잡을 수가 없었다. 차에 시동을 걸려고 할 때, 인상이 험한 청년이 다가왔다.

"차나 한 잔 하고 천천히 가십시오."

"아니오. 떠나겠습니다."

"날이 이미 어두운데, 어떻게 갑니까. 광야 길은 혼자 못 갑니다. 차라리 베두인 천막에서 하룻밤을 머물고 가십시오."

뿌리치듯 차를 후진하기 시작했다. 그 친구는 할 수 없다는 듯 큰길까지 데려다 주겠다고 했다. 듣는 둥 마는 둥 하고 차를 몰기 시작하는데, 갑자기 천막 주인인 마른 뼈다귀가 무전기를 장착한 차를 몰고 광야 쪽으로 질주하기 시작했다. 아마도 무전이 터지는 쪽을 찾아가는 모양이었다.

나는 차 안에서 그동안 비밀경찰들과 했던 이야기를 가족들에게 짧게 들려 주었다.

"자, 우리가 이 순간 할 수 있는 일은 마냥 달리는 것밖에 없다. 여보, 안전벨트 매. 얘들아, 두 손으로 꽉 잡아. 아빠가 좀 빨리 달리더라도 안심해. 하나님이 지켜 주실 거야. 꼭 잡아! 알았지?"

나는 무작정 내달리기 시작했다. 그렇지만 어디로 가야 할지 방향을 잃어버렸다.

🌴 광야에서 길을 잃고

낮은 구릉지를 벗어나면서 앞만 보고 달리는데 아내가 다급하게 불렀다.

"여보! 여보! 시내산 정상이 보여요."

달리다 말고는 차창 밖을 보니, 산 정상이 눈에 선명히 들어왔다. 그동안 우리가 산 속에 너무 깊숙이 들어온 탓에 산 정상을 보지 못했던 것이다. 산 정상에서 조금 아래쪽에 동굴이 분명하게 보였다. 정상은 두 개의 봉우리로 되어 있었다. 그 너머에 까맣게 그을린 산봉우리가 하나 더 있었다. 저것은 분명 엘리야의 동굴이었다! 성경은 선지자 엘리야가 이방신을 섬기던 아합왕과 이세벨 왕비를 피해 호렙산 동굴에 숨어 있다가 하나님의 세미한 음성을 들었다고 기록하고 있다(열왕기상 19장). 그렇다! 저 산은 분명 호렙산이다.

성산 목숨을 내걸고 찍은 호렙산(좌)에 동굴이 보인다. 호렙산 동굴 쪽에서 밖을 바라본 사진(우)

"그래 맞아! 당신 말이 맞아, 빨리 비디오카메라!"

경찰들에게 쫓기는 와중에도 아내는 비디오를 찍었고, 나는 옆을 힐끔힐끔 쳐다보며 운전대를 잡고 달렸다. 마음은 안타까웠지만 더 이상 지체할 수가 없었다. 순간이었다. 날이 조금만 더 어두웠거나, 아내가 돌아보지 않았다면 영원히 시내산을 볼 수 없었을 것이다. 그러나 하나님은 우리를 그냥 보내시지 않으셨다.

하나님이 강림하셨던 곳. 불과 구름과 연기가 피어오르고, 천둥과 번개가 내리쳐서 이스라엘 백성들이 두려움에 떨었던 곳. 때로는 큰 나팔 소리로, 때로는 세미한 음성으로, 어미가 자식을 품에 안고 사랑으로 가르치듯이, 어떻게 해야 구원받을 수 있는지 11개월 동안 조목조목 가르치신 곳. 하나님의 거룩한 성막과 성소에 들어갈 집기들과 제사장의 직무와 그들이 거룩하게 구별해야 할 일들을 하나하나 나열하신 곳. 목이 곧은 백성이라고 나무라시고도 오래 참고 기다리신 곳. 어미 닭이 병아리를 품듯이 이스라엘 백성들에게 사랑을 베푸신 곳. 하나님의 거룩하심과 신실하심을 보여 주신 바로 그곳, 성산.

겨우 한 컷의 사진과 몇 초짜리 동영상만 담을 수 있었다. 마음 같아서는 멈춰서 상세하게 살피고 싶었지만 그럴 여유가 없었다. 우리는 이 귀한 곳을 바라보며 달려야 했다. 이것도 하나님의 뜻인가 보다.

한참을 달려도 거기가 거기 같았다. 광야에서 길을 잃은 것이다. 한낮에도 길을 잃어버리면 어디가 어디인지 종잡을 수 없는 곳이 바로 사막이다.

언젠가 들은 끔찍한 이야기가 갑자기 생각났다. 한국의 모 건설업체 측량팀 다섯 명이 사막을 횡단하는 도로 공사를 측량하러 왔다가 길을 잃어버렸다. 본부에서 헬기를 동원해 엿새 만에 간신히 그들을 찾을 수 있었다. 그들이 기력을 회복한 다음 한 말은 충격적이었다. 며칠 동안 물도 음식도 없이 배고픔에 시달리다 보니 다섯 명 중에 가장 약해 보이는 사람을 계속 주시했다고.

이미 날은 어두워졌다. 경찰들이 갑자기 나타나 우리를 다시 잡아갈 것만 같았다. 애굽의 바로 왕에게 쫓기는 이스라엘 백성들의 강퍅한 심정을 알 것만 같았다. "바로가 이스라엘 자손에 대하여 말하기를 그들이 그 땅에서 아득하여 광야에 갇힌바 되었다 할지라"(출애굽기 14:3).

상부의 지시를 듣고 여러 명이 한꺼번에 달려와 잡아간다면, 우리는 꼼짝없이 잡혀갈 수밖에 없었다. 게다가 차 안에 있는 준비물과 비디오에 담긴 내용이 저들에게 발각되면 영원히 이 땅을 빠져나갈 수 없을지도 모를 일이었다. 왕자의 호위를 톡톡히 누리고 있는 나마저 실패한다면, 도대체 누가 이 사실을 세상에 알릴 수 있을 것인가.

하늘과 사막은 입을 꽉 다물어버린 것만 같았다. 동서남북을 분간하지 못할 만큼 광활한 사막은 밀폐된 공간처럼 나를 짓눌러 오기 시작했다.

나는 마음속으로 기도하면서 무작정 달렸다.

'하나님, 어느 쪽으로 가야 합니까? 여기에서 우리를 구원하옵소서.'

그때 서쪽으로만 가면 살 수 있겠다는 생각이 들었다. 사우디아라비아도 한국처럼 삼면이 바다인 반도 국가이다. 북부 아라비아의 서쪽이 바다 쪽이니까, 그쪽으로 가서 해안 도로만 찾는다면 괜찮을 것이다. 그 순간 나는 얼마 전 프랑스에서 시내산 탐험을 위해 쓰려고 사두었던 나침반을 생각해 냈다. 얼른 나침반을 꺼내서 자동차의 나침반과 대조해 보면서 무조건 서쪽으로 서쪽으로 달렸다.

아내와 아이들은 두려움에 가득 차 있었다. 나는 애써 가족들을 안심시키며 기도하라고 말했다. 사실 우리가 할 수 있는 일이란 기도밖에 없었다. 오직 전능하신 그분의 도움만을 의지할 수밖에 없었다.

이제는 자동차 라이트를 켜지 않으면 앞을 볼 수 없을 정도가 되었다. 짙게 드리우며 짓누르던 거대한 바위산 그림자는 사라지고, 대신 산 전체가 암흑 덩어리로 우리를 덮쳐왔다. 숨이 막힐 것만 같았다. 할 수 없이 라이트를 켜는 순간, 어느 사이에 왔는지 갑자기 뒤에서 상향 라이트가 깜박이는 게 아닌가. 차를 멈추라는 신호였다. 등에 식은땀이 쫙 흘렀다. 나는 못 본 체하고 달렸다. 아내도 멈추지 말고 계속 가자고 다그쳤다.

"그래, 가다가 잡히더라도 달릴 수 있는 데까지 달리자."

액셀러레이터를 힘주어 밟았다. 하지만 아스팔트 위로만 운전하던 내가 광야 길을 안방처럼 돌아다니는 저들을 어떻게 따돌릴 수가 있겠는가. 그들은 순식간에 우리의 옆으로 다가왔다. 유리창을 내리면서 보니, 아까 만난 인상이 험한 베두인 청년 셋이었다. 그들은 히죽 웃으며 말했다.

"길을 잘못 들었어요. 우리가 큰길까지 안내할 테니 따라와요."

그러면서 한마디 덧붙였다.

"지금 경찰들이 당신들을 찾고 있어요. 빨리 이 지역을 벗어나야 해요."

순간, 이들의 말을 믿어야 할지 말아야 할지, 얼른 마음의 판단이 서지 않았다. 아내는 "우리가 가는 길이 옳지 않아요?" 하고 조언을 했지만, 나는 생각이 달랐다. 이렇게 날이 어두워지는데 우리를 잡아가려면 여기서 잡아갈 일이

지, 우리를 큰길로 안내해 주겠다는 말이 이상했기 때문이다. 일단 그들의 말을 믿어 보기로 하고, 그들을 따라갔다.

주위는 온통 깜깜했다. 자동차 불빛 외에는 아무것도 보이지 않는 드넓은 광야였다. 그들 뒤를 따르고는 있지만, 마음이 조마조마했다. 아무래도 그들이 믿어지지 않았지만 가족들을 안심시켜야 했기에 태연한 척했다.

그들의 뒤를 따라 한참을 달렸다. 때로는 길도 없는 곳을 달리기도 했다. 조금만 벗어나면 자동차 바퀴가 모래에 빠질 것 같기도 했다. 바위가 갑자기 나타나서 간신히 피하느라 자동차가 이리저리 쏠리기도 하고 헛바퀴를 굴리기도 했다. 그 길이 지름길이라고 믿는 수밖에는 없었다.

은은한 달빛이 비추기 시작했다. 인적도 없는 사막을, 험한 산 계곡을 달리던 우리로서는 그나마 달빛이 그렇게 반가울 수 없었다. 그런데 한참을 달리다 보니, 오히려 아무것도 보이지 않았으면 좋겠다는 생각이 들었다. 달빛에 시야가 넓어지니 주위 산들이 우리에게 달려드는 것 같았기 때문이었다. 아내도 아이들도 말 한마디를 하지 않았다.

얼마나 달렸을까. 갑자기 앞서 달리던 베두인의 차가 우회전을 하더니 멈추어 섰다. 그들이 갑자기 차를 멈춘 것이 이상해서 상향 라이트를 켜고 주위를 살펴보니 깎아지른 듯한 깊은 산속이었다. 게다가 앞쪽에는 작은 모래 언덕이 형성되어 있었다.

막다른 골목이었다. 천지는 쥐 죽은 듯이 조용하고 사막의 골짜기에 움직이는 물체라고는 그들뿐이었다. 달빛은 고요히 내리고, 사방은 그들의 움직임과 숨소리마저 들릴 만큼 조용했다.

"저 사람들 잠깐 쉬어 가려나?"

가족들한테 말은 이렇게 했지만, 아무 인적도 없는 곳에서 가족들과 함께 내리는 일이 꺼림칙하여 차에서 내리지 않았다. 잠시 뒤 청년들이 차에서 내리더니 두 명은 우리 쪽으로 향하고, 한 명은 바닥에서 무언가를 주섬주섬 줍더니 불을 피우기 시작했다.

시계를 보았다. 저녁 여덟 시를 넘어서고 있었다. 오늘은 수요일이라, 구역 예배가 있는 날이다. 아마 지금쯤 우리 구역 가족들이 우리를 위해 하나님께 기도하고 있을 것이다.

두 명이 운전석 옆으로 성큼성큼 다가오더니, 내리라는 시늉을 했다.

"내려서 양 한 마리 잡아서 구워 먹고 갑시다."

그렇게 말하며 손으로 자기의 목을 긋는 시늉을 했다. 나는 그때 그들의 눈을 보고야 말았다. 그들의 눈은 시뻘겋게 충혈되어 있었다. 번들거리는 사탄의 눈으로 돌변해 있었다. 순간 섬뜩한 생각에 온몸에 냉기가 흘렀다.

갑자기 시내산 아래서 사진 찍을 때 그들이 사랑하는 아내와 두 딸아이를 놓고 서로 짝을 가르던 말이 생각났다. 머리가 쭈뼛쭈뼛 섰다. 어떤 상황으로 돌변할지 모르는 순간이었다. 아내와 아이들은 이런 끔찍한 상황을 알 턱이 없었다.

'이럴 때일수록 더 침착하자. 절대 겁내거나 당황하면 안 된다. 이 순간 내가 겁먹은 모습을 보이면 가족들은 정신을 잃을 것이다. 그리고 저 녀석들은 더 자신 있어 할 것이다. 나는 우리 가족을 지켜야 한다. 나는 주님의 용사다.'

그 순간에 나는 스스로를 격려하고 하나님의 도우심을 절실히 구했다. 그들에게 말했다.

"우리는 아직도 장거리를 가야 합니다. 이렇게 지체할 수가 없어요. 그냥 가겠습니다."

그러자 그는 차 안에까지 손을 뻗어 자동차 열쇠를 뽑으려 했다. 나는 그의 손을 뿌리쳤다. 옆 좌석에 사랑하는 아내가, 뒤쪽에는 눈에 넣어도 아프지 않을 사랑하는 우리의 아들 철웅이와 딸 은지와 은설이가 앉아 있었다.

그러는 사이 다른 한 명이 철웅이가 앉아 있는 차창 쪽으로 움직여 차의 문고리를 잡아당기려 했다. 나는 얼른 차문을 잠갔다. 간발의 차이였다. 드디어 그들이 본색을 드러낸 것이다. 열쇠를 뽑으려다 실패한 녀석은 차 뒤쪽으로 가고, 불을 피우던 녀석이 아내 쪽으로 걸어왔다.

'주님, 저희를 사랑하시죠. 저 악한 사람들이 무슨 짓을 하려 해도 하나님이 저희를 눈동자와 같이 지키심을 믿습니다.'

기도를 하며 마음을 가라앉혔다.

🜨 막다른 길에서 권총을 뽑아 들고

그때 갑자기 아이들이 비명을 질렀다.

"아~악! 아빠! 아빠! 아저씨 칼 들었어요! 칼 들었어요!"

백미러로 보니 차 뒤쪽에 있던 녀석이 양 잡을 때나 쓰는 큰 칼을 뽑아들고 나타난 것이다. 칼이 달빛을 받아 번쩍였다. 그것을 확인하는 순간 나는 이미 오른손을 왼쪽 안주머니에 집어넣어 하나님이 예비해 주신 권총 자루를 힘주어 잡았다.

눈 깜짝할 새에 불을 피우던 녀석이 자동차 문을 활짝 열어 제치고 아내의 목덜미를 낚아챘다. 아내는 비명을 질렀다. 아이들의 비명소리가 계곡을 흔들었다. 내 앞에 있던 녀석이 나를 잡으려고 손을 뻗치는 순간이었다.

나는 권총을 뽑아 들고 벼락처럼 소리쳤다.

"손 들어! 호마르(당나귀)!"

나도 모르게 한국말과 아랍말이 뒤섞여 나왔다.

먼저 아내 쪽 녀석을 향해 겨누자, 그는 아내의 목덜미를 잡았던 손을 놓고 얼른 두 손을 번쩍 들었다. 철퍼덕 칼 한 자루가 땅에 떨어졌다. 그러고는 내

앞에 서 있는 녀석을 향해 총을 겨누었다. 그 역시 칼을 떨어뜨렸다.

내가 생각해도 대견하리만큼 침착했다. 다시 한 번 다짐했다.

'흥분하지 말자.'

가족들한테 움직이지 말라고 주의를 주고, 총구를 겨누면서 차에서 내렸다. 큰 칼을 들었던 녀석은 어느 결에 칼을 떨어뜨리고 손을 들고 바들바들 떨고 있었다. 세 녀석을 차에서 멀리 떨어지도록 몰았다.

"놈 알람 바뜨너, 호마르(배를 땅에 붙이고 엎드려라, 이 당나귀들아)!"

나는 고함을 쳤다. 어느새 영어는 한마디도 하지 않고 아랍말만 했다. 그들은 내가 시키는 대로 했다.

"움직이지 마!"

벼락처럼 외친 내 목소리는 계곡의 메아리가 되어 다시 귓가에 들렸다. 이제는 나도 마음이 많이 안정되어 있었다.

"잘 들어! 너희들을 여기서 모조리 죽일 수도 있어. 나는 떠나면 그만이야. 이건 정당방어니까, 너희들을 죽여도 왕자는 잘했다고 할 거야."

그들은 떨면서 뭔가 말하려고 했다. 살려 달라는 말일 것이다.

"입 닥쳐! 아무 말도 하지 마! 그리고 지금부터 내가 하는 말 잘 들어! 움직이거나 말하는 놈부터 머리에 구멍을 낼 거야."

오른쪽에 엎드린 놈의 뒤통수에 총구를 들이댔다. 엎드린 그들의 다리와 팔이 파르르 떠는 것이 달빛에도 보였다. 적막이 흘렀다.

"내가 한 마디만 하겠다. 내가 믿는 하나님은 너희들의 신과 달라."

그러고는 자동차로 돌아와 겁먹은 아내의 손을 꼭 잡아 주고 아무 말도 하지 않았다. 무슨 뜻인지 말을 하지 않아도 아내는 알 것이다. 자동차 액셀러레이터를 힘껏 밟았다.

기어를 넣는 순간 차가 튕기듯 모래 언덕으로 튀어 올랐다. 그러고는 꼼짝을 않았다. 모래에 바퀴가 빠져 버린 것이다. 이를 알아차린 한 놈이 머리를 치켜들었다.

"움직이면 죽는다!"

나는 다시 호통쳤다. 후진 기어를 넣으니, 차가 주르르 미끄러지면서 뒷걸음치듯 내려왔다. 얼른 핸들을 좌측으로 돌려, 차를 정지시키고 말했다.

"너희들을 죽일 수도 있지만 그냥 살려 주었다. 하지만 내 차가 보이지 않을 때까지 움직이면 죽여 버릴 거야. 알겠나?"

그들은 대답이 없었다. 나는 마지막으로 다시 한마디를 남겼다.

"내가 믿는 하나님은 너희들이 믿는 신과 다르다!"

마음 같아서는 발길로 냅다 엉덩이를 걷어차고 싶었지만, 군대 시절에 자주 쓰던 욕이 입까지 올라왔지만 참았다. 차에 올라타서는 나침반을 보면서 무조건 서쪽으로 달리기 시작했다.

산이 있으면 산을 돌아서 가고, 바위가 있으면 바위를 피해 마냥 달렸다. 차가 이리 쏠리고 저리 쏠리고, 때로 네 바퀴 모두 동시에 공중으로 붕 뜨기도 했다. 짐칸의 짐들도 뒤죽박죽이 됐을 것이다.

우리는 아무 얘기도 하지 않았다. 얼마나 많이 달렸는지, 자동차의 기름도 이제는 눈금 한 칸만 남아 있었다. 행여나 길을 잘못 들었다면 도대체 어떻게 해야 할지. 그때 아내가 말없이 나의 오른손을 꼬옥 잡아 주었다. 그제야 정신이 드는 것 같았다.

"여보, 많이 놀랐지요?"

아내는 대답 없이 나의 손을 더 힘주어 잡아 주었다. 목이 탔다.

"여보, 물 좀 주시오."

물을 마시니 온몸이 나른해졌다. 언젠가 논산 훈련소에서 야간 행군을 하고 돌아온 날처럼, 온몸이 욱신욱신 쑤셨다. 좀 전에 많이 긴장했던 모양이었다. 하지만 아직은 안심할 수가 없었다. 그 녀석들이 분풀이로 진짜 총을 가져와서 덤빌지도 모를 일이기 때문이었다.

나침반 바늘이 가리키는 서쪽을 향해 하염없이 달리다가 보니, 멀리 가물거리는 불빛이 보였다. 저 불빛은 또 어떤 불빛일는지, 반갑기보다는 두려웠다. 점점 불빛이 가까워지면서 마음이 졸아들었다.

'혹시 경찰들이 우리를 수색하고 있는 거면 어떡하지?'

가까이 다가가서 보니 자동차 불빛이었다. 우리를 보더니 상향 라이트가 몇 번 깜박였다. 혹시 몰라서 권총을 다시 찾았다. 가까이서 보니 행색이 베두인이었다. 나는 차 창문을 내리고 인사를 건넸다.

"제다로 가려고 하는데, 어떻게 해야 큰길로 나갈 수 있습니까?"

"이 길을 따라서 4~5km만 더 가면 됩니다."

고맙다고 인사를 하고 한숨을 내쉬었다.

자동차 기름 계기판에는 이미 경고등이 깜박이고 있었다. 아까 베두인의 말대로 얼마 가지 않아서 아스팔트로 포장된 큰길을 찾았다. 잠시 후 간이 주유소가 보였다. 기름을 잔뜩 넣었다. 지도를 보니 제다까지는 1,100km나 더 가야 했다. 그 거리가 너무나 멀게 느껴졌지만, 하나님께 얼마나 감사드렸는지 모른다. 어떻게 이 길을 찾아 나올 수 있었는지 하나님만 아신다. "나의 애굽 사람에게 어떻게 행하였음과 내가 어떻게 독수리 날개로 너희를 업어 내게로 인도하였음을 너희가 보았느니라"(출애굽기 19:4).

상점에 차를 세우고 음료수와 빵 몇 조각을 샀다.

아내는 내 손을 붙잡고 자꾸만 나를 불렀다.

"여보, 여보."

"다 알아. 차를 타고 가면서 이야기하자고. 다 하나님의 은혜야."

겨우 한숨을 돌리고 아내를 살펴보았다. 눈 주위가 온통 시커멓게 화장이 번져 있었다. 아내는 얼마나 울었던 것일까. 아내가 가엾고 측은했다.

"여보! 미안해, 그리고 사랑해! 다 못난 남편 때문이야."

나는 은지와 은설이 그리고 철웅이를 차례로 꼬옥 껴안아 주었다. 그리고 아이들의 등을 쓰다듬어 주었다.

"많이 놀랐지? 하지만 하나님이 우리를 얼마나 사랑하시는지 보았지? 이날을 너희들은 평생 기억해야 해. 절대로 잊어서는 안 돼. 하나님이 우리를 얼마나 사랑하시는지를…."

그때 철웅이가 미심쩍은 듯 물었다.

"아빠 그 총 진짜예요?"

그러자 은설이가 말했다.

"아빠 그거 가짜 총이지요? 그렇죠?"

은지도 가만히 있을 수 없었던지 생긋이 웃으며 말했다.

"아빠 ! 왕자님이 주신 거 맞지요?"

사실 이 플라스틱 가짜 총이 아니었으면 어떤 일이 벌어졌을까. 생각만 해도 끔찍했다. 하지만 가짜 총이라고 말할 수는 없었다. 집에 도착할 때까지는 아이들을 걱정시키고 싶지 않았다. 가짜 총이라는 걸 알면 아이들이 불안해할 테니까. 그렇다고 아이들에게 대답을 안 할 수도 없는 상황이었다. 아이들은 내 입만 쳐다보고 있었다. 아내가 어서 대답하라는 눈치를 주었다.

"지난번에 와디 무사 찾아갈 때도 말했잖아. 이 총은 하나님이 주셨다고 말이야. 그렇게 못 믿니?"

아이들은 대답이 별로 신통치 않은지 고개만 갸우뚱거렸다.

칼리드 족장을 통해 총기를 반드시 휴대할 것을 미리 알려 주신 일이며, 귀넘어 듣고 싶은 조언이었지만 기도할 때마다 생각나게 하신 일이 나는 그렇게 감사할 수 없었다. 철웅이의 플라스틱 장난감 총이 이렇게 사용될 줄 내가 어떻게 알았겠는가.

'미리 준비하게 하신 하나님, 담대함으로 악한 사람들과 싸워서 승리할 수 있게 하신 하나님, 생명을 주관하시는 하나님을 찬양합니다. 사탄의 계략 앞에서 우리를 건지신 주님! 죽음의 문턱에서 우리를 살리신 주님! 두 손 들어 찬양합니다. 할렐루야! 할렐루야! 할렐루야!'

밤 10시를 넘어서고 있었다. 도로에는 이미 차량들이 끊긴 지 오래였다.

사우디아라비아에서는 야간 운전을 조심해야 한다. 낙타와 양들이 불쑥불쑥 나타나기 때문이다. 낮과 밤의 기온차가 심하다 보니, 집을 잃어버린 낙타와 양들이 한낮에 달궈진 도로에 배를 붙이고 잠을 자는 경우가 많다.

산굽이를 돌며 하염없이 밤길을 달리면서 아내와 나는 이런저런 이야기를 주고받았다. 나는 갑자기 궁금해졌다.

"여보! 그 산골짜기에서 말인데, 한 녀석이 철웅이 쪽으로 다가갈 때 내가 분명히 문을 잠갔는데 어떻게 해서 당신 쪽의 문이 열려 있었지?"

"아, 그거요. 사실 그 골짜기에 도착했을 때…, 베두인 녀석이 불을 피우는 것을 보고 경찰한테 신호를 보내는 거라고 생각했거든요. 그래서 차에서 내려 불을 끄려고 잠금장치를 풀었는데, 갑자기 그런 일이…."

아내는 설명을 하면서도 몇 차례나 한숨을 몰아쉬었다. 많이 놀랐던 모양이다. 그런데 아내가 갑자기 내게 물었다.

"나도 궁금한 게 있어요. 당신은 그런 사실들을 눈치챘으면 빨리 차를 몰아 도망갈 일이지, 일이 벌어질 때까지 그러고 있었단 말이에요?"

"물론 나도 그런 생각을 안 한 게 아니야. 그들의 본심을 확인한 건, 나도 그들이 칼을 들고 당신 목덜미를 잡을 때였어. 그리고 그들이 행동으로 옮기기 전에 우리가 도망을 갔다면 아마 계속 뒤쫓아 왔을 거야."

어느덧 우리는 와디 무사가 있는 지역을 벗어나 모세의 장인 이드로의 집터가 있는 바드 입구 쪽으로 들어섰다. 마을 입구에는 바리케이드가 쳐져 있고 검문소가 저만치 보였다. 혹시 무슨 지시가 내려져 우리를 찾고 있는 것은 아닐까 걱정이 앞섰다. 하지만 이번에도 하나님을 의지할 수밖에.

검문소 앞에서 총을 든 경찰들이 차를 세웠다. 그들은 차 안을 힐끔 들여다보고는 가라는 손짓을 했다. 할렐루야!

다시 이드로가 살았던 바드 시내를 통과해서 달렸다. 마을을 벗어나자 캄캄한 광야에 도로만 일직선으로 뻗어 있었다.

언젠가 들은 이야기인데, 사막에 사는 베두인들은 이런 인적이 드문 도로에 뾰족한 침봉을 깔아 덫을 놓는다고 한다. 그러고는 야간에 질주하는 차량들을 기다렸다가 차량이 전복되면, 귀중품을 빼앗거나 아녀자들을 훔쳐 사막 한가운데로 도망친다는 것이다. 그러면 찾을 수가 없다고 한다.

한 부부가 리야드에서 제다 쪽으로 야간 운전을 하고 오는데, 사막 한가운데에서 차에 문제가 생겼단다. 한참을 기다려도 지나는 차량이 없자, 남편은 아내를 차에 두고 멀리 보이는 불빛을 따라 자동차 수리공을 데리러 갔다. 돌아와 보니 아내는 간 곳이 없었다. 경찰에 신고해서 그 일대를 샅샅이 뒤졌으나 끝내 아내를 찾지 못했다. 그 남편은 아예 직장을 그만두고 사우디아라비아 전역을 돌면서 뒤지기 시작했다. 몇 년이 지난 어느 날, 반대편 차선의 차 안에 있는 아내를 발견했다. 분명히 자기 아내여서 손을 흔들었는데, 그녀는 싸늘하게 본체만체했다. 차를 돌려서 그 차를 뒤따라가려 했으나 놓치고 말았다. 그리고 1년여 동안 그 일대를 뒤지다가, 자기 아내와 베두인이 탄 차를 발견했다. 미행해서 그 집을 찾는 데 성공했다. 남자가 나가기를 기다렸다가 집에 들어가서 보니 분명히 자기 아내였다.

"여보! 나요!"

167

손을 잡고 보니, 아내는 이미 눈을 뜬 봉사가 되어 있었다. 아내를 납치한 사람이 동공을 바늘로 터뜨려서 장님을 만들어 놓은 것이었다.

광야에서 유목민 생활을 하는 베두인들은 우물을 놓고 끈질기게 싸우지만, 예쁜 여인이 있으면 무슨 수를 써서라도 빼앗으려고 한다. 그러다 보니 딸아이는 8살만 되면 머리카락을 가리고, 생리가 시작되면 얼굴까지도 가려 버린다.

어느덧 밤 12시를 넘어선 지 오래다. 약 2시간 30분 이상을 달렸다.

멀찌감치 전깃불이 휘황찬란하게 보였다. 지도를 보니 두바(Duba)라는 마을이었다. 우리나라의 군 단위에 해당되는 항구 도시였다. 마을 어귀에는 그럴듯한 조형물들과 마을에 오는 것을 환영한다는 간판까지 걸려 있었다.

'아시아호텔' 이라는 간판이 눈에 띄었다. 들어가서 넓은 방에 두 개의 간이 침대를 구하여 잠자리를 마련했다. 온종일 먼지투성이로 돌아다녀서 꼴이 말이 아니었다. 아이들과 함께 샤워를 마치고 둘러앉아 가정예배를 드렸다.

"얘들아! 오늘 힘들었지? 우리 푹 자고 내일 아침 일찍 출발해서 집에 가자. 그래야 주일예배에 참석할 수 있지."

오늘 하루는 너무나도 길게 느껴졌다. 하지만 하나님은 우리를 그 성스러운 산으로 인도하셨고, 죽음의 문턱에서 우리를 살리셨다. 그 놀라운 섭리가 감사할 뿐이다. 아내가 말했다.

"여보, 앞으로 우리 오늘 일에 대해 오랫동안 이야기할 것 같죠?"

✝ 신기한 자동차 바퀴를 타고 집으로

2001년 3월 8일 목요일, 일곱째 날

벌써 먼동이 트는지, 창밖으로 뿌옇게 날이 밝았다. 자동차 소리도 들렸다.

너무나 단잠이었다. 어젯밤의 긴장 탓인지 그냥 곯아떨어졌다.

아내는 벌써 일어나 짐 정리를 하고 있었다. 부지런한 아내와 착한 아이들. 그때 은설이가 뭐라고 중얼거리는 소리가 들렸다. 나는 잠꼬대를 하나 보다 생각했는데, 또 뭐라고 하더니 일어서서 두리번거렸다.

"은설아! 조금만 더 자."

나도 얼른 일어나고 싶지 않아서 몸을 움츠리며 이불 속으로 파고들었다.

"아빠!"

그 소리가 예사롭게 들리지 않아서 은설이를 돌아다보았다. 아내도 은설이에게 다가왔다.

"은설이 어디 아프니?"

그런데 은설이는 두리번거리기만 하고, 아무 말도 하지 않았다. 머리를 만져 보니 미열만 있고 다른 이상은 없는 것 같았다.

"아빠! 그게 아니라, 나 예수님 만났단 말이야!"

나도 갑자기 잠이 확 달아났다. 아내가 이야기를 해 보라고 하자, 은설이는 차근히 이야기를 시작했다.

"누군가 날 부르는 소리에 쳐다보니 예수님이잖아! 높은 산 위에 서 계시는 예수님은 온몸이 빛이어서 눈이 부셔서 똑바로 바라볼 수 없었어. 음성은 잔잔했어. 우리 가족을 높은 산꼭대기에 데리고 가서서 '걱정하지 마라. 내가 너희들을 지켜줄게.' 그리고 다시 잠이 들었는데, 또 '은설아!' 예수님이 부르셔서 눈을 뜨니까 '걱정하지 마라. 내가 너희들을 지켜줄게.' 하고 같은 말을 세 번이나 하셨어. 그런데 예수님이 사라졌어. 그래서 지금 찾고 있는 거야."

마음이 울컥했다. 누가 내 가슴을 방망이로 마구 두들기는 것 같았다. 눈물이 걷잡을 수 없이 쏟아졌다. 아이들 앞이지만 엉엉 소리 내어서 울고 싶었다.

'예수님, 그렇게 저희를 사랑하는 모습을 보여 주시고도, 또 저희 믿음이 흔

들릴까 봐 어린 은설이를 통해 확인시키시나이까?'

아내는 두 손을 맞잡고 침대 모서리에 기대어 어깨를 들먹거리고 있었다. 한참을 그냥 두었다. 이 아름다운 이야기를 길이길이 가슴에 새겨 둘 것이다. 주님을 만나는 그날까지 영원히…. "두려워 말라 내가 너와 함께 함이니라 놀라지 말라 나는 네 하나님이 됨이니라 내가 너를 굳세게 하리라 참으로 너를 도와주리라 참으로 나의 의로운 오른손으로 너를 붙들리라"(이사야 41:10).

은설이가 들려준 아름다운 이야기에 잠이 멀리 달아났다. 새로운 힘이 솟아올랐다. 주먹이 불끈불끈 쥐어졌다. 가슴이 활짝 펴졌다. 아무나 붙잡고 전도하고 싶었다. 아무나 붙들고 살아 계신 하나님을 자랑하고 싶었다. 찬양이 가득하여 입이 터질 것만 같았다. 호텔 방 창문을 열었다. 시골 풍경이 그저 아름다웠다. 하늘도 아름다웠다. 천국에 와 있는 것 같았다.

욕심이 모두 사라졌다. 그동안 나를 미워하고 나를 등치고 도망간 사람들, 그래서 이런저런 이유로 내가 미워했던 사람들의 얼굴이 스쳐 지나갔다. 그들 모두를 용서하고, 나 또한 용서받고 싶었다. 사랑으로 그들을 안아 주고 싶었다. 오늘 분명히 보여 주신 예수님의 사랑에 힘입어서, 나는 앞으로 그런 삶을 살아갈 것이다.

아이들을 씻기고, 짐들을 정리하며, 찬송을 불렀다. 찬송을 부르며 춤을 추었다. 휙휙 휘파람으로 찬양 한 곡을 멋지게 작곡하며 호텔을 나섰다.

자동차를 보니 기가 막혔다. 어떻게 이런 차를 타고 운전을 했을까 싶을 정도로 먼지가 차 전체를 하얗게 뒤덮고 있었기 때문이다. 앞이 거의 보이지 않을 만큼 앞 유리창에도 먼지가 수북이 쌓여 있었다.

미디안 광야 토기 조각

온 가족이 함께 어우러져 차를 닦았다. 6박 7일 동안 우리 모두 건강했다는 것에 감사의 찬송가를 부르면서. 동편의 솟아오르는 태양이 오늘 따라 유난히도 크고 붉어 보였다.

"아직도 집까지 가려면 850km를 달려야 하니까 자동차를 점검하고 출발하는 게 좋겠어. 너무 장거리를 달려왔고, 어젯밤에 너무 많이 혹사당했잖아."

우리는 정비소를 찾았다. 대부분 주유소마다 정비소가 있어서 쉽게 찾을 수 있었다. 아직 문을 열지 않았다. 그 사이 우리는 터키식 식당에서 간단한 계란말이 샌드위치로 배를 채웠다.

정비사는 엔진 오일과 필터와 에어컨 냉각수까지 꼼꼼히 점검해 주었다. 그런데 마지막으로 타이어 공기를 검사하다 말고 말했다.

"어떻게 이런 상태로 차를 몰고 다녔소? 정상적인 바퀴는 공기압이 35~40 정도 되는데, 이 차바퀴는 바람이 다 빠져서 공기압이 15도 되지 않는데."

나는 농담처럼 말했다.

"그러면 바람을 넣으면 되잖아요?"

정비사가 싱긋 웃으면서 말했다.

"바퀴 네 개 모두가 공기압이 15가 안 돼요. 보아 하니 사막으로 다닌 것 같은데, 모래에 빠지지 않으려고 일부러 바람을 뺐나 보죠?"

나는 깜짝 놀랄 수밖에 없었다. 돌이켜 보니 정비사 말처럼 자동차 바퀴에 바람이 정상적으로 차 있었으면, 광야 길을 도망 나올 때 모래에 수도 없이 빠졌으리라. 자동차 무게 때문에 정상적인 자동차 바퀴는 오히려 모래를 파고들고 자동차 바퀴에 바람이 없으면 바퀴가 유연성을 갖게 되어 모래에서도 쉽게 빠져나올 수 있기 때문이다.

중요한 것은 나는 절대 바람을 뽑지 않았다는 것이다. 하나님은 우리 자동차 바퀴의 바람까지도 주장해 주신 것이다.

아, 하나님의 은혜로 이 쓸데없는 자
왜 구속하여 주는지 난 알 수 없도다
내가 믿고 또 의지함은 내 모든 형편 잘 아는 주님
늘 돌보아 주실 것을 나는 확실히 아네

영원히 잊지 못할 이번 여행의 체험은 앞으로 우리 신앙의 든든한 버팀목 역할을 할 것이다. 그 어느 누가 흔들어도 요동하지 않을 신앙인으로서의 마음으로 해변 도로를 달렸다. 이제 집까지는 830km를 더 달려야 했다.

간간이 대형 트레일러와 몇 대의 승용차가 스쳐 지나갈 뿐, 도로는 한가하기 그지없었다. 사람이 있든 없든 5km마다 모스크가 세워져 있었다.

가도 가도 끝이 없을 것 같더니 수백 킬로미터를 달려 우리는 얀부(Yanbu)라는 도시에 도착했다. 이 도시는 세계에서 제일 큰 정유 공장이 있는 곳이다. 초대형 파이프에서부터 각종 파이프가 무수하게 공장을 두르고 있었다. 여러 개의 굴뚝에서는 연기와 불꽃이 끊임없이 피어올랐다. 공장의 둘레는 몇 십 킬로미터나 되는지 종잡을 수 없을 만큼 굉장했다.

그곳에서 팔려 나가는 기름은 공식적으로도 하루에 1,400만 배럴이라고 들었다. 코란 경전에는 '자카트'라 하여 수입의 2.5%(40분의 1)를 정부에 내도록 되어 있다. 배럴 당 커미션을 1달러만 받아도 하루에 1,400만 달러가 들어오는 셈이다. 엄청난 액수였다. 그러니 날마다 엄청난 돈이 IDB(Islamic Development Bank)에 쌓이고 있는 셈이다.

얀부에만 와도 벌써 집에 온 듯했다. 예전에도 두어 번 와 본 적이 있기 때문이었다. 하지만 앞으로도 354km는 더 달려야 집에 도착할 수 있었다.

시내를 돌면서 마땅한 식당을 찾다가 생선을 튀겨서 밥과 함께 파는 식당을 찾았으나 가족 전용 식당 이외에는 여자가 들어갈 수 없다. 그래서 우리는 음식을 들고 나와 길쭉하게 생긴 수박 한 덩어리를 사서 들판에 자리를 깔고 둘러앉아 맛있게 먹었다.

늦은 오후라 햇빛만 가리면 그렇게 덥지는 않은 날씨였다. 간간이 불어오는 바다 바람이 더위를 식혀 주었다. 자동차를 서편으로 세우니 그림자가 생겼다. 자동차 아래에 자리를 다시 펴고 잠시 누웠다. 피곤하기도 하지만 식곤증이 밀려왔다. 언제 보아도 구름 한 점 없는 하늘은 오늘도 변함없이 푸르렀다.

지나온 며칠을 돌이켜 보니 하나님의 사랑을 독차지한 것 같아 저 넓은 우주를 다 안을 수 있을 것 같았다. 아이들은 넓은 들판에서 이리저리 뛰어 다녔다. 좁은 자동차 공간에서 며칠 동안 갇혀 생활해서 그런지, 마음 놓고 뛸 수 있어서 좋은가 보다.

아내도 나의 옆 자리에 누워 내 팔베개를 하고 하늘을 바라보았다. 내가 보는 하늘과 같은 하늘이었다. 그녀의 마음도 나와 같을 것이다. 가만히 돌이켜 보니 며칠 동안의 일들이 정말 꿈만 같았다. "오직 너는 스스로 삼가며 네 마음을 힘써 지키라 두렵건대 네가 그 목도한 일을 잊어버릴까 하노라 두렵건대 네 생존하는 날 동안에 그 일들이 네 마음에서 떠날까 하노라 너는 그 일들을 네 아들들과 네 손자들에게 알게 하라"(신명기 4:9).

정말 이 땅에서 제일 큰 성지가 어디냐고 묻는다면, 나는 만물의 주관자이신 여호와 하나님이 강림하신 성산, 시내산이라고 대답할 것이다.

그곳이 3,500년 동안 감추어져 있다가 21세기에 들어와 세상에 알려졌으나, 기독교를 가장 멸시하고 말살하려 하는 이교도들에 의해 레이더 기지로 둔갑한 이유를 나는 알 수 없다. 어쩌면 여호와 하나님은 그들의 손에 의탁하시어 때가 이를 때까지 보호하고 계신 것인지도 모른다!

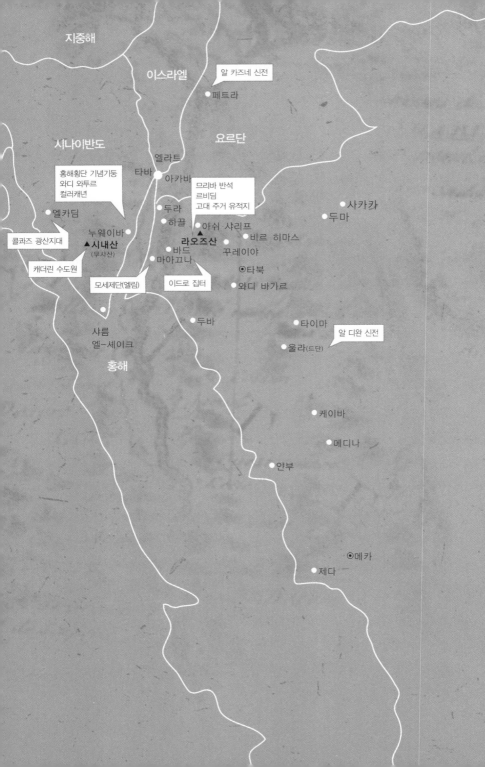

지중해

이스라엘

알 카즈네 신전

● 페트라

시나이반도

요르단

엘라트

타바

홍해횡단 기념기둥
와디 와투르
컬러캐년

아카바

므리바 반석
르비딤
고대 주거 유적지

사카카 ●

엘카딤 ●

콜콰즈 광산지대

누웨이바 ●

▲ 시내산
(무사산)

두라 ●
하끌 ●

● 두마

아쉬 샤리프 ▲

라오즈산

● 비르 히마스

● 아쉬 샤리프
꾸레이야

캐더린 수도원

바드 ●
마아끄나 ●

⊙ 타북

모세제단(엘림)

이드로 집터

● 와디 바가르

● 두바

타이마 ●

샤름
엘-세이크

알 디완 신전

홍해

울라(드단) ●

● 케이바

● 메디나

● 얀부

⊙ 메카

제다 ●

part2

사랑이 이끌다

왕자님 왕자님

✿ 왕족 전용 공항에서

2001년 5월

제다 시내를 벗어나 메디나 로드(메디나로 가는 길)를 따라 공항 쪽으로 가다가 첫 번째 만나는 고가도로 오른쪽으로 들어서면 삼엄한 군인들의 검문소를 만난다. 바로 거기가 제다 로열패밀리 전용 공항 청사이다.

그곳을 출입하려면 일반인들은 출입증을 소지해야 했다. 그렇지 않으면 신분이 확실한 사람의 허가된 관용 차량에 동승할 경우에만 출입이 가능하다. 다시 말해 왕과 부왕과 왕족만이 사용할 수 있는 전용 공항이다. 나는 그곳을 일 년에 서너 차례 이상 십 년 넘게 출입하고 있다.

경비 초소를 지나면 아름다운 분수대와 각종 꽃들이 만발하고 푸른 잔디로 잘 조경된 정원 앞에는 대리석으로 지어진 둥그스름한 돔 형태의 로열패밀리 전용 청사가 보인다.

오전 10시, 공항 청사 안은 코와 코를 부딪거나 포옹과 악수를 하며 반가운 인사를 나누는 사람들로 활기차 보였다. 청사 입구 쪽에는 롤스로이스, 캐딜락, BMW 등 고급 승용차들이 줄을 이으며 멈춰 섰다. 흰색 전통 의상 차림에 금실로 테두리를 한 검은색 망토나 진홍색 망토를 끌듯 어깨에 걸치고는 진한 향수 냄새를 날리며 사람들이 내렸다. 이미 200여 명 이상이 청사 안에 모여 누군가를 기다리고 있었다.

예정보다 10여 분 늦은 시각에 앞뒤와 좌우로 경찰 오토바이의 에스코트를 받으며 최고급 승용차 20여 대가 미끄러지듯 도착했다.

공항 경비원의 구령 소리와 함께 차 문이 열리고 경호원들의 번쩍이는 눈빛 사이로 왕자의 모습이 보였다. 사람들의 시선이 왕자에게로 집중되었다. 경호원 바로 뒤쪽에 검은색 의료 가방을 든 나는 바짝 그들의 뒤를 따랐다. 동양인은 나 혼자이고 양복을 입은 사람도 몇 개국 대사들이 전부였다. 모두가 사우디아라비아 전통 의상 차림이다. 왕자가 청사 안으로 들어서자 기다리던 사람들이 왕자의 오른쪽 어깨나 오른 손등에 입을 맞추며 경의를 표했다. 지난 13년 동안 왕자를 수행하다 보니 나도 그들과 안면이 있어서 일일이 악수와 입맞춤으로 인사를 나눴다.

왕족 전용 공항 청사 안에는 역대 왕들의 초대형 초상화와 메카의 카바 신전 사진이 걸려 있으며, 고급 융단과 이태리 소파가 둘러져 있다. 제일 상석에 두 개의 의자가 놓여 있고, 꽃다발이 즐비했다. 각 일간지 기자들은 플래시를 터트리고 텔레비전 방송국 카메라맨들도 부지런히 움직였다.

꽃 속에 묻히듯 왕자가 자리에 앉았다. 사람들은 둘러앉거나 주위에 서서 그의 일거수일투족을 주시했다.

가호지(커피를 나르는 시중꾼)가 주둥이가 뾰족하고 긴 주전자에 커피를 담아 여기저기로 배달했다. 진한 아랍 커피 냄새가 공항 청사 안에 가득 퍼졌다. 가호지가 주전자를 높이 들어 쪼르륵쪼르륵 소리가 나도록 커피를 따르면, 진한 커피 향이 더욱 멀리까지 퍼지는 것만 같았다.

낯익은 몇몇 사람들이 왕자의 귀에 뭔가를 속삭이고는 사라졌다. 별것 아닌 것 같지만 수많은 사람들 앞에서 왕자에게 귓속말을 할 수 있는 정도면 신분이 높은 사람이었다. 그들은 은연중에 자신의 위치를 많은 사람들에게 보여주기 위해 제스처를 취한 것일 수도 있다.

잠시 후 출구 쪽을 응시하던 왕자가 자리에서 일어서자 주위 사람들도 일제히 일어섰다. 프린스 술탄 빈 압둘 아지즈(현 부왕 겸 국방부장관)가 휠체어를 타고 수행원들과 함께 들어왔다. 왕자가 얼른 일어나 예의를 갖추고 두 사람은 목을 엇대고는 얼굴을 부딪치며 인사를 나눴다.

텔레비전 방송사의 카메라 라이트가 강하게 두 사람을 비추었다. 간단한 인터뷰를 마친 후 커피와 홍차를 나누었다. 왕자는 간단한 인사를 끝으로 곧바로 옥외 에스컬레이터로 내려갔다. 전용 비행기까지 붉은 양탄자가 깔려 있었다. 그 주위로는 공항 특수부대 요원들이 초록색 베레모와 연한 하늘색 상의에 진한 청색 바지 차림으로 양탄자 주위에 도열해 있었다. 왕자는 거수경례를 받으며 양탄자 위를 걸어 전용 비행기 밑에 도착했다.

배웅 나온 사람들이 한 줄로 늘어서서 잘 다녀오시라는 인사를 했다. 한 사람씩 악수와 입맞춤을 하는데, 250~300명은 훨씬 넘는 것 같았다. 이들은 비행기가 이륙하면 비로소 흩어질 것이다. 사우디아라비아에서는 높은 사람들이 여행을 할 때 환송과 환영을 공항 청사에서 하는 것을 예의로 알고 있다.

왕자와 함께 747 전용기에 올랐다. 승무원들의 준비가 완료되자, 알라신께 드리는 기도와 함께 왕자를 안전하게 모시겠다는 방송이 흘러나왔다. 비행기가 이륙하자 왕자는 곧바로 침실로 향하면서 내게 눈을 껌벅거렸다. 따라오라는 시늉이었다. 2층 침실로 올라간 왕자는 어젯밤에 악몽에 시달리느라 한숨도 못 잤다며 잠들 때까지만 함께해 주기를 요청했다. 나는 왕자가 잠을 청하는 동안 왕자를 위해서 조용히 묵상 기도를 드렸다. 왕자가 코를 골며 깊은 잠에 빠지자, 내 자리로 돌아왔다. 의자에 푹 몸을 던지고는 하나님께 기도를 드렸다.

어느 새 티 없이 맑고 푸른 하늘과 만나 비행기는 힘차게 도약했다. 눈 아래로 펼쳐지는 홍해를 거슬러 올라가 아카바 만에 가까워질 때쯤, 시나이반도가 한눈에 내려다 보였다. 거무스름한 산들이 바다를 접해 줄을 잇고, 맞은편 사우디아라비아 쪽 미디안 땅은 사막이 끝없이 펼쳐져 있었다.

시간만 허락한다면 저 시나이반도에 가서 시내산이 왜 가짜 성산인지를 내 눈으로 확인하고 싶었다. 지난 1차 탐험 때 솔로몬 기념기둥을 정부에서 뿌리째 뽑아 버리고 그 자리에 대신 금속 깃대를 세워 두었다는 것을 확인한 뒤로는 수르 광야 반대쪽에 있는 시나이반도의 누웨이바 해안을 기필코 찾아가 보고 싶었다.

어느덧 비행기는 지중해를 지나 유럽 대륙의 상공을 날아가고 있었다. 기내식 안내 방송과 함께 바닷가재, 이란산 철갑상어 알, 자이언트 쉬림프, 양갈비 등 고단백 요리들이 나왔다. 낮잠에서 깨어난 왕자가 자리에 앉아서 시식을 하시자, 서열 순으로 접시에 넘치도록 음식을 담아 내왔다.

예정 시간보다 10여 분 빨리 도착했다. 왕자의 재정 담당 비서가 봉투 하나씩을 기내 승무원들에게 감사의 표시로 돌렸다.

✟ 왕자와 함께한 여행

몇 달 동안의 휴가일지 모르지만, 오늘은 프랑스와 스페인의 국경선이 접한 프랑스 비아리츠(Biarritz) 해변으로 향했다. 그 곳에 자리한 프랑스의 명물로 손꼽히는 유서 깊은 듀 팔라스 호텔에 머물기 위해서이다.

이 호텔은 나폴레옹이 자신의 마지막 부인을 위해 지어준 왕궁으로 불탄 후 다시 처음의 모습대로 복원한 것이라고 했다. 호텔 내부의 벽은 백수십 년 된

나폴레옹 아내의 초상화들로 장식되어 있었다. 리셉션홀 주위에는 여러 개의 손때 묻은 통 대리석이 천장을 받들고 있었다. 우리는 3층과 4층을 거의 다 쓰다시피 했다. 바다 쪽으로 창을 열면 대서양이 눈앞에 펼쳐지고 밤새도록 파도 소리가 멈추지 않았다.

호텔에 도착해서 지정된 각자의 방으로 들어가 여장을 풀었다. 내 방은 늘 왕자와 가장 가까운 방이었다. 도착하자마자 왕자의 몸종들은 가져온 짐을 정리하느라 바빴다. 구두 트렁크 3개, 안경 가방 3개, 음악 감상용 CD 가방 4개, 손목시계 가방 2개, 향수 가방 4개, 현금과 수표 전용 가방 2개 등이 가득하게 자리를 차지하고 있었다. 20~30년은 족히 되었음직한 무거운 '루이비통' 트렁크는 아직도 튼튼하고 견고해 보였다.

잠시 후 왕자의 호출이 있었다.

"1천 달러짜리 여행자 수표 묶음과 500유로짜리 묶음을 금고에 넣어야 하는데, 내 방 금고는 공간이 부족해. 당신 방 금고에 보관해 줘."

개인 재정담당 비서가 몇 명이나 있는데도 그는 나를 찾았다. 그만큼 왕자는 나를 신임하고 있었다.

나는 노트북 컴퓨터를 연결하고 지난번 1차 성산 탐험기를 써 내려가기 시작했다. '이보다 더 좋은 조건에서 글을 쓸 수 있을까' 하는 생각이 들 만큼 모든 것이 갖춰져 있었다. 때가 되면 원하는 음식도 무엇이든 가져다주었다. 특히 신선한 바다가재 요리와 각종 소스를 곁들인 달팽이 요리, 거위 간 요리는 내가 즐겨먹는 식단이었다.

오후 3시에는 왕자와 함께 '테라소테라피(해양요법)'에서 3시간 정도 휴식을 취했다. 바닷물을 실내로 끌어들인 다음, 여러 가지 기계적 장비를 이용해서 물 마사지와 각종 진흙 마사지를 해 주는 곳이었다. 돈 있는 사람만 즐길 수 있는 고급 시설인 셈이다. 유럽 전역과 미주 지역에서도 그곳에 휴양하러 찾아온다고 했다. 20km 범위 안에 이런 시설이 18개나 몰려 있었다.

한 달 정도 이곳에 머문 다음, 독일 뮌헨으로 가서 3일 동안 종합 진단을 받은 뒤에 오스트리아에 있는 왕자의 별장으로 향하기로 했다. 별장은 동계 올림픽이 두 차례나 열렸던 인스부르크에서 독일 가르미슈파르텐키르헨 쪽으로 20분쯤 자동차로 더 들어가야 하는 '씨 필드'라는 곳에 있다. 해발 1,200m의 작은 마을이지만 알프스 산자락이어서 무척 아름다운 곳이다. 마을 전경은 영화 〈사운드 오브 뮤직〉에 나오는 찰스부르크를 연상하면 될 것이다.

문을 열면 10,000m² 넓이의 정원에 넓은 잔디밭과, 두 사람이 함께 팔을 벌려도 닿지 않을 정도의 둘레가 3m 이상 되는 아름드리 전나무 200여 그루가 집을 에워싸고 있다. 사시사철 눈을 볼 수 있고, 여름이 되면 각종 꽃들과 푸른 초원과 맑은 공기가 함께 어우러져 낙원이 따로 없다. 겨울이 되면 세계 각지에서 몰려드는 스키어들과 관광객들로 발 디딜 틈조차 없을 정도로 북적거린다. 이 마을 주민은 3천여 명이지만, 성수기 때는 관광객 2만여 명이 몰려든다고 한다.

왕자는 별장에서 식사를 할 때도 있지만, 주로 미식가들에게 소문난 식당으로 간다. 비서가 직접 소문난 식당과 카페를 찾아가서 하나하나 확인하고 음미해 본 다음 안내한다.

그 지역은 자동차로 한두 시간 이내에 스위스, 독일, 이탈리아를 넘나들며 4개국 음식을 음미할 수 있는 접경 지역이다. 중식이든 일식이든 유럽식이든 인도식이든 입맛대로 먹을 수 있다. 끼니때마다 수십 명이 함께 몰려다니며 먹지만 돈은 신경 쓰지 않아도 되었다.

가끔 왕자는 "오늘 점심은 닥터 킴이 원하는 곳으로 가지." 하고 말하기도 했다. 내가 즐겨 찾는 곳은 알프스산이 마주 보이는 산비탈에 아담하게 꾸며진 '스테판 레스토랑'이다. 거기에는 내가 좋아하는 '스깜빼'라는 요리가 있다. 이 요리는 왕새우에 잘게 썬 마늘과 치즈를 입혀서 철판 위에 굽고, 토마토와 갈릭소스를 곁들인 스파게티에 치즈 가루를 살짝 뿌려서 먹는 것으로 우리 입맛에 맞는 음식이다.

이렇게 왕자와 더불어 살아가는 나는 남부러울 것이 없었다. 하지만 세월은 흐르고 시간은 멈추지 않는다. 내가 잠들어 있든, 맛있는 음식을 먹든, 한 끼를 굶든 시간은 흐르고 있다. 나는 가끔 왕자와 이렇게 지내다 보면 하나님께서 원하시는 삶을 살 수 없겠다는 생각이 들곤 했다.

'그래, 지금부터라도 틈나는 대로 몇 차례 더 성산 주위를 답사하고, 작업이 완료되면 뒤도 돌아보지 않고 미련 없이 훨훨 떠나야겠어.'

나는 잘 알지도 못하는 산을 시내산이라고 하며 순진한 그리스도인들을 속이는 로마 바티칸 교황청과 그리스 정교를 고발할 것이다. 무작정 그들의 주장에 따르는 그리스도인의 오류도 바로잡아야 한다. 사우디아라비아 정부의 재가를 얻어 하루빨리 성산을 조사해야 한다는 생각에 마음이 급했다.

하루는 왕자가 나를 불렀다.

"닥터 킴, 가족들 생각이 많이 나지?"

사실 아무리 좋은 공기와 좋은 집과 진수성찬이 있다 한들 사랑하는 가족들과 함께하는 식사에 비할 수 있을까. 내가 묵묵히 있자, 왕자가 말했다.

"비행기 스케줄을 알아보고 사우디아라비아로 가서 가족과 함께 지내다가 두 달 뒤에 다시 여기로 오게."

두 달 동안의 휴가를 얻은 것이다.

✝ 9·11 테러와 그들의 반응

즐거운 휴가를 마치고 돌아온 며칠 뒤, 점심시간이 조금 지나서였다. 왕자의 별장에 있는 체육관에서 인도의 유명한 요가 수행자인 쓰리쓰리 라비(Sri Sri Ravi)의 수제자인 크리스토퍼의 지도 아래 왕자와 나는 정좌를 하고 앉아 호흡을 가다듬고 스트레칭을 하고 있었다.

그때, 왕자의 몸종인 아프리카 수단 출신의 모하메드가 체육관으로 헐레벌떡 뛰어 들어왔다. 우리를 보더니 멈칫하고는 어쩔 줄 몰라 했다. 곧이어 다른 아랍 사람들도 함께 쫓아들어 왔다. 무슨 큰일이 발생한 것 같았다. 우리는 요가 동작을 잠시 멈추었다.

"왕자님, 큰일 났습니다."

그러면서 텔레비전을 틀었다. 그러자 믿을 수 없는 장면들이 눈앞에 펼쳐졌다. 미국의 심장부인 뉴욕의 한가운데 서 있던 세계무역센터가 무너져 내린 것이다. 검은 연기가 솟구치고, 건물에서는 사람들이 떨어지고 있었다. 곧이어 다른 비행기 한 대가 콘크리트 건물에 빨려 들어가고, 거대한 건물이 힘없이 무너지자, 연기와 먼지 사이로 도망가는 사람들이 구름떼처럼 몰려다녔다.

그들이 '알 자지라' 라는 아랍 위성 채널을 보고 있어서 다 알아들을 수는 없었지만, 아랍인이 미국에 테러를 가했다는 것은 알 수 있었다. 온몸이 부르르 떨렸다. 그런데 그 장면을 보고 있던 그들의 입에서 상상하기조차 힘든 말들이 쏟아졌다.

"라 일라하 일랄라, 알 함 두릴라(알라신만이 유일신이다. 신의 은총이다)."

그들은 알라신만이 유일신이라며 하늘을 향해 검지를 치켜들었다. 그리고 박수갈채를 보내며 고소해했다. 별장에서 일하는 오스트리아인들은 그들의 행동을 보고 눈살을 찌푸렸다.

'아니, 세상에 이 엄청난 참사 앞에서 어떻게 저럴 수가 있단 말인가? 무슨 사상을 가지고, 어떤 생각을 하고 있기에…'

원수도 사랑하라는 주님의 가르침을 생각해 보는 하루였다.

✝ 왕자님의 간암 발병

며칠째 왕자의 안색이 피곤해 보였다. 그는 나를 만나기 전부터 간염을 앓고 있었다. 간염에는 아직 뚜렷한 약이 없다. 왕자는 세계적인 간염 전문의인 독일 뮌헨대학병원의 붐 카트너 교수의 처방에 의해 1주일에 두 번씩 인터페론이라는 주사로 간염 바이러스 증식을 억제시키고 있었다.

"왕자님, 제가 휴가 가기 전만 해도 건강 상태가 좋으셨는데, 어떻게 된 일입니까?"

"당신 휴가 갔을 때 말이야, 어느 이집트 의사의 말을 들었지. 그래서 인터페론을 중지하고, 중국산 알약인 '비페닐 디카르복씨레이트(BIPHENYL DICAR-BOXYLATE, 1.5mg)'를 투여하고 있었어."

나는 깜짝 놀라서 말했다.

"내일 아침 당장 뮌헨으로 가서 정밀 검사를 받으셔야 합니다."

"나는 아무렇지도 않은데, 왜 그래?"

"지금까지 주사약으로 병균을 억제하고 있었는데, 하루아침에 중지해 버리면 어떻게 합니까?"

나무라듯 말하고는 오스트리아 현지 의사인 위스만 박사(Dr. Wisman)와 함께 논의했다. 다음날 독일로 가서 담당교수와 논의를 마치고 초음파 검사를 했다. 여섯 군데에서 이상 형태를 발견하고, 다시 MRI 검사를 실시했다. 그 결과 여덟 군데에서 종양을 발견했다.

왕자도 많이 놀랐다. 내 책임이 더 컸다. 나는 정신이 없었다. 붐 카트너 교수와 논의한 결과, 간 이식 수술을 빨리해야 하지만 수술 기술은 미국이 한발 앞서 있으니 미국으로 가는 게 좋겠다는 결론을 내렸다. 미국으로 가기 위해 수속을 밟으면서 모두들 당황해 하는데 왕자는 너무 태연했다.

어떻게 알았는지 사우디아라비아에서 전화가 쏟아졌다. 파드 국왕과 총리 겸 부왕인 프린스 압달라, 부왕 겸 국방부장관 프린스 술탄 빈 압둘 아지즈, 내무장관 프린스 나이프, 외무장관 프린스 사우드, 리야드 주지사 프린스 쌀만, 각 장관과 주지사들의 위로 전화가 끊이지 않았다. 나는 사우디아라비아에 가서 미국 비자를 받아야 했기에 급히 제다로 향했다.

제다로 가는 비행기 안에서 내 마음은 갈피를 잡을 수 없었다. 몇 개월 전 어머니의 직장암 대수술로 큰 충격을 받았는데, 또 가까이 모시는 왕자까지 이런 고약한 병에 걸리다니. 나는 하나님께 간절히 기도를 드렸다.

제다에서 미국행 비자 수속을 하는데, 마침 9·11 세계무역센터 테러 직후여서 여간 까다롭지 않았다. 비자 수속을 하는 동안 왕자의 비서로부터 미국에서 연락이 왔다. 수술이 10월 8일에 성공리에 끝났으며, 지금 회복실에 있다는 기쁜 소식이었다.

10월 30일에 미국 비자를 받고 11월 초 뉴욕 공항에 도착했다. 나는 간단하게 수속을 마쳤지만, 동행한 왕자의 몸종 아프리카 수단 출신 모하메드가 짐 검사와 지문 채취와 사진 촬영 등 까다로운 수속 절차를 밟느라 무려 3시간을 이민국에서 허비해야 했다.

뉴욕 맨해튼에 있는 세인트 레지스 호텔에 여장을 풀었고, 곧장 왕자가 입원해 있는 병원으로 달려갔다. 아이러니컬하게도 병원 이름이 '시내산병원'이었다. 오나가나 시내산 생각으로 가득한데 우연의 일치치고는 묘하다는 생각이

들었다.

병원 직원 대부분이 중동 사람들이 적대시하는 유대인으로 구성되어 있는가 하면, 수술을 집도한 의사가 한국 여자와 유대인 사이에서 태어난 닥터 김이라는 여의사였다. 왕자의 근육 이완을 치료하는 마사지사도 미세스 김이라고 했다. 미국 뉴욕의 가장 한복판인 맨해튼에서 온통 한국인들이 북 치고 장구 치고 있는 것이다. 왕자는 나를 보자마자 당신 몸 생각은 하지 않고 손가락을 치켜들고는 말했다.

"코리아 넘버 원! 트리플 킴 넘버 원!"

왕자가 퇴원한 뒤 시내산병원에서 두 명의 간호사가 왕자의 호텔로 파견 근무를 나왔다. 간호사들은 비상 대기를 하면서 수술 환부 드레싱을 담당했다. 왕자의 비서들은 미국인 사설 개인 경비원 6명과 2대의 리무진 그리고 여러 대의 자동차를 렌트해서 수행원들의 편리를 돕고 있었다. 왕자의 병문안 손님들과 수행원들로 호텔은 북적거렸다.

호텔에서 내려다보니 그리 멀지 않은 곳에 엠파이어스테이트 빌딩과 센트럴 파크가 한눈에 보였다. 하지만 9·11 테러가 자행된 세계무역센터는 두 달이 지났는데도 연기가 자욱하게 올라오고 있었다. 종교와 문화, 국가와 민족 간의 대립과 충돌이 수많은 희생자들을 만들어낸 것이다.

왕자의 수술 상태가 많이 호전되었다. 2001년 11월 16일 뉴욕을 떠나 플로리다 맨 끝자락에 있는 마이애미에서 조금 더 내려간 해변 '키'에서 두 달 동안의 요양 생활에 들어갔다. 우리는 리츠 칼튼 호텔에 머물렀다.

하루는 이른 새벽에, 내 방의 전화벨이 울렸다.

"킴, 자니?"

왕자의 목소리는 무척 지쳐 있었다.

"괜찮아요, 뭘 도와 드릴까요?"

"잠깐 내 방으로 좀 와 줘요."

새벽 4시 무렵이었다. 내가 왕자의 방문을 열자, 간호사가 왕자의 식은땀을 닦아 내고 있었다.

"많이 편찮으시면 이집트 전문의를 부를까요?"

내가 말하자 그만두라고 했다. 대신 우리는 날이 하얗게 밝을 때까지 이야기를 나누었다.

왕자의 건강이 많이 호전되어 나는 다시 휴가를 얻었다. 가족들과 함께 한국에 계신 부모님을 찾아뵈었다. 나는 부모님께 시내산 탐험의 일부 자료를 보여 드리며, 그동안 있었던 일들을 말씀드렸다. 부모님은 비밀경찰들의 유인으로 사막의 계곡에서 죽음 직전에서 살아 나온 이야기를 들으시고는 안도의 숨을 내쉬시며, 여호와 하나님께 영광을 돌리셨다.

얼마 뒤 미국 AP통신 2002년 2월 19일 토요일자에 2002년 2월 26일에 있을 로마 교황 폼 존 바울 2세의 이집트 시나이반도의 시내산 성지 순례는 잘못된 방문일 수도 있으며 시내산은 사우디아라비아에 있을 것이라는 리처드 오스트링 기자가 쓴 기사가 실렸다.

리처드 오스트링 기자는 근대 구약성서 연구의 최고 권위자이자 78세의 고령에도 하버드 대학 명예교수로 있는 프랭크 무어 크로스 교수를 만나 인터뷰를 했다. 교수는 대부분의 성경학자들이 아라비아 북쪽에 있는 어느 산을 시내산으로 보고 있으며 자기도 그렇게 단정하고 있다고 했다.

크로스 교수도 한때는 이집트 시나이반도의 시내산을 '시내산'으로 여긴 적이 있었으나, 1980년에 들어와 자신의 생각이 잘못된 것이라고 학생들에게 밝혔다. '6일 전쟁'으로도 유명한 이스라엘과 이집트의 전쟁의 결과로 1967년~1982년까지 15년 동안 이스라엘이 시나이반도를 점령하게 되었는데, 그

동안에 시내산을 조사한 결과 아무런 흔적도 발견하지 못했다는 것이다. 그러면서 진짜 시내산은 사우디아라비아 북쪽 요르단 국경 지대 근처에 있는 미디안 땅의 어느 산이라고 가르쳤다고 한다.

나는 기사를 읽으면서 이 노교수에게 박수를 보내지 않을 수 없었다. 학자들이 자기의 주장을 뒤집는다는 것은 쉬운 일이 아니다. 자신이 지금까지 주장하고 논문으로 발표하며 학생들에게 가르쳤던 모든 학술적 업적을 부정하는 엄청난 고통을 감수해야 하기 때문이다. 진실한 학자라면 자기의 체면이 아니라 자신의 양심을 우선시해야 할 것이다.

✝ 다시 오스트리아로

우리나라에서 휴가를 마치고 사우디아라비아로 돌아갔다. 왕자도 미국을 떠나 오스트리아 별장에서 요양 중이었다.

간암 수술을 한 뒤로 이집트 출신의 간 전문의와 간호사들이 24시간 동행을 했다. 나로서는 전보다 많은 시간적 여유가 생겼지만 속상했다. 왜 하필 이집트 의사란 말인가. 아직 경험이 없는 초년생 의사를 몇몇 주위 사람들의 추천으로 마지못해 받아들여야 하는 왕자의 심경을 알기에 마음이 아팠다. 간염바이러스 증식 억제제인 인터페론 주사약을 중단시키고 중국제 알약을 추천한 이집트 의사는 자신의 실수를 무마하기 위해, 왕자의 자녀들을 감언이설로 설득해서 자신의 말을 따르는 이집트 초년생 의사를 왕자와 동행하도록 한 것이다.

어느 날 나는 왕자와 함께 플로리다 마이애미에서 요트를 전세내어 마이애미 해변을 관광했다. 세계적인 팝 가수 마돈나가 운영하는 델라노 호텔에서 차를 마시던 중이었다. 왕자가 내게 눈짓을 하면서 따라오라고 했다. 우리는 함께 해변을 거닐다가 해변에 있는 파라솔 아래에 자리를 잡았다.

잠시 침묵을 지키던 왕자가 나를 물끄러미 바라보다 말했다.

"김! 내게 하고 싶은 이야기가 있지?"

그 질문이 내게 비수처럼 날아왔다. 하지만 정색을 하면서 되물었다.

"무슨 뜻이죠?"

나를 바라보는 그분의 눈빛은 내 마음을 읽고 있는 듯했다.

"인터페론을 중단한 것이 내게는 큰 실수였어."

생명이 다해 가는 것이 안타까워 토해 내는 긴 한숨은 뜨거운 해변의 열기를 식히는 무서운 폭풍과도 같았다. 먼 바다를 향하는 그의 눈빛은 생을 마감해야만 하는 사람의 처절한 절규처럼 보였다.

2003년 1월 19일, 취리히에 도착해서 다시 타이로렌 경비행기로 인스부르크를 향했다. 알프스 산맥은 온통 눈으로 덮여 있었다. 십 수 년째 매년 수차례 그곳을 오갔지만, 그해 겨울은 유난히도 눈이 많이 내렸다.

인스부르크에 도착하자, 운전사가 이민국 안까지 마중을 나와 있었다. 그도 이제 백발이 성성했다. 공항 경찰대에서 퇴직한 뒤 오스트리아 동계올림픽 조직위원으로 일하고 있는 그는, 일본 나고야 동계올림픽에도 참가하고 신문지상에도 자주 오르내리는 사람이었다. 그의 별칭은 '파파 셉' 이었다. '선수들한테는 아버지뻘 되기 때문이다. 그는 벌써 몇 년째 왕자의 별장에서 파트타임으로 운전을 하고 있었다. 건실한 오스트리아 트롤(Tyrol)족의 면모를 보여 주었다.

반갑게 인사를 나눈 뒤, 내가 물었다.

"왕자님은 좀 어떠세요?"

그는 긴 한숨을 몰아쉬며 말했다.

"닥터 킴, 뭔가 좀 이상해요. 그 이집트 의사는 좋아지고 있다고 말하지만,

모두들 걱정입니다."

나의 예감이 적중하고 있었다.

인스부르크에서 자동차로 30분쯤 산길을 올라와 씨 필드에 도착했다. 하얀 눈밭 사이로 젊은 연인들과 가족들이 어우러져 원색 스키복 차림으로 스키를 지치는 모습이 그림처럼 아름다웠다.

왕자와 반갑게 부둥켜안고 볼을 비비며 인사를 나누었다. 하지만 그의 얼굴은 이미 꺼져가는 등불처럼 위태로워 보였다. 얼굴은 푸른빛이 진하다 못해 검은 빛이 감돌고, 입술은 건조하다 못해 갈라져 있었다. 안타까움을 애써 참으며 물었다.

"어떠십니까?"

"철웅, 은지, 은설, 재남은 잘 있나?"

그는 우리 아이들의 이름 하나하나와 아내의 이름까지 외우고 있었다. 그리고 양가 부모님과 형제들의 안부까지 물었다.

"밤 비행기를 타고 왔으면 졸릴 테니 한숨 자고 와서 차를 나누지. 저…, 그런데 괜찮다면 호텔로 가지 말고 별장에서 같이 지냈으면 좋겠어."

"네, 그러지요."

이 별장 건물은 호텔로 지어진 것을 매입했기 때문에, 호텔이나 다를 것이 없었다. 하지만 왕자는 나를 배려해서 늘 인근에 있는 아스토리아 특급호텔에서 지내도록 했었는데, 이번만큼은 함께하기를 원했다.

잠시 눈을 붙인다는 것이 오후 늦은 시간이 되도록 깊은 잠을 잤다. 이샤(Isha: 해질녘에 드리는 예배)를 알리는 아잔(Azan: 회교사원에서 예배 시간을 알리는 소리) 소리에 잠을 깬 나는 왕자의 방으로 향했다. 코란을 암송하는 오디오 소리가 요란했다. 문 앞에 앉아 있던 왕자의 몸종 필리핀 사람 킴벌리가 나를 반갑게 맞았다.

마지드 왕자. 전 세계 16억 이슬람교도들의 영적 지도자였던 왕자에게 불어닥친 고통을 나는 가슴 졸이며 바라볼 수밖에 없었다.

"갑자기 왜 코란 소리가 요란해?"

"최근 들어 왕자님이 눈만 감으면 칼을 든 검은 귀신이 나타나 괴롭힌대요. 그래서 밤낮으로 코란을 틀어 놓고 있는데, 점점 심해지고 있는 것 같아요. 얼마 전에는 요르단에서 귀신 쫓는 사람도 데려다가 치료했는걸요. 이제는 5층 왕자님 침실에는 심부름도 가기 싫어졌어요. 전에 몸종 하나가 침실에 심부름 갔다가 진짜로 귀신을 만났대요."

그는 몸까지 움찔했다. 너무나 뜻밖의 말이었다.

왕자의 침실에 들어서며 안타까운 마음이 들었다. 수심과 피로에 찌들어서일까, 왕자는 더 이상 회복이 불가능해 보였다. 복부는 하루가 다르게 부풀어 오르고 있었다. 치료에는 한계가 있기 마련인데, 그 한계를 넘어선 것 같았다. 이제는 그저 편안하게 해 드리는 것 외에는 아무것도 할 수 없는 상태에 빠져 버린 것이다.

그는 한때 천하를 호령하기도 하고 사형을 언도하기도 하며 사형수를 사면시키기도 하던 막강한 실세였다. 전 세계 16억 이슬람교도들의 성지를 수호하는 메카의 주지사였다. 사람들은 멀리서 그를 바라보기만 해도 흥분했다. 1년에 한 차례씩 메카 성전(카바) 안으로 들어가 신전을 청소할 때면 그 모습이 전 세계로 위성중계되곤 했다. 건강만 지켜 주었다면 왕위에도 오를 수 있는 분이었다. 이제 그 건장하던 몸은 고목처럼 쓰러져 가누지도 못하고 있었다.

세상이 어떻고 정치가 어떻고 종교가 어떻고 말한다는 것이 의미가 없어져 버린 지금, 무슨 말을 해야 할지 몰랐다. 그의 손에는 33개의 구슬이 꿰어져 있는 이슬람 염주 '시합'이 들려 있었다. 그는 마치 생명의 탯줄이라도 되는 양 시합을 만지고 또 만졌다. 그렇게 많은 돈과 명예, 세계 방방곡곡에 맺어 놓은 인연들과 어떻게 이별을 할 수 있을까.

왕자는 밤새 엄청난 양의 피를 토했다. 흐느끼는 통증은 아무것으로도 달랠 수 없었다. 길어야 2~3주 버틸 것 같았다. 혀는 이미 백태로 뒤덮였고, 화장실도 겨우 일어나 갈 정도였다. 그는 울컥 쏟아지는 피를 주체하지 못했다. 검붉게 썩은 피들을 닦고 조용히 침대에 눕혔다. 힘이 드는지 감은 눈을 뜨려 하지 않았다. 나는 침대에 걸터앉아 그의 손을 양손으로 거머잡아 나의 가슴에 묻고 예수님께 기도를 드렸다.

어느 날 아침, 문안 인사를 하러 갔더니 왕자가 면도를 하며 말했다.

"사진관에 같이 갑시다."

왕자는 상반신 사진을 찍어 몇 장을 인화했다. 그 사진에 직접 사인을 해서 내게 주면서 말했다.

"킴! 너는 나의 영원한 친구야!"

그런데 손에 힘이 거의 느껴지지 않았다. 그렇다. 그는 이미 죽음을 맞을 준비를 하고 있었던 것이다. 아픈 마음을 애써 참아 보지만 아쉬움과 이별의 슬픔이 엄습해 왔다.

므리바 반석 틈

구약 성경의 도시에 가다

✝ 새로운 탐험을 시작하며

<u>2002년 7월 13일</u>

1차 탐험을 마치고 1년 4개월이 지난 오늘, 우리는 제2차 성산 탐험에 나서기로 했다. 이번 여행에는 지난 1차 여행 때 돌아보지 못한 울라의 박물관도 돌아보고, 모세의 장인이 살았던 집터를 경유하여 엘림에도 다시 한 번 가 보기로 했다. 마음 같아서는 1차 탐험 때와 같은 코스로 가고 싶지만, 시내산 정면으로 들어가는 일은 죽음을 자초하거나 감옥으로 직행하는 것과 같아서 그곳만큼은 피하기로 했다.

특히 이번 여행에는 우리 가정 말고 두 가정이 더 동행하기로 했다. 상사 직원으로 사우디아라비아에 와 있지만 어릴 때부터 모태신앙으로 확고히 믿음이 다져진 허 집사님 가정과, 말씀에 근거한 현장 검증을 위해 오래 전부터 성산 탐험을 기다리고 있었던 박성철 목사님(현 서울 사랑의교회 시무) 가정이었다. 출발하기 전에 우리는 믿음 팀, 소망 팀, 사랑 팀으로 조 이름도 짜고, 무전기도 준비했다. 사실 이 나라에서는 무전기 사용이 금지되어 있다. 하지만 나는 지난날 미국에서 왕자가 무전기를 구입할 때 덩달아 한 세트를 구입했다. 무전

195

기는 나와 목사님이 쓰기로 했다. 혹시나 있을 지도 모를 무전 도청을 피하기 위해 목사님이라고 부르지 않고 박 대리님이라 부르기로 했다. 사실 목사님은 하나님의 대리인이니까.

출발하기 전, 우리 대원 12명은 약속 장소인 주유소 슈퍼마켓에서 모두가 둥그렇게 손을 마주잡고 기도를 드렸다. 열두 명의 대원들 얼굴에는 기쁨이 넘쳐나고 있었다.

믿음 팀인 우리 가족이 선두에 서고, 소망 팀이 두 번째, 그리고 사랑 팀이 세 번째 뒤따르기로 했다. 출발하면서 무전기를 테스트했다.

"여기는 김 과장. 박 대리님, 이상 없습니까?"

"예, 이상 없습니다."

"바깥 날씨가 더워서 문제이지 여행하기에는 아주 청명하고 좋습니다."

어느새 우리의 대화 내용을 감지했는지 교신 중에 다른 발신음이 우리를 추적하고 있음을 느낄 수 있었다. 큰 길로부터 조금 떨어진 곳에 차를 세웠다.

"목사님, 아무래도 발신음 장치를 다른 채널로 바꿔야 할 것 같습니다. 그리고 꼭 필요한 상황이 아니면 사용하지 맙시다."

운전대를 잡고 하나님께 기도를 드리고 나서 메디나로 출발했다. 1차 때는 3월이어서 사우디아라비아 날씨치고는 그런대로 좋았는데, 이번에는 여름더위 때문에 고생을 할 것 같았다. 오전 9시인데도 차 안은 열기로 후끈거렸다.

제다에서 메디나까지 424km, 메디나에서 196km를 더 달렸다. 오후 7시, 오아시스와 함께 울창한 숲에 덮여 있어서 매우 아름답고 고대 역사가 숨 쉬고 있는 듯한 도시, 울라에 도착했다.

마을 어귀에 들어서자 모두들 주위 경치에 놀라움을 금치 못했다. 우리가 1차에 왔을 때도 그러했듯이 마을 전체의 바위산들은 병풍을 두른 듯하고, 나무 한 그루 없는 바위들은 오랜 세월의 풍화작용에 의해 갖가지 모습으로 외지인들을 맞이했다. 10시간을 운전하면서 달려왔지만 그 경치를 보니 조금도 피곤하지 않았다.

🌴 울라 박물관

<u>2002년 7월 14일</u>

아침 5시 40분에 조용히 잠에서 깼다. 아내와 아이들은 장거리 여행이 힘들었는지 아직 곤한 잠에 빠져 있었다. 나는 잠시 새로운 하루를 주신 하나님께 기도를 드리고, 카메라 가방을 메고 호텔을 나섰다.

울라의 아침 공기는 너무 상쾌했다. 해뜨기 전의 여명으로 보이는 바위산은 산의 테두리가 더욱 선명하고, 대추야자나무의 색도 더욱 진하게 보였다. 모든 삼라만상이 태양을 기다리며 신선함을 뽐내고 있는 것 같았다. 어디선가 들려오는 시골의 닭 울음소리가 내 가슴속에 묻혀 있던 서정을 일깨웠다.

지난번에 다녀본 길로 조용히 차를 몰고 마을을 한 바퀴 돌아보고 있노라니 어느덧 햇살은 기묘한 바위들에게까지 다가와 빛을 뿌리고 있었다.

호텔로 돌아오니 누군가 자동차를 닦고 있었다.

'사우디에도 이렇게 부지런한 사람이 있나?'

가까이 보니 박 목사님이 싱긋이 웃고 계셨다.

사우디아라비아는 한국 사람들을 부지런하며 근면한 민족으로 생각한다. 1970년대 중반 석유를 팔아 돈이 쏟아져 들어오자, 사우디아라비아는 여러 나라에 인력을 요청했다. 그때 동남아의 다른 나라들은 인력을 마구잡이로 내보냈다. 하지만 박정희 대통령은 단호하게 "우리는 굶어도 좋다. 식모나 운전사를 보내 돈벌이를 하고 싶지는 않다. 하지만 원한다면 의료진들은 파견할 수 있다.”고 말했다. 다른 나라에서는 뭘 가리냐며 우리나라를 이상하게 보았다.

오늘날 사우디아라비아 자국 인구는 약 1,800만이고, 해외에서 들어와 있는 외국인도 1,800만이 넘는다. 전 세계의 인종 전시장이라고 해도 지나친 말이 아닐 것이다. 사우디아라비아에서 우리나라의 국가적 수준은 아시아 최고일 뿐만 아니라 유럽과 같은 수준으로 격상되었다. 정부 병원이나 공공 업체에서 일하는 우리나라 교민들의 연봉 수준은 유럽인과 비슷하다. 병원 의료인들은 같은 일을 하는 필리핀인이나 인도인보다 3~8배나 월급을 더 받는다. 그당시 어려운 한국 사정을 생각할 때 대통령의 결정은 무모한 것처럼 보였지만, 지금 생각해 보면 용단이었다.

중동 붐이 뜨거웠을 때, 사우디아라비아에 가서 1년만 고생하면 아파트 한채는 거뜬히 마련할 수 있었다. 그래서 우리나라 사람들이 많이들 중동으로 떠났다. 현대, 대림, 한라를 비롯한 한국의 건설 회사들이 중동의 어려운 공사를 마다하지 않고 수행하던 때 정부는 직항로를 만들어 연일 한국의 근로자들을 중동으로 실어 날랐다.

사우디아라비아 사람들은 아직도 그때 일했던 한국 근로자들이 군인인 줄알고 있다. 그때 한국 근로자들의 복장은 똑같았다. 모자와 왼쪽 가슴에는 똑같이 ‘00건설’이라 새겨 넣고 농구화를 신었으며, 같은 색의 세면도구를 갖고있었다. 공항에서부터 군대식 ‘앉아번호’가 실시됐다. 캠프에서는 남들이 모두 잠들어 있는 새벽에 아침 점호가 실시되고 고향을 향하여 우렁차게 구령 소리를 외쳐댔다. 게다가 아무리 더워도, 심지어 날이 어두워져도 공사 기간을 앞당기려 열심히 일했으니 현지 사람들 눈에 정부군으로 보인 것도 무리는 아니었을 것이다.

지난번처럼 고고학 지역 출입 허가서를 받기 위해 주지사 사무실을 찾았다.

사무실 안으로 들어서며 인사를 했다.

"쌀라 말라이꿈!"

사무실 직원들은 불시에 나타난 이방인의 방문에도 놀랐겠지만, 유창한 아랍말에 더 놀란 것 같았다. 그들은 우리를 의아한 눈초리로 맞이했다.

"우리는 제다에서 왔어요. 여기 유적지를 돌아보려 하는데, 유적지 입장 허가를 받을 수 있을까요?"

"지금 이 지역 주지사님이 출타 중이어서 오후 2시나 되어야 가부간 결정이 납니다. 오후에 오세요."

늦잠 자느라 출근을 못한 것이 불 보듯 뻔했다. 여기 사람들은 밤 11시에 저녁 식사를 하는 것도 이른 편이다. 보통 12시나 새벽 1시쯤에 저녁을 먹는 습관이 있다 보니, 잠자리에 드는 시간은 빨라야 새벽 3시다. 그러다 보니 아침 8시나 9시까지 출근하는 것이 쉽지 않고, 또 출근을 한다 한들 업무가 제대로 될 리 없다. 보통은 10시나 되어 비몽사몽간에 출근해서는 차 한 잔 마시고 회교 예배 의식인 쌀라를 한다. 그러니 오전에는 거의 업무를 할 수 없다. 어쨌든 이럴 때는 왕자의 서찰이 최고다. 나는 얼른 왕자의 서찰을 보였다.

"우리는 장거리 여행 중이라 몇 시간씩이나 지체할 수 없습니다. 부지사님의 허락이라도 받길 원합니다."

담당 공무원은 서찰을 읽어 보고는 우리를 넓은 응접실로 안내했다.

"박물관 구경을 하고 계시면 곧 허가서를 준비하겠습니다."

박물관 문을 열어 주면서 그는 친절하게 말했다. 우리는 박물관으로 들어갔다. 그런데 박물관에서 놀라운 사실을 발견했다. 박물관에는 그 도시가 옛날의 드단이라는 것을 입증하는 역사적 기록과 유물들이 그리 넓지 않은 공간에 잘 전시되어 있었던 것이다!

드단은 어떤 곳인가. 창세기에 드단이라 불리는 도시가 나온다. 아브라함의 후처인 그두라의 둘째아들 욕산이 낳은 드단의 이름을 딴 것이다. 말하자면 드단 지역은 오래 전부터 예멘과 북아프리카의 카라반(caravan: 대상. 창세기에 요셉을 이집트에 팔아넘긴 사람들도 카라반이었다)들의 상업 요충지였다. 남부 아라비아에서 메소포타미아나 그리스 또는 이집트로 향하는 카라반에게 물과 양식을 제공해 주고 통과세를 받아 부를 축적한 도시이다.

에스겔서에서도 드단 사람들이 상아와 오목(흑단: 질이 단단한 검은색 나무, 근동 지역에서는 우상을 만드는 재료나 고급 장식품 또는 그릇으로 사용한다) 거래를 통해 부해졌다고 말한다. "드단 사람은 네 장사가 되었음이여 여러 섬이 너와 통상하여 상아와 오목을 가져 네 물품을 무역하였도다"(에스겔 27:15). 이사야에서는 아라비아에 관한 경고를 하는데 드단 대상들이 아라비아 수풀에서 유숙하게 될 것이라고 했고(이사야 21:13), 예레미야에서는 에서의 재난으로 인해 에돔에게 벌을 내리려 하니 깊은 곳으로 도망하여 숨으라고 경고하고 있다(예레미야 49:8).

특이한 것은 드단이 로마의 지배를 받지 않았다는 사실이다. 영국에 있는 하다(HADA)고고학회에 따르면, 1968년 영국 런던대학에서 이 지역을 발굴해 짚이 섞인 벽돌과 돌로 지은 주거공간 안에서 조잡한 토기, 다듬은 것처럼 보이는 그릇, 유리 공예품, 기하학적인 무늬가 그려진 장식품, 그리고 동전 96개를 수집해서 현재 리야드 국립 박물관에 보관, 전시하고 있다고 한다.

그러고 보니 BC 7~5세기경에 번영을 누렸던 드단은 수천 년이 지난 오늘날도 크게 변한 것이 없었다. 지금도 너무나 화려하기 때문이다.

박물관을 거의 다 돌아볼 때쯤 담당 공무원이 우리를 불러 허가서를 주면서 축하한다는 인사를 건넸다. 그 사이 누군가가 서찰을 갖고 주지사 집으로 가서 허가서를 받아온 듯했다.

✝ 메다인 살레의 유적지에서

우리는 나바테아인의 유적지, 메다인 살레 출입구의 경찰 초소에 도착했다. 푹푹 찌는 무더위 속에 경찰 5명이 근무 중이었다. 그들과 인사를 나누고 관할 주지사의 서찰과 왕자의 서찰을 함께 주었다. 그들은 왕자의 근황과 안부를 물으며 그분을 무척 존경한다고 말했다. 사우디아라비아에 수천 명의 왕자들이 있지만, 압둘 아지즈 왕자는 인품과 교양이 넘치고 불쌍한 사람들에게 인정을 많이 베푸는 훌륭한 분으로 호평이 나 있었다.

그들은 카메라 반입을 금하기 때문에 카메라를 맡기라고 했다.

"이 친구야. 지난번 왔을 때 다 찍었기 때문에 더 이상 찍을 것도 없어."

내가 이렇게 말하자, 히죽히죽 웃으며 마음대로 하라고 했다.

워낙 유적들이 광범위하게 흩어져 있어서 자동차로도 수십 킬로미터를 돌아보아야 했다. 거대한 바위 덩어리를 그 먼 옛날에 무슨 장비로 이토록 장엄하고도 정교하게 조각을 했는지 볼수록 의아했다. 그들은 남쪽에서 올라오는 카라반들과 북쪽의 다마스커스와 아프리카에서 지나는 카라반들에게 물을 공급해 주고 안전을 보호해주는 조건으로 소금과 유향, 또는 양피와 고급 장신구류 등을 세금으로 거둬들여 화려한 도시를 건설했다.

가장 거대한 알 디완(Al Diwan; Diwan Abu Zaid) 신전은 큰 바위산을 가로 13m, 세로 10m, 높이 8m를 파내어 만들었으며, 그 장식물들은 보는 이들로 하여금 탄성을 자아내기에 충분했다.

들어가는 입구의 왼쪽과 오른쪽은 정교한 기둥으로 조각되어 있었다. 나지막한 두 개의 계단을 밟고 신전을 들어가면 다시 왼쪽과 오른쪽으로 오르는 작은 3개의 계단이 있는데, 입구를 제외한 3면 앞으로 사람들이 걸터앉을 만큼의 튀어나온 벽면이 있었다. 그 아래에는 작은 수로들이 있었다. 그 수로는

알 디완 신전

3천 년 전에 나바테아인의 후손들이 그들이 섬기는 신에게 드린 희생 제물의 피가 흘러가도록 만들어진 것이다.

거기가 나바테아인이 이방신을 섬기던 자리임을 알고, 우리는 바위 동굴 안에서 특이하게 들려오는 공명음을 들으며 오히려 살아 계신 하나님께 찬송을 드렸다. 그날 우리 팀 외에는 아무도 출입허가서를 받지 못했는지, 그 넓은 유적지에서 우리들만이 나바테아인의 조각 솜씨를 마음껏 돌아볼 수 있었다.

북쪽 계곡을 지나 100m쯤 올라가니, 바위산을 다듬어서 비가 올 때 빗물을 모아두는 물탱크가 있었다. 고고학자들은 지름 5.45m에 깊이 5.10m인 이 물탱크를 제사 지낼 때 쓰는 용도였을 것으로 추측한다고 했다.

3시간 남짓 돌아본 뒤, 호텔로 돌아왔다. 간단한 아랍식 샌드위치로 점심을 해결하고는 호텔 뒤쪽 골짜기로 들어갔다. 우리는 거대한 바위산 앞에 카펫을 깔고 둘러앉아 이야기꽃을 피웠다. 때마침 베일을 두른 베두인 소녀가 양 무리와 함께 광야를 가로질러 지나갔다. 해의 기울기에 따라 시시각각 변하는 바위 색을 보고 있노라니 어느새 땅거미가 밀려들었다.

✝ 베두인 따돌리기

<u>2002년 7월 16일</u>

예정 시간보다 늦은 오전 9시 10분, 타북 도심을 벗어나자마자 좌우로 펼쳐지는 밀 농장은 거대한 초원을 이루었다. 그 중심으로 곧게 뻗은 고속도로를 따라 요르단 국경에 인접한 비르 이븐 히마스(Bir Ibn Himas)에서 좌회전을 해서 서쪽 미디안 광야를 향해 달렸다.

다시 평야를 벗어나면서 광야에 바위 군상들이 나타나기 시작했다. 그 길은 이스라엘 백성들이 호렙산을 떠나서 지나간 길일 것이다. "우리 하나님 여호와께서 우리에게 명하신 대로 우리가 호렙산에서 발행하여 너희의 본 바 크고 두려운 광야를 지나 아모리 족속의 산지 길로 가데스 바네아에 이른 때에"(신명기 1:19).

광야는 대낮인데도 인적이 전혀 없어 두려움마저 느껴졌다. 바로 아말렉 족들이 살았을 것으로 추정되는 지역이었다. 한산한 도로를 따라 아지 제타(Az Zayat)를 조금 지난 곳에서 목사님께 무전을 쳤다.

박 목사님과 무선 교신을 하는 중에 미확인 발신음이 들려왔다. 군사 지역이어서 그런지 바로 추적을 당하고 있음을 느꼈다. 얼마 가지 않아 시내산으로 들어가는 군사 도로 입구에서 차를 모두 세웠다. 세 가족들을 모아놓고 그 길이 바로 레이더 기지가 있는 곳으로 향하는 군사 도로이며, 또한 라오즈산으로 향하는 길이라고 설명하자 모두들 흥분된 표정을 감추지 못했다.

600~700m 정도의 넓은 와디가 양쪽 산 사이를 가르고 있었다. 한쪽은 라오즈산 아래까지 이어져 있으며, 다른 한쪽은 사우디아라비아 북서쪽의 하끌을 지나고 요르단 국경선을 지나 왕의 대로까지 연결되어 있었다.

어느새 목사님과 집사님은 카메라와 비디오카메라를 들고 이리저리 돌아보며 촬영에 열중하고 있었다. 순간, 갑자기 하얀 픽업트럭 한 대가 들이닥치더니 우리 주위에서 차를 세웠다. 한 사람이 차에서 내려 우리 쪽으로 걸어왔다.

경험이 있는 아내는 재빠르게 얼굴에 베일을 쓰면서, 다른 부인들에게도 눈짓을 보냈다. 행색은 베두인 같아 보였지만, 겉으로 봐서는 무얼 하는 사람인지 알 수 없었다.

나는 촬영에 열중하고 있는 목사님과 집사님을 자제시키고 다가온 남자의 정체를 파악했다. 그런데 그가 대뜸 한다는 말이 이랬다.

"라오즈산으로 가기를 원하십니까?"

나는 아니라고 시치미를 뗐다. 그러자 그가 다시 말했다.

"거기는 산에서 물이 흐르고 있어서 경치가 좋아요. 여기서 10여 분 정도면 갈 수 있거든요."

그가 거짓말을 하고 있다는 것을 알 수 있었다. 지난번 경험으로는 최하 30~40분은 가야 했기 때문이다. 분명 무슨 속셈이 있는 것 같았다. 눈빛도 번들거리고 있었다. 나는 베두인 특유의 눈빛을 알고 있었다.

나는 함께한 사람들에게 이 친구가 수상하니 자리를 빨리 떠나자고 하고 차에 올랐다. 그 순간, 그가 물었다.

"어디로 갑니까?"

"하끌로 갑니다."

사실 우리는 하끌의 반대 방향인 바드로 계획하고 있었지만 그의 추적을 따돌리고 싶었다. 차에 시동을 거는 순간, 군사 도로 위쪽에서 한 대의 군용 지프가 쏜살같이 지나갔다. 서둘러 차에 속력을 가하면서 무전을 쳤다.

"박 대리님, 조금 속력을 내겠습니다."

백미러로 보니 군용 지프와 조금 전에 대화했던 사람이 이야기를 나누고 있었다. 그 뒤로 픽업트럭이 우리를 한참 따라오더니 사라지고 보이지 않았다. 그제야 한숨을 내쉬었다. "자라 보고 놀란 가슴 솥뚜껑 보고 놀란다"고 했던가. 크게 잘못한 것도 없으면서, 너무 겁을 먹은 것이다. 멀리 눈앞에 레이더 기지가 보였다.

하끌과 바드의 분기점인 아쉬 샤라프를 지나 바드로 향하는 길은 산모퉁이와 와디 줄기를 따라 완만한 도로를 형성하며 뻗어 있었다. 간간이 보이던 싯딤나무(조각목)의 수가 점점 많아지고 있었다. 한여름의 무더위는 에어컨을 켠 차마저도 뜨겁게 달구었다.

차를 달리면서 나는 왼쪽으로 보이는 먼 산을 계속 바라보았다. 조금 더 가다가 먼 산꼭대기 위의 레이더 돔을 발견하고 무전을 보냈다.

"박 대리님 왼쪽 10시 방향 산 정상을 보세요."

"네, 보입니다."

그 사이 미확인 발신음이 들려왔지만, 그의 목소리는 흥분되어 있었다.

"그 주위의 산이 바로 그 산입니다."

"잘 알겠습니다."

멀리 가물가물 보이던 레이더 기지는 바드로 가까이 갈수록 우리에게 더 선명하게 보였다. 적당한 곳에 차를 세우고 주위를 살펴가며 비디오와 카메라로 화면을 담았다.

그때 맞은편에서 한 대의 자동차가 우리 쪽으로 오고 있었다. 집사님에게 신호를 보냈으나, 그는 나를 보지 못하고 계속 비디오 촬영을 했다. 나는 얼른 집사님의 차창을 몸으로 가리고 섰다. 자동차가 지나갈 때까지 그렇게 서 있었다.

"행여 군사 시설물을 촬영하다가 발각되면 큰일 날 수 있습니다."

안도의 한숨을 몰아쉬며, 주의를 주었다.

우리는 다시 출발했다. 그리고 곧바로 지난번에 봐 놓은 모스크를 지나 와디 무사를 타고 들어섰다. 지난번에 금 캐러 다니는 사람들이 앉아 있던 그 싯딤나무도 그냥 그 자리에 서 있었다. 두 번째로 만나는 와디 무사는 낯설지 않았지만, 과연 다시 그 호렙산 뒤쪽으로 찾아갈 수 있을지는 알 수 없었다. 그런 가운데도 확신은 밀려왔다.

광야에서의 4시간

서서히 주위를 살피며, 베두인이 지나다니는 자동차 바퀴 자국을 따라 와디 무사 줄기를 들어갔다. 내 차는 지프여서 전혀 문제없었지만 다른 두 차는 속도가 나지 않았다. 거의 정지 상태였다. 한참을 기다려도 못 따라오는 것을 보니 무슨 문제가 발생한 것 같았다. 뒤돌아가 보니 허 집사의 차가 모래밭에 빠져 있었다. 헤매지 않고 곧바로 찾아간다 하더라도 35km 이상 더 들어가야 했다. 불길한 예감이 스쳤다. 가족들을 내리게 하고는 겨우 차를 밖으로 끌어올렸다.

"지금 상태로 더 가는 것은 무리입니다. 시내산은 포기합시다."

"성스러운 산을 보려고 여기까지 달려왔는데, 끝까지 가 봅시다."

목사님은 서운한 모양이었다. 집사님도 계속 따라가겠다고는 하지만 얼른 판단을 내리기가 쉽지 않은 것 같았다.

하지만 자동차는 시속 10~20km 이상 속도가 더 나지 않았다. 넓은 와디 무사의 모랫길은 대낮인데도 적막하기만 했다. 드문드문 서 있는 싯딤나무와 수백 년은 묵었을 만한 고목들만 곳곳에 보였다. 참으로 끈질긴 생명력이다. 3~4년에 한 번씩 지나가는 빗물을 먹고 그렇게 살아 있는 것이 신기할 따름이었다. 사우디아라비아는 올해로 벌써 6년째 비 한 방울 오지 않고 있지만 싯딤나무는 꿋꿋이 살아 넓은 와디 무사 줄기를 지키고 있었다.

때는 오후 1시여서 햇살은 불볕으로 변했다. 하늘에는 구름 한 점 없었다. 차 에어컨을 틀어도 소용이 없었다. 거의 걸어가는 것과 같은 속도로 가다 보니 엔진의 열 계기판이 점점 상승해서 에어컨에서 뜨거운 바람만 나왔다. 차라리 에어컨을 끄고 창문을 여는 게 나을 것 같았다.

오른쪽 산줄기를 조금 벗어나자 레이더 기지가 훨씬 가까이 보였다.

그때 목사님으로부터 무전 교신이 들어왔다. 걱정부터 앞섰다.

"자동차 바닥이 자꾸 모래에 스쳐서 그러는데요, 앞서 가면서 모래더미들을 밟고 가시면 승용차들이 따라가기가 좀 쉬워질 것 같은데요."

좋은 생각이었다. 나는 모래더미를 차바퀴로 뭉개면서 달렸다. 차가 쏠리면서 아이들이 어지러워했다.

벌써 1시간 이상, 와디 무사 줄기를 타고 한참 들어오니 세 갈래 길이 나타났다. 지난번에 왔던 길인데, 어느 길로 가야 할지 알 수 없었다. 아내에게 물어봐도 잘 모르겠다고 했다. 일단 왼쪽으로 들어섰다. 자동차들의 바퀴 자국들이 만들어 놓은 모랫둑은 점점 높아만 가고 자동차 안의 열기는 거의 최고치에 올라 있었다. 이러다 차에 문제가 생기면 이 광야에서 어떻게 하나, 걱정이 앞섰다.

길은 계곡에 막혀 있었다. 나는 일단 차를 세우고, 다른 일행들을 기다린 다음, 억지로 차를 끌고 길도 아닌 비탈길을 따라 언덕배기까지 올라갔다.

높은 곳에 올라서서 보니, 맞은편 군사 도로에서부터 올라오는 강줄기가 라오즈산 산맥까지 이어져 있었다. 일반 승용차로는 이 강줄기를 따라 산을 올라오기가 어림없겠다는 생각이 들었다. 먼 산자락 아래로 흰 띠 같은 것이 보였다. 자동차 안에서 망원경으로 살펴보니, 고압선 같은 것이 산 전체를 휘감고 있었다.

광야는 지형지물이 비슷비슷하고 워낙 넓은 곳이기 때문에 길을 잃기 쉽다. 일단 다시 내려와서 일행들에게 말했다.

"길을 잘못 든 것 같습니다. 어쩌죠? 제 생각에는 아까 세 갈래 길에서 잘못 접어든 것 같습니다."

"그럼 거기까지 가서 다시 생각해 보죠."

그때 목사님이 신기한 듯 맞은편 산 쪽을 손가락으로 가리켰다. 우리가 돌아다보니 청청한 하늘에 손바닥만 한 흰 구름 한 조각이 햇살을 받으며 지나가고 있었다.

차 밖에 잠깐 서 있었으나 작열하는 태양이 얼마나 뜨거운지 목덜미와 얼굴이 화끈거렸다. 벌써 물과 음료수를 몇 통이나 마셨는지 모른다. 이스라엘 백성들이 홍해를 건너서 수르 광야로 들어온 다음 물을 찾아 사흘 동안 광야를 돌아다니다가 모세를 원망했다고 하는데, 이 뜨거운 광야를 이스라엘 백성들이 걸어서 갔다고 생각하니, 그들이 불평과 원망을 멈추지 않았던 까닭을 이제야 조금이나마 이해할 수 있었다.

세 갈래 길로 돌아왔다. 거기서 다시 자동차 바퀴 자국을 따라 들어갔지만, 가도 가도 우리가 찾는 라오즈산은 보이지 않았다. 사막을 헤맨 지 서너 시간이 지났을 때쯤, 멀지 않은 곳에 눈에 익은 산이 보였다. 안도의 숨을 몰아쉬었지만, 다른 산들에 가려져 다시 방향을 잃어버렸다.

나지막한 계곡을 타고 내려가자, 베두인의 천막이 보였다. 15~16세쯤으로 보이는 베두인 소녀가 양을 몰고 가다가, 이방인을 보자 얼굴을 베일로 가리며 도망치듯 천막 안으로 들어가 버렸다.

그때 픽업트럭 한 대가 모퉁이를 돌아왔다. 차를 멈추고 인사를 건네자 나이 많은 베두인은 우리를 경계했다. 왕자의 이야기를 곁들여, 나를 소개하자 그제야 악수를 청해 왔다. 나는 시원한 물 한 병을 건네면서 물어보았다.

"돌에 그림이 많이 그려진 산을 찾고 있는데, 벌써 몇 시간을 허비하고 있는데도 못 찾고 있어요. 거기가 어디인지 혹시 아세요?"

그는 잠시 머뭇거리다가 앞장설 테니 따라오라고 했다. 그는 모래 언덕을 지나 산모퉁이를 돌더니 멈춰 서면서 말했다.

"이 길을 따라가면 또 다른 천막이 있으니 거기에서 물어보세요."

그가 가르쳐 준 길을 따라가자 마침내 그렇게도 찾던 성스러운 산이 눈앞에 다가왔다. 할렐루야! 벌써부터 마음이 설렜다.

"박 대리님 나오세요."

"네, 김 과장님. 좋은 소식이기를 바랍니다."

예감을 했는지 목사님의 목소리가 잔뜩 흥분되어 있었다.

"오른쪽으로 한 시 방향에 보이는 산이 그 산입니다."

"아이고, 감사합니다."

우리는 산을 바라보며 시원한 물을 마셨다. 자동차에 앉아서 네 시간 헤맸는데도 이렇게 힘들다고 하니…. 이스라엘 백성들은 이 척박한 땅에서 무려 40년을 떠돌며 생활했다는 사실에 할 말을 잃었다.

맞은편을 바라보니 베두인 천막 여러 개가 눈에 들어왔다. 저들의 정체는 무엇일까. 비밀경찰의 끄나풀일까. 저들이 과연 우리가 저 산을 탐사하게 할 것인가 궁금했다.

✟ 베두인의 천막에서

서서히 달리면서 보니 대형 천막 세 개가 보였다. 그중 한 천막 안에는 여인들과 아이들이, 또 다른 천막 안에는 남자들이 반은 드러누워 있었다. 그들은 낯선 이방인들을 보고는 경계하는 눈치였다. 밖에서 놀던 어린아이들이 천막 안으로 뛰어 들어가고, 미처 쫓아가지 못한 두어 살짜리는 놀라서 울음을 터뜨렸다.

스카프로 얼굴을 가린 아내와 나만 차에서 내렸다. 다른 사람들은 그냥 차에 있게 했다. 남자들이 있는 천막으로 걸어가면서 나는 두 손을 펴서 들어 올리며 인사를 건넸다. 이런 외지에서는 이방인들을 일단 적으로 여기기 때문에, 이들에게 접근할 때는 두 손을 펴서 높이 들어야 한다. 손을 펴 보이는 이유는 지금 내 손 안에 아무것도 없다는 사실을 알리기 위해서이다. 나는 쓰고 있던 선글라스를 벗으며 말했다.

"쌀라 말라이꿈."

그제야 그들도 자리를 고쳐 앉으며 응수를 했다.

"말라이꿈 쌀람, 아흘란 와 싸흘란(어서 오세요)."

이슬람교도들은 항상 알라신과 연관지어 말한다. 물이나 음식을 먹기 전에는 "비스 밀라(신의 이름으로 시작한다)." 라고 말하고, 마신 뒤에는 "알 함두릴라(신의 이름으로 마친다)." 라고 말한다. 인사말이나 헤어질 때도 "인샬라(신의 은총을 빈다)." 라고 말한다.

천막 안 남자들과 일일이 악수를 했다. 선하게 생긴 60대 후반의 노인 한 명과, 눈빛이 날카롭게 보이는 50대 초반의 남자, 그리고 16~17세 정도의 청소년 두세 명, 열 살 전후로 나이를 분간하기 힘든 아이들 10여 명이 나를 근심 어린 눈으로 쳐다보고 있었다.

간단하게 내 소개를 한 뒤 차에 친구들이 있는데 이리로 오라고 해도 되느냐고 묻자, 대답 대신 눈으로 수락하는 표시를 했다. 그러나 여전히 경계를 늦추지 않았다.

일단 목사님과 집사님을 부르고, 과자 봉지와 음료수로 환심을 사기로 했다. 자세히 살펴보니 아이들의 행색이 말이 아니었다. 몇 날 며칠을 세수하지 않았는지 얼굴과 머리며 옷 입은 것이 완전히 거지 행색이었다. 이들에게 물이 얼마나 귀한지 금세 알 수 있었다. 아이들은 우리가 준 과자 봉지와 음료수를 들고 여인네들이 있는 천막으로 달려가면서 서로 빼앗으려고 한바탕 싸움을 벌였다.

내가 그들에게 왕자에 관한 이야기를 시작하자 놀라는 기색을 보이면서도 믿지 못하는 표정들이었다. 나는 자동차 등록증과 왕자의 서찰을 보여 주었다. 나이든 영감님과 50대 초반의 남자는 글을 모르는지, 16세 정도의 아이에게 그것을 주었다. 아이가 서찰 내용 읽는 것을 듣고 나서야, 그들은 내게 예의를 표했다. 그렇다면 이제 내 이야기를 할 차례였다.

"이 뒷산 어디쯤, 그림이 그려진 바위가 있다는 이야기를 듣고 그걸 보려고 왔습니다."

그러자 나이 드신 영감님이 50대 초반의 남자를 힐끗 쳐다보았고, 그는 고개를 가로저었다. 그들은 다시 우리에게 경계의 눈빛을 보냈다. 한동안 침묵이 흘렀다. 나는 분위기를 바꾸기로 했다.

"우리는 이 늦은 시간까지 점심을 아직 못 먹었습니다."

"양은 팔 수 있지만, 요리는 하지 않습니다. 양은 싼 값에 주겠습니다."

50대 남자가 말했다. 새끼 양은 한 마리에 150리얄이라고 하는데, 시장 가격의 반값도 채 되지 않는 가격이었다. 나는 이 남자가 사우디아라비아 정부의 특수 교육을 받은 요원으로 틀림없이 비밀경찰과 연계되어 있음을 감지했다. 나는 그에게 눈짓으로 천막 밖으로 나가자고 했다. 그의 손에 100리얄을 쥐어 주었다. 그는 빙긋 웃으며 받아들었다.

"암각화는 보여 주겠습니다. 혹시 금속 탐지기를 가지고 있습니까?"

그는 금속 탐지기를 흉내내느라 양손의 검지 두 개를 펴서 맞부딪치며 이리 저리 돌리는 시늉을 했다. 그들이 무엇을 원하는지를 예상했으므로 나는 얼른 없다고 대답했다. 많이 실망하는 것 같았다. 주위에 있는 모든 유목민들은 이 산 주위에 보물이 묻혀 있다고 조상 때부터 믿고 있었다. 나는 그를 다시 어르고 달랬다. 나는 건강하게 오래 사는 약을 마다할 사람이 없다는 것을 잘 알고 있었다. 아랍인들이 정력제를 좋아한다는 것도.

"대신 내게 좋은 약이 있소. 그 약은 당신을 건강하게 해 주고 오래 살게 하고 정력을 좋게 할 것이오. 원하면 줄 수 있지만…."

나는 일부러 말끝을 흐렸다. 그의 눈빛이 반짝거렸다.

자동차에서 인삼차를 꺼내 그에게 건네주었다. 그리고 탐험대의 재정담당을 맡고 있는 허 집사님을 시켜서 주위에 있는 아이들에게는 10리얄씩을, 그리고 노인에게는 50리얄을 주었다. 만약 이들을 매수하지 않고 우리끼리 들어가면 산을 돌아보는 것만으로도 충분히 신고의 대상이 될 수 있었다. 그제야 60대 노인은 아이들을 시켜 자신들이 마시는 커피를 우리에게도 한 잔씩 돌리게 했다. 얼마나 오랫동안 씻지 않았는지 커피 잔이 말이 아니었다. 하지만 내색하지 않고 감사한 마음으로 커피를 받아 마시고 일어섰다. 노인이 픽업트럭을 운전하고 50대 초반의 남자와 16~17세로 보이는 세 명의 아이들을 태우고는 앞장섰다.

✝ 므리바 반석을 찾다

산모퉁이를 돌아서자 그 성스러운 산이 우리 눈에 확실하게 들어왔다. 처음에 금 캐러 다니는 베두인들의 안내로 찾아왔을 때는 구름기둥으로 우리를 부르더니, 오늘은 청명한 모습으로 손짓하고 있었다.

나무 한 그루 없이 거무스름하게 탄 듯한 바위산은 웅장함과 위엄으로 가득 차 있었다. 광야에는 늙은 싯딤나무 외에 풀 한 포기 보이지 않았고, 건조하기가 이를 데 없었다. 오후여서 그나마 정오 때보다는 좀 덜하지만, 적어도 기온이 50도를 웃도는 듯했다.

먼지바람을 일으키며 달리는 베두인들의 차는 이미 1km 이상 앞서 달리고 있었다. 뒤따르는 두 대의 승용차는 거의 도보와 같은 속도로 오고 있었다. 우리가 와디 무사 줄기를 타고 오를 때보다 그곳이 더 건조한지 바퀴 자국이 더 깊이 파여 있었다. 에어컨은 열풍만 뿜어냈다.

광야를 따라 조금 오르니, 큰 바위산이 나타났다. 그 옆을 따라 돌다가 오른쪽을 보니, 눈에 익은 바위 하나가 보였다. 그렇다. 분명히 눈에 익은 바위였다. 아내와 아이들을 부르며 비디오카메라를 꺼내라고 말했다.

'오! 하나님, 지난번에는 보지 못했던 그 바위를 찾게 해 주시는군요.'

그건 분명 성경 고고학자 론 와이어트 씨의 비디오테이프에서 본 므리바 반석이었다. 우리는 르비딤에 와 있는 것이다. 므리바 반석은 바위산 꼭대기에 높이 솟아 있었다. 그렇게 높은 산 위에 솟아 있는 바위를 지난번에는 왜 보지 못했는지, 하나님께서 오늘에야 보게 하시려고 그때는 눈을 가리셨나 보다. 가슴이 두근거렸다. 일단 무전기로 목사님을 불렀다.

"오시는 길에서 오른쪽으로 산꼭대기에 높이 솟은 바위가 보입니까?"

"네, 그게 뭐죠?"

"바로 바위의 갈라진 틈으로 물이 흘러 나왔다는 므리바 반석입니다."

무선 교신을 할 때는 교회 용어를 쓰지 않기로 약속했으니 망정이지 입에서 나오는 대로 말했다면 우리는 몇 번이고 '할렐루야!'를 외치며 여호와 하나님을 찬송했을 것이다.

우리가 몰래 사진 몇 장을 찍느라 지체하자, 앞서가던 베두인이 가는 것을 멈추고 기다려 주었다. 우리가 출발하는 것을 확인한 베두인들은 다시 출발하여 나지막한 언덕 앞에서 차를 세웠다.

베두인들은 벌써 자랑이나 하듯 돌에 그려진 그림을 손으로 가리켰다. 지난번 1차 탐험 때는 그림이 그려진 돌들이 무더기를 형성하고 있었는데, 누군가에 의해 이리저리 많이 흩어져 있었다.

우리는 베두인들이 가르쳐 주는 바위들을 뒤척거리며 하나하나 사진을 찍었다. 끈이 풀어진 샌들, 뱀 모양의 지팡이, 사슴을 사냥하는 사람의 그림 등 수천 년 동안 비바람에 견뎌온 그 그림들을 열심히 사진에 담았다.

사진을 찍다 말고 호렙산 쪽 하늘을 바라보니, 그 청명하던 하늘이 여러 장의 커다란 구름으로 덮여 있었다. 우리 머리 위로 구름이 그림자를 드리우고 있다는 사실을 그때서야 안 것이다. 집사님의 막내아들은 이제 겨우 세 살이고, 다섯 살, 열 살의 딸들도 함께 동행했다. 구름이 우리를 덮어 주지 않았다면, 아이들뿐만 아니라 어른들도 더위를 이기지 못했을 것이다. 우리는 완전히 더위를 잊고 하나님의 성산 아래서 은혜로운 시간을 보냈다. "그들이 행진할 때에 낮에는 여호와의 구름이 그 위에 덮였더라"(민수기 10:34).

여기저기 돌아다니며 이스라엘 백성들의 흔적을 찾아 사진에 담고 있는데, 50대 초반의 그 베두인이 내 손을 잡아끌었다.

그는 우리가 선 곳에서 서쪽으로 손짓을 하며 멀리 보이는 바위를 가리켰다. 이미 우리가 들어오면서 사진에 담았던 므리바 반석이었다. 나는 시치미를 떼고 물었다.

"저게 뭡니까?"

"모세가 지팡이로 바위를 쳐서 물이 나온 곳이에요. 여기 돌에 조각된 그림들은 이스라엘 백성들이 바다를 건너와 여기에 머물면서 그린 그림들이지요. 맞은편 산이 알라신과 모세가 만났던 산이고요."

나는 고맙다고 말했다. 그러자 그가 심각한 어조로 말했다.

"친구, 금속 탐지기가 있으면 저 아래쪽을 조사해 보는 게 좋을 거에요."

그가 가리키는 곳에는 이미 누군가에 의해 여러 군데 흙이 파이고 여기저기에 구덩이가 만들어져 있었다. 그는 몇 번이나 다그치며 보물을 캐자고 했지만, 우리에게 더 이상 다른 소득이 없음을 감지하고는 나중에 보자며 천막 쪽으로 가버렸다.

우리는 므리바 반석으로 향했다. 므리바 반석은 약 200m 정도의 산 정상에 우뚝 서 있어서 눈에 띌 수밖에 없었다. 300만 명에 가까운 이스라엘 백성들이 하나님이 역사하시는 장면을 어떤 위치에서도 볼 수 있도록 이런 광야 한가운데 높이 솟아 있는 바위에 기적을 베푸신 게 아닐까.

호렙산 뒤쪽에서는 직선거리로 약 500m 남서쪽에 위치하고 있으며, 바위의 높이는 어림짐작으로 20m도 넘어 보였다. 바위는 위에서부터 아래로 쫙 갈라져 있었다. 갈라진 바위틈은 어른 한 명이 족히 지나갈 만한 틈이었다. 그 갈라진 틈 사이로 물이 흐른 자국이 또렷하게 남아 있었다. 우리는 놀라움을 금할 길이 없었다. "내가 거기서 호렙산 반석 위에 너를 대하여 서리니 너는 반석을 치라 그것에서 물이 나리니 백성이 마시리라 모세가 이스라엘 장로들의 목전에서 그대로 행하니라 그가 그곳 이름을 맛사라 또는 므리바라 불렀으니 이는 이스라엘 자손이 다투었음이요 또는 그들이 여호와를 시험하여 이르기를 여호와께서 우리 중에 계신가 아닌가 하였음이더라"(출애굽기 17:6-7). **이사**

므리바 반석 모세가 지팡이로 바위를 쳐서 물이 나왔다

야는 마치 이 현장을 와 본 것처럼 성경에 이렇게 기록했다. "여호와께서 그들을 사막으로 통과하게 하시던 때에 그들로 목마르지 않게 하시되 그들을 위하여 바위에서 물이 흘러나게 하시며 바위를 쪼개사 물로 솟아나게 하셨느니라"(이사야 48:21).

르비딤 광야는 호렙산 뒤쪽으로 난 와디 무사의 마지막 골짜기와 맞닿아 있었다. 광야 안에 몇 개의 동산이 있었다. 하나는 므리바 반석이 있는 동산이고, 또 하나는 골짜기 마지막에서 호렙산과 연결되는 동산이었다. 그 산에도 여러 군데 이스라엘 백성들이 그려 놓은 그림들이 흩어져 있었지만, 정부군들이 모두 지워 버린 것 같았다. 그 산 정상에 올라서니 르비딤 광야 전체가 한눈에 들어왔다. 혹시 여기가 모세가 전쟁에서 승리를 이끌기 위해 아론과 훌의 도움을 받으며 기도했던 곳은 아닐까 하는 생각이 들었다. 저 아래 광야에서는 그 옛날 아말렉과 여호수아가 이끄는 이스라엘과의 전투가 치열하게 펼쳐지고 있는 것 같았다.

마음 같아서는 므리바 반석에 올라가 갈라진 바위 사이로 흘러내린 물 자국을 따라 광야로 내려가면서 여러 가지 다른 흔적을 찾고 싶었다. 하지만 우리를 안내한 베두인이 이미 떠난 상태이고, 또 언제 비밀경찰이나 레이더 기지국에서 우리를 발견할지 모른다는 생각이 들어 그만두었다. 좀 떨어진 곳에서 우리는 자료용 사진 몇 장 더 찍고는 거기를 떠났다.

계획으로는 바드에서 점심을 먹기로 했으나 들어갈 때 길을 잘못 들어 너무 많은 시간을 허비했다. 시간은 오후 5시 35분을 가리키고 있었다. 배고픔이 한꺼번에 밀려왔다. 아이들도 배고프다고 아우성이었다.

✟ 두바항 메리 사무실을 들러서

지난 1차 탐험 때처럼 이드로의 집터와 엘림과 바닷가의 모세 제단을 둘러보고 야간 운전을 해서 바드를 떠나 두바에 도착했다.

나는 아침에 일찍 일어나 호텔 맞은편에 있는 두바항 페리 사무실을 찾았다. 두바는 항구 도시이다 보니, 사우디아라비아 전 지역에서 이집트로 가는 배를 타기 위한 사람들로 붐볐다. 또 시리아나 요르단과 터키 쪽으로 자동차로 이동하는 육로 손님들이 몰려들다 보니, 항상 대형 버스에서부터 승용차, 대형 컨테이너 차량까지 거리를 가득 메웠다.

이른 아침이지만 대합실에는 꽤 많은 사람들이 짐 보따리를 들고 모여 앉아 있었다. 나는 그곳에서 시나이반도로 갈 수 있는 배편을 알아두었다가, 기회를 만들어 시나이반도의 무사산과 이스라엘 백성들이 출애굽해서 홍해를 건넌 자리인 누웨이바 해안에 솔로몬 왕이 세워둔 홍해횡단 기념기둥을 찾아보려고 마음먹었다.

매표소 직원한테 문의했더니, 친절하게도 사무실로 들어오라고 했다. 그는 이집트 사람이었는데, 차를 마시며 이야기를 나누었다.

"두바항에서 페리로 출발하면 수에즈운하 근처에 있는 항에 도착합니다. 거기에서 다시 누웨이바까지는 자동차로 가야 해요. 아니면 요르단으로 가서 아카바항에서 누웨이바항 직행 페리를 타는 것이 편하지요."

나는 고맙다는 인사를 하고 호텔로 돌아왔다.

다음날 아침은 터키 식당에서 샌드위치로 대신했다. 자동차 세차하는 시간을 너무 많이 허비해 정오가 거의 다 되어 두바를 출발했다. 점심을 적당히 때우고 달렸는데 얀부에 도착하기도 전에 날이 어두워졌다. 얀부와 제다 중간 지점에는 라빅이라는 큰 항구 도시가 있다. 걸프전 당시 라빅항에 도착한 전쟁 물자들을 수송해서 그런지, 도로가 많이 망가져 있었다.

걸프전이 한창이던 때, 곧 이라크에서 세균전과 화학전을 펼칠 것이며 수단, 예멘과 협공을 해서 제다를 공격한다는 소문이 나돌았다. 그러자 대형 슈퍼와 일반 상점에 물과 쌀이 동이 났고 은행에서는 고액권과 달러가 떨어졌다. 돈 많은 갑부들과 왕자들이 은행에 보관 중이던 돈을 미화로 환전하여 해외로 실어 날라 시중 은행에 달러가 동이 난 것이다.

사우디아라비아 국영 방송은 수시로 공습경보 사이렌을 요란하게 울려 댔다. 우리 가족은 방문을 잠그고 방마다 비닐로 창틀을 봉하고 숨어 있었다.

포탄이 떨어지는 전쟁 중에도 한국인 몇 사람은 미군들에게 샌드위치와 햄버거를 파느라 정신이 없었다. 미군과 다국적군 수만 명이 갑자기 전쟁에 참여한 것이라 식량 공급에 문제가 있었고 발 빠른 한국인들이 그 순간을 놓칠 리가 없었다. 하루 세 끼를 수만 명이 먹어야 했으니, 햄버거 하나에 50센트만 남는다고 쳐도 하루에 순 이익이 10만 달러를 넘는 셈이다.

그런가 하면 또 이런 일도 있었다.

전시 중이라 자국민 보호 차원에서 각국에서 전세기들이 들어와 자국민들을 실어 나갔다. 그즈음 한국 대사관에서도 비상 연락망을 구축하고 비상시 급하게 피신을 준비하라는 지령이 내려졌다. 교민들은 발 빠르게 움직이며 각종 교 단체나 상사협의회를 통하여 연락망 구축을 완성하고 기다리고 있었다.

얼마 후 비행기가 오면 빨리 좌석 예약을 하라는 연락이 왔다. 그런데 예약을 하려고 보니 비행기 값이 평소보다 훨씬 비쌌다. 정부 차원에서 자국민들을 보호하려는 것이 아니라 장사 속으로 돌변한 것이다.

그 무렵 왕자가 내게 말했다.

"닥터 킴, 가족들 데리고 한국에 있다가 조용해지면 오는 게 어때?"

"저는 한국 군대에서 36개월 만기 제대한 사람입니다. 왕자님의 걱정은 고맙지만 왕자님이 이 땅에 있는 한 우리 가족들도 안 보낼 겁니다."

왕자는 몹시 고마워했다.

"그래, 걱정하지 마, 여차하면 로열패밀리 전용 공항에 대비해 놓은 비상기로 같이 피신하자고."

그 무렵, 부인을 넷이나 데리고 있으며 자녀가 무려 38명이나 되는 어느 갑부 집을 방문했다. 방금 공장에서 가져온 게 분명한 도요타 지프 14대가 마당에 줄을 지어 서 있기에 물었다.

"무슨 차가 이렇게 많습니까?"

"사담 후세인이 쳐들어오면 가족들과 함께 도망하려고 새로 사왔지."

그 집에서 샤이(차)를 마시며 조금 앉아 있는데, 대여섯 살쯤 되어 보이는 아이가 거실을 가로질러 지나갔다. 족장이 갑자기 눈살을 찌푸리더니 그 아이를 불렀다.

"너 누구니?"

"모하마드요."

"어! 네가 모하마드냐?"

족장이 아이의 머리를 쓰다듬어 주면서 엉덩이를 두드리자, 아이는 거실을 가로질러 달아났다. 자식이 많다 보니 자기 자식 이름도 모르는 것이다.

몇 십 년 전만해도 이들 대부분은 베두인이었다. 그러다 기름이 발견되어 오일 달러가 물밀 듯이 들어오면서 벼락부자가 된 것이다. 그러다 보니 호화로운 주택을 짓고, 부인들은 값비싼 보석으로 치장을 한다. 실내 장식 역시 가장 크고 값비싸고 화려하게, 금으로 도배를 한다.

사우디 사람들은 자기 나이를 확실히 모르는 경우가 많다. 환자를 만나 의

무 차트를 기록하기 위해서 "당신 나이가 몇입니까?" 하고 물으면 "몽켄 캄씬 몽켄 씻딘(아마 오십인가? 육십인가?)" 하고 왔다 갔다 할 때가 많았다. 우리 상식으로서는 너무 어처구니없는 일이지만 사실이다. 그러다 보니 얼마 전까지만 해도 이들에게는 생일이 아예 없었다.

실제로 이런 일도 있었다. 사우디 사람들이 오일 무역으로 부유해지다 보니 해외여행을 많이들 다니게 됐는데, 자기 생일을 모르는 사람들이 많다 보니 외무부 여권국에서 여권 만들 때 보통 골치 아픈 일이 아니었던 모양이었다. 그래서 년도는 그저 적당하게 하고 아예 생일을 기억 못하는 사람들의 생일을 모두 1월 1일로 기록했다고 한다.

하지만 요즈음은 제법 생일 파티를 근사하게 연다. 십여 년 전 어떤 왕자가 딸의 8번째 생일 파티를 치르기 위해 왕궁 안에 있는 파티 홀에 무려 1억 원을 들여 준비를 했는데, 왕비가 둘러보고는 마음에 들지 않는다고 해서 모두 뜯어내고 다시 할 정도였다. 그 뒤 왕자는 한국 모 항공사의 전세기로 '리틀엔젤스 단'을 특별 초청해서 그 여덟 살짜리 공주님의 생일 파티를 그런대로 근사하게 치렀단다.

우리는 지루하고도 험한 길을 지나, 밤 12시에 무사히 제다에 도착했다. 그 늦은 시간에 헤라 쑥(헤라 쇼핑센터) 안에 있는 맥도널드 햄버거 가게에서 늦은 저녁을 먹었다. 2,720km의 먼 거리였지만, 하나님의 은혜 가운데 큰 어려움 없이 여행을 마칠 수 있었다.

미디안 광야의 싯딤나무(조각목)

누웨이바
해안에게 묻다

✝ 광야의 고속도로

<u>2002년 8월 5일</u>

어젯밤 늦은 시간까지 자동차를 정비하고 바퀴는 모두 새것으로 바꾸었다. 제2차 탐험을 마친 지 18일밖에 지나지 않았는데, 다시 서둘러 제3차 탐험을 떠난 것은 아이들의 방학 기간과 나의 휴가 기간이 맞물려 있기 때문이다.

우리 가족은 촬영해 온 카메라와 비디오를 꼼꼼하게 확인하고 3차 탐험을 위한 계획을 세웠다. 이번 탐험에서는 이집트 시나이반도에 있는 누웨이바 해안에서 사우디아라비아 땅 수르 광야에 세워진 것과 짝을 이루는 홍해횡단 기념기둥을 찾아보려고 한다. 물론 시내산으로 알고 있는 무사산도 다시 한 번 돌아볼 생각이다.

사실 누웨이바는 바알스본 맞은편인 비하히롯 앞에 해당된다. "이스라엘 자손을 명하여 돌쳐서 바다와 믹돌 사이의 비하히롯 앞 곧 바알스본 맞은편 바닷가에 장막을 치게 하라"(출애굽기 14:2). 시나이반도 동쪽 끝부분 해안인데 수백만 명이 동시에 들어 설 수 있을 만큼 넓다. 지금 이집트에서는 그곳을 세계적인 휴양지로 만들기 위해 호텔과 위락 시설을 갖추어 놓은 상태다. 요르단 아카바 항과 이스라엘의 엘라트(Elat) 항에서 이곳을 오가는 대형 페리호가 있다. 특히 스쿠버다이버나 스노클러 사이에서는 최고 지역으로 손꼽힌다.

아침에 우리 가족은 준비된 모든 짐들을 지프에 차곡차곡 실었다. 그리고 출발하기 전 둥글게 앉아 손을 마주잡고 하나님께 간절한 기도를 드렸다.

"참으로 감사하신 하나님, 찬송과 영광을 받으소서. '두세 사람이 내 이름으로 모인 곳에는 나도 그들 중에 있느니라.' 하셨지요. 저희 가족은 주님의 부름을 받고 정말 먼 길을 떠나려 합니다. 3개국을 넘나들며 수천 킬로미터를 움직이는 것이 쉬운 일이 아닌 줄 알지만, 주님이 우리와 함께하신다면 조금도 두렵지 않습니다. 이번 탐험 길에도 주님께서 운전대를 잡아 주시고 가는 곳마다 은혜로운 길이 되기를 바랍니다. 몇 날이 될지는 모르지만 돌아올 때까지 사탄의 역사를 막아 주시고 저희들을 지켜 주옵소서. 어린것들도 동행하오니 영육간에 강건하게 하소서. 예수님 이름으로 기도드립니다. 아멘."

사우디아라비아의 8월 더위는 푹푹 찌다 못해 불에 타는 것 같았다. 더욱이 6년째 비 한 방울 내리지 않았다. 15년째 이런 날씨 속에서 살다 보니, 이제는 어지간히 적응이 되는 것도 같았다. 오히려 청명한 날씨에 운전하게 하시는 하나님께 감사하면서 얀부로 힘차게 출발했다.

야산 하나 없는 끝없는 광야의 고속도로를 찬송하면서 달렸다. 이런 우리를 보시는 하나님의 마음은 한없이 기쁘시리라 생각하면서….

✝ 싯딤나무와 로뎀나무

얀부로 들어서는 입구에서부터 싯딤나무(조각목)들이 제멋대로 하늘을 향해 가지를 뻗어 올리고 있었다. 비가 몇 년씩 오지 않아 척박하기 이를 데 없는 사막에서도 싯딤나무는 신기하리만큼 잘 자라났다. 싯딤나무는 낙타와 양의 먹이다. 가까이서 자세히 관찰해 보면 가지와 줄기마다 억센 가시들이 돋아 있다. 잎사귀는 아주 작은데, 낙타나 양들은 용케도 가시를 골라내고 작은 잎사귀들만 먹는다. 키가 큰 낙타는 나무의 꼭대기 부분을 뜯어 먹고, 키 작은 양들은 아래 부분을 먹는다.

광야에서 자라는 나무는 고작해야 싯딤나무 아니면 로뎀나무이다. 그러니 모세의 지팡이는 아마도 싯딤나무 아니면 로뎀나무였을 것이다. 광야에서 잘 자라는 나무는 이 두 종류뿐이기 때문이다. 특히 싯딤나무는 일반 나무보다 무게가 배 이상이 나가고 밀도도 아주 조밀해서, 망치 자루나 도끼 자루로도 사용되고 짐승들을 가둬 놓는 울타리나 천막 기둥으로 많이 사용된다.

성경의 기록을 살펴보면 십계명의 돌판과 아론의 싹 난 지팡이와 만나를 담아 두었던 법궤, 성막의 널판이나 기둥, 분향할 단과 상과 번제단을 만들 때 싯딤나무가 사용되었음을 알 수 있다.

어느덧 358km를 달려와 얀부에 도착했다. 오전 11시 50분이었다. 인디언 식당을 찾았다. 조금 있으면 이슬람교도들의 주흐르(정오 쌀라) 시간이다.

서둘러 인도 식당으로 들어섰다. 그렇게 깨끗하지는 않았지만 인도 특유의 커리 냄새와 양파 냄새를 맡으며 맛있게 한 끼를 해결할 수 있었다.

오후 1시 30분. 적당한 휴식을 취하며 커피 한 잔을 마셨더니 새 힘이 났다. 와지(Wajh)라는 마을을 지나치면서 주유소를 들렀다. 마침 한쪽에 꽤 많은 양의 나무 묶음들이 있어서 가게 주인에게 물어보았다. 베두인이 싯딤나무를 팔고 있다고 했다. 뒤쪽에는 로뎀나무를 태워서 만든 숯도 팔고 있었다. 그 풍경이 인상에 남아 사진기에 담았다. 로뎀나무 숯은 시편에도 등장한다(시편 120:4). 로뎀나무 숯은 광야생활에서는 매우 필요한 것이다. 여느 숯보다도 화력이 강하고 화기를 오래 간직하는 특징이 있다.

베두인은 로뎀나무를 아직도 엘리야 시대 때 부르던 이름 그대로 세잘(나무)

로뎀이라고 부른다. 로뎀나무는 사시사철 연한 연두색을 띠고 잎사귀는 침엽수처럼 가늘고 길게 자란다. 흔히 로뎀나무는 세상에서 지친 영혼들의 쉼터, 영혼의 회복이 있는 곳으로 자주 인용된다. 아합 왕 때 바알 선지자 450명을 죽이고 이세벨에게 쫓기던 엘리야가 브엘세바 근처 로뎀나무 그늘 아래서 기진맥진해 있을 때, 그곳에서 천사가 주는 숯불에 구운 떡 한 덩이와 물을 마시고 40주야를 걸어 하나님의 산 호렙에 이르렀다는 열왕기상의

로뎀나무(위)와 싯딤나무(조각목) 싯딤나무로 이스라엘 백성들은 성막 등을 만들었다.

말씀 때문이다. 하지만 엘리야가 쉬었다는 로뎀나무는 사막의 나무 가운데 그늘을 만들기에 가장 적합하지 않은 나무이기도 하다. 로뎀나무의 잎사귀는 거의 침엽수에 가까워 햇빛을 가릴 수 없기 때문이다.

두바까지 137km 남았음을 알려주는 이정표가 보였다. 차창 밖으로 보이는 산맥은 바드를 거쳐 우리가 가고자 하는 라오즈산까지 연결되어 있었다. 아랍 사람들은 산맥을 '자발 실실락'이라 하는데 '산 목걸이'라는 뜻이다. 작은 알맹이가 연결되어 목걸이가 되듯 산맥도 여러 개의 산들이 연결되어 있음을 표현한 재미있는 말이다.

두바에 거의 다다를 즈음, 바람에 날리는 먼지들이 먼 산들을 마법의 성처럼 뿌옇게 흐려 놓았다. 카메라를 꺼내어 몇 장의 기록을 남겼다. 두바 입구로 들어서다가 왼쪽으로 언뜻 스쳐가는 커다란 바위의 형태가 재미있었다. 다시 뒤로 돌아가 보니, 거대한 바위 덩어리가 겹쳐지면서 보는 각도에 따라 낙타처럼 보이기도 했다.

오후 6시 30분, 두바항에 도착했다. 거기는 이미 우리가 오며가며 몇 차례 들른 적이 있어서 낯설지 않았다. 곧바로 지난번에 묵었던 호텔에서 여장을 풀었다. 호텔 옆에 있는 터키 식당에 들어갔더니 주인인 듯한 사람이 물었다.

"일본인입니까?"

"한국 사람입니다."

"남한 사람입니까, 북한 사람입니까?"

"남한 사람입니다."

그는 갑자기 내 손을 덥석 잡으며 말했다.

"반갑습니다. 우리 아버님께서 6·25 동란 때 참전했다가 전사하셨습니다."

나는 얼른 예의를 갖추고 조의를 표하고는 하나님의 은총을 빌어 주었다. 주인은 분위기를 바꾸기 위해 화제를 돌렸다.

"2002년 월드컵 때 정말 대단했습니다. 한국인의 우정 정말 대단합니다. 한국과 터키전이 끝난 다음에 선수들끼리 손에 손을 잡고 운동장을 달리는 모습이나, 관중석에 대형 터키 국기가 나타났을 때는 눈시울을 적셨지요. 오늘 저녁은 제가 내겠습니다."

그는 우리를 가족석으로 데리고 갔다.

✝ 누웨이바에 도착하다

2002년 8월 6일

하끌로 오기 전에 지난 번 처럼 와디 무사 강줄기를 타고 라오즈산 뒤쪽 르비딤에 가려고 했다. 하지만 산꼭대기에서 우리 차를 주시하고 있던 비밀경찰들이 장총을 집어들고 "당장 여기서 나가라."고 위협하는 바람에 포기할 수밖에 없었다.

하끌을 벗어나 두라에 있는 이민국에 도착했다. 여권 5개와 자동차 반출허가서, 국제 운전면허증, 자동차 등록증을 제시하고 출국 심사대를 거쳤다. 사우디아라비아와 요르단 접경 지역에 좌우로 설치해 놓은 철재 울타리 사이를 통과, 홍해 바닷가를 끼고 난 길을 따라 나오면서 요르단 입국 심사를 거쳤다.

드디어 왼쪽으로는 홍해 바다, 건너편에는 시나이반도와 이스라엘과 요르단과 사우디아라비아가 만나는 지점이 있는 아카바항으로 들어섰다. 이 지점을 놓고 사우디아라비아에서는 '두라', 이집트에서는 '타바(Taba)' 이스라엘에서는 '엘라트(Elatht, 옛 이름은 에시온게벨-Ezion Gebeer)' 요르단에서는 '아카바' 라 불렀다. 거기는 군사 요충지로서 각국의 이익이 민감하게 대치하는 곳이다.

아카바항은 두라나 하끌과는 달리 바쁘게 움직이고 있었다. 인도양을 거쳐 홍해로 들어온 대형 선박들과 수에즈만을 거쳐 들어온 대형 물동량의 컨테이너가 산더미처럼 쌓여 있었고, 한쪽에는 시멘트 공장이 바쁘게 돌아가고 있었다. 산업항과 군사항으로서의 면모를 고루 갖추고 있는 듯했다.

아이들이 어느새 컨테이너 무더기 속에서 '한진'과 '현대'를 발견하고는 "우리나라! 우리나라!" 하고 외쳤다. 아이들 셋 모두 사우디아라비아에서 태어났으면서도 제 나라가 어디인지 잘 아는 것이 기특했다.

여기에서 1박을 하고 다음 날 아침 페리를 타고, 이집트 시나이반도 동쪽에 위치한 누웨이바항으로 떠날 예정이었다. 아침 배 시간을 알아두기 위해 대합실에 갔더니, 바로 1시간 뒤에 떠나는 페리가 있다고 했다. 가족들과 의논했더니 지금 출발하는 것이 낫겠다고 했다. 급히 서류 수속을 하는데, 간단하지가 않았다. 자동차 출국허가서, 입국 서류, 자동차 승선허락서, 보험처리서 등 각종 서류를 마치고 세금과 배 운임 등을 지불하는 데 시간이 많이 걸렸다. 겨우 제 시간에 승선할 수 있었다.

배의 이름은 캐더린 호였다. 무사산에 있는 캐더린 사원의 이름을 따서 붙인 듯했다. 대형 트레일러는 컨테이너를 실은 채로 페리의 화물칸에 승선했고, 작은 승용차도 차례로 실렸다. 승객들이 탑승 수속을 하고 있어서, 나도 지프를 정차시키고 차례를 기다렸다. 그런데 나보다 뒤에 온 자동차를 먼저 승선시켜 주는 게 아닌가. 항의를 하니, 제일 나중에 승선한 자동차가 목적지에 당도하면 제일 먼저 나온다는 말에 화를 가라앉혔다.

거의 마지막 순간에 자동차를 후진시켜 탑승을 마치고는, 2층에 올라갔더니 선내 안내 요원으로 보이는 사람이 물었다.

"외교관입니까?"

"아닙니다."

"누가 물으면 외교관이라고 말하십시오."

그러더니 우리 가족을 특실로 안내하는 게 아닌가. 응접실이 딸린 넓은 실내와 냉방 시설이 잘 갖추어져 있었다. 준비해 주신 하나님께 감사!

예정 시간보다도 늦게 페리 산타 캐더린 호는 고동을 몇 번 울리며 육중한 몸체를 움직이기 시작했다. 잘 정돈된 항구 시설과 호화 유람선들, 그 너머로 고층 빌딩들이 눈에 들어왔다. 이집트와 이스라엘과 요르단과 사우디아라비아를 동시에 볼 수 있다니 전 세계 어디에서 이런 풍경을 찾아볼 수 있을까.

오후 6시 40분에 누웨이바 항에 도착했다. 일순간 전쟁터를 방불케했다. 좁은 입구로 빠져나가려는 1,100여 명 승객들의 모습은 아비규환이라는 표현으로는 모자랄 지경이었다. 남자들은 서로 말다툼을 하고 여자들의 앙칼진 목소리도 쏟아져 나왔다. 몸을 옴짝달싹도 할 수 없었다. 점잖게 생긴 중년 신사가 아랍말로 나무라듯 질서를 지키자고 외쳤지만, 허공에 맴돌 뿐이었다. 여행을 많이 해 봤지만 이렇게 무질서한 나라는 처음이었다. 참다 못해 나도 모르게 아랍어로 큰소리로 외쳤다.

"여러분! 여러분! 당신들은 모두 이집트 사람들이지요? 나는 한국인이오! 죄송하지만 이런 거 보기 싫어요! 여기 어린아이들과 부녀자들도 있는데 도대체 왜 이러는 거요!"

이집트 사람들은 그제야 외국인이 있었다는 사실을 알아챈 모양이다. 간간이 "맞아, 맞아." 하는 말이 들리더니 어느 정도 질서가 잡혔다.

승선원의 도움으로 나중에 자동차를 실었기 때문에, 우리는 제일 먼저 페리에서 내려섰다. 하지만 어디로 가야 할지 몰랐다. 그때 하얀 정복 차림에 오른팔에 노란 완장을 찬 해경 한 명이 무척 친절하게 영어로 물었다. 유창하지는 않지만 이집트 특유의 발음이 묻어났다.

"도와 드릴까요?"

"우리는 사우디아라비아에서 왔는데, 수속 절차를 모르겠습니다."

"우선 자동차 입국 심사를 하고, 차 번호 표지판을 외국인 관광객 전용 표지판으로 교환해야 합니다. 짐 검사를 받고 보험 가입과 체류 일정과 묵을 호텔을 신고하고 난 다음 여권 수속을 밟아야 합니다."

해경의 말을 따라 수속을 받으러 갔는데, 예상 외로 비싼 자동차 반입세를 물어야 했다. 가는 곳마다 팁을 요구했으며 팁이 없으면 공공연하게 일을 늑장 부리곤 했다. 심지어 정복 차림의 경찰들도 손을 벌렸다. 자동차 검사를 할 때는 엔진 번호와 각종 부속품 번호까지도 기록하는 등 절차가 너무 까다로워 할 수 없이 처음에 우리에게 친절을 베풀던 그 경찰을 찾아가 도움을 요청했다. 그는 우리를 자기 사무실에 앉혀 놓고는 직접 쫓아다니며 수속을 끝내 주었다. 고마움을 표시하자, 출국할 때도 자기를 찾으라며 '파록' 이라는 자기 이름을 적어 주었다.

경찰의 도움을 받았으면서도, 무려 3시간 32분이 걸려서야 입국 심사대를 통과했다. 항구에 나와 보니, 밤 10시 12분이었다. 배고픔과 피곤함이 몰려들었다. 호텔을 예약해 놓은 것도 아니고, 그렇다고 대도시도 아닌 이런 외딴 곳은 나도 처음이어서 어떻게 해야 할지 몰랐다. 아내와 아이들에게 너무 미안했다. 이미 바깥은 어둠으로 덮여 버렸고 침침한 가로등불 몇 개만 졸고 있었다. 항구 입구에는 타지로 가는 승객들을 기다리는 낡은 택시와 버스가 몇 대 보였다. 작은 간이 상점 앞에는 주인인 듯한 사람이 오래된 탁자와 기울어진 의자 위에 낡은 양탄자를 깔고 앉아 시샤 허브리 바브리(물 담배)를 후룩후룩 빨고 앉아 있었다.

아이들이 배고프다고 아우성이었다.

"얘들아! 좋은 호텔 잡아 놓고 맛있는 것 사 줄게. 하나님께 기도해라."

아이들도 이 여행길이 조금은 이해가 가는지, 불평하지 않고 셋이 모두 "예, 아빠." 하고 합창을 했다.

항구에서 5~6km 떨어진 곳에 호텔이 있다는 소리를 듣고 가로등도 없는 길을 다시 달렸다. 어두운 길을 약 7km 정도 지나자 몇 개의 건물들이 보이기 시작했다. 언덕배기를 내려서고 있는데, 막내가 외쳤다.

"한국 식당! 한국 식당!"

"잘못 봤겠지, 이런 곳에 무슨 한국 식당이 있을라고."

내가 이렇게 말하니까, 막내는 분명히 봤다고 했다. 차를 다시 돌려 돌아가 보니, 반갑게도 산자락에 '한국 식당'이란 간판이 걸려 있었다. 우리는 환호성을 지르며 주차장에 들어섰다. 50대 초반의 한국인이 막 식당 문을 닫으려 하고 있었다. 간단히 우리를 소개했더니 주인은 자기 이름을 '안길수'라고 소개하면서 식당에 다시 불을 밝혔다.

식당은 한국에서 가져온 달력들과 수공예 매듭 장식품과 천장의 중국식 붉은 종이 등덮개가 잘 정돈되어 있어서, 주인의 마음을 엿볼 수 있었다. 우리의 배고픔은 극에 달해 있었다. 아침에 계란말이 샌드위치 하나 먹은 것이 전부였다. 우리는 각종 한국 음식들을 맛있게 먹고, 식당 주인이 거처하는 빌라 호텔에서 아주 저렴한 가격에 투숙할 수 있었다.

홍해횡단 기념기둥을 껴안고

<u>2002년 8월 7일</u>

누웨이바의 여명이 창틈을 비집고 들어왔다. 나는 장거리 운전과 누웨이바 항에서의 긴 수속 절차 때문에 기운이 하나도 없었지만, 어딘가에 이름 없이 서 있을 기념기둥이 생각나 용수철처럼 튕기듯이 일어났다. 이스라엘 백성들의 홍해횡단을 기념하기 위해 솔로몬 왕이 세워 놓은 기둥, 그 기둥을 꼭 찾아

내고 싶었다. 아내는 아직 곤히 잠들어 있었다.

오늘 하루도 주님의 인도를 받기 원한다는 기도를 드리고 혼자서 호텔을 나섰다. 호텔에서 나가자마자 입이 다물어지지 않았다. 지난밤에 보지 못했던 새로운 세상이 눈앞에 펼쳐져 있었던 것이다. 우리가 투숙한 빌라 앞은 홍해였다. 바다 맞은편에 사우디아라비아의 미디안 땅이 확연히 눈에 들어왔다. 아침 바다는 아주 조용했다. 나는 싱그러운 아침 공기를 들이켰다.

지형을 익히기 위해, 혼자 자동차를 몰고 산길을 타고 올라갔다. 오랜만에 언덕 위에 오르자 한눈에 누웨이바와 홍해와 멀리 사우디의 미디안 땅이 내려다보였다. 산 아래 한쪽으로는 관광객을 주 수입원으로 삼아 살아가는 작은 베두인 촌락이 형성되어 있었고, 다른 한쪽 해변으로는 현대식 건물들과 아파트가 보였다.

우선 나의 관심은 이 누웨이바 해안에 과연 250만여 명이나 되는 이스라엘 백성과 여러 잡족과 우양 떼가 한꺼번에 들어설 수 있는가 하는 점이었다. 누웨이바의 중간 지점에서 두 개의 거대한 산 사이로 갈라진 와디에서 밀려나온 흙들이 바다를 메우면서 넓은 평지를 형성하고 있어서 예상 외로 넓어 보였다. 누웨이바의 전체 면적은 길이가 약 8km이고, 반원형이다. 하지만 와디 와투르에서 바다까지의 거리는 약 5.5km로 200~300만 명이 충분히 들어설 수 있는 면적이었다. 정말 이스라엘 백성이 그곳에 머물렀던 것이다!

와디 입구에 이집트 군인들이 바리케이드를 치고 검문하고 있었다. 검문소를 오른쪽으로 바라보면서 금광으로 유명한 '다합(Dahab: 황금)' 쪽으로 3.5km 정도 더 달렸다. 나지막한 구릉을 지나면 오르막 쪽으로 멀리 기둥 하나가 보이는데, 직감적으로 솔로몬 왕의 기둥이라는 생각이 들었다. 단숨에 차를 몰아 가까이 다가갔다.

두근거리는 마음을 억누르면서 그저 "주여! 주여! 할렐루야!"를 되뇌며 기둥

옆으로 차를 세웠다. 아직 어느 누구에게도 묻지 않았는데, 혼자 무작정 나선 이른 아침에 이렇게 쉽게 기둥을 찾다니, 하나님께 감사한 마음이 절로 들었다. 달려가서 팔을 벌려 안아 보았다.

'그 오랜 세월 동안 이름도 없이 빛도 없이 묵묵히 서 있었구나. 이스라엘 백성들이 바다 밑 마른 땅을 밟고 지나갔던 홍해를, 하나님을 대적한 애굽의 군사들이 수장당한 홍해를 쳐다보며 서 있었구나. 그 홍해를 건넌 기쁨에 못 이겨 춤을 추며 하나님을 찬양했던 미디안 광야를 바라보며 서 있었구나. 미디안 땅의 같은 지점에 마주보며 서 있던 기둥이 뿌리째 뽑혀 홍해로 던져지는 아픔도 참으며, 이름도 없이 빛도 없이 지금껏 서 있었구나. 내가 왔다. 출애굽 사건이 있은 지 3천 년이 지난 오늘에서야, 네가 솔로몬왕이 세웠던 기념기둥이라는 사실을 밝히려고 하나님의 명을 받아 내가 왔다.'

그러나 기둥엔 아무런 표시가 없었다. 이집트 정부에서도 애써 외면하고

솔로몬이 세운 홍해횡단 기념기둥

있는 게 분명했다.

흥분된 마음으로 가족들이 있는 빌라로 돌아왔다. 어젯밤 늦은 시간에 들어오느라 빌라의 이름도 몰랐는데 '자말캠프'라는 간판이 보였다. 지배인과 인사를 나눴다. 이 캠프 안에 우리 외에는 다른 투숙객이 보이지 않는 것 같아서 슬쩍 물었더니, 지배인이 푸념을 늘어놓았다.

"이스라엘의 샤론 총리 이전에 네탄 야후와 에후드 바락 총리 시대에는 말이죠, 그러니까 팔레스타인과의 관계가 그나마 안정적인 시기에는요, 이스라엘 관광객들이 많이 왔어요. 그런데 지금은 경기가 최악이에요."

그는 꽤나 영어도 잘하고 히브리어까지 구사할 수 있다고 했다.

검푸르던 홍해는 이제 옅은 푸른색으로 변해 있었다. 대형 컨테이너 선박 하나가 검은 연기를 내뿜으며 아카바 항으로 향하고 있었다. 바다 철새 한 무리가 대열을 이루어 지중해로 날아갔다. 하늘은 청명했지만, 벌써부터 아침 더위가 몰려왔다. 지배인이 말했다.

"앞바다가 스노클링(snorkeling: 간단한 장비만으로 수중관광을 즐길 수 있는 레저 스포츠) 하기에 딱 좋습니다. 장비를 무료로 빌려 드릴 수 있습니다."

"우리 가족들은 스노클링에는 거의 베테랑에 가까워요. 모두 개인 장비를 갖고 왔어요."

"오후에 시간이 되면 좋은 곳으로 안내해 드리겠습니다."

방에 들어가 솔로몬 홍해횡단 기념기둥을 찾았다는 소식을 전했다. 모두 흥분된 표정을 감추지 못했다.

아침을 간단하게 먹고 곧바로 솔로몬 홍해횡단 기념기둥으로 다시 찾아갔다. 가져온 줄자로 기둥의 둘레와 대략적인 높이를 가늠해 보았다. 둥근 기둥은 화강석 한 덩어리로 이루어져 있었다. 두 면 가운데 글씨를 새긴 쪽이 97cm, 뒷부분 160cm로 모두 257cm가 되었다. 한쪽은 잘 연마되어 있고 한쪽은 글씨를 새기느라 여러 곳에 패인 곳이 보였다. 오랜 세월 풍화작용에 의해 글자를 거의 알아볼 수 없을 정도로 손상되어 있었다.

돌아보고 오는 길에 한국 식당으로 향했다. 산비탈에 세워진 식당 앞에는 여러 대의 관광버스가 주차되어 있었다. 식당 주위에서 남자들은 울긋불긋 장식을 한 낙타를 이끌고 호객을 하고, 여인들은 베두인의 수공품인 조개나 각종 열매를 건조시켜서 색깔 있는 돌과 함께 엮어 만든 목걸이와 팔찌를 관광객을 상대로 팔고 있었다. 그들에게 물어보니 관광객의 대부분이 팔레스타인계 그리스도인이라고 했다. 시나이반도에 있는 시내산과 캐더린 사원을 돌아보고 팔레스타인으로 돌아간다고 했다.

식당 주인과 오랫동안 이야기를 나누었다. 그는 자신도 모 건설업체의 사우디아라비아 근로자로 근무한 적이 있다며 잠시 향수에 젖었다. 우리 아이들을 보고 한국에 있는 가족들이 생각나는지 무척 귀여워해 주었다.

맛있게 준비한 점심을 들기 전에 우리 가족은 언제나처럼 기도를 했다. 기도를 마치고 났을 때 안 사장이 불쑥 물었다.

"예수님을 믿으시나 보죠?"

나는 그제야 우리가 왜 사우디에서 요르단을 거쳐 시나이반도까지 왔는지 설명하고, 길가에 서 있는 솔로몬 홍해횡단 기념기둥을 아느냐고 물었다.

"정말요? 저도 그리스도인입니다. 십 수 년을 여기에서 생활했지만 그런 것이 있는지조차 몰랐는데요."

나는 갖고 있는 성경책을 펴놓고 설명을 했다. 그는 무척 놀라워했다.

"저도 시간 나는 대로 찾아보겠습니다. 그렇지 않아도 시내산의 위치가 항상 의심스러웠습니다."

그는 서울에서 시나이반도의 시내산으로 성지순례 오는 사람들을 위해 점심 도시락을 판매하고 있다고 했다. 식당이 이집트 국경인 타바를 거쳐 이스라엘로 향하는 길목에 위치해 있기 때문이었다.

✟ 누웨이바 앞 바다의 특이한 해저 현상

자말캠프로 돌아온 우리는 모두 수영복으로 갈아입고 바다로 향했다. 지배인의 말대로 스노클링하기에 안성맞춤이었다. 한참을 걸어 들어가도 물은 배꼽 아래까지밖에 차지 않았다. 이렇게 걸어간다면 맞은편 사우디아라비아의 미디안 땅에 있는 수르 광야까지 갈 수 있을 것만 같았다. 아이들과 함께 한참을 더 걸어 보았다.

우리 가족은 자주 한국 교민들이나 독일인이나 스위스 친구들과 함께 사우디아라비아 앞바다에서 스노클링을 즐겼다. 대부분의 홍해는 어느 정도 얕은 물을 형성하다가는 갑자기 밑바닥이 보이지 않을 정도로 급경사를 이루고 있어서 매우 위험하다. 또 바다 밑바닥은 모두 산호 층으로 형성되어 있다. 하지만 지금 우리가 걷고 있는 누웨이바 바다의 바닥은 가끔 산호더미들이 있기는 있지만 흙과 모래가 섞여 있어서 갯벌처럼 질퍽거렸다. 한참을 더 걸어 들어가자 조금씩 깊어져, 더 이상 걷지 못하고 스노클링을 시작했다. 산호 층 사이의 열대어를 구경했다.

누웨이바 중간 지점에 큰 산들 사이로 큰 협곡이 형성되어 있다. 거기를 '와디 와투르'라고 부른다. 오랜 세월 동안 빗물에 의해 씻겨 나온 대량의 토사들이 누웨이바 땅을 형성하면서 다시 바다로 밀고 들어와 평지로 만들어 놓은 것이다. 토사들이 홍해의 깊은 해구까지 밀려 들어와서 타 지역의 홍해 속과는 전혀 다른 형질로 만들어 놓은 것이다.

영국 해군 위성의 해저 지형도를 보면, 해변에서부터 해저의 형태는 서서도 걸어내려 갈 수 있을 정도인 6도 기울기로 내려간다. 다시 맞은편 사우디아라비아의 미디안 땅의 수르 광야로 6도 기울기로 올라간다. 또 그 폭이 수 킬로미터에 해당하며, 반면에 누웨이바 외의 다른 지역의 홍해 바닥은 모두 1,200m의 낭떠러지로 급변한다.

론 와이어트 다이버 팀의 조사에 의하면 이렇게 완만한 기울기로 내려간 해저 도로의 가장 깊은 곳은 200m밖에 되지 않는다고 한다. 다이버 팀은 누웨이바 해저에서 애굽 왕 바로 군사들의 병거 바퀴로 보이는 다량의 낡은 병거 바퀴들과 말발굽 그리고 말들의 뼈와 사람의 뼈들을 산호더미 속에서 찾아내는 데 성공했다.

인생 여정과 같은 와디 와투르

2002년 8월 8일

아침 5시 30분에 모두 일어났다. 오늘은 자말캠프의 지배인인 알리 씨의 안내로, '와디 와투르(Wadi Watur)' 골짜기를 타고 들어가 컬러캐년(채색 계곡)을 구경하기로 했다. 그들이 준비한 카르반(캠핑카)을 타고 카이로에서 온 한국인 젊은 친구들과 함께 아침 6시에 와디 와투르 입구에 도착했다. 거기는 누웨이바 해안과 갈라진 산 사이로 난 넓은 계곡길이다.

계곡 입구에는 이집트 군인들이 검문을 하고 있었다. 우리 일행들의 신분증을 검사하느라 지체하고 있는 동안, 경비실 한쪽에서 군기 빠진 군인 한 명이 아예 총을 놓고 의자에 앉아서 졸고 있었다.

언젠가 요르단을 거쳐 이스라엘 국경선을 들어서면서 느낀 점이지만, 이스라엘 군인들과 다른 중동 국가들의 군인들은 외모도 다르지만 정신 상태도 하

누웨이바 앞 바다 역사의 비밀을 알고 있는 누웨이바는 푸르렀다. 이 바다 밑에서 론 와이어트 팀은 애굽 군사들의 병거 바퀴로 보이는 다량의 낡은 병거 바퀴들과 말발굽, 그리고 말과 사람의 뼈를 찾아내는 데 성공했다.

늘과 땅만큼 차이난다. 이스라엘 군인들의 절도와 강한 눈빛을 다른 중동 국가 군인들한테서는 찾아보기 힘들었다.

아랍 지역에는 지금 이 계곡길처럼 가파른 산이 많다. 그 가파른 산들을 베두인들은 양 떼를 몰고 잘도 다니는데, 자세히 살펴보면 양 떼들이 다니면서 밟아 놓은 작은 길로 베두인들이 따라다니는 것을 알 수 있다. 사우디아라비아에서도 험산 준령에 길을 낼 때, 도로 설계가 힘든 지역은 양 떼를 풀어놓아 양들이 지나가는 길을 택해 도로를 설계했다고 한다. 이집트 사람들도 양 떼들이 낸 길을 따라 이 길을 낸 것인지는 모르지만, 이 길이 먼 옛날부터 있어 온 광야 길이라는 생각이 들었다.

바로왕 2세 때보다도 훨씬 이전인 BC 2000여 년 전부터 금광이 개발되었다는 다합 지역에서

와디 와투르 와디 와투르에서 쏟아져 나온 토사들이 누웨이바라는 넓은 평지를 만들고 있다. 이스라엘 백성들이 산과 바다 사이에 옴짝달싹할 수 없이 하나님의 손에 갇혀 버렸던 바로 그곳.

채굴된 금을 카이로 지역으로 수송해야 했을 텐데, 그때도 이 와디 와투르를 통하는 것이 가장 빠른 길이었을 것이다. 실제로 지금의 누웨이바에서 카이로로 향하는 고속도로는 옛날 베두인이나 광산 종사자들이 다니던 길을 그대로 넓힌 것이라고 한다. 출애굽 초기에 하나님은 이스라엘 백성들을 이 가까운 해안 길이 아니라 홍해 광야 길로 인도하셨다. "그러므로 하나님이 홍해의 광야 길로 돌려 백성을 인도하시매 이스라엘 자손이 애굽 땅에서 항오를 지어 나올 때에"(출애굽기 13:18)

　에담 광야에서 비하히롯으로 가려면 컬러캐년 외에는 길이 없다. 그러니 3천 년 전 이스라엘 백성들도 이 계곡을 따라 에담 광야를 거쳐 비하히롯으로 갔을 것이다. 와디 계곡을 달리면서 내가 깨달은 것이 하나 있었다. 거대한 산들이 겹겹이 겹쳐 있어서 산자락

끝만 보면 더 이상 길이 없는 막다른 골짜기처럼 보인다는 것이었다. 하지만 막상 산자락을 돌아서면 또 계곡이 나타나기를 수차례 반복했다.

나는 그제야 왜 출애굽한 이스라엘 백성들이 그렇게도 불평불만을 쏟아 놓았는지를 조금 알 수 있을 것 같았다. 도무지 앞이 보이지 않는 막막한 길을 따라가면서 얼마나 가슴 좋였을 것인가. 산과 산 사이의 계곡 넓이는 넓게는 대략 1.5km에서 좁게는 400m가 넘는 넓은 와디로 되어 있었다. 지배인 알리는 이 길을 계속 가면 카이로로 향한다고 알려주었다.

우리의 인생길에도 수많은 산모퉁이들이 우리를 기다리고 있다. 이제 산모퉁이를 돌았으니 괜찮겠지, 하면 또다시 나타나는 다른 산모퉁이, 더 이상의 길이 없는 것 같아도 모퉁이를 돌아서면 또다시 길이 있고, 그 길을 가다 보면 산보다 더 큰 바다가 가로막을 수 있다. 하지만 거기에도 길은 있다. 이스라엘 백성들이 홍해가 갈라지는 기적을 경험한 것처럼. 이는 예수님을 믿는 사람만이 체험할 수 있는 길이다.

지배인 알리는 한참을 달리다가 우회전을 해서 비포장도로로 들어서 달리다가 또 다른 와디로 달렸다. 덜컹거리며 먼지 속을 달리다가, 구릉을 몇 번씩 넘나들면서 산을 올랐다.

이른 아침인데도 벌써 더위가 밀려왔다. 가파른 산을 오르자 넓은 평지가 드러나 보였다. 거의 산 정상에서 우리는 알리를 따라 차에서 내렸다. 갑자기 한기가 들 정도로 시원했다. 주위를 둘러보니 여러 가지로 채색된 민둥산들이 보였다.

알리의 안내로 산 계곡을 따라 내려가면서 보니, 각양의 사암들이 빗물과 풍화작용에 의해 씻겨 가면서 갈색에서부터 흰색과 진분홍에 이르기까지 아름다운 색깔을 내놓고 있었다. 손으로 긁어도 부석부석 일어날 정도로 가루들이 고왔다. 때로는 여러 가지 색상을 마구 휘저어 놓은 것처럼 아름다운 문양으로 수채화를 그려 놓았다. 풍상을 이겨낸 바위들의 모양이 한 번 보면 잊혀지지 않을 만큼 기묘했다.

계곡을 지나면서 각종 장애물들이 우리를 기다리고 있었다. 뛰어내려야 하는가 하면, 좁은 바위틈을 비집고 겨우 빠져나와야 했고, 다른 사람의 도움 없이는 내려가기 힘들 만큼 높은 곳도 있었고, 썰매를 타듯이 타고 내려가기도 해야 했다. 온 가족이 즐거운 시간을 함께할 수 있어서 좋았다. 특히 아이들이 너무 좋아했다.

계곡을 4km쯤 걸어와 다른 계곡을 타고 다시 산 정상을 오르다가 천막에서 홍차를 나누며 피로를 풀었다. 조금 더 올라가 정상에 다다르자 또 다른 천막에 우리를 데려다 준 운전사가 기다리고 있었다. 우리는 잠깐 동안 휴식을 취한 뒤, 넓은 와디 와투르를 굽이굽이 돌아 내려왔다.

✝ 다른 여행객들과 담소를 나누다

더위를 피하기 위해 이른 아침부터 컬러캐넌을 보고 오느라 시간이 많이 남았다. 점심을 간단히 먹고는 다시 홍해횡단 기념기둥으로 향했다. 어제 보았던 그 기둥은 오늘도 그대로이겠지만, 또 가보고 싶었다.

오후에는 온 가족이 스노클링을 즐겼다. 바다에서 나오는데, 옆집 캠프 앞에 있는 방갈로에서 체크무늬의 보자기를 머리에 덮고 한 손에는 율법 책을 들고 멀리 미디안 쪽 바다를 향해 계속 상체를 앞뒤로 흔들고 있는 한 이스라엘 청년을 보았다. 그는 예루살렘 쪽을 향해 기도하지 않고 미디안 쪽을 향하고 있었다. 그렇다면 혹시 미디안 쪽 호렙산을 향하고 있는 것일까?

저녁때가 되어 옷을 갈아입고 한국 식당으로 나오는데, 좀 전에 보았던 그 이스라엘 청년과 몇몇 사람이 도로가에 있는 찻집에 앉아 있었다. 우리가 인사를 건네자 찻집 주인이 우리를 초대해서 그 청년들과 합석을 했다.

이스라엘 청년의 이름은 압살롬이고, 지금 신혼여행 중이라며 자기 아내를 소개했다. 마침 압살롬 아내가 동양의학을 전공하고 있어서 우리는 동양의학의 심오함과 음양의 조화와 음양오행과 인체와 우주의 연관관계, 그리고 한약재에 이르기까지 열띤 토론을 벌였다.

또 다른 젊은 남자는 네덜란드에서 다이빙을 즐기러 왔다는데, 그는 나한테 '구스'를 아느냐고 물었다. 구스가 누구냐고 물었더니 우리나라 축구 감독이라고 했다. 구스가 아니고 '거스 히딩크'라고 알려주자 한바탕 웃음이 터졌다. 홍차 한 잔을 놓고 세상 돌아가는 이야기며 이스라엘과 팔레스타인의 관계에 관하여 이야기를 하다가 시내산 이야기를 시작했다.

"압살롬, 조금 전에 바다 건너 사우디아라비아를 향해 예배를 드리던데, 거긴 이슬람 성지인 메카가 있는 곳인데, 뭐 특별한 이유라도 있어요?"

그는 한참 동안 파안대소했다.

"방향에는 큰 뜻이 없었어요. 하나님을 향하는 마음에 바다를 보면서 기도하며 토라를 읽었던 겁니다."

"그렇다면 시나이반도에 있는 무사산에 가보았어요?"

"대부분의 이스라엘 사람들은 그 산을 시내산으로 여기고 있지 않아요. 그래서 별 흥미가 없어요."

그의 대답이 떨어지자마자 얼른 물어보았다.

"그렇다면 거룩한 산, 진짜 시내산은 어디에 있을까요?"

"하나님께서 어딘가에 감추어 두셨다고 생각해요."

나는 속으로 '네 말이 맞다.'라고 했다. 시내산은 수천 년 동안 역사의 뒤안길에, 그 깊은 광야 속에 감추어져 있었다. 하나님은 이제 택한 자들을 통해 세상에 알리기를 원하고 계신 것이다.

✝ 캐서린 수도원

2002년 8월 9일

오늘은 주일이다. 중동 국가에서는 금요일이 휴일이어서 우리 교민들은 금요일을 주일로 지낸다. 가족들과 함께 예배를 드렸다.

오늘 우리는 숙소를 출발해서 시나이반도 남단에 있는, 대부분의 그리스도인이 '시내산'이라고 알고 있는, 무사산에 가 보기로 했다.

누웨이바에서 홍해횡단 기념기둥이 세워진 길을 따라 언덕을 올라 29km 지점에서 우회전을 하면 무사산으로 가는 길이 나온다. 이정표를 따라 몇 군데의 검문소를 통과해서 무사산으로 오르기 전에 지금까지 성경학자들이 시내 광야라고 주장하고 있는 곳을 보았다. 1만 명도 들어서기 힘들어 보였다.

자동차를 주차시키고 걸어서 캐서린 수도원으로 향했다. 날씨는 찌는 듯 더웠다. 아랍 기독교 학생들로 보이는 한 무리가 올라가고 있었다. 사원에서는 금요일에는 입장이 안 된다고 했다. 수도승 한 명을 만나 인사를 나누면서, 사우디아라비아에서 먼 길을 왔노라고 사정 이야기를 했다. 그러자 우리를 사원 안으로 들여보내 주었다.

그 수도승은 그리스인이었으나 아랍어를 유창하게 구사했다. 그는 한국 사람이 아랍어를 구사하는 게 신기하다며 기념 엽서 한 장을 선물로 주었다. 그는 모세 우물과 가시떨기나무로 우리를 안내했다. 구경은 잘했지만 특별한 감흥은 없었다. 사실이 아니라는 것을 알고 있었기 때문이다.

기원후 300년 무렵, 베두인들이 여기에 있던 수도승들에게 가시떨기나무를 가리키며 모세 넝쿨이라고 알려 주었다고 한다. 하지만 베두인들이 모세라는 선지자를 알게 된 것은 이슬람 시대 이후로 보아야 한다. 이슬람은 아무리 짧게 잡더라도 기원후 7세기 이후에 전파되었으니, 이 이야기는 꾸며낸 것에 지

245

캐서린 수도원

나지 않는다. 몇몇 안내자들은 가시떨기나무가 유일하게 여기에서만 서식한다고 말한다. 하지만 가시떨기나무는 아라비아 반도 미디안 지역 전역에서 쉽게 찾아볼 수 있는 식물이다.

캐서린 수도원 북쪽에서 무사산으로 오르는 길에는 수도사들이 만들어 놓은 3,750개의 계단이 있었다. 오르기가 꽤 힘들지만, 아침 일찍 이 계단을 오르면 시시각각 변하는 바위산들이 장관을 연출한다고 했다.

무사산 주위에는 이스라엘 백성이 출애굽하기 훨씬 전, 몇 천 년 전부터 터키석과 구리 광산이 산재해 있었다.

무사산에서 지름 40km 안에 세라빗 엘 카딤 외에도 움 부그마(Umm Bugma)와 게벨 마그하라(Gebel Maghara) 광산이 있다. 그리고 광산 주위에는 광산을 지키기 위해 늘 군대가 있다. 이집트 왕자로 40년을 산 모세가 이러한 사실을 몰랐을 리 없다. 그렇다면 모세가 출애굽한 이스라엘 백성들을 이끌고 이곳 무사산으로 도망쳤다는 것은 말이 되지 않는다.

캐서린 수도원을 둘러보고 무사산 주위에 있는 오래된 광산을 찾아보기로 했다. 아부자니마(Abu Zanima)에서 다시 사막으로 40km쯤 더 들어가면 고대적 터키석 광산인 세라빗 엘 카딤(Serabit el Khadim)이 있다. 거기에서는 '하토르' 신을 섬겼던 신전의 흔적들을 찾아볼 수 있었다.

지미 둔(Jimm Dunn)의 논문 《시나이반도 세라빗 엘 카딤의 수도원과 광산, The Temple and Mines at Serbit el Khadim in the Sinai》을 살펴보면 1905년 플린더스 페트리에(Flinders Petrie)의 조사 기록이 흥미롭다.

터키석 광산의 최초 채굴은 사라크트왕(Sarakht: 제3왕조 첫왕 BC 2686~2667) 때 와디 메가라(W. Maghara)에서였다. 이 광산을 보호하기 위해 6,000m²의 요새를 건립했다. 바위에 새겨진 그림 중에는 바로 왕이 노예의 머리채를 휘어잡고 곤봉대로 내리치려는 그림이 있고, 이것은 루브르박물관에 소장되어 있다. 학자들의 연구에 의하면 그 노예들이 '합비루' 또는 '하비루'로서 히브리인을 가리키는 것일지도 모른다고 한다. 초기 가나안인의 언어가 기록된 암각화에 고대 히브리어도 새겨져 있다는 것이 이 사실을 반증한다. 또한 그 암각화에서는 하토르(애굽 암소 신) 그림도 발견되었다. 특히 애굽의 신왕조 시대 합셉슈트와 투트모세 3세 때 광산이 확장되었다.

합셉슈트 공주는 투트모세 1세의 딸로 태어나 아버지의 첩(아이시스)에서 태어난 이복형제인 투트모세 2세와 결혼했으나 자식을 낳지 못했다. 투트모세 2세는 다시 첩을 얻어 투트모세 3세를 낳았다. 한편 무자했던 합셉슈트는 나일 강변에서 히브리 아이인 줄을 알면서도 갈대상자에서 건져 올린 모세를 양자로 삼았다. 모세는 애굽 왕궁에서 왕자로 자라지만 친어머니 요게벳을 통해 자신이 히브리인임을 늘 마음속에 새기고 있었다.

합셉슈트의 권력을 등에 업은 히브리인 모세와 투트모세 3세의 관계는 묘

연해질 수밖에 없었다. 그즈음 모세는 애굽인과 히브리인의 싸움에 개입하여 애굽인을 죽였다. 그렇지 않아도 권력 다툼 중인데 히브리인을 도와 애굽인을 죽인 그의 행동이 어떻게 받아들여졌을까? 살인자로 낙인찍힌 그는 애굽을 떠나 멀리 미디안 땅으로 도망을 쳤다. 40년 후 다시 자기 백성들을 인도하기 위해 애굽으로 찾아왔을 때 투트모세 3세는 애굽을 호령하는 파라오(바로 왕)가 되어 있었던 것이다.

아부자니마의 작지 않은 마을 입구에는 터키석 공장들이 있었다. 마을 어귀에 있는 식당에서 광산 지역을 안내해 줄 만한 사람을 찾았다. 아이들 몇을 불러 우리 차로 함께 가자고 했지만, 자동차에 실린 짐도 많고 앉을 자리도 여의치 않아 망설이고 있었다.

그때 지프에서 젊은 청년 한 명이 내리더니, 유창한 영어로 자신이 안내하겠다고 나섰다. 이름은 라비아 바라카트였는데, 눈빛이 매섭게 생긴 청년이었다. 함께 온 친구들도 예사롭게 보이지 않았다. 땅거미가 밀려오는 오후 6시가 넘어서는데, 청년들을 따라 사막으로 들어간다는 것이 썩 내키지 않아 그냥 터키석 원석을 몇 개 사고는 차를 돌려 호텔을 찾았다. 방을 구해 보았으나 여의치 않았다. 버스 터미널은 관광객들로 붐비고 있었다.

이미 밤은 어두웠지만 시나이반도 끝자락에 있는 '엘-투르' 까지 이동하기로 했다. 거기에는 호텔이 있을 것 같았기 때문이다. 저녁 8시 35분이 되어서야 엘-투르에 있는 델몬 호텔에 도착했다.

✝ 시나이반도의 최남단, 샤름 엘-셰이크

2002년 8월 10일

아침 9시에 엘-투르를 출발해서, 시나이반도 최남단 꼭짓점에 해당하며 세계적인 휴양지로 손꼽히는 샤름 엘-셰이크에 가 보기로 했다.

곧게 뻗은 해변 도로에는 관광버스들이 줄을 이어 오르내리고 있었고, 대형 유조차량들도 꼬리에 꼬리를 물고 북쪽으로 올라가고 있었다.

우리는 샤름 엘-셰이크에 오전 10시 35분에 도착했다. 구름 한 점 없는 청명한 날씨와 푸른 바다, 그리고 현대식 고급 호텔들이 줄지어 서 있는 이 도시는 중동의 갑부와 유럽인의 휴양 도시이다. 중동전쟁으로 이스라엘이 시나이 반도를 차지하고 있을 때, 이스라엘이 이 도시를 휴양지로 만들어 놓았다. 캠프데이비드협정(1978년 미국의 캠프데이비드 대통령 산장에서 카터 미국 대통령의 초청으로 이집트 대통령과 이스라엘 수상이 합의한 협정. 이 협정을 기초로 1979년 이집트와 이스라엘의 평화조약이 체결된다)을 통해 이스라엘이 철수하자 이집트가 이 도시를 다시 개발하여, 이제는 중동 지도자뿐 아니라 세계 지도자들도 즐겨찾는 휴양지가 되었다.

미국의 빌 클린턴 대통령 재임시 팔레스타인의 분쟁을 해결하기 위해 이집트와 이스라엘과 팔레스타인 지도자들이 함께 평화 협정을 체결한 곳이 바로 여기다.

우리는 샤름 엘-셰이크 호텔에 차를 주차시키고, 호텔과 가까운 바닷가 방갈로로 향했다. 해변에는 휴양객들이 비키니 차림으로 일광욕을 하거나 윈드서핑을 즐기고 있었다. 낯선 동양인은 우리들밖에 없어서인지 많은 사람들의 시선이 우리에게로 쏠렸다.

바다가 잘 보이는 파라솔 아래 자리를 잡고 앉자, 호텔 지배인이 다가와 명함을 건넸다. 인사를 나누자, 그는 일본 사람이냐고 물었다. 우리는 한국 사람이라며 아랍어로 이야기했더니 깜짝 놀라면서 웃었다.

호텔 지배인은 이집트 사람이지만 자기 아내는 필리핀 사람이라며 우리 식구들에게 음료수를 무료로 제공하고 싶어했다. 하지만 우리는 돈을 지불했다. 이집트 사람들의 지나친 친절은 오히려 해가 될 때가 많기 때문이다.

잠시 후 우리 가족은 라스모하마드 국립 해상공원을 돌아보는 보트에 올랐다. 보트 아래는 넓게 유리로 깔아 바다 속을 들여다볼 수 있도록 디자인되어 있었다. 마침 한낮이어서 깊은 바다 속의 각종 열대어와 산호초를 구경할 수 있었다.

호텔 주위에 가까운 재래시장이 있었다. 우리는 시장에서 각종 수공예품과 관광 상품들을 구경했다. 진열장에 전시된 터키석 용품들이 특히 눈길을 끌었지만, 우리는 시나이반도 인근 광산에서 캐낸 '라비스라졸리'라는 푸른빛이 나는 원석을 구입했다. 잘 연마된 라비스라졸리는 진한 청색 잉크빛이 나며, 가끔 금색이 섞여 있기도 했다. 반짝이는 윤이 일품이어서 고급 보석이나 장식품으로 사용되고 있다.

믿거나 말거나 한 이야기지만, 회교도들 사이에서는 모세가 시내산에서 십계명을 받을 때 라비스라졸리라는 돌판에 받았다고 전래되고 있다고 한다. 하지만 가톨릭 측에서는 사파이어로 믿고 있어서 지금도 로마 교황청 대부분의 추기경들은 사파이어 반지를 끼고 있다.

점심은 재래시장에서 시시케밥(양고기를 갈아서 각종 양념을 섞어 길게 만든 다음 꼬치에 끼워 숯불에 구운 것)으로 허기를 채웠다.

우리는 오후 3시에 샤름 엘-셰이크 호텔을 출발했다. 시나이반도 꼭짓점에서 홍해의 오른팔에 해당하는 아카바만 연안을 타고 누웨이바 쪽으로 이동했다. 오래된 이 도로는 1971년에 완성된 후 이제껏 거의 방치돼 있어서 아주 위험했다. 창밖으로 스쳐 지나가는 베두인들의 천막과 낙타 떼, 양 떼의 모습을 보며 오후의 한가로움과 베두인의 정취를 느꼈다.

오후 5시 20분에야 누웨이바로 들어섰다. 한 번 더 솔로몬의 홍해횡단 기념 기둥을 돌아보고 자말캠프로 돌아왔다.

⭐ 누웨이바를 떠나다

12시에 누웨이바 항에서 아카바로 가는 페리가 있었지만, 아침 7시에 항구로 향했다. 들어올 때 수속이 까다롭고 시간을 너무 지체했기 때문에 5시간이나 앞서 나섰다. 이른 아침이지만 항구 입구는 벌써부터 짐 보따리와 자동차 행렬로 아수라장이 되어 있었다. 매표소 앞도 새치기하는 사람과 주먹다짐을 벌이는 사람들로 난장판이었다. 이 정도라면 이집트 정부 차원에서 질서를 잡아 주든지 해야 할 것 같았다. 그러면 수속도 빨라지고 서로가 편리할텐데, 너무 혼잡스러워 항구를 통과할 수 있을지 의문마저 들었다.

일단 표 사는 일은 아내에게 맡겼다. 왜냐하면 여자들에게 우선권이 주어지기 때문이다. 자동차 152달러, 소인 20달러, 대인 32달러를 미화로 지불하고 표를 샀다.

항구 입구에서 줄을 서서 기다리는데 우리가 처음 여기로 들어올 때 도와주었던 경찰 간부가 우리 차를 발견하고는 손짓을 하고 있었다. 반가운 마음으로 다가가 인사를 했다. 그는 굳게 닫혀 있던 철 대문의 자물쇠를 열고 곧바로 통과시켜 주었다. 그러고는 아랫사람을 시켜서 자동차 번호판 교체에서부터 짐 검사까지 편하게 마칠 수 있도록 배려해 주었다.

12시 출발 예정이던 페리는 안내 방송조차 없다가 오후 3시 10분에야 출발했다. 일찍 승선한 승객들은 지칠 대로 지쳐 있었다. 찌는 듯한 무더위 속에서 3시간 이상이나 출발이 지연되어도 누구 하나 짜증 부리거나 항의하는 사람도 없었다. 그저 그렇게 모든 것을 신의 뜻인 '인샬라'로 돌리기 때문이다.

일반석에는 의자도 없이 배 바닥에 돗자리를 깔고 눕기도 하고, 앉아 있기도 해서 발 디딜 틈조차 없었다. 마침 지나가던 함장이 우리를 발견하고 인사를 건넸다. 우리 보고 일본 사람이냐고 물었다. 우리는 한국인이고 사우디아라비아에서 일하고 있다고 하자, 우리를 선실로 데려가 침대칸과 응접실에 있게 해 주었다. 고마운 마음에 인삼차 한 통을 선물했다. 함장의 말로는 이 페리는 20톤 트레일러 28대와 승용차 124대 그리고 승객 1,500여 명이 승선해 있다고 했다.

바다에서 바라보는 누웨이바는 어쩌면 천지창조 때 이미 하나님의 계획 하에 만들어진 요새처럼 보였다. 좌우로 둘러쳐진 산 때문에 어디로든 그 많은 인구가 한꺼번에 이동할 수 없는 특수한 지형인 셈이다. 그 길은 마치 여호와를 믿는 사람들의 인생길처럼 어떤 상황 속에서도 상상치 못할 일들을 준비하시는 하나님의 세심하고 인자한 손길 같았다.

멀어지는 누웨이바 땅을 바라보며 요르단의 아카바항으로 돌아왔다.

✝ 메트라의 알 카즈네 신전

2002년 8월 12일 월요일

침대 모서리에 손을 얹고 짧은 기도를 드렸다.

"하나님께서 우리의 앞길을 인도하시는 하루가 되게 해 주세요."

아침 8시 반, 자동차 점검을 하고 에서의 후손인 에돔족의 수도였던 페트라로 향했다. 자동차 계기판은 지금까지 2,115km를 달렸음을 보여 주고 있었다.

이른 아침이지만 역시 중동의 날씨답게 대단한 열기로 차를 달구었다. 풀한 포기, 나무 한 그루 보이지 않는 민둥산이지만 오르내리는 길은 잘 닦여져 있었다. 아카바 항으로 들어온 산업 물동량을 암만과 시리아로 운반하는 대형 트레일러들이 컨테이너를 싣고 아슬아슬하게 보였다. 우리 차는 그 틈에서 위험하게 달렸다.

페트라로 가는 길은 두 갈래가 있다. 하나는 암만에서 230km 남하하는 길이고, 다른 하나는 아카바에서 북상하는 길이다. 예전에 암만에서 가 본 적이 있기에, 이번에는 아카바에서 북상하는 길을 택했다. '사막 대로(Desert Highway)'를 지난 뒤 '라스 안 나게브(Ras an negeve)'에 들어섰고 거기서부터 어느 정도 평지를 지나다가 '왕의 대로(Kings Highway)'를 만났다. 민수기에는 모세가 가데스에서 에돔 왕에게 에돔의 변방에 있으므로 왕의 대로를 통과하기

페트라의 알 카즈네 신전

를 간청했으나 거절당했다는 기록이 있다(민수기 20:17). 지금은 그 대로가 고속도로로 변했다. 수천 년 전 카라반들이 다녔던 그 왕의 대로를 따라 페트라를 향해 달렸다.

'왕의 대로' 주위는 넓은 와디가 형성되어 있었다. 페트라 입구에 있는 모벤빅 호텔에서 간단하게 휴식을 취한 뒤 곧바로 마차를 타고 페트라 계곡으로 들어갔다.

페트라에서 가장 높은 하룬산(Jabal Harun: 아랍인은 이스라엘 초대 대제사장이었고 모세의 형인 '아론'을 '하룬'이라 부른다)은 해발 1,500m에 이른다. 그 정상에는 하얀 모스크가 하나 있고, 그 안에는 아론의 무덤이 있다(민수기 33:39).

베두인이 시크(협곡)라고 부르는 이 협곡 주위의 산들은 낮은 곳이 30~40m이고 높은 곳은 100m이상의 붉은 사암들로 이루어져 있다. 우리는 2km에 달하는 시크를 덜컹거리는 마차에 몸을 맡기고 달렸다. 갈라진 바위틈 사이로

하늘은 보일 듯 말 듯 아득하기만 했다. 특이한 것은 이들은 시크와 연결된 골짜기를 와디 무사라고도 부르고 있다는 것이다.

그 협곡을 굽이굽이 지나다 보니, 어느덧 화려한 나바테아인(느바욧, 아브라함과 그의 후처인 하갈에서 난 이스마엘의 아들 12명 중 장남)의 수도 신전인 알 카즈네 앞에 도착했다. 우뚝 선 신전을 바라보니 수천 년 전의 고대 장인들의 손재주에 어안이 벙벙할 따름이었다. 건축 양식은 그리스식과 이집트식을 가미한 것 같았다. 앞 마차로 먼저 도착한 일본 아가씨들은 포즈를 취하며 사진 찍기에 여념이 없었다.

그때 갑자기 처량한 피리 소리가 메아리쳤다. 잠시 뒤 당나귀의 머리와 안장에 각종 실에다 물감으로 채색한 끈을 묶고, 베두인 소년 하나가 갈대 두 개를 엮어서 만든 피리를 불면서 터벅터벅 걸어왔다. 그 소년이 불어대는 피리 소리는 사람의 심금을 울리며 들뜬 분위기를 가라앉히는 듯했다.

중앙 돔 형태의 둥근 항아리 속에 카즈네가 들어 있다고 베두인 소녀가 귀띔을 해 주었다. '카즈네(Kajne)'라는 말은 베두인에게서 유래되었는데 '보물'이라는 뜻이라고 했다. 이 장대하고 화려한 건축물의 주인들은 모두 어디서왔으며 어디로 갔을까?

뚜렷한 관련 자료들은 없지만 일부학자들의 주장에 의하면 BC 6~7세기경 아라비아 반도 북서쪽의 나바테아인의 후손이 이 지역에 살고 있던 에돔족들을 쫓아내고 나라를 세웠다고 했다. 그들은 아프리카와 아시아 그리고 시바 왕국과 다메섹을 연결 짓는 카라반의 무역로를 보호해 주면서 세금을 받아 번영을 누렸다고 한다.

기원후 106년 로마의 '트라야누스' 황제에 의해 점령당한 뒤, 나바테아인의 화려하던 영광은 역사의 뒤안길로 사라졌다. 그 뒤로 여기는 들짐승과 독수리들이 깃들이는 폐허로 변했다. 그러다가 1812년에 스위스 탐험가인 부르크하르트(J. L. Burckhardt)가 베두인으로 위장하여 탐사를 하면서 세상에 알려졌다.

신약 시대에 와서는 여기를 '이두매(Idumae)'라고 부르는데(마가복음 3:8 참조), 이는 곧 에돔을 두고 하는 말이다. 고고학적인 자료에 따르면 이두매는 BC 13세기에 창건되었고 에서의 후손에 의해 세일산이라고도 불렀다(《CLP 성경사전》, 기독교문화사, 938쪽).

베두인의 당나귀에 아이들을 태워 원형 경기장 가까이까지 가서 돌아보고 돌아오는 길에 므리바 우물을 구경했다. 오후 4시 50분 출발해서 오후 6시 40분에 요르단 국경을 넘어 사우디아라비아 국경의 이민국으로 들어섰다. 까다로운 짐 검사를 마쳤다. 두라에서 자동차계기판을 보니 2,458km였다.

✝ 퍼즐 맞추기

오후 2시에 바드에 도착하여 인도인이 운영하는 식당으로 들어갔다. 때마침 정전이어서 식당 안은 불도가니처럼 더웠다. 식당에 가족석을 따로 마련해 두지 않으면 여성들은 식당에 들어갈 수 없지만, 장거리 여행 중이라는 말에 주인이 허락해 주었다. 우리는 식당 한쪽 귀퉁이에 자리를 잡았다. 며칠 만에 먹는 밥이라 진짜 꿀맛이었다.

식당 주인에게 고고학 지역인 이드로의 집 안으로 들어가 구경하려면 어떻게 해야 하는지 물었다. 그랬더니 현지인도 들어가기 힘든데 더군다나 외국인은 절대 들어갈 수 없다고 말했다. 그래서 동사무소가 어디 있는지 물었더니 친절하게 가르쳐 주었다.

동사무소 건물에는 사우디아라비아 국기가 펄럭이고 있었다. 건물 안에 몇 개의 사무실이 보였다. 제일 안쪽에 있는 방이 가장 높은 사람의 방 같아서 문을 두드렸다. 턱에 검은 수염을 한 보따리나 달고 앉아 있던 사람이 예상치도 않은 이방인의 방문에 깜짝 놀란 표정이었다.

"안녕하세요?"

스스럼없이 인사를 하고 상황을 설명했다. 꼭 이드로의 집터를 구경하고 싶다고 하자 동사무소에서는 어떻게 할 수 없고 이마라(주지사 왕자 사무실)로 가서 사정을 해보라며 위치를 가르쳐 주었다.

주지사 왕자 사무실 입구에 도착하자 정복을 한 군인이 총을 메고 서 있었다.

"아미르 모줏(왕자님 계십니까)?"

내 말에, 경찰이 대뜸 물었다.

"너 누구야?"

나는 소지하고 있던 왕자의 서찰을 보이며 여기 왕자를 만나고 싶다고 했다. 서찰을 읽어 본 군인은 금세 태도가 돌변했다.

"조금만 기다리세요."

잠시 후에 베두인 특유의 인상에, 기골이 장대한 50대 중반의 남자 한 명이 검은 도포를 질질 끌면서 나타났다. 그는 서찰을 확인하고는 나를 안으로 안내했다. 물론 가족들은 자동차 안에 있었다.

넓은 마당을 가로질러 말 한마디 건네지 않고 걷던 그 친구는 큰 사무실 문 앞에 이르러서 문을 열며 말했다.

"바드 부주지사님이십니다."

넓은 탁자 앞에 앉아 있던 사람이 벌떡 일어서며 손을 내밀었다.

"어서 오시오, 닥터."

부주지사의 인상은 그렇게 나빠 보이지 않았다. 나는 명함을 건네고 인사를 나누었다. 부주지사 외에, 나를 데려온 사람까지 포함해서 모두 네 사람이 나의 일거수일투족을 관찰하고 있었다. 그 순간 나는 조용히 하나님께 기도드렸다.

'주님, 감추려고만 하는 저들의 마음을 움직여 주소서.'

사실 바드의 이드로의 집터는 단순한 나바테아인의 무덤인지, 아니면 이드로의 집터인지 고고학자나 성경지리학자들의 논쟁의 대상이 되어 왔다. 중요한 것은 그들 중 어느 누구도 현장을 들여다보지 못했다는 사실이다.

하지만 현지 마을 사람들이나 베두인들까지도 이구동성으로 그곳은 이드로의 집터라고 했다. 이드로의 집터를 아랍말로는 '베이트 쇼합'이라고 하는데, 코란에는 모세의 장인 이름이 쇼합이라고 기록되어 있다. 이름만 보더라도 분명한 증거가 될 만했다. 사우디아라비아 정부에서도 그런 논쟁이 있다는 것을 알면서도 공식적인 발표는 꺼리고 있었다.

'오늘 나는 기필코 그 안으로 들어가서 현장을 직접 눈으로 확인할 것이다. 그리고 사진에 담아 세상에 알릴 것이다.'

부주지사는 50대 후반으로 보였다. 그는 근엄한 모습으로 앉아서 홍차를 권했다. 홍차를 받아 마시며 그의 얼굴을 찬찬히 살폈다. 얼굴이 정상인들보다는 누르스름하면서 부기가 있고 푸석푸석해 보였다. 나는 이들의 마음을 움직이기 위해 하나님이 주신 달란트를 활용하기로 했다.

"보아하니 신장이 많이 약해 보이는군요?"

그는 내 말에 깜짝 놀랐다. 나는 그의 얼굴을 유심히 살폈다. 얼굴에 나타나는 현상을 보고 내장 기능을 진단하는 시진을 해 본 것이다.

"부주지사님, 신장 기능이 약해서 소변을 봐도 시원하지 않으시지요? 소변 줄기에도 힘이 없으며, 얼굴과 손발이 자주 붓고, 등 뒤쪽과 옆구리 쪽으로 가끔 통증이 오고 정력 기능이 많이 쇠퇴되어 있을 것입니다. 아침에 자고 일어나면 손발도 저리고요."

부주지사의 둥그레진 눈은 더 커지고 입마저 벌어졌다. 방에 있던 다른 사람들을 모두 나가 있으라고 했다. 단둘이 있게 되었을 때 내게 말했다.

"어떻게 진찰도 하지 않고 그렇게 정확하게 아십니까?"

그는 서랍을 열더니 약병 네 개를 책상 위에 올려놓았다.

"저는 이 약들을 신장 치료제로 먹고 있습니다. 얼마 전에는 병원에 3일 동안이나 입원해 있었습니다."

나는 부주지사에게 몇 가지 조언을 했다.

"가장 중요한 것은 음식을 주의하시는 것입니다. 예를 들면 진한 커피나 맵고 짜거나 신 음식 같은 자극적인 음식은 삼가세요. 그리고 물이나 수박을 많이 먹는 것이 좋습니다."

"선생님, 고맙습니다. 어떻게 그렇게 정확하십니까?"

"그것이 동양의학의 신비입니다. 조물주가 인간을 창조하실 때 사람의 신체에 약한 부분이 생기면 얼굴에 나타나도록 만들어 놓았지요."

"알 함두릴라(신의 은총입니다)!"

그는 알라신께 영광을 돌렸다.

"좀 더 구체적으로 진찰을 받아 보기 원하시면 누워 보십시오."

"아! 물론이지요. 이렇게 좋은 기회인데요."

그는 사람을 불러서 이들이 예배할 때 쓰는 양탄자를 바닥에 깔게 하더니, 양탄자 위에 누웠다. 나는 맥진(맥박으로 진찰하는 방법), 복진(손으로 배를 어루만지거나 눌러 보고 장기를 진찰하는 방법), 시진, 문진(問診, 환자에게 여러 정황을 물어보고 진찰하는 방법), 문진(聞診, 환자로부터 신체의 반응을 들으면서 진찰하는 방법)을 했다. 그는 진단 결과가 무척이나 궁금한지, 마른 침을 꿀꺽 삼켰다.

"아내가 몇입니까?"

"셋입니다."

"많이 힘드시겠군요."

"좀 도와주십시오."

"걱정 마십시오. 하지만….".

"무엇이든지 말씀하시면 힘닿는 대로, 아니 시키는 대로 따르겠습니다."

"제가 바라는 것은 아무것도 없습니다만….".

"얼마면 되겠습니까?"

아랍인은 아랍인이었다. 아랍인의 상술은 아무도 당하지 못한다. 흥정할 때는 쉽게 합의를 보지만 막상 거래가 시작되면, 상대방이 다가서면 한 발 물러서는 끈질긴 상술을 발휘한다.

자동차가 없던 시절, 이들은 낙타나 당나귀를 타고 먼 여행길을 떠났다. 향료나 특산물을 싣고 몇 달을 걸려서 다른 부족들이 사는 곳으로 장사를 떠나는 것이다. 해마다 찾아가는 마을에 도착하면 그곳에 사는 부족들은 "어서 오세요, 환영합니다." 하며 부둥켜안고는 볼과 콧등을 맞대거나, 입술로 상대의 이마에 입맞춤을 하며 악수를 나눈다. 생전 보지도 않은 가족들의 안부까지 물으면서 긴 시간 동안 조금도 지루해 하지 않으면서 안부를 나눈다. 그러고는 집으로 안내하면서 말한다.

"이 집은 당신의 집이나 다름이 없으니 푹 쉬시오."

그리고 그 다음날부터는 피나는 상거래가 시작된다. 몇 달이 걸려 물건을 팔려고 찾아온 상인은 물건을 비싼 값에 팔아야 하고, 부족민들은 1년이나 물건을 기다려 왔지만 싼 값에 사야 하기 때문이다.

아랍인의 역사는 이렇게 상거래와 함께 다져졌기에 이들의 상술은 어느 민족도 따라올 수 없다.

부주지사도 지금 나와 거래를 시작하려는 것이다.

"약은 항상 갖고 다닙니다. 지금이라도 차에서 가져오겠습니다."

"얼마를 원하십니까?"

"돈은 필요 없고 부탁이 하나 있습니다."

"어서 말씀하세요. 무슨 부탁이든지."

그에게 잠시만 기다리라고 하고는 자동차로 달려갔다. 자동차에서 중국산 정력제와 인삼차 한 통을 가져왔다. 사람에게는 식욕, 성욕, 명예욕 세 가지 욕구가 있다고 하는데, 이 부지사에게는 부인이 세 사람이나 있으니 내 말에 귀를 기울이지 않을 수 없을 것이다. 내가 복용법에 대해 설명할 동안 그는 고개를 끄덕이기도 하고, 먹는 방법을 종이에 일일이 적었다. 이제는 그가 내 요청을 받아 줄 차례였다.

"그런데 주지사이신 왕자님은 안 계신가요?"

"예, 그분은 가끔 오십니다. 타북에 계셔서 그분의 권한을 제가 대행하고 있습니다."

나는 시치미를 떼고 물어보았다.

"사실 우리는 요르단에 있는 페트라를 보고 오는 길입니다. 마을 어귀에 고고학 지역이라며 출입을 금지하는 곳이 있던데 그곳이 어느 지역인지요?"

"무슬림인가요?"

"아니, 그리스도인입니다."

"그럼, 성경을 읽어 보셨는지요?"

"자주 읽는 편입니다."

그는 "혹시 모세 선지자님에 대해 아시는지요?" 하고 물어보더니, 모세에 대해 장황한 설명을 해 주었다. 모세가 애굽에서 도망 와서 여기 광야에서 40년을 살았는데, 철책이 둘러쳐진 곳이 그의 장인이 살았던 집터이며, 그 장인은 미디안 제사장을 지냈다는 말까지 했다.

나는 그의 말이 끝나자마자 공박하는 투로 말했다.

"코란에는 어떻게 기록되어 있는지 몰라도 그리스도인 아니 세상 사람들은 이집트 시나이반도에 있는 무사산을 모세가 십계명을 받은 시내산으로 알고 있습니다."

그는 고개를 절레절레 흔들었다.

"절대 그렇지 않습니다. 이스라엘 백성들이 진을 치고 십계명을 받은 산도 여기 있는데요."

나는 이때다 싶었다.

"저는 그 산에 대해서는 별 흥미가 없습니다. 그 모세인가 무사인가 하는 사람의 장인이 살았다는 집터를 구경해 보았으면 좋겠네요."

그는 한참을 망설이다가 말했다.

"누구에게도 거기에 들어갔다는 사실을 이야기하지 않는다면 구경시켜 주겠습니다. 구경만 할 수 있고, 사진 촬영은 절대 안 됩니다."

나는 속으로 쾌재를 불렀다. 그의 마음을 움직여 주신 하나님께 감사!

그는 공무용 서찰에 아랍말로 적어 서명한 다음 내게 주며 말했다.

"경비원에게 열쇠를 줄 겁니다. 오후 4시 30분에 거기에 가서 이 서찰을 보여 주면 그가 당신을 안내해 줄 것입니다."

그는 그제야 자기 이름이 알 마수디라고 밝혔다. 고맙다고 인사를 하고 일어서자, 모두가 문 앞까지 따라 나와 또 놀러 오라면서 환송을 했다. 파란 출입허가서를 바람에 휘날리며 콧노래를 불렀다. 정문 앞에 이르자, 보초를 서고 있던 경비가 뭐라고 말하며 거수경례까지 붙였다.

자동차에서 오랫동안 기다린 가족들에게 이 기쁜 소식을 알렸다. 그러자 아이들은 "호레이! 호레이!" 하며 좋아했다.

4시 30분이 되려면 1시간 이상은 기다려야 했다. 우리는 그동안 마을 앞으로 흐르고 있는 와디로 들어가 보기로 했다. 이 와디를 타고 북쪽으로 오르면 다시 와디 무사와 연결된다. 나는 반대편인 남쪽으로 서서히 차를 몰았다. 뜨거운 한낮이라 모두들 낮잠을 즐기는 시간이었다.

조금 내려가자 허물어진 집터들이 즐비했다. 차를 세우고 봤더니 흙으로 지어진 연대를 추정하기 힘들 정도로 오래된 인가들이 곳곳에 흩어져 있었다. 고대 도시의 흔적일 것이다. 나는 그곳에서 한 장의 벽돌을 비닐봉지에 담았다. 그 주위에는 썩은 종려나무 기둥들이 널려 있었다. 산자락 아래에도 고가들의 흔적이 또 있었다. 우리는 그 옆 농장에 있는 종려나무 아래에 양탄자를 깔고 앉아 특공 작전을 짰다.

✝ 헛기침 특공 작전

"아빠가 하는 말 잘 들어라! 일단 이드로의 집으로 들어가는 일은 성공을 한 것 같은데 증거 자료가 없으면 누가 믿겠니? 하지만 부주지사는 절대로 사진을 찍으면 안 된다고 했다. 그러니 지금부터 작전을 짜자."

사진기를 어디에 감춰서 들여갈 것인가가 제일 문제였다. 여성들은 늘 핸드백을 가지고 다니니까, 핸드백이 제일 의심을 사지 않을 것이라는 데 의견을 모았다. 아내 핸드백 속에 있던 소지품을 모두 빼내고 8mm 비디오카메라와 작은 디지털카메라를 넣기로 했다.

사진 촬영은 아내가 하기로 하고, 경비원은 내가 유인하기로 했다. 아이들은 아빠와 엄마 사이 중간쯤 있다가 아빠가 헛기침을 하면 엄마에게 알리기로 했다. 그러면 아내는 즉시 촬영을 중단하고 카메라를 감추기로 했다. 우리는 연습까지 해 보았다. 작전 완료!

계곡을 타고 조금 더 내려왔다. 여러 곳에 철책이 둘러져 있었고, 곳곳마다 고고학 지역 표지판과 경고판들이 보였다. 철책 안으로는 조금 전에 보았던 것처럼 흙으로 지어진 집터들이 널브러져 있었다. 아마 수백 호가 넘는 큰 마을이 있었던 모양이다. 양쪽으로 쳐진 철책 사이로 차가 겨우 지나다닐 만한 도로가 있었다. 몰래 촬영을 하면서 도로를 빠져나가자 온통 푸른 녹지대가 펼쳐져 있었다. 농장에는 푸른 야채들이 자라고 있고, 대추 야자나무가 즐비했다. 그 근처에 집이 옹기종기 모여 있었다.

인적이 없어서 작은 모스크 앞에 차를 멈추고 살폈다. 그때 대여섯 살로 보이는 남루한 옷차림의 아이 하나가 쫓아 나오다가 우리를 보고는 집으로 들어갔다. 나는 아이들한테 말했다.

"기다려 봐, 이제 좋은 소식이 있을 거야."

내가 말하고 난 뒤, 1분도 안 되어 체구가 자그마한 노인 한 명이 나왔다. 나는 다가서며 "쌀라 말라이꿈." 하고 반갑게 인사를 했다. 노인은 화답하면서 "뭘 도와 드릴까요?" 하고 물었다.

"저는 왕자님의 주치의인데, 가족과 함께 여기저기 구경을 다니고 있는 중입니다."

"그분은 아주 훌륭하시지. 나도 그분을 존경하고 있어. 집이 누추하지만 냉방 시설이 되어 있어. 들어와서 홍차 한 잔 하고 쉬었다 가지."

우리는 그를 따라 들어갔다. 대문이라고는 하지만 머리를 숙여야만 들어설 수 있는 나무문을 지나자 자그마한 마당이 나왔다. 그 옆으로 조그만 거실이 있었는데, 먼지가 푸석거릴 정도로 오래된 양탄자와 팔받침(목침)이 여러 개 딩굴고 있었다.

우리는 바닥에 둥그렇게 앉았다. 그러고는 내가 가족들을 일일이 그 노인에게 인사시켰다. 그는 63세라고 했지만 우리가 보기에는 80세도 넘어 보였다. 아마 60세쯤 기억을 하다가 세월의 흐름을 잊어 버렸나 보다. 사실 아랍 사람들은 대부분 자기의 나이를 정확하게 모르고 지낸다.

한두 아이가 우리 쪽을 기웃거리더니, 어느새 아이들이 마구 쏟아져 나왔다. 아내가 셋이고 아들은 열둘, 딸은 넷이나 두었다고 했다. 그는 마을 족장

격이었다.

족장이 아이들을 시켜 홍차를 준비할 동안, 나는 그에게 인삼차 한 통과 종합 영양제와 미리 준비해 간 목걸이 세 개를 주면서 아내들에게 주라고 했다. 그는 고마워서 어쩔 줄 몰라 했다.

"그런데 이 동네가 굉장히 오래되어 보이는데, 무슨 유적지가 주위에 이렇게나 많은 건가요? 혹시 기억나시는 것이라도 있으신지요?"

"어이구, 오래되고말고. 한 4천 년, 5천 년은 되었지. 족장 이드로의 집도 있고 모세 선지자도 살았고 이드로의 우물도 있고…."

나는 그 순간 깜짝 놀랐다.

"이드로의 우물이라고 했나요?"

"그럼, 여기 바로 옆에 있지. 여기가 아주 오래된 고대 도시야. 예로부터 오아시스가 많이 있어서 물이 풍족했지. 옛날에 모세 선지자가 이집트에서 도망와서 족장 이드로의 딸을 만났다는 모세 우물가도 있다고. 모세의 우물이라고도 부르지."

촌로의 입에서 흘러나오는 말들이 너무나 성경적이고 사실적이어서 우리는 깜짝 놀랐다.

✝ 이드로의 우물

그때부터 나의 관심사는 온통 이드로의 우물에 집중되었다. 아내의 눈빛도 반짝이고 있었다. 말을 하지는 않았지만 아내도 내 마음과 같으리라.

'하나님, 감사합니다. 저희들을 이토록 사랑하셔서 순적한 만남을 통해 귀한 일들을 이루시니 감사합니다. 지난번에는 어린아이 입을 통해 시내산의 위치를 일러 주시고, 낚시하는 고등학생들을 통해 홍해횡단 기념기둥 이야기를 들려주시더니, 오늘은 늙은 촌로의 입을 통해 세상에 알려지지 않은 또 다른 비밀을 밝혀 주시는군요. 주님의 사랑이 얼마나 큰지요.'

순간이나마 하나님께 영광을 올려드렸다.

"족장님, 우리가 거기를 구경해도 될까요? 아주 오래 전 일이라 하시니 더 궁금하네요."

"거기는 철망이 쳐져 있고 고고학 지역이라 들어가지는 못해. 그냥 철망 밖에서 구경이나 해."

아내도 옆에 있다가 언짢은 어조로 말했다.

"철망 밖에서 볼 것 같으면 뭐하겠어요."

말 한마디 없이 시중만 들던 17~18세쯤 보이던 아들 녀석이 어떤 상황인지 눈치 채고는 말했다.

"선생님, 제가 안내 할게요. 우리가 들어가는 길을 알아요."

족장이 아들을 쳐다보았다. 족장의 아들은 동네 아이들이 한쪽 철망을 뜯어 놓아 전에도 그 안으로 들어가 보았다고 말했다. 이미 우리 마음은 모세 우물로 향하고 있었지만, 애써 참으며 홍차만 마셨다. 잠시 후 고맙다는 인사를 하고 그 아들을 따라 집을 나섰다. 그는 동생 두 명을 태우고 낡은 픽업트럭을 몰아 앞장을 섰다. 우리는 그 뒤를 따랐다.

마을 뒤쪽을 조금 벗어나자 곳곳에 철책이 쳐져 있고, 고고학 지역이라는 푸른 간판들이 절반은 쓰러져 있었다. 나지막한 능선으로 오르면서 철망 안쪽을 들여다보니, 오래된 작은 우물들이 보이기도 했다. 하지만 물은 말라 보였다. 조금 더 오르다가 앞서 가던 차가 멈춰 섰다.

나도 뒤따라 차에서 내리면서 아내에게 말했다.

"날씨가 너무 더우니까, 차에서 비디오 촬영을 해."

조금 더 걸어올라 가던 노인의 아들이 주위를 둘러보고는 말했다.

모세의 우물

"경찰이 보면 큰일 나니 빨리 행동하세요."

나는 알았다는 말 대신에 고개를 끄덕여 보였다. 그 아이는 종종걸음으로 가서 철책의 밑자락을 들어 올리며 말했다.

"빨리요, 밑으로!"

나는 그 아이가 올려 주는 철망 밑으로 들어갔다. 이번에는 내가 철망을 들어 그 아이들이 따라 들어오게 했다. 그러고는 뛰다시피하여 안쪽을 살펴보자 바위 아래쪽에 암반을 넓게 파서 만든 오래된 우물 하나가 보였다.

눈짐작으로 둘레는 4m, 깊이는 10m 정도로 보였으나, 물은 말라 있었다. 각종 오물들이 바람에 날아와 우물 바닥을 메우고 있었다. 우물 가장자리는 작은 계단 형태로 나선을 그리면서 우물 아래까지 다다를 수 있도록 파여 있

266

었다. 그 한쪽에는 각이 진 두 개의 장치물이 보였다. 무슨 장비로 이렇게 크고 깊이 팠는지 알 수 없었지만, 꽤 넓고 깊은 우물이었다.

"바로가 이 일을 듣고 모세를 죽이고자 하여 찾은지라 모세가 바로의 낯을 피하여 미디안 땅에 머물며 하루는 우물곁에 앉았더라 미디안 제사장에게 일곱 딸이 있더니 그들이 와서 물을 길어 구유에 채우고 그 아비의 양 무리에게 먹이려 하는데"(출애굽기 2:15-16). 우물 위쪽에 있는 반석 하나는 틀림없이 모세가 앉았던 자리이리라. 잠깐 주위를 살펴보니 마을이 내려다보이고 맞은편에 이드로의 집터가 보였다. 성경 말씀과 너무나 똑같다는 사실에 나는 혀를 내둘렀다.

사진을 찍고 있는데, 어느새 동네 청년들이 쫓아 올라왔다. 나이는 족장 아들보다도 두어 살 가량 많아 보였다. 그들은 나에게 다그치듯 말했다.

"사진 찍으면 안 돼요, 경찰이 알면 영창 가요, 이거 이드로 우물인데…."

"걱정하지 마. 나는 마지드 왕자님의 주치의야."

나는 그렇게 말하며, 빠른 걸음으로 그곳을 다시 빠져나왔다. 따라온 동네 청년들과도 일일이 악수를 나누고 족장 아이들에게도 고맙다고 말했다. 우물 옆에서 자동차 계기판으로 거리를 확인하며, 이드로의 집터로 이동했다. 이드로 우물에서 이드로 집터의 입구까지는 정확히 1km 거리였다.

🌱 알 바도의 이드로 집 앞에서

우리가 약속 시간보다 조금 늦은 시간에 도착했는데, 고고학 지역 경비실에는 아무도 없었다. 철책 대문도 굵은 자물통과 체인으로 굳게 닫혀 있었다. 약속 시간보다 1시간이나 지난 5시 30분이 지났는데도 사람이 나타나지 않았다. 해거름이 머잖은 시간이지만, 더위는 기승을 부리고 있었다.

차 안에서 우리는 작전을 점검하면서 경비원이 오기를 더 기다렸다. 그러나 30분이나 더 기다려도 소식이 없어서 부주지사 휴대폰으로 연락을 취했다. 확인해 보고 연락을 주기로 했다.

태양은 서산으로 쉬엄쉬엄 넘어가고 있었다. 어쩐지 이번 기회를 놓치면 다시는 여기를 볼 수 없을 것 같았다. 조급한 마음으로 서성이는데 전화가 왔다.

"죄송합니다. 제가 30분 내로 직접 열쇠를 가지고 가겠습니다. 잠시만 기다리세요."

"모두 자! 잘 들어. 지금은 실제 상황이다. 부주지사가 직접 열쇠를 가지고 와서 우리를 안내한다고 했다. 어쩌면 더 좋은 기회인지 모르겠어. 당신은 핸드백을 다시 점검해. 너희들도 당황하는 기색을 보이면 안 된다. 아주 태연하게 움직여라. 하나님께서 도우실 거야. 알아듣겠니?"

그때 갑자기 철웅이가 물었다.

"그런데 태연하게가 뭐예요?"

모세의 장인 이드로의 집터

아이들이 어릴 때부터 외국인 학교에서 영어로만 수업을 듣다 보니 어려운 한국말은 잘 못 알아듣는다.

"음, 그건 사실 한문에서 따온 말인데, Perfectly calm(완전 침착)하라고, 알아들었어?"

아내는 핸드백 속에 넣어 두었던 8mm 비디오카메라와 디지털카메라를 확인하면서 말했다.

"여보! 벌써 손이 떨려요."

"걱정하지 마, 하나님이 함께하서. 그러니 힘을 내라고!"

6시 40분이 되어서야, 부주지사의 황토색 도요타 지프가 도착했다.

"어이구! 선생님, 이거 기다리게 해서 미안합니다. 마침 경비가 어디 갔는지 없어서 열쇠를 찾느라 늦었습니다."

그는 철제 출입문을 열고는 우리 차를 안으로 들어오라고 했다. 중앙에 위치한 이드로 집 앞까지 각자의 차로 이동한 다음에 걸어서 둘러보기로 했다.

부주지사와 나는 함께 걸었다. 물론 아내는 귀중품이 담긴 핸드백을 메고 우리 뒤를 따랐다. 나지막한 언덕 아래로 여러 개의 토굴들이 보였다. 나는 그와 함께 걸으면서 뒤처진 가족들을 힐끔 쳐다봤다. 아내는 알았다는 듯이 눈을 꿈쩍였다.

이드로의 집터는 동산의 3분의 2 지점에 있는 토굴형 집이었다. 바위산을 깎아서 2~3m쯤 들어가 있었는데, 좌우의 바위가 자연적인 바람막이 역할을 훌륭히 소화해 내고 있었다. 정면으로는 각종 문양과 장식을 곁들여 놓았다. 오래된 세월을 말해 주듯 많이 마모되어 있었다. 입구는 종 모양으로 파놓았는데, 어른은 허리를 약간 숙여야 들어갈 수 있었다.

안으로 들어가니, 가로 세로가 3~4m의 거실이 있었다. 그 정면 안쪽으로는 성인 5명이 누울 수 있을 만큼의 공간이 나누어져 있었다. 왼쪽에는 정면보다는 약간 작은 세 개의 공간이 있었다. 벽 쪽에는 등잔불이나 장식품 같은 소품을 올리는 벽장 형태의 칸들이 만들어져 있었다. 천장이나 벽이 까맣게 그을어 있어서 누가 보더라도 사람이 살았던 곳이라는 사실을 알 수 있었다.

부주지사가 이야기했다.

"우리가 조사한 바에 의하면 여기가 족장 이드로의 집터였던 게 분명해요."

부주지사는 계단을 내려가기 시작했다. 나는 부주지사를 뒤따르면서 손짓으로 아내와 아이들에게 집터에서 더 있다가 오라는 신호를 보냈다. 부주지사를 따라 내려가니 이드로의 집터보다는 좀 더 작은 토굴이 있었다. 크기는 작았지만 비슷한 구조를 하고 있었다. 여기저기에 낙서들이 많았다.

비슷한 구조라고 생각해서 그런지, 부주지사는 곧장 나가려고 했다. 시간을 끌어야 했다. 나는 얼른 낙서를 가리키며 물었다.

"여기에 뭐라고 쓰여 있습니까?"

"대부분의 낙서는 철책을 치기 전에 사람들이 장난해 놓은 거예요."

그가 다시 이드로의 집 쪽으로 향하기에 나는 큰기침을 했다. 은지가 망을 보고 있다가 나를 따라 큰기침을 했다. 아내는 촬영 중인 것 같았다.

우리는 다시 이드로의 집 앞을 지나 오른쪽 모퉁이를 돌았다. 오른쪽으로도 작은 토굴형 집들이 보였다. 주위를 둘러보니 그곳에만 토굴집이 20개 정도 있었다. 우리가 서 있는 동산 맞은편 와디 옆으로 오아시스가 있어서 온통 푸르렀다. 그곳에서 우리가 몇 시간 전에 찾아갔던 모세의 우물이 있는 철책이 바라다보였다.

이 고고학 지역에는 우리 외에는 인기척이 없었다. 이미 해는 졌으나 아직 어두워지지는 않았다. 사진은 나올 것 같은데 그래도 아쉽기만 했다.

✝ 살아 있는 미라들

부주지사와 나는 다시 위쪽으로 조금 올라갔다. 거기도 토굴이 있었는데, 토굴 안쪽으로는 벌써 어둠이 깔려 있었다. 함께 들어서려는 순간 우리는 깜짝 놀라 비명을 지를 뻔했다. 갑자기 토굴 안에서 옷차림이 남루해 보이는 한 청년이 불쑥 걸어 나왔던 것이다.

그가 먼저 "쌀라 말라이꿈." 하며 인사를 건넸다. 그제야 우리는 그가 귀신이 아니고 사람임을 알았다. 부주지사도 그제야 정신이 드는지 벼락같이 소리를 질렀다.

"너 누구야? 여기서 뭐 하는 거야? 어떻게 들어왔어? 누구 허락받고?"

부주지사는 잽싸게 그의 멱살을 틀어쥐었다. 돌발 상황이었다. 물어보나마나 도굴범일 것이다. 무슨 일이 어떻게 전개될지 몰라 여차하면 나도 부주지사와 합세해야 한다는 생각이 들었다. 그놈 옆으로 바짝 다가서서 어깨에 힘을 주고 버티고 섰다.

'튀기만 튀어라. 나는 편한 바지에 운동화까지 신었고, 거기다가 운전하느라 손가락 없는 가죽 장갑까지 끼었다.'

그런데 그는 예상 외로 공손히 사과를 하면서 용서를 빌었다. 부주지사는 소지품 검사를 하고 주민증을 받아들고는 당장 나가라고 했다. 도굴범은 몇 번이나 사과를 했지만, 내일 주지사 왕자 사무실로 오라고 호통을 쳐서 돌려보냈다. 도굴범은 우리를 힐끔힐끔 쳐다보면서 터덜터덜 내려갔다.

부주지사는 "휴!" 하고 한숨을 쉬었다. 우리 가족들도 큰 소리에 놀랐는지 달려와 있었다.

다시 토굴 안으로 들어서려는 순간, 또 화들짝 놀라면서 뒷걸음치고 말았다. 토굴 안에 또 한 녀석이 있었던 것이다. 이집트 같으면 미라가 살아 나온

271

다고나 할 수 있지만, 사우디 토굴 안에서 살아 있는 사람이 튀어나오니 놀랄 수밖에…. 그는 우리가 다른 곳으로 이동하면 나오려고 토굴 안에 숨어 있었는데, 상황이 여의치 않자 제 발로 걸어 나온 모양이었다. 부주지사는 그를 잡아서 다시 소지품 검사를 하고 주민증을 빼앗았다. 그들은 이웃 마을에 사는 사람들이라고 했다.

날이 어둑어둑해졌다. 건너편 산비탈 쪽에 모양새가 약간 다른 형태의 토굴들이 보였다. 더러는 파손되어 있었다. 부주지사는 토굴의 안을 살피면서 그곳이 무덤이었다고 말했다. 몇 군데 더 들렀는데 처음 보던 인가와는 판이하게 달랐다. 무덤은 들어가는 입구에 바람막이용 바위가 없었고, 안쪽에는 관을 넣을 수 있도록 깊이 파여 있을 뿐이었다. 벽에는 아무런 장식이 없었으며, 그을음도 없었다.

여기저기 돌아본 뒤, 우리는 다시 내려왔다. 부지사와는 나중에 연락을 하자고 하며 아쉬운 작별을 했다. 자동차에 오른 뒤에도 아내의 손은 여전히 떨리고 있었다. 우리의 헛기침 작전이 성공적으로 끝을 맺은 것이다. 너무 귀한 자료를 입수할 수 있었음에 하나님께 감사드렸다.

몇몇 학자들은 바드의 이드로 집터를 나바테아인의 무덤이라고 여기지만, 우리가 돌아본 결과 분명한 이드로의 집터였다. 그 이유를 정리하면 다음과 같다.

1. 현지인들에게 전래되는 말은 신빙성이 있다.

2. 1,400여 년 전에 쓰인 회교 경전에도 기록되어 있다.

3. 이드로 집터의 바위는 나바테아인 무덤의 마모 상태보다 심했다.

4. 들어가는 출구가 나바테아인의 각이진 무덤 입구와는 전혀 다른 종 모양을 하고 있다.

5. 무덤 안의 벽면 장식이 인가였음을 입증한다.

6. 천장의 그을음이 있다.

7. 거실이 있다.

8. 무덤은 관을 넣을 자리가 깊이 파여 있다. 나바테아인의 무덤은 거의 2~3m 정도 파여 있는데 이드로 집의 칸막이는 30cm 정도. 반석에서 올라오는 냉기를 막기 위해 무언가를 깔기 위한 장치인 것 같았다.

9. 이드로 집에서 맞은편으로 내려다보이는 곳에 이드로의 우물이 있었다. 출애굽기 2장 20절 말씀처럼 이드로가 딸들을 보내어 모세를 우물에서 청할 수 있는 거리이다.

10. 나바테아인의 무덤 앞에는 바람막이가 없다.

어느덧 가로등에는 불이 켜지고 대지에는 어둠이 내려 있었다. 거기에는 호텔이 없었다.

밤 9시 30분이 되어서야 두바 항에 도착했다. 해산물로 만든 음식으로 저녁을 먹고 레드씨 호텔에 투숙했다. 조용히 둘러앉아 우리는 하나님의 크신 은혜를 찬양하며 예배를 드렸다. 오, 주여! 찬양을 받으소서.

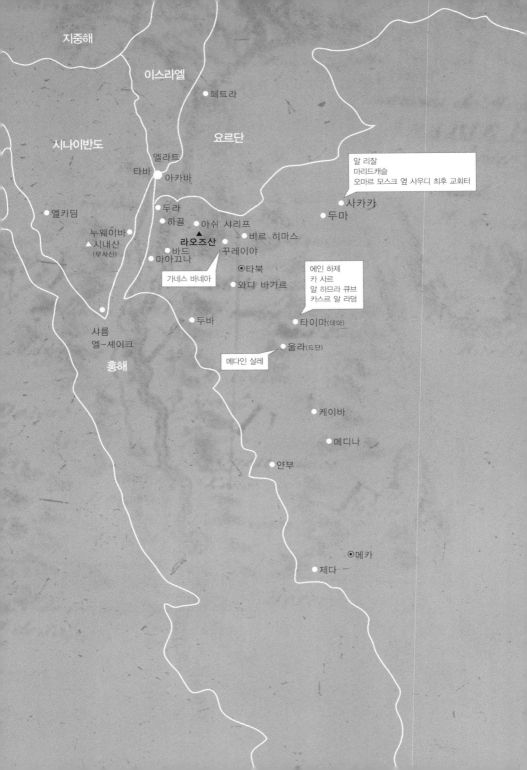

part3

광야 40년의 흔적

미디안 광야

귀환
그리고 이별

✝ 왕자님이 돌아오다

<u>2002년 9월 12일</u>

"가족들과 휴가를 다 보냈으면 오스트리아로 속히 돌아오시오."

왕자에게서 전화가 왔다. 지난 6월 1일까지 왕자와 함께 프랑스에 있다가 왕자는 오스트리아로, 나는 가족들과 함께 휴가를 보내기 위해 제다로 향했었다. 목소리가 매우 좋아 보여 건강에 이상 없는 듯 보였다. 나는 서둘러 왕자 곁으로 날아갔다.

어느 날, 왕자와 함께 스키를 타고 산길을 내려오는데 갑자기 내 손을 잡더니 말했다.

"닥터 킴, 마음에 드는 집을 한 채 사줄 테니 가족들을 데리고 와서 아예 여기에 정착하는 것이 어때?"

그러고는 긴 한숨을 내쉬셨다. 그에게 엄청난 스트레스가 있다는 것을 나는 잘 알고 있었다. 배다른 형제들과의 얽히고 설킨 정치 이야기가 그를 엄청나게 괴롭히고 있었던 것이다. 왕자와 나는 1주일에 한두 번씩 정기적으로 단둘이 사우나 욕탕에 앉아 그 문제에 관해 밀담을 나누곤 했다.

이복형제들, 특히 내무장관인 프린스 나이프 빈 압둘 아지즈 왕자와의 갈등이 표면화될 때쯤, 메카 주지사의 오른팔 역할을 해 오던 닥터 라비아 사건이 기폭제 역할을 하고 말았다. 절세미인인 모로코 여인과 닥터 라비아 사이의 섹스 스캔들은 라비아뿐만 아니라 메카 주지사실 전체를 흔들어 버린 것이다. 공공연한 비밀이었던 사건의 내용은 사우디아라비아 전역에서 중동 전체로 퍼져 나갔다.

나는 지금까지 3차에 걸친 성산 탐험으로 수집한 모든 자료를 가지고, 스위스 취리히를 거쳐 오스트리아 왕자의 별장에 도착했다. 나는 왕자를 보살피는 한편, 틈틈이 제2차 · 3차 탐험기를 써 내려가기 시작했다. 조용하고 아름다운 산장에서 글을 쓰면서 나는 하나님께 아뢰었다.

"주여! 당신의 뜻을 이루소서."

사우디아라비아 왕위 서열에서도 상위권에 올라 있던 사람, 전 세계 16억 이슬람교도들의 영적 지도자였던 사람, 20년 동안 이슬람 발원지인 성지 메카 주지사였던 사람. 수술 후 불행을 예감한 것일까, 왕자는 더 이상 사우디아라비아로 들어가고 싶은 마음이 없다고 누차 말했다.

"나는 사우디아라비아가 싫다. 그냥 해외에서 살고 싶다."

이제는 그것마저 허용되지 않았다. 2003년 4월, 더 이상 지체하지 말라는 가족들의 권유로, 오스트리아 별장을 떠나 제다로 돌아왔다. 휠체어에 몸을 의지한 왕자는 왕족 공항 청사로 힘없이 들어섰다. 그가 1년에 두서너 차례, 늘 수백 명의 영접과 환영을 받으며 내왕했던 곳이다. 그날따라 더욱 넓어 보이는 청사 안에는 일부 가족들과 몸종 몇몇만이 그를 부축할 뿐이었다. 멀리서 바라보는 군인들조차 그의 지친 모습을 애써 외면하고 있었다.

왕자는 곧바로 페이셜 왕립병원(King Facial Specialist Hospital) 별관에 입원했다. 원래 이 병원은 NCB(National Commercial Bank)라는 은행을 경영하던 셰이크 칼리드 빈 모하푸즈(Khalid bin Mohafz)라는 예멘계 사우디아라비아인 족장이 운영하던 최고급 병원이었다. 그런데 2001년 9·11 테러의 핵심 인물인 오사마 빈 라덴의 테러 자금과 관련되는 바람에 귀속 조치 되었다.

왕자가 입원한 별관은 왕과 부왕 전용으로 사용하기 위해 최고급 의료 장비들을 갖추고 있었으며, 유럽과 미국의 특별 의료진들을 갖추고 있었다. 엄중한 통제 속에서 왕자는 중환자실에 입원했다. 곧이어 신장 투석이 시작됐다. 가족들마저 면회가 통제되었다. 그의 친동생이며 리야드 지역 부주지사인 싸탐 빈 압둘 아지즈 빈 알 사우드를 시작으로, 부왕 겸 총리인 압달라 빈 압둘 아지즈(현 국왕), 부왕 겸 국방부장관인 술탄 빈 압둘 아지즈, 내무장관 나이프 빈 압둘 아지즈, 압둘 라흐만 등이 형제의 아픔을 위로하기 위해 다녀갔다.

대기실에는 직접 얼굴을 알현하지 못한 고위 인사들과 각부 장관과 상류층 인사들이 대거 몰려와 배석을 하고 있었다. 그들은 나를 만날 때마다 왕자의 안부를 물어왔다.

그 뒤로 1주일이라는 시간이 흘렀다. 병세는 더욱 악화되어 가고 죽음의 그림자가 점점 왕자에게 드리워져 가는 것 같았다. 나는 가끔 왕자의 손을 잡아 드렸다. 그러면 그는 애써 뜬 실눈 사이로 싱긋이 웃어 보였다. 그 웃음이 내 마음을 더욱 아프게 했다. 어떻게든 그의 영혼을 구원하고 싶은데, 어떻게든 마지막 순간만이라도 그에게 예수가 누구인지 전하고 싶은데 많은 사람들과 가족들이 그의 곁을 떠나지 않고 지키고 있었다. 나는 왕자에게 예수님을 전하지도 못했는데 이렇게 빨리 시간이 흘러가 버렸다는 사실에 자책감이 들었다.

왕자와 나는 단순한 인연이 아니었다. 나는 그의 내면세계를 너무 깊이 들여다봤으며, 그는 때로는 친구처럼, 때로는 형님처럼 그리고 때로는 아버지처럼 나를 사랑해 주었다.

왕자 주위의 모든 사람이 회교도였다. 비회교도는 나뿐이었다. 식사시간이

든 티타임이든 종교 관련 이야기가 나오면 많은 사람들이 보란 듯이 나를 도마 위에 올려놓고 공격해 왔다. 그래도 왕자는 늘 내 편이 되어 주었다.

언젠가 왕자가 나를 이슬람교로 교화시키려 했던 적이 있었다. 문을 잠그고, 방 안에 단둘이 있을 때 내게 말했다.

"너를 양자로 삼고 싶어. 단 네가 이슬람교도가 되어야 해."

나는 조용히 거절했다.

"존경하는 왕자님! 제가 만약에 왕자님에게 기독교로 개종하라고 하면 왕자님의 마음이 어떻겠습니까?"

그는 내 질문에 감복했다.

"당신이야말로 진정한 그리스도인이야!"

그러고는 평생 잊지 못할 귀한 선물을 하나 주었다. 실크로 된 특수 천 위에 순금 1kg 정도의 금실로 공교하게 수놓은 메카의 성전을 덮은 휘장이었다. 말하자면 코란 구절이 들어 있는 신전 덮개였던 것이다. 값을 떠나서 그것은 이슬람교도에게는 정말 귀한 물건임에 분명했다. 언젠가 평민에게 그것을 보여주자 그는 천에 입을 맞추고 가슴에 대기도 하며 그렇게도 부러워했다. 어떤 갑부는 그것을 사겠노라며 꽤 많은 금액을 부른 적도 있지만 나는 절대 팔지 않았다.

✝ 왕자님 예수 믿으세요

2003년 4월 11일 금요일

왕자는 벌써 4일째 혼수상태였다. 혼수상태 이틀째 되던 날, 그의 누님이 휠체어를 타고 불편한 몸으로 병실을 찾았다. 왕자는 이미 오래 전에 어머니를 잃고 난 다음부터, 한 분밖에 없는 연로한 누님을 어머니처럼 대했다. 해외에 있든 국내에 있든 아침저녁으로 문안 인사를 했다. 가끔 대화중에 눈물을 보일 정도로 지극한 애정을 표하던 누님이셨다.

아무리 부르고 흔들어도 반응이 없는 동생의 손을 잡고 누님은 흐느껴 울기 시작했다. 누님의 눈에서는 눈물이 그치지 않았다. 그때 우리는 깜짝 놀랄 일을 목격했다. 왕자의 저혈압, 저맥박, 저체온 증세가 갑자기 정상에 가까울 정도로 회복된 것이다. 함께한 의료진들도 웅성거렸다. 혼수상태이지만, 순간적이나마 누님의 음성을 듣고 반응한 것이리라.

사우디아라비아는 금요일이 휴일이다. 그들은 평일 예배보다 금요 예배를 중요하게 여긴다. 정오가 조금 넘어서는 시간, '주흐르'를 알리는 아잔 소리가 은은히 들려왔다.

"알라~후 아크~바르, 알라~후 아~크~바~~르, 라~ 일라 일랄라~."

아잔 소리에 병실을 지키던 몇몇 가족들이 모스크로 떠났다. 덩그렇게 넓은 중환자실에 며칠 전부터 혼수상태에 빠진 왕자의 산소호흡기 소리만 들렸다. 의료 장비들의 디지털 숫자들만 바쁘게 깜박거렸다.

왕자 곁에는 나뿐이었다. 왕자는 나를 그렇게도 사랑해 주었지만, 나는 그를 위해 할 수 있는 것이 아무것도 없었다. 그가 믿든 안 믿든 내가 할 일은 살아 계신 예수 그리스도를 전하는 일이었다.

나는 왕자께 귓속말을 하기 시작했다.

"왕자님, 전하! 저 김입니다."

바위보다 더 무거운 그의 몸은 전혀 반응이 없었다.

"예수 믿으세요. 이제는 시간이 없습니다. 그저 예수를 구주로 믿기만 하세요. 예수님은 선지자가 아닙니다. 참 진리이고 살아 계신 하나님의 아들입니다. 예수님 외에는 아무도 구원할 수 없어요. 그분은 모든 죄를 용서해 주십니다. 그분은 죽은 지 3일 만에 부활했습니다. 지금, 마지막 순간이지만 그분이 하나님의 아들이심과 구원해 주실 분임을 믿기만 하세요. 예수 이름으로 기도 드립니다. 아멘."

더 이상 기도할 수가 없었다. 그때 누군가가 문을 열고 들어왔기 때문이다. 그분의 큰 사위되는 만수르 왕자(서부 지역 공군참모총장)와 그의 수행원들이 간발의 차이로 들어섰다.

"닥터 김! 상태가 어떠세요?"

"왕자님 얼굴이 많이 평온해 보이십니다."

나는 더 이상 어떤 말도 할 수 없었다.

✝ 왕자님 돌아가시다

2003년 4월 12일

이른 아침부터 왕자의 누님이 휠체어에 몸을 의지하고 얼굴 전체를 가린 채 찾아왔다. 필리핀 몸종의 부축을 받으며 병실에 들어선 누님은 왕자의 손을 잡고 아무 소리 없이 흐느끼기만 했다. 베일 아래로 손수건을 넣어 흐르는 눈물을 훔쳤다.

"아미르 마지드…, 아! 아미르 마지드. 아! 하비비!(마지드 왕자님…, 아! 마지드 왕자님. 아! 내 사랑아!)"

아무리 불러도 무쇠덩어리처럼 굳은 왕자의 육신은 움쩍도 하지 않았다. 그런데 또 특이한 현상이 나타났다. 지난번처럼 혈압과 맥박이 거의 정상치로 올라간 것이다. 누님은 몇 번이고 뒤를 돌아보며 흐느끼며 왕자 곁을 떠났다.

잠시 정상으로 돌아왔던 수치들이 다시 떨어졌다. 조금씩 떨어져가는 수치는 왕자의 무게 중심을 자꾸만 다른 세상으로 옮겨 가고 있었다. 이생의 죽음 앞에는 힘이 있고 없음도, 권력의 높고 낮음도, 빈부도 모두 같은 무게일 수밖에 없다. 하나님이 오라고 하시면 모두가 떠나야 하는 것이다. 아픈 가슴을 억누른 채 나는 조용히 병실을 나왔다. 그의 떠나는 모습을 차마 두 눈으로 보고 싶지 않았기 때문이다.

대기실을 지나 맞은편 창가로 갔다. 창 너머로 내려다보이는 도로에는 무엇이 그리 바쁜지, 어디로 가는지, 지나가는 차량들이 여전했다. 내일도 저 도로에는 역시 차량들로 가득할 것이다. 한 사람이 떠나면 또 한 사람이 태어나고, 늙고 병들면 죽음이 기다리고 있다. 이러한 삶의 끝을 영원한 끝으로 여기는 사람들이 너무나 많다. 믿는 사람들에게는 할 일이 그만큼 많았다.

누군가 등 뒤에서 나를 껴안았다. 왕자의 친한 친구이자 자문 역할을 하던 이태리인 로날도 리치였다. 진한 샤넬 향수 냄새가 싫지 않았다.

"김! 왕자님은 좀 어때?"

"얼마 안 남았어!"

바로 그때 비상 안내 방송이 흘러나왔다. ICU 특실로 집결하라는 방송이었다. 왕자가 운명했다! 한마디 말없이 이생의 인연들을 멀리하고 그는 영원히 돌아올 수 없는 먼 길을 떠나갔다.

특실 앞은 가족들과 의료진들로 북적거렸다. 나는 차라리 아래층 로비에 내려와 있었다.

'한국이라는 땅 끝에서 이 먼 이국땅에 와서 그분의 도움을 너무 크게 받았는데…'

그의 사망 소식이 어느새 전해졌는지 수많은 문상객들과 각 신문사와 방송국에서 대거 몰려들었다.

누군가가 나를 찾아왔다. 아랍 가제트 영자 신문 기자였다. 그는 내게 특별 인터뷰 요청을 했다. 왕자와 나의 관계를 물어보면서, 특별히 남기고 싶은 말이 있는지 여러 질문을 던졌다. 나는 아쉬운 감정만 늘어놓았다.

Prince Majed will be remembered for serving gues

By Saudi Gazette Staff

The late Prince Majed is seen in this file photo with Prince Naif Bin Abdul Aziz, Minister of Interior. (Right) Prince Majed with his son Prince Mish'al, Governor of Jeddah.

왕자의 부음을 전하는 기사와 인터뷰한 기사
《아랍뉴스》 2003년 4월 12일자)와 왕자님
과 즐거웠던 한때

몇 시간째 그렇게 로비에서 배회하고 있을 때였다.

"닥터 김, 특실로 와 주십시오."

왕자의 시신에 염습을 끝내고 마지막으로 얼굴을 감싸기 직전, 가족 중 누군가가 마지막 떠나가는 그분의 얼굴을 나에게 보이자고 한 것 같았다. ICU 특실에는 이미 왕자의 가족들이 모여 있었다, 흐느끼는 가족들의 울음소리 속에 서 있는 내가 갑자기 커 보였다. 백지장 같은 그의 얼굴을 향해 나는 다시 한 번 기도를 드렸다.

'주여, 저 영혼을 불쌍히 여기소서.'

우리는 오스트리아 인스부르크 스키장 하얀 눈밭 위를 미끄러지듯 달렸다. 마이애미 해변 요트 위에서 그가 연인처럼 내 어깨를 감싸 안고 아름다운 경치를 바라보았다. 프랑스 비아리치 해변에서 신발을 벗어들고 바닷물을 함께 밟았다. 독일 뮌헨 쇼핑 거리를 나란히 걸었다. 스위스 취리히 호텔커피숍에서는 마주 앉아 신선한 야채주스를 마셨다. 비엔나 거리에서 우마차를 함께 타고 도심을 달렸다. 프랑크푸르트와 뉴욕 거리를 경호원들을 대동하고 번득이는 리무진을 타고 달렸다. 프랑스 파리의 샹젤리제 쇼핑가를 둘러보다가 한적한 카페에서 파리 분위기에 젖었다. 인스부르크의 스와롭스키 회장의 초청에 나도 왕자가 된 기분으로 공장을 돌아보았다….

　이렇게 가는 곳마다 내게 근사한 추억들을 남겨 놓고, 왕자는 무심히도 먼 길을 떠났다.

꾸레이야

이스마엘 후손의 흔적을 찾아서

✚ 그들의 도시에서

2003년 11월 22일 토요일

왕자 서거 이후 약 7개월이나 지나갔으나 그의 생각을 지울 수가 없었다. 사실 나는 그동안 사우디아라비아에서 아브라함의 육적 장자인 이스마엘의 후손들이 살았던 흔적들을 찾아낸다면, 성경의 역사적 사실성을 증명할 수 있는 기회가 될 것이라는 생각에 관련 자료들을 모으고 있었다.

성경에도 이스마엘과 그의 후손들에 대해서는 아주 작은 지면만 할애하고 있다. "사라의 여종 애굽인 하갈이 아브라함에게 낳은 아들 이스마엘의 후예는 이러하고 이스마엘의 아들들의 이름은 그 이름과 그 세대대로 이와 같으니라 이스마엘의 장자는 느바욧이요 그 다음은 게달과 앗브엘과 밉삼과 미스마와 두마와 맛사와 하닷과 데마와 여둘과 나비스와 게드마니 이들은 이스마엘의 아들들이요 그 촌과 부락대로 된 이름이며 그 족속대로는 십이 방백이었더라"(창세기 25:12-16). 이 말씀을 보면 이스마엘의 후손은 12명이고, 그들의 이름을 따서 지금도 사우디아라비아 북부지역에는 그들이 수천 년 전에 불렀던 지명이 그대로 불리고 있다(창세기 25장, 여호수아 15:52, 역대상 1:30, 이사야 21:11).

287

이에 근거해서 이스마엘의 열 두 아들 중 느바욧, 게달, 미스마, 두마, 맛사, 하닷, 데마 등 여덟 명의 부족, 다시 말해 여덟 곳에 관련된 자료들을 수집하고 있었다.

그 무렵 나는 사우디아라비아 국방부에서 파견 근무를 하고 있는 롤스로이스사 소속의 스위스 친구들로부터 중요한 자료를 얻었다.

"'와디 바가르'라는 이름이 붙은 곳인데, 그곳 골짜기의 수많은 바위에 소 그림이 그려져 있어서 생긴 이름이야. 이집트 바로 왕 시대의 신이었던 황소 아피스 그림들이라는 거지."

나는 두 눈이 번쩍 띄었다. 그건 분명히 이스라엘 백성의 흔적이 있는 곳이다! 그동안 차곡차곡 준비해 온 이스마엘 후손들의 흔적도 찾을 겸해서 라마단 절기 아라비아 탐험에 나서기로 했다.

11월, 남부 지역의 날씨는 여행하기에 적격이었다. 하지만 북부 지방은 온도가 많이 내려가므로 두꺼운 옷들도 준비했다.

세계 최대 정유 공장이 있는 도시 얀부를 지나칠 때쯤 점심시간이 되었다. 하지만 도시 전체 식당들은 문을 닫아걸었다. 라마단 기간이었기 때문이다.

얀부 도심을 벗어나서 인적이 없는 헛간에서 미리 준비해 온 점심을 먹었다. 그리고 오후 6시쯤에 두바 항구의 아시아나 호텔에 여장을 풀었다.

✝ 와디 바가르, 소 골짜기

<u>2003년 11월 23일 일요일</u>

오늘은 타북 입구 어딘가에 있을 와디 바가르(소 골짜기)를 돌아보기로 했다. 시간이 허락되면 타북 도심을 거쳐 바란 광야에 있는 가데스 바네아로 추정되는 꾸레이야(Qurrayh) 지역도 탐사하기로 했다. 전날 850km 가까이 운전을

했기에 몹시 피곤했지만, 또 새로운 날을 주신 하나님께 감사 기도를 드리며 운전대를 잡았다.

두바 도심을 지나자 곧바로 가파른 산길을 타기 시작했다. 이정표는 두바에서 타북까지 180km라고 알려 주었다.

거의 와디 바가르 입구에 다다른 것 같았다. 마침 낡은 자동차 뒤에 로뎀나무를 싣고 있는 노인을 발견했다.

"혹시 와디 바가르를 압니까?"

"조금만 더 가면 경찰 검문소가 나옵니다. 거기에서 물어보시오."

그의 말처럼 얼마 가지 않아 검문소가 나왔다. 경찰에게 나의 신분을 밝히고 도움을 요청했다.

"우리는 타지에서 와서 잘 모릅니다. 하지만 본부에 연락을 취해서 알아보겠습니다."

그들은 우리 자동차를 검문도 하지 않은 채 본부에 전화를 걸었다. 잘 모른다는 답변을 들었는지, 아예 오가는 자동차마다 와디 바가르가 어디냐고 물어봤다. 마침 어느 현지인한테서 답변을 들었다.

"여기에서 오른쪽 골짜기로 들어가면 거기가 와디 바가르예요."

내친김에 그 경찰에게 안내를 부탁했다. 여러 차례 인적이 없는 산 계곡에서 예상치 못할 위험들을 경험한 적이 있었기 때문이다. 경찰 두 명이 본부에 우리를 안내하겠다는 연락을 취했다. 경찰들은 기관총이 장착된 픽업트럭을 타고 각자 옆구리에 권총까지 차고는 앞장서서 우리를 안내했다.

흙먼지 길을 뒤따르고 있는데, 아내가 물었다.

"저 경찰들을 믿어요? 힐끔힐끔 쳐다보는 경찰들의 눈초리가 이상해요."

지난번 호되게 당한 적 있는 아내는 겁이 나는 모양이었다. 내심 안심을 시켰지만 그들의 음흉한 눈빛을 나도 모르는 것은 아니었다. 20여 분을 오르다가 경찰이 갑자기 차를 세웠다.

"지금부터는 4륜구동으로 바꾸어야 합니다."

하지만 우리 차는 이내 모래 속으로 빠져 버렸다. 모래를 파내고, 무거운 짐들과 가족을 내리게 한 다음 겨우 모랫더미에서 빠져나왔다. 더 이상 가고 싶은 마음이 사라져 버렸다. 총을 소지한 경찰들을 따라나서는 것도 그렇고, 행여 거기까지 가더라도 경찰들이 우리가 사진 찍는 일을 허락할지도 의심스러워서 포기하기로 했다.

경찰들과 헤어져 타북 시내로 들어섰다. 몇몇 사람들에게 와디 바가르를 물어보았으나 대부분 모른다고 했다. 다만 노인 한 명한테서 그곳 이야기를 전해 들었을 뿐이다.

"거기는 고고학 지역이라 갈 수가 없어요. 정부에서 허락지 않아요."

노인은 더 이상 이야기하지 않고 지나쳤다. 그 말을 듣고 보니 관심이 더 커졌다. 일행들과 의논해 보았다. 일행들은 내가 하자는 대로 따르겠다고 했다. 베두인한테 안내를 부탁하기로 하고, 다시 와디 바가르 탐사에 나서기로 했다.

안내해 줄 사람을 찾기 위해 빈민촌에 들어섰다. 천막 한쪽에서 장작불을 피워 빵을 굽던 아낙이 이방인을 보고는 급히 베일로 얼굴을 가렸다. 잠시 후에 자다가 일어난 듯한 남정네가 의심의 눈초리를 보내며 인사를 건넸다. 그는 자신의 이름을 '아부 아하마드'라고 했다.

"이 선물 받으세요. 수고비도 드리겠습니다. 와디 바가르를 보고 싶은데 안내해 주실 수 있겠습니까?"

"오, 그럼요. 거기에 소 그림이 그려진 바위들이 있지요. 돌로 축성된 제단도 있는걸요."

그는 자랑스럽게 말하고는, 자신의 픽업트럭에 6~7세쯤으로 보이는 아들을 태우고 앞장섰다. 내심 쾌재를 부르며 건축 쓰레기더미 사이를 지나쳐 그의 뒤를 따랐다. 15분이나 달렸을까, 그가 갑자기 차를 멈추었다.

"더 이상 갈 수 없습니다."

"왜 그러십니까?"

"자동차로 가기 어려운 곳이에요. 이대로 가다가는 자동차 바퀴가 다 빠지고 말 겁니다. 그곳은 정부에서도 출입을 금하고 있거든요."

그가 돈을 더 원하는 것인지도 몰라서 몇 차례 더 흥정을 했다. 하지만 그는 결국 돌아가 버렸다.

"집사님, 어떻게 하면 좋겠습니까?"

"김 집사님이 하는 대로 따라가겠습니다."

모태신앙으로 자란 집사님은 항상 겸손했다. 옆에 있던 아내가 말했다.

"여기까지 왔는데 지금 그냥 돌아가면 또 언제 오겠어요. 나중에 후회하지 말고 가는 데까지 가보자구요."

그래, 출발이다! 우리는 다시 푸석푸석한 모랫길을 이리저리 피하며 와디를 따라 들어갔다. 멀리 보이는 바위산을 향하고 있는데 길이 점점 고운 모래로 변했다. 자동차가 이리저리 쏠리더니 그만 차바퀴가 모래더미에 빠지고 말았다. 몇 차례 액셀러레이터를 밟았지만, 차바퀴는 점점 깊이 모랫속으로 빠져들었다. 바퀴에서 고무 타는 냄새가 진동했다. 지프 두 대 모두 오도가도 못하는 신세가 되었다. 겨울철인데도 한낮의 더위가 기승을 부렸다. 이미 몇 통의 물을 마셨지만 갈증과 더위로 옷은 흠뻑 젖었다. 갖고 다니던 야전삽으로 모래를 파기도 하고, 주위의 돌과 나뭇가지를 주워서 바퀴 밑에 받혀도 보았지만 꿈쩍도 하지 않았다.

와디 입구까지 걸어간다 해도 수월찮은 시간이 걸릴 것이다. 게다가 가족들을 인적이 없는 거기에 그냥 둘 수도 없는 일이었다. 시간이 흐를수록 초조해졌다. 차바퀴를 모랫더미에서 빼내기 위해 우리는 젖 먹던 힘까지 다 썼다. 하지만 그대로였다.

"My God!"

이미 지칠 대로 지친 나는 나도 모르게 소리를 질렀다.

'그렇다, 하나님을 잊고 있었다. 지금 우리가 행해야 할 일들이 얼마나 많은데 이렇게 지체하고 있단 말인가.'

나는 자동차 안으로 들어와 아내를 불렀다.

"여보, 기도합시다."

운전대를 잡고 기도를 드리니 한결 마음이 놓였다. 차 밖을 나와 사방을 둘러보아도 사람의 흔적을 찾을 수 없었다. 우리가 들어왔던 길도, 들어가려 하는 골짜기 쪽도 황량하기만 했다.

'이제 어쩌지?'

채 5분도 지나지 않아, 와디 입구 쪽에서 손바닥만한 먼지가 일었다. 사막 여행을 하다 보면 종종 냉기와 온기 차이로 회오리바람을 만나곤 한다. 나는 저것도 회오리바람이겠거니 생각하면서도, 작은 기대를 저버릴 수 없었다.

순간 내 머릿속에는 엘리야 선지자가 갈멜산에서 아합 왕의 바알 선지자 450명과 대결할 때의 이야기가 영화의 한 장면처럼 떠오르고 있었다. 엘리야가 머리를 묻고 기도한 다음 일곱 번이나 사환을 시켜 먼 바다를 바라보라고 했을 때, 겨우 손바닥만한 구름이 떠올랐지만 결국은 큰 비가 내려서 하나님의 살아 계심을 이방에 알리지 않았던가.

그랬다. 어쩌면 저 작은 손바닥만한 먼지가 우리를 구해 줄지도 모른다는 생각이 들었다. 그 순간 거짓말처럼 먼지는 점점 커지면서 우리 쪽으로 다가오고 있었다. 그것은 회오리바람이 아니었다. 나는 내 눈을 의심했다. 자동차였다! 너무 기뻐 "할렐루야!"를 외쳤다.

그런데 가까이 달려오던 자동차는 급회전을 해서 방향을 바꾸었다.

"이봐요! 아저씨!"

안타까움에 소리쳤지만, 그들이 다시 올 리는 없었다. 그런데 그때였다! 그들의 지프가 저 멀리 공사장 불도저 앞에 멈춰서는 게 아닌가. 그러더니 한 사람이 차에서 내렸다. 우리가 다시 큰소리로 부르자, 그는 알았다는 시늉을 했다. 곧 지프가 우리들 곁으로 다가왔다.

우리는 한숨을 몰아쉬었다. 지프에서 내린 50대 중반의 남자에게 도움을 청했다. 그는 저 멀리 공사장 앞에 있는 사람에게 손짓을 했다. 그러자 그는 아예 불도저를 몰고 우리에게 다가왔다. 자동차가 빠진 것을 안 모양이었다.

'하나님께서 우리의 기도를 들으시고 그 황량하기 그지없는 사막 한가운데에 불도저를 준비하셨단 말인가?'

나는 하나님의 세밀하신 손길에 가슴이 너무 벅차서 아무 말도 할 수 없었다. 차 안에 있는 로프를 불도저와 자동차에 연결하고, 불도저가 움직이자 차는 쉽게 모랫더미에서 빠져나왔다. 하나님께 정말 감사했다.

✝ 꾸레이야와 바란 광야

우리는 다시 와디 바가르 입구로 되돌아와서, 좀 전에 우리를 안내해 주겠다고 했다가 중간에 돌아가 버린 천막촌의 아부 아하마드 집으로 향했다. 그에게 다시 여러 차례 부탁했다. 그는 한참을 망설이다 내일 아침에 이리로 오면 자기가 큰 차를 준비할 테니 함께 가자고 했다. 그 약속이 틀림없느냐고 다그치자 "신의 뜻이라면!" 할 뿐이었다.

내일 꼭 다시 오겠다는 약속을 하고, 우리는 타북 시내를 거쳐 '꾸레이야'로 향했다. 와디 바가르에서 많은 시간을 지체하는 바람에 벌써 오후가 되었지만, 그래도 운전대를 요르단 국경선 쪽으로 틀었다.

요르단 국경선 20km쯤 되는 전방에서 좌회전을 해서 서쪽으로 향하면 '아이나'라는 동네가 나온다. 거기서 다시 광야 길을 타고 들어가면 꾸레이야가 나온다.

오늘은 라마단 절기 마지막 날로서 회교도들에게 큰 축제의 날이었다. 각 회사에서는 고용인들에게 보너스가 지급된다. 한 달 동안의 금식을 자축하기 위해 일가친척들이 새 옷으로 갈아입고 둥그렇게 모여 앉아 양을 잡아먹는다. 특히 양 머리 속에 든 골과 볼 살과 눈알, 그리고 혓바닥은 가장 나이가 많은 연장자나 귀한 손님의 몫이었다.

'아이나(ayynah)'에 도착했지만, 인적이 전혀 없었다. 이미 석양이 기울고 있었다. 이리저리 기웃거리다가 젊은 청년 한 명을 만났다.

"저, 꾸레이야에 가려면 어디로 가야 합니까?"

"비포장도로이며 광야라 들어갈 수가 없습니다."

우리가 계속 부탁하자, 못 이기는 척 가는 길목까지만 안내를 하겠다고 했다. 우리는 그의 뒤를 따라 광야로 들어섰다. 10여 분 정도 앞서가던 청년이 차를 멈추고 말했다.

"저 나무 보이세요? 그 뒤쪽으로 들어가면 돼요. 라마단 기간이라 종일 물 한 모금도 마시지 못했어요. 곧 쌀라 시간이에요. 되돌아가야겠어요."

그를 보내고 가던 길을 계속해서 들어갔지만, 이미 땅거미가 밀려오기 시작했다. 멀리 이슬람 사원에서 아잔 소리가 은은하게 들려왔다.

조금 더 들어서자 황량하던 사막 한가운데에 새파란 밀 농장이 있었다. 스프링쿨러에서 물이 뿜어져 나왔다. 오아시스 지역이었던 것이다. 주위를 돌아보는 사이, 한 사람이 지나가고 있었다. 그를 불러 세웠다.

"꾸레이야가 어디입니까?"

"여기서 수십 킬로미터를 더 들어가야 해요. 그런데 이제는 어두워서 들어 갈 수 없겠는걸요."

우리는 다시 타북으로 돌아갈 수밖에 없었다. 오후 6시 20분쯤, 타북 입구 근처에 있는 방갈로식 터키 식당을 빌렸다. 가져온 버너에 된장국을 끓여 저 녁을 맛있게 먹고 시내에 있는 알 아델 호텔에서 여장을 풀었다. 이래저래 아 쉬운 날이었다.

아빠 안 계세요

<u>2003년 11월 24일 월요일</u>

어제 약속한 시간에 와디 바가르 입구에 있는 아부 아하마드의 천막에 찾아 갔다. 천막촌에는 사람이 보이지 않았다. 아마도 어제가 라마단의 마지막 날 이어서 늦잠을 자는 것 같았다. 천막 입구에서 아부 아하마드를 불렀지만 응 답이 없었다. 한참 뒤에 천막 문이 들리더니 금방 잠에서 깨어난 듯한 예닐곱 살 쯤 되어 보이는 어린아이가 눈을 비비면서 나왔다. "아빠, 안 계세요." 하고 말했다.

'아, 정말 아랍 사람들은⋯. 어제 그렇게 몇 번이나 다짐을 받는데. 약속 을 농담하는 것보다 더 쉽게 여긴다니까.'

나는 속이 상했다. 아이한테 다그치듯 물었다.

"아빠, 어디 가셨니?"

"아빠, 시내 나가셨어요."

나는 이것 또한 뻔한 거짓말이라는 걸 잘 알았다.

"얘야! 날 봐, 아빠 주무시고 계시지? 지금 나오시라고 해."

천진한 아이는 "예." 하고 대답하고는 천막 안으로 들어갔다. 5분쯤 있자 아부 아하마드가 눈을 비비면서 천막을 들치고 나왔다. 귀찮다는 듯 이렇게 말했다.

"친구, 자동차를 빌리지 못해 갈 수 없어요."

기가 막혔지만, 어쩔 수 없는 일이었다. 어제 다그칠 때 일관되게 답하던 "인샬라(신의 뜻이라면)"는 그들의 양심을 오랜 세월 동안 훈련시켜 놓았다. 약속을 지키지 않아도 가책을 받지 않고, 미안해 하지 않아도 되게끔. 그래서 아랍인과 계약을 맺을 때면 속이 답답해 미칠 지경이었다. 언제까지 계약금을 지불해야 한다고 하면, 아랍인은 다만 "인샬라." 하고 대답한다. 계약금을 정한 날짜에 주지 않으면 계약이 무효가 된다고, 약속을 꼭 지켜야 한다고 아무리 말해도, 아랍인은 '인샬라' 이상의 어떤 대답도 하지 않았다. 누구도 앞일을 예측할 수 없는 세상이고 보니, '신의 뜻이라면' 이라는 말은 꼭 정답 같다. 이 말이 아랍인에게는 책임을 피하는 가면이기도 하다.

우리는 하는 수 없이, 와디 바가르에 찾아가는 것을 포기하기로 했다. 대신 어제 찾다가 포기한 꾸레이야에 다시 가보기로 했다.

아이나를 거쳐 광야 길을 따라가니, 멀리 꽤 오래된 싯딤나무 몇 그루가 진녹색을 띠고 서 있는 것이 보였다. 가까이 가 보니 싯딤나무 주위로 로뎀나무로 만든 울타리가 쳐져 있었다. 울타리 안에는 낙타 몇 마리가 나무 그늘 아래서 한낮의 더위를 피하면서 되새김질을 하고 있었다.

울타리 뒤쪽으로 돌아서자, 아이들이 헝클어진 머리를 쓸어 올리며 천막 안으로 뛰어 들어갔다. 잠시 후 50대 후반의 남자가 나왔다. 인사를 건네며 물었다.

"꾸레이야를 가려면 어떻게 해야 합니까?"

"사막길을 35km나 더 달려야 할 겁니다. 하지만 가더라도 경찰들이 지키고 있어서 들어갈 수 없을걸요."

"그래도 혹시 거기까지 안내를 해 주실 수 있나요? 사례를 하겠습니다."

그는 낡은 픽업트럭을 몰면서 앞장섰다.

먼지 나는 길을 40여 분 정도 달리자, 풀 한 포기 보이지 않던 사막 한가운데 듬성듬성 대단위의 밀 농장들이 보였다. 일반 지대보다 약간 낮아 보이는데, 지하수를 뽑아 올려 농사를 짓고 있었다. 10분쯤 더 들어가니, 철망으로 광야와 산을 둘러쳐 놓은 것이 보였다. 그가 차를 세웠다.

"여기서부터는 더 이상 갈 수 없어요. 앞에 보이는 철망을 타고 들어가면 출입구가 있어요. 출입구 앞에는 경찰이 지키고 있고요. 나는 여기서 돌아가야겠습니다."

나는 그에게 수고비와 작은 선물을 주고는 끝도 보이지 않는 철망을 따라 달렸다. 철망 안에는 광활한 광야가 펼쳐져 있고 곳곳에 돌무덤만 남아 있었다. 약 2km쯤 달리고 나서야 철제 대문에 커다란 자물통이 채워져 있는 것이 보였다. 그 앞에서 한참을 서성이자 철망 안쪽에서 군용 지프 한 대가 우리 쪽으로 달려왔다.

가족들에게 얼굴을 가리게 하고, 동행한 집사님과 함께 대문 앞에 다가가 인사를 건넸다. 그도 차에서 내리면서 화답했다. 닫힌 철망 틈으로 손을 내밀어 악수를 나눴다. 나는 그에게 물어봤다.

"여기가 꾸레이야가 맞습니까?"

"왜 이 먼 곳까지 찾아왔습니까?"

"우리는 여행 중에 있습니다. 여기 고고학 유적지가 있다고 해서 찾아왔습니다. 구경 좀 했으면 좋겠는데요."

"아무것도 볼 것이 없습니다. 여기는 타북 주지사 명령으로 절대로 들어올 수 없는 곳입니다."

타북 주지사라면 부왕 겸 국방부장관을 겸하고 있는 술탄 빈 압둘 아지즈의 아들이다. 내가 모셨던 왕자의 조카인 셈이다. 나는 자동차등록증에 명시된 왕자의 이름을 보여 주면서 말했다.

"제가 그분의 주치의였습니다. 약을 선물로 줄 테니 문이라도 열고 이야기합시다."

그는 금세 태도를 바꾸면서 대문을 열어 주었다. 나는 그가 대문을 열자마자 안으로 들어갔다. 들어오라는 말은 없었지만 때로는 과감하게 행동할 필요가 있기 때문이다.

"당신, 보아 하니 배가 많이 나왔는데, 장에 가스가 많이 차고 음식을 조금만 먹어도 헛배가 부르죠? 나이는 얼마 안 돼 보이는데 정력이 그렇게 약해서 어떻게 마누라에게 사랑을 받겠어요?"

그는 겸연쩍은 표정을 지었다. 나는 화제를 돌려 물었다.

"그나저나 왜 이렇게 넓은 지역을 철조망을 치고 지키고 있죠?"

그는 대답은 하지 않고 다시 내 신분증을 달라고 했다.

"회교도가 아니군요? 그런데 어떻게 그 왕자님과 함께 지냈습니까?"

"벌써 15년째요. 우리 아이들 세 명이 차에 있는데 모두 메이드 인 사우디아라비아예요."

우리는 한참 껄껄 웃었다. 나는 그를 잠시만 기다리게 하고는 차에서 준비해 온 여자 목걸이 두 개와 중국산 정력제를 그의 손에 들려주었다. 복용법을 설명하자 좋아서 입을 다물지 못했다.

"여기는 타북 주지사 명령으로 출입이 통제된 곳입니다. 하지만 절대로 출입한 사실을 말하지 않는다고 약속해 준다면 돌아봐도 좋습니다."

그는 자신을 '후세인'이라고 소개하고는 앞장서서 안내하겠다고 자청했다. 하지만 함께 다니면 사진을 못 찍을 것 같아서 가족들 핑계를 댔다.

"가족들이 있으니 우리끼리 잠시 둘러보는 게 좋겠습니다."

그를 따돌리는 데 성공했다. 우리는 그의 마음을 움직여 주신 하나님께 감사드리면서 드넓은 광야 안으로 들어섰다.

출입구에서 오른쪽으로는 20여 층 건물 높이의 바위산이 직사각형으로 솟아 있었다. 눈짐작으로 한 면의 길이는 약 1km이고, 다른 한 면의 길이는 300~400m쯤 되어 보였다. 그 위에는 수천 년 세월을 견딘 듯한 돌담장이 일부는 무너졌지만 방호벽처럼 길게 산 전체를 두르고 있었다.

1968년 런던대학 발굴 팀이 이 지역을 일부 탐사한 적이 있었다. 그들은 거기에 있는 단 몇 채의 주거 형태를 가지고 이스라엘 남부 지역의 구리광산 지역인 팀나의 유적과 비교하면서, 꾸레이야를 기원전 13세기 정도의 유적지로 판명했다. 그럴 수밖에 없는 것이 광야 바위산 위에 있는 방호벽과 몇 채의 토담집으로는 어떤 결과도 얻을 수가 없기 때문이다.

그 산 밑을 따라 70~80m쯤 가다 보니, 왼쪽으로 많이 훼손된 인가 몇 채가 방치되어 있었다. 거기에서 집터가 발견되지 않는 이유는 이스라엘 백성들은 유목민처럼 천막 생활을 했기 때문일 것이다.

잠시 후 집터가 있는 동산을 돌아서서 차를 세우고 주위를 돌아보았다. 경비병인 후세인이 보이지 않았다. 몇 장의 사진을 찍고 있는데 아이들이 깨어진 토기들을 주워 왔다. 마침 비가 온 뒤여서 토기의 문양이 좀 더 분명하게 보였는데, 여느 토기와는 다르게 문양이 투박하고 특이했다.

모퉁이를 더 돌아서니, 일반 집터와는 다른 형태의 무너진 집 한 채가 동산 위쪽에 자리하고 있었다. 동산 위쪽에 차를 세우고 주위를 자세히 살폈다. 출입구 쪽에 후세인의 자동차가 기다리고 있었다.

✝ 광야 한가운데의 무덤들

성경 고고학자들은 시나이반도 중에서 아래 약 3분의 2지점의 중앙을 바란 광야라고 말하며, 그곳에서 위쪽 방향으로 45도 정도 북동쪽에 있는 곳을 가데스 바네아라고 주장한다. 그런데 그들의 주장을 들을 때 주의해야 할 것은, 그들은 시나이반도에 있는 무사산이 '시내산'이라는 가정 아래 모든 지명들을 짜 맞추기식으로 붙였다는 사실이다.

성서 고고학자인 협성대학교 김성 교수는 유대주의 개관에서 "가데스 바네아는 시나이반도 북동 지역의 베두인 중심지인 쿠세이마 남동쪽 4km 지점에 위치한 고대 유적지이다. 유적지 상류 1km 지점에는 가데스 바네아의 수원지인 쿠데이랏트 샘이 자리 잡고 있다. 1956년과 1976~1982년에 걸친 조직적인 발굴 결과, 이 요새는 이스라엘 왕국의 남쪽 경계를 수비하기 위해 BC 10세기에 솔로몬에 의해 건설된 것으로 확인됐다. 가데스 바네아의 중요성은 이 요새가 BC 8세기 우시야, 기원전 7세기 요시아에 의해 각각 재건된 점으로 미루어 잘 알 수 있다. 따라서 가데스 바네아는 더 이상 성서적 출애굽과 연관시킬 수 없게 되었다."라고 주장한다.

사우디아라비아 헤자즈 지역의 미디안 광야에 있는 라오즈산이 정말 시내산이라면 완전히 새로운 지도를 그려야 할 것이다. "하나님이 그 아이와 함께 계시매 그가 장성하여 광야에 거하며 활 쏘는 자가 되었더니 그가 바란 광야에 거할 때에 그 어미가 그를 위하여 애굽 땅 여인을 취하여 아내를 삼게 하였더라"(창세기 21:20-21). "이스마엘은 향년이 일백삼십칠 세에 기운이 진하여 죽어 자기 열조에게로 돌아갔고 그 자손들은 하윌라에서부터 앗수르로 통하는 애굽 앞 술까지 이르러 그 모든 형제의 맞은편에 거하였더라"(창세기 25:17-18).

여기서 '그 아이'는 이스마엘이다. 이처럼 이스마엘은 아라비아인의 조상이다. 애굽 사람이 아니다. 더 분명한 것은 "그 어미가 애굽 여인을 취해서 아내로 삼게 하였으며"라는 표현에서 알 수 있듯이, 이미 애굽과 아라비아의 경계가 모세 당시에 뚜렷하게 구분해서 사용되었다는 점이다. 말씀에서 보듯이 하윌라는 아라비아 땅이고, 술은 애굽 땅 앞에 위치하고 있었다는 것을 알 수 있다. 애굽과 아라비아의 경계를 잊지 말라. 에시온 게벨, 즉 아카바가 아라비아와 애굽이 나눠지는 경계점이다.

솔로몬 왕이 늙어서 이방 여인들과 사랑에 빠져 이방신의 산당을 묵인하는 범죄를 저질렀을 때 하나님은 두 번씩이나 경고하셨다. 그럼에도 솔로몬이 돌이키지 않자, 하나님은 그 후대에 이스라엘을 대적시키시기 위해 에돔 사람 하닷을 준비시키신다. 하닷은 자기 아버지가 다윗의 군대장관 요압의 칼에 죽임을 당하자, 아버지의 심복 두 사람을 데리고 미디안 땅으로 도망갔다가 거기서 바란 광야를 거쳐 애굽의 왕궁으로 피신했다. 하닷의 이동 경로를 보면 바란 광야의 위치를 분명히 알 수 있다. "미디안에서 발행하여 바란에 이르고 거기서 사람을 데리고 애굽으로 가서 애굽 왕 바로에게 나아가매 바로가 저에게 집을 주고 먹을 양식을 정하며 또 토지를 주었더라"(열왕기상 11:18). 이처럼 바란 광야는 아라비아에 있는 지역이다.

차를 돌려 후세인이 기다리고 있는 정문 쪽으로 나와 다시 그를 만났다. 고맙다는 인사를 건네고 기념 촬영을 요구하자 사진 찍는 것은 안 된다고 했다. 하지만 재치 있는 아내가 이미 디지털 카메라의 셔터를 누른 뒤였다. 후세인에게 고맙다는 말을 남기고 우리는 되돌아 나왔다.

철책이 끝나는 곳에서 우회전을 하자 다시 드넓은 광야가 나타났다. 광야 길을 따라 잠시 더 달리다가 차를 멈추었다. 계곡이 앞을 가로 막고 있었다. 강폭이 15m 정도 되는데, 주변 반석과 바닥에 물이 흘러간 자국이 선명하게 남아 있었다. 반석 주위를 뒤지자, 마른 조개껍질과 다양한 골뱅이들이 발견되었다. 그리고 조개껍질을 잘 연마해서 만든 깨어진 장식품도 찾아볼 수 있었다. 그렇다면 아득히 먼 옛날에는 거기에 물이 흐르고 있었고 그 물 주위에

광야 한복판의 무덤들 수천수만, 아니 그 이상을 훨씬 넘을지도 모를 저 고대 무덤들을 어떻게 설명해야 할까.

사람들이 모여 살았을 것이다. 그 주위에는 약간의 주거 흔적들이 있었으나 빈 터들만 보였다.

조금 더 벗어나서 주위를 살피는데, 집사님이 나를 불렀다.

"여기가 좀 이상합니다."

집사님은 발로 땅을 밟고 있었다. 땅을 밟아 보니, 땅 아래가 비어 있다는 것을 느낄 수 있었다. 우리는 야전삽으로 땅 밑을 파 보았다. 무덤이었다. 그러고 보니, 주변에 온통 무덤 천지였다.

처음에는 그냥 사막에서 흔히 볼 수 있는 모래톱인 줄 알았다. 하지만 모래를 조금 걷어내자 단단한 땅을 직사각형으로 파내어, 시신을 안치한 다음 다시 모래를 채우고 그 위에 납작한 여러 개의 돌로 덮어 놓았다는 것을 알 수 있었다. 이미 여러 개의 무덤들이 도굴범들에 의해 파헤쳐진 듯이 보였다. 여기저기 살피던 중 돌로 만들어진 장식품 한 조각을 주웠다.

그렇다면 집터도 몇 채밖에 안 되는 여기에, 그리고 인적이라고는 주위에서 찾아보기 힘든 이 드넓은 광야 한복판에서 수천 기 아니 그 이상의 무덤들이 여기에 있는 이유는 뭘까? 혹시 아이나 마을 사람들의 것이라고 해도, 그 마을은 지금도 가옥 20여 채밖에 되지 않는 조그만 시골 마을이다. 어디에도 고대의 흔적이라고는 찾아볼 수 없는 시골 마을이다. 그렇다면 그곳에서 무려 35km 떨어진 사막 한가운데에 있는 수천수만, 아니 그 이상을 훨씬 넘을지도 모를 저 고대 무덤들을 어떻게 설명해야 할까?

내 머릿속은 부지런히 움직이고 있었다. 그 순간 나는 무릎을 쳤다.

'이건 분명히 가나안에 들어가지 못한, 이스라엘 1세대들의 무덤이다!'

가데스 바네아는 어떤 곳인가. 200만이 넘는 이스라엘 백성들이 약 37년 6개월(민수기 33:19-36) 동안 천막 생활을 하면서 지냈던 곳이다. 또 하나님을 전적으로 의지하지 못해서 가나안에 못 들어간 이스라엘 1세대들이 묻혀 있는 곳이기도 하지 않는가. 나는 꾸레이야가 성경의 가데스 바네아가 확실하다는 사실을 절감했다.

마침 라마단 절기가 끝난 다음날이어서인지, 유목민들도 보이지 않았다. 시간 가는 줄 모르고 있다가 되돌아가려고 보니 어디가 어디인지, 분간이 되지 않았다. 들어올 때는 유목민의 안내로 쉽게 들어왔는데, 나갈 방향을 완전히 잃어버린 것이다.

우리는 가데스 바네아에서 헤매야 했다. 그러면서 우리는 더 많은 무덤들과 마주쳤다. 나는 속으로 하나님께 여쭈었다.

'하나님, 왜요? 왜 저희들에게 자꾸만 이 광야 한가운데의 무덤을 보여 주십니까?'

광야를 헤맨 지, 무려 2시간이 지나서야 밀 농장 농부의 도움으로 겨우 길을 찾을 수 있었다. 그리고 나서 하나님께서 왜 우리가 길을 잃어버리게 만드셨는지도 알 수 있었다. 하나님은 우리를 그곳으로 인도하셔서 이스라엘 백성들이 죽어간 '가데스 바네아'를 확실하게 보여 주시려고 했던 것이다.

레온 우드(Leon J. Wood) 박사가 쓴 《이스라엘의 역사》라는 책에는 재미있는 통계가 나와 있다. "14,508일(38년 6개월) 동안에 120만 명(남여 각각 60만 명)이 죽었다면, 하루에 85명꼴로 죽은 셈이다."

이스라엘 백성들은 끊임없이 죽은 것이다. 다베라(민수기 11:3)와 기브롯 핫다아와에서는 고기가 먹고 싶어서 원망하다가(민수기 11:33-34) 죽임을 당했으며, 고라와 다단과 온이 합세를 하여 모세와 아론을 대항하다가 땅이 입을 열어 250명을 삼켰으며(민수기 16:35), 고라의 일로 염병(장티푸스)이 돌아 14,700명이 죽임을 당했다(민수기 16:49). 이들 무덤들은 어디에 있을까? 아마도 오늘 우리가 본 무덤들 중에 이들의 무덤이 있을 것이다.

벌써 오후 3시 25분이 되었다. 점심시간이 훌쩍 넘었다. 아이나 마을은 너무 작아서 간이식당마저 없었다. 할 수 없이 비상용으로 싣고 다니던 초코파이와 초콜릿으로 허기를 달랬다. 그러고나서 타북 시내를 거쳐서 아라비아 반도의 북동부에 해당하는 '두마(Dumah)'로 출발했다.

✝ 두마와 사카카

두마는 행정적으로는 알 조우프에 속하고, 현재는 '두마트 알 잔달(Dawmat al Jandal)'이라고도 불린다. 아브라함과 후처 하갈 사이에서 태어난 이스마엘의 12자녀 중 6번째 아들의 이름이 '두마'이다(창세기 25:14). 거기는 고대로부터 물이 많은 지역이어서 카르반의 주요 교통 요충지였다. 예멘과 이집트와 시리아와 요르단과 메소포타미아(지금의 이라크) 등지에서 생산되는 향료와 향신료, 금을 비롯한 광물 등 각 지방의 특산물들이 거기에 집중되면서 부를 축적했다(*Historical Dictionary of SaudiArabia*). 두마가 아랍왕국의 수도였다는 사실은

BC 854년 앗시리안의 기록에서도 찾아볼 수 있다.

아이나에서 요르단 국경선이 인접한 '비르 이븐 히마스(Bir Ibn Himas)' 까지 가서, 거기에서 다시 남쪽으로 57km를 직선으로 달렸다. 이제부터는 초행길이다. 아무리 지도를 들여다봐도 복잡한 시내 길을 어떻게 통과해서 우리의 목적지를 찾아갈 수 있을지 걱정이 앞섰다. 하지만 하나님께서 지금까지 우리를 도우셨다는 것을 믿는 우리에게 무슨 걱정이 있을까.

타북 시내 입구에 다다랐을 때, 자동차 두 대가 비상 라이트를 켠 채 도로가에 주차해 있었다. 혹시 사고가 났나 해서 속도를 줄이면서 접근해 보았더니, 젊은 청년들이 자동차 위에 걸터앉아 있었다. 다행이었다. 인사를 건네면서 물었다.

"두마 가는 길을 압니까?"

"우리들도 그쪽 방향으로 가는데 따라오세요."

우리는 그들의 도움을 받아 아무 어려움 없이 두마에 갈 수 있었다. 분명한 것은 그들 또한 하나님의 예비하신 손길이라는 점이다.

오후 5시 34분, 갑자기 먹장구름이 몰려오더니 앞을 분간하기 힘들 정도로 소낙비가 쏟아졌다. 타북 시내에서 우리의 목적지인 두마까지는 450km를 더 달려야 했다. 이미 날은 어두워졌고, 인근에는 호텔이 없었다. 기온은 13도로 급격하게 떨어졌다. 어떻게 할 수 없어서 계속 달렸다. 한 시간 정도를 달리고 나서, 도로변에 있는 주유소에 차를 세웠다. 그곳에서 라면을 끓여 식은 밥과 함께 저녁을 대신했다.

근처에 호텔이 있다면 얼마나 좋을까. 어쩔 수 없이 두마까지 더 달려야 했다. 밤길에, 그것도 빗속 운전은 확실히 위험하다. 하지만 우리의 탐험은 하나님께서 주관하고 계시다는 믿음을 갖고 있기에 용기를 내 보기로 했다.

'감히 누구도 꿈꾸지 못했던 일이다. 하나님이 인도하시는 여행길이다. 특별히 이 땅으로 부르신 하나님, 선별하셔서 왕자 궁에서 일하게 하신 하나님, 나의 아랍어가 능숙해질 때까지 십 수 년 동안 기다리신 하나님, 그리고 때가 되어 이제 이 여행길을 인도하신 하나님! 당신만 의지합니다.'

나는 운전대를 힘주어 잡고 주님을 찬양하면서 빗속의 밤길을 달렸다. 대형 차량들이 흙탕물을 끼얹는 바람에 길을 몇 번이나 벗어났지만, 목적지에 무사히 도착했다. 캄캄하던 밤길을 언제 달렸냐는 듯, 휘황찬란한 두마의 야경이 우리를 반겼다.

저녁 9시 45분, 도시로 들어서면서 호텔을 찾았다. 고대 유적지인데도 호텔이 없다는 것이 이해가 되지 않겠지만, 사우디아라비아는 그런 나라다. 사우디아라비아에서는 호텔 영업 허가를 얻기도 쉬운 일이 아니지만, 설혹 영업 허가를 받았다 하더라도 장사가 되지 않는다. 부부 증명서가 없으면 호텔 출입을 할 수 없기 때문이었다. 사우디아라비아에서는 부부나 친척이 아니면 함께 있는 것조차 불법이다.

리야드 지역에 사는 한 한국 교민한테서 들은 이야기다. 가족 없이 혼자 지내던 사람이 평소에 신세를 많이 졌던 부부를 식당에 초대해서 식사 대접을 하고 있었다. 그때 갑자기 종교 경찰이 식당에 들이닥치더니 신분증을 요구했다. 부부 증명서를 갖고 있었던 부부는 그 자리에서 식사를 할 수 있었지만, 초청한 사람은 그 자리에서 쫓겨나고 말았다. 그날 식대는 초청받은 부부가 지불했다는 이야기가 심심찮게 회자되고 있다. 식당에서조차 이러니 호텔은 말할 필요도 없을 것이다.

마을 사람들한테 물어보니, 45km를 더 가면 '사카카'가 나오는데 거기에는 호텔이 있다고 했다. 마을을 벗어나면서부터 빗줄기가 더욱 거세졌다. 이제는 마구 쏟아 붓는다는 표현이 더 나을 듯했다. 도로는 홍수로 인해 이미 여러 군데 파손된 상태였다. 움푹 파인 도로가 물에 잠겨 있어서 하마터면 대형 사고로 이어질 뻔했다. 하지만 하나님이 안전한 길로 인도해 주셔서 무사히 도착했다.

간신히 사카카 마을 어귀에 도착했으나 마을 전체가 물바다를 연상케 했다. 사막 지역인 사우디아라비아 전역에 하수도 시설이 거의 되어 있지 않기 때문이었다. 이렇게 비가 쏟아지면 하수도 시설의 필요성을 절감하지만, 몇 년에 한 번씩 겪는 일인지라 사람들은 며칠만 지나면 곧 잊어버렸다.

밤 12시가 되어서야 알 마리드 호텔을 찾았다.

<u>2003년 11월 25일 화요일</u>

오전 9시 25분, 지난밤에는 어려운 여행길이었지만 하나님께서 함께하시므로 사카카에서 편안한 밤을 보낼 수 있었다.

아직도 간간이 뿌리는 빗줄기는 여행 중인 우리에게는 과히 반가운 날씨가 아니었지만, 여기는 더 없는 축제 분위기이다. 라마단 절기 연휴 이틀째 날이기 때문이다. 몇 년 만에 내린 비는 온 도시를 물바다로 만들어 놓았지만, 일가 친척집을 찾아가는 그들의 모습은 흡사 우리나라 추석과 같은 분위기를 연출했다.

자동차 점검을 마치고 마을 어귀에 있는 로터리를 돌아 나왔으나, 어떻게 고적지를 찾아야 할지 걱정이 앞섰다. 오늘도 우리를 고고학 지역으로 안내해 줄 사람을 만날 수 있을 것인가.

마침 도로 오른쪽에 멈춰 선 검은 지프에서 한 가족이 내리고 있었다. 인사를 건네자, 그들도 반갑게 맞았다. 우리의 신분과 상황을 설명하고 도움을 요청했다.

"저는 이 지역 비밀경찰인 디얍 터키입니다. 고고학 지역에서 도굴이나 사진 촬영하는 사람들을 색출해 내는 특수 임무를 수행하고 있어요."

하지만 그는 기꺼이 우리를 안내해 주겠다고 했다. 얼마나 감사했는지 모른다. 우연히 만난 것 같았지만 우연이 아니라는 것을 우리는 또 절감했다. 늘 그러했듯 준비된 사람들을 보내 주시는 하나님을 생각하면 너무 감사할 따름이다. 그는 곧바로 가게에서 물과 음료수 및 간단한 간식거리를 준비하고는 우리를 안내했다.

사카카 일대는 '나푸드' 사막에 인접해 있었다. 고고학자들은 거기가 이스마엘의 둘째 아들 게달이 살았던 곳이라고 전하고 있다. 게달은 아라비아 민족들 가운데 유목민을 대표하기도 했다. 이들은 활 쏘는 유랑 민족으로 성경의 여러 곳에서 언급되고 있다(창세기 25:13, 역대상 1:29, 시편 120:5, 아가 1:5, 이사야 21:16, 21:17, 42:11, 60:7, 예레미야 2:10, 49:28, 에스겔 27:21).

이 민족은 버림받은 것처럼 보이지만, 언젠가는 하나님께서 다시 이 민족을 찾으시리라는 것을 선지자를 통해 예언하셨다. "게달의 양 무리는 다 네게로 모여지고 느바욧의 수양은 네게 공급되고 내 단에 올라 기꺼이 받음이 되리니 내가 내 영광의 집을 영화롭게 하리라"(이사야 60:7).

시내를 벗어나서 20여 분을 북쪽으로 이동하면서 오른쪽에 있는 작은 동산으로 올랐다. 어제 내린 비로 흙탕이 되어 있었지만, 그 길을 따라 조금 더 오르자 고고학 지역이라는 경고판이 달린 철책이 나타났다. 철책 안에는 출발하기 전에 준비했던 자료에서 본 특이한 돌기둥들이 여기저기 모여 서 있었다. 이런 돌기둥을 '알 리잘(Al Razajil)'이라고 부르는데 이유는 멀리서 보면, 남자가 여러 명 군데군데 서 있는 것처럼 보여서이기도 하지만, 남근처럼 보여서 그렇게 부른다고 한다. 돌기둥은 적게는 한 개에서부터 많게는 다섯 개씩 묶여 광범위하게 세워져 있었다. 높이는 2~4m가 훨씬 넘어 보였다.

알 리잘 멀리서 보면, 남자가 여러 명 군데군데 서 있는 것처럼 보이기도 하지만, 남근처럼 보여서 그렇게 부른다.

고고학자들은 이 돌기둥이 기원전 4천~2천 년 전에 세워졌으며, 신에게 제사를 드리는 제단이었을 것으로 추측하고 있다. 과일과 채소를 비롯한 농산물을 제물로 사용하거나, 때로는 가축과 어린아이가 산 채로 바쳐지기도 했다고 한다. 지역 주민들은 거기에 살던 종족들이 신의 노여움으로 전멸했다고 알려주었다.

철책 주위에는 이름 모를 작은 무덤들이 흩어져 있었다. 우리를 안내하던 디얍은 나의 신분을 알고 이렇게 말했다.

"마음대로 사진도 찍고 조사도 하고 그러세요."

하지만 함부로 이들의 말을 믿을 수는 없다. 그는 우리를 자신의 농장 인근에 있는 다른 고적지로 안내했다. 거기에는 지금까지 보지 못한 형태의 그림과 고어들이 암각된 돌 제단이 있었으며, 주위에는 무덤들도 있었다. 그런 고대 유적들이 아무런 보호 조치도 없이 방치되어 있었다.

"디얍, 그런데 이 작은 돌무덤의 용도는 무엇이었을까요?"

"저도 이것을 수십 년 동안 보아 왔지만, 무엇인지 전혀 모르겠어요. 정부 차원에서도 아무런 조사나 조치가 없었으니까."

명절인 탓도 있겠지만, 넓은 광야에는 인적이 없었다. 띄엄띄엄 광야에 펼쳐진 무덤들이 자꾸 나를 유혹했다. 함께 간 집사님에게 한 번 파 보자고 했더니 극구 반대를 했다. 디얍에게 얘기를 했더니 파 보란다.

흩어져 있는 돌 몇 개를 치우고 야전삽으로 흙을 걷어 내자, 다듬어진 몇 개의 돌조각으로 쌓아 만든 석관이 나왔다. 크기는 1 × 1.2m 정도였고, 뚜껑은 없었다. 석관 주위에는 아랍어나 아람어 또는 타무딕(Thamudic: 광야에서 잠시 동안 쓰이다가 사라진 고대어. 타무딕이 쓰인 시기는 출애굽 시대와 같다)이 아닌, 이제까지 한 번도 보지 못한 글씨가 새겨져 있었다.

다시 관속의 흙을 파내자 횟가루와 검은 역청이 한 층 덮여 있었다. 그 아래의 하얀 뼈는 이미 가루로 변해 버렸으며 작은 조각들만 남아 있었다. 부장품은 존재하지 않았다. 무덤으로 보이는 몇 구를 더 파 보았으나, 무덤마다 석관에는 고인의 이름으로 보이는 특이한 고대어가 새겨져 있을 뿐이었다.

오후 2시 30분에 디얍은 친절하게도 우리를

처음 만났던 사카카까지 함께 나왔다가, 시내 가까이에 있는 작은 동산으로 우리를 안내했다. 깎아지른 듯한 산봉우리 위에는 '마리드 캐슬(Marid Castle)'이 위용을 과시하고 있었다. 몇몇 유럽인들이 오래된 성곽 앞에서 사진 촬영을 하는 데 정신을 쏟고 있었다. 이 고 성곽은 건물 4~5층 높이의 사암 암반 위에 진흙과 짚을 섞어서 만든 흙벽돌과 돌로 건축되어 있었다. 3세기에 중축된 곳이라고 했다.

우리는 디얍에게 준비한 작은 선물을 주며, 고맙다는 말을 전했다. 그는 오랜 지기와 같이 부둥켜안고 볼을 부비면서 작별 인사를 했다.

✝ 아라비아의 교회 터

되돌아오는 길에 우리는 마을 중심에 있는 오마르 모스크(Omar Mosque)를 찾았다. 나는 일전에 정부 관료로부터 사우디아라비아에서 벌어진 '와하비스(Wahhabis)' 운동에 관해 들었다. 코란 경전을 엄수하는 회교도들의 일종의 부흥 운동이다. 특히 1943년 5월 31일 발행된 《라이프》지는 이 사건을 증명이라도 하듯 커버를 사우디 초대 왕이었던 압둘아지즈 빈 알 사우드(Abdulaziz Bin Al Saud) 사진으로 장식하면서 특별 기사를 실었다.

그 중에 특별히 제다 지역에 있는 '와하비스'에 의해 홍해에 수장된 그리스도인의 시체들을 모아 놓은 공동묘지의 사진도 실려 있었다. 그 이후 그리스도인도 교회도 자취를 감추었다고 한다. 하지만 그 관료는 유일하게 단 한 곳에 교회의 흔적이 남아 있다고 말해 주었다. 나는 그 관료가 보여 준 사진을 기억하면서

마리드 캐슬 3세기에 중축된 이 고 성곽은 건물 4~5층 높이의 사암 암반 위에 진흙과 짚을 섞어서 만든 흙벽돌과 돌로 건축되어 있었다.

사우디아라비아의 마지막 교회터

오마르 모스크를 찾아온 것이다.

오마르 모스크 건물은 진흙과 짚과 자갈을 배분하여 지어져 있었다. 왼쪽에
는 망루와 흡사한 하늘을 찌를 듯한 또 다른 성채가 있었다. 우리는 우선 오마
르 모스크 안으로 들어섰다. 사우디아라비아 기록 문헌들에 의하면, 이 모스
크는 중동에서 가장 오래된 사원이다. 이슬람 창시자의 후계자인 '칼리프 오
마르 빈 알 카탑(Caliph Omar Bin Al Khattab)' 이 중축했다고 한다. 우리의 관심은
거기 어딘가에 흔적으로 남아 있을 사우디아라비아의 마지막 교회당 건물을
찾는 데 있었다.

오마르 모스크는 오랜 세월이 지난 지금에도 90% 이상 원형을 보존하고 있

었다. 모스크 내부는 오물투성이로 변했지만, 지붕이 없는 특이한 형태의 사원이었다. 내부 통로를 조금 지나다 보니, 사원 아래쪽에 대추야자 밭이 광범위하게 형성되어 있었다. 사원 절벽 바로 아래 부분에 동시대 것으로 보이는 낡은 촌락과 함께 뾰족하게 올라간 첨탑과 부서진 낡은 건물이 보였다. 순간 울컥했다. 전에 정부 관료가 사진으로 보여 준 그 교회 터를 찾은 것이다.

이 땅은 온 천지가 이슬람으로 변해 버렸다. 제사장 나라가 가장 근접해 있는 나라, 성경에 나오는 고대 근동의 고고학적인 흔적들이 있는 나라, 하나님의 성산이 있는 나라임에도 아무도 하나님을 찾는 사람이 없는 나라, 아브라함의 육의 자손들(이스마엘의 열두 아들들) 흔적은 가득하지만 영의 자손은 없는 나라. 안타까웠다. 눈은 있으나 볼 수 없고 귀가 있으나 듣지 못하는 불쌍한 민족이 지금 이 땅을 지배하고 있다.

칼리프 오마르 빈 알 카탑은 교회를 압도하려고 의도적으로 교회 터 옆에 수십 배에 달하는 오마르 모스크를 지었는지도 모르겠다. 천 몇 백 년이 지난 지금 앙상하게 남은 사원을 둘러보면서, 이 땅에 하나님의 음성이 뇌성벽력처럼 울려 퍼져 게달의 민족이 하나님께 드려지기를 간절한 마음으로 기도드렸다.

그날 오후 5시 타이마(Taima)로 출발해서 도중에 하룻밤 묵고, 다음날 도착했다. 안내를 해 주겠다는 친절한 경찰관을 만났지만, 박물관 문이 닫혀 있어서 설명은 듣지 못했다. 다음 탐험할 때 꼭 데마에 들를 것을 기약하며 메디나를 경유하여 집으로 돌아왔다. 3,496km의 여행은 끝났다. 오후 9시 22분, 하나님께 감사의 기도를 드렸다.

유대인의
흔적을 찾아서

✝ 타이마 박물관에서

짧은 연휴를 맞이했다. 이번에는 우리 가족끼리만 탐험에 나서기로 했다. 북부 아라비아 타이마(데마) 지역을 집중 탐사하고, 여유가 되면 케이바 지역을 탐사하기로 했다. 5차 탐험인 셈이다.

제다를 출발해 메디나와 케이바를 경유하여, 828km를 달렸다. 타이마의 마드할 호텔에 도착했다.

다음날 이른 아침, 마을을 한 바퀴 돌아보았다. 그동안 몇 번 타이마 지역을 지나쳤지만, 우리를 안내해 줄 마땅한 사람을 만나지 못했다. '지식인이나 고고학 관련자들을 만날 수 있었으면' 하고 기도하는 마음으로 마을을 둘러보고 있었다. 그러는 중에 길가에 몇 개의 조형물들이 우리의 눈길을 끌었다. 타이마 박물관 간판이었다.

타이마 박물관은 작지만 정겨웠다. 가지런히 정돈된 유리 진열장 사이로 몇 개의 토기 조각과 토우들, 그리고 오랜 역사를 말해 주는 농기구들이 보였으나 아무도 없었다.

"이리 오너라! 이리 오너라! 게 아무도 없느냐!"

내가 우리말로 큰소리로 외쳤다. 나의 돌발 행동에 집사람과 큰아이들은 잔뜩 긴장을 했는데, 막내는 내 팔을 잡아당기며 낄낄거리고 웃었다. 우리는 고의적으로 사우디 법을 어기며, 그들이 출입을 금하고 있는 고고학 지역을 수년 동안 찾아다니며 자료를 수집해 왔기 때문에 아이들조차 가는 곳마다 눈치를 살피고, 늘 불안해했다. 그 모습이 안쓰러워 웃음을 주고 싶었던 것이다.

우리의 인기척에 노인 한 명과 15~16세 되어 보이는 청년 한 명이 통로 안쪽에서 나타났다.

"신의 은총을 빕니다. 지나가는 사람입니다. 박물관이 열려 있어서 들어왔습니다. 구경 좀 하고 싶은데요."

"아흘란 와 *싸흘란*(어서오세요)."

노인은 쌍수를 들고 기뻐했다. 의자에 앉으라는 시늉을 했다. 젊은 청년은 우리 딸아이들이 있어서 그런지 얼굴을 붉혔다. 노인이 나의 신분증을 요구했다. 검은 장부에 아랍어로 기재를 하다가 "왕족과 함께 계시네요." 하고는 내 신분증을 들고 다급하게 일어나 처음 나왔던 통로로 들어갔다. 그러더니 한참만에야 다시 나타났다.

"관장님께서 안에 계시는데 사무실로 안내해 드리겠습니다."

우리는 노인의 뒤를 따라 관장 사무실로 향했다.

널찍한 방에 한 중년 남자가 있었다. 그는 환하게 웃으며 우리를 맞이했다. 나는 내 소개를 하고 가족들도 인사를 시켰다. 그도 자기소개를 했다.

"저는 고고학자 겸 박물관장입니다. 리야드 국립박물관 이사직을 겸하고 있고 대학 강의도 나가고 있습니다. 책도 여러 권 집필했고요. 이 젊은 청년은 제 아들입니다."

그는 친필 사인을 한 책을 선물로 주었다. 그렇다면 이 지역에서 우리가 알고자 하는 것에 대해 이 사람보다 더 잘 가르쳐 줄 사람은 없을 것이다. 역시 하나님은 우리의 하나님이요, 준비하시는 분이시다.

나는 그에게 인삼차를 선물로 주었다. 그에게 딱 좋은 선물이었다.

"인삼차의 겉면 그림에서도 보듯이 '인삼'의 '인'은 사람이란 뜻입니다. 인삼 뿌리가 여성의 하체 비슷하게 생겨서 이놈을 먹기만 하면 남자들에게는 얼마나 좋은지 모릅니다."

나는 아랍어로 유창하게 설명했다. 그는 인삼차 상자를 몇 번이고 열었다 닫았다 했다.

"저희 집에서 점심을 함께하시죠. 오전에는 도심 주위의 고고학 지역을 안내하고 오후에는 광야에 있는 암각화도 보여 드리겠습니다."

절호의 찬스가 온 것이다. 그는 박물관 안내도 해 주었는데, 처음에는 사진을 찍지 못하게 하다가 결국은 찍을 수 있도록 허락했다.

타이마는 옛 고대 도시로 Taima 또는 Tema, Teima로 불렸다. 바벨론의 마지막 왕이었던 나보니두스(Nabonidus, BC 553~543)가 왕으로 즉위한 지 3년 되던 해부터 아들 벨사살이 섭정하게 하고 신(Sin)이라는 초승달 신을 섬기기 위해 10년을 거기에서 지냈다는 기록들이 여러 문헌들과 유물에 남아 있다. 역사학자들은 바벨론의 마지막 왕이 나보니두스라면서 성경에는 벨사살로 기록되어 있는데 성경이 잘못되었다고 공박했다.

그런데 1924년 시드니 스미스는 영국 대영박물관에서 찾아낸 점토 문헌을 해독하여 《나보니두스에 관한 이야기》라는 책을 폈다. 그 책에는 나보니두스가 제위 3년에 장남 벨사살에게 왕권을 이양하고 아라비아 데마로 떠나 달신을 섬겼다고 기록하고 있다. 페르시아가 바벨론을 함락할 당시에 바벨론에는 벨사살이 왕으로 있었음이 밝혀져 성경이 얼마나 정확한지 다시 한번 확인하는 계기가 되었다.

타이마는 이스마엘의 9번째 아들 이름이며 구약성경의 이사야와 예레미야에도 등장한다(욥기 6:19, 이사야 21:14, 예레미야 25:23). "아라비아에 관한 경고라 드단 대상이여 너희가 아라비아 수풀에서 유숙하리라 데마 땅의 거민들아 물을 가져다가 목마른 자에게 주고 떡을 가지고 도피하는 자를 영접하라"(이사야 21:13-14). 말씀에서 알 수 있듯이 타이마는 지역과 지역 사이의 교차로 역할을 했음을 알 수 있었다. 특히 타이마와 드단은 거리상 가까웠다.

카사르 알 하므라 큐브 나보니두스왕이 달신을 섬길 때 제단 위에 올려져 있었을 것으로 추정되고 있다.

박물관 중앙에는 특이한 정방형의 입방체 돌이 전시되어 있었다. 원본은 리야드 국립박물관에 전시되어 있고, 거기 전시되어 있는 것은 원본을 복제한 돌이라고 했다. 그래서 그 돌을 '카사르 알 하므라 큐브(Qasr-Al Hamra Cube)'라고 부른다. 그 돌은 기원전 6세기경 나보니두스가 초승달 신을 섬기기 위해 북부 아라비아 타이마에서 10년 동안 칩거 생활을 할 당시의 돌이라고 했다. 큐브의 용도는 확실하지는 않지만 나보니두스왕이 달신을 섬길 때 제단 위에 올려 놓았을 것으로 추정되고 있다.

자연석에 투각된 그림들은 달신(황소)과 해신(독수리 날개와 원반), 금성 또는 이스타르(별)였고, 다른 한 면에는 고대 바벨론 복장을 한 제사장과 향료와 황소머리에 올려진 원반이 그려져 있었다. 특히 이 돌은 프랑스 루브르박물관에 전시된 유명한 '타이마 스톤'과 비교될 정도로 고고학적 가치가 높았다. 타이마 스톤의 크기는 111×43cm, 지름은 18m나 되는 '에인 하제(Ain Haddaji: 나보니두스 우물)'에서 1988년에 발견되었다. 그 돌에는 아람어로 많은 것이 표기되어 있어서, 그 당시의 종교를 연구하는 데 큰 공헌을 했다고 한다.

박물관장은 어느새 둘도 없는 친구처럼, 내 손을 잡고 설명에 열중했다. 그는 우리를 구도시로 안내하며 나보니두스 우물에 대해서도 장황하게 설명해 주었다. 우물의 물은 지금도 펌프로 끌어올려 농업용수로 사용하고 있다고 한다.

2,700여 년 전 나보니두스 때에도, 낙타 60마리가 우물에서 물을 끌어올려 수로에 쏟아 부으면 수로를 따라 각 가정과 논밭으로 흘러가도록 설계되어 있었다. 나보니두스가 거처했을 것으로 추정되는 카스르 알 라덤은 그 우물에서 1.5km쯤 북서쪽에 위치해 있는데, 지하 터널을 연결하여 거기에서도 그 우물 물을 사용했다는 것이 밝혀졌다.

우리는 박물관장을 따라 '카스르 알 라덤(Qasre Al Radum: 나보니두스 성채)'에 도착했다. 견고한 철책이 성채를 에워싸고 있고 고고학 지역이라는 경고 간판을 보는 순간 섬뜩했지만, 박물관장의 안내를 받고 있으니 여느 때와는 다른 상황이었다. 그는 어느새 준비를 했는지 한 꾸러미의 열쇠 중에서 하나를 뽑아 정확하게 철 대문을 열었다.

그를 따라 들어가 나보니두스 성채를 마음껏 구경했다. 외곽은 거의 완벽하게 보존되어 있었다. 한쪽이 더 길어 보이는

에인 하제 나보니두스 우물(위)
카스르 알 라덤(아래)

319

카스르 알 하므라 여기에서 나보니두스 왕이 달신을 섬겼을 것으로 추정되고 있다.

듯했지만 가로세로가 30m 정도 되는 직사각형 성채였다. 내부에는 우물과 그 옆에 물을 길어 올릴 때 사용되었을 것으로 추정되는 2m 정도의 돌기둥이 있었다. 로프에 스쳐 닳은 흔적이 역력했고, 주거 흔적들도 조금 남아 있었다.

나보니두스 성채에서 다시 북쪽으로 2km 더 올라가니, 나지막한 동산 전체를 1km의 철책으로 에워싼 또 다른 고고학 지역을 만날 수 있었다.

"여기를 '카스르 알 하므라' 라고 부릅니다."

우리는 박물관장의 뒤를 따라 들어갔다. 광야 위에 인위적으로 10여 미터씩 쌓아올린, 길이가 300미터 정도 동서 방향으로 늘어져 있는 둑이 있었다. 그 위에 성채 모양을 한 주거 형태가 있었다. 박물관장이 말했다.

"리야드 박물관에 진열된 정방형의 카스르 알 하므라 큐브는 여기에서 발견됐습니다. 여기에서 나보니두스 왕이 달신을 섬겼을 것으로 추정됩니다."

주위 전체가 평야였다. 오늘따라 거기 북동쪽 하늘에 대낮에도 둥그런 은색 달이 잘 보였다. 고고학 지역 주위를 서성거리기만 해도 경찰들이나 지역 주민들로부터 문초를 당해야 하지만, 오늘은 안내까지 받아 가며 고고학 지역에 대해 설명을 듣고 확인까지 했다. 눈치껏 사진을 찍기도 하고 몇 개의 토기 조각까지 채집했다.

카스르 알 하므라를 중심으로 북쪽에서 동쪽으로 3~4km 떨어진 곳에 자연적으로 융기된 언덕 위에 7개의 망대가 일정한 간격으로 놓여있는데 많이 훼손된 상태였다. 카스르 알 하므라에서 볼 때 북서쪽에서 동남쪽으로 곧게, 때로는 둥글게 뻗은 성벽이 있었다. '타이마 만리장성(Taima Great wall)'이라고 부르는 성벽이 구도시와 신도시를 가르고 있었다. 흙을 지상에서 10여 미터 정도 높이로 돋은 뒤, 그 위에 자연석을 쪼개어 다시 2미터 정도로 높게 쌓았다. 이 성벽이 중국의 만리장성처럼 수십 킬로미터가 넘는 마을 전체를 휘감고 있었다.

박물관장의 따뜻하고도 의미 있는 친절 속에 다양한 고고학 자료를 얻었다.

타이마 만리장성

다시 그의 집으로 초대를 받아 시골에서나 맛볼 수 있는 점심식사를 했다. 거기에서 많이 생산되는 대추야자를 비롯해 싱싱한 야채들과 빵과 치즈, 그리고 각종 소스들로 시골 인심을 느꼈다.

점심 식사가 끝난 다음, 마을 어귀에서 북쪽으로 약 5km 지점에서 오른쪽 비포장도로를 따라 1km 진입하자 거기에도 철책으로 산 전체를 휘감은 고고학 지역이 있었다. 박물관장과 함께 문을 열고 들어섰다.

건조한 광야에 이미 무너져 내린 반석들이 얼기설기 엉켜 있었다. 나무 한 그루 찾기 힘든 여느 야산과 같지만 여러 군데의 바위그림들이 우리를 놀라게 했다. 특히 달신의 모체가 되는 소 그림들이 독특했다. 우리는 다시 타이마 구도시에서 신도시로 이동한 후 나지막한 능선으로 올랐다. 거기에는 시야를 가득 메운 무덤들이 보였다. 이를 어떻게 설명해야 할까! 끝도 없이 펼쳐진 이 수많은 무덤들, 아직도 어느 시대, 누구의 것인지 아무도 모르는 이 무덤들을.

3×7km의 면적 안에 8,000기 이상의 밀집된 무덤과 그 주위에 불규칙하게 수많은 무덤들이 흩어져 있었다. 박물관장의 말을 빌리면 무덤들은 신분 여하에 따라 크기가 다르다고 한다. 잘 다듬어진 돌로 분봉을 하기도 하고, 어린 아이와 어른이 함께 매장되어 있기도 하고, 때로는 금 그릇과 부장품들이 함께 출토되기도 하여 도굴범들이 날뛰고 있다고 한다. 실제로 조사가 끝난 몇 기의 무덤을 보여 주어 수천 년 전의 무덤 형태를 엿볼 수 있었다.

1883년 후버(C. Huber)가 타이마 스톤을 발견하여 루브르박물관에 보낸 뒤, 몇 팀의 고고학자들이 타이마 지역을 찾아왔지만 결론을 내릴 수 없었다고 한다. 타이마의 전 지역이 고고학 지역이라 해도 과언이 아닐 정도로 많은 유적들이 있었다.

박물관장은 어느 정도 거기를 안내했다고 생각했는지, 대동한 아들에게 음료수를 챙기도록 했다. 그리고 귀한 자료가 있다며 우리를 사막으로 안내했다.

박물관장은 우리와 함께 아들을 데리고 마을 로터리에서 남쪽으로 9.45km 지점인 구남(Gunam)산 앞에서 우회전을 하여 사막으로 들어섰다. 가끔 오아시스와 함께 밀 농장들이 보였지만 삭막한 광야였다.

흙먼지 속을 6.2km쯤 들어가다가 좌회전을 했다. 거기서부터는 아예 길도 없고 때로는 바위틈과 가시넝쿨을 지나야 하는 험한 길을 무려 16.8km나 들어갔다. 가는 길목 어디에서나 보이는 무덤들이 너무나 의아하게 생각되었다. 작은 산등성이에 다다를 때쯤 자동차를 멈추었다.

언제나 그렇듯이 우리 식구 5명은 행동 지침이 있다. 자동차에 내릴 때 카메라와 비디오카메라는 반드시 지참해야 하며, 늘 주위를 살피고 아무리 친한 사우디아라비아 사람이라도 우리의 최종 목적을 이룰 때까지는 어떤 곳에서도 함부로 말하거나 행동하지 않기로 했다. 또 고고학 지역에서는 작은 토기 조각이라도 채집을 하기로 했다. 사람들이 보는 앞에서는 어떤 기록도 하지 않지만, 쉬는 시간에는 시간별로 기록에 남겼다. 박물관장의 뒤를 따르며 우리의 눈빛은 예사롭지 않게 빛났다.

잠시 반석 위에 멈추었는데, 우리는 경악하지 않을 수 없었다. 수많은 암각화가 있었기 때문이다. 흥분된 마음을 달래며 박물관장의 동태를 살폈다. 그 역시 나를 힐끔힐끔 쳐다보며, 괜스레 데려왔다며 후회하는 눈치였다. 조심하지 않으면 안 될 것 같았다.

"얘들아! 이 아저씨가 우리를 의심하는 것 같으니까 너무 흥분하지 말고 조심스럽게 행동해. 때로는 장난도 치면서 촬영해라."

아이들에게 주의를 주고 그에게 다가갔다. 괜스레 쓸데없는 농담으로 그의 마음을 흩트려 보았다. 생각보다 그는 쉽게 넘어갔다. 그는 내 손을 잡고 조금 더 아래쪽으로 내려갔다. 그러자 평평한 반석 위에서 또 다른 진귀한 암각화

타이마 암각화 달신의 모체가 되는 소 그림들이 독특하다.

를 볼 수 있었다.

사람 형태의 대형 암각화는 아주 정교하게, 그리고 섬세한 부위까지도 작가의 마음을 담고 있었다. 특이한 것은 사람의 머리 부위였다. 사람의 몸에 독수리 얼굴 또는 염소 얼굴을 하고 있는 것이었다. 그것은 이집트 국립 박물관에 소장된 몇 점의 그림과 루브르박물관에 소장된 이집트 고대 그림들과 일치했다. 그 아래에는 얼룩소 그림과 고대 히브리어와 타무딕과 아람어가 섞인 글씨들이 보였고, 이스라엘 백성들이 애굽에서 종노릇할 당시 애굽 사람들이 섬기던 암소 신 하토르(Hator)나 황소 신 아피스(Apis) 그림인 게 분명했다. 그뿐 아니라 이리시스(Irisis), 호루스(Horus)도 보였던 것이다.

"와우! 와우!"

놀라는 척하며 장난기를 발동하여 그를 흔들어 보았다. 그는 내가 놀라며 좋아하는 모습에 의기양양해했다.

"친구! 어떻게 이런 그림이 이 깊은 광야에 있는 겁니까? 그리고 이런 걸 어떻게 찾았습니까?"

"사실은 몇 년 전에 리야드 고고학과 대학생들과 함께 전 지역을 답사해 찾아낸 쾌거랍니다."

"친구, 이 그림 너무 멋있는데 사진 한 장 찍겠습니다."

우리는 온 가족들과 함께 암각화 위에서 기념 촬영을 했다.

박물관장에게는 아무 말도 하지 않고 그저 흥분된 마음으로 자료 수집을 했다. 마침 지나치는 낙타를 탄 베두인과 함께 박물관장이 대화를 나누는 사이, 나는 다시 언덕으로 급히 올라갔다. 거기 전체가 암각화로 덮여 있었다. 큰딸을 불렀다.

큰딸을 불러 작은 돌덩어리를 들게 하고, 나는 큰 비석을 들고 자동차로 뛰기 시작했다. 한손에는 카메라가 들려 있고 다른 한손에는 비석을 들었다. 헐떡거리며 능선을 내려서자, 능선에 가려 박물관장이 보이지 않았다. 그가 보이지 않는다는 생각이 들자 비문석이 더 무거웠다. 깨어진 비문을 훔친다기보다는 이 광야에 방치되어 있는 것을 바깥세상으로 옮기고 싶어서였다. 결국은 두 점의 깨진 비석을 보유하게 되었다(나중에 보니 기적처럼 들고 온 비석 한 개의 무게는 13kg에 달했다).

태연하게 돌아와 박물관장에게 엉뚱한 이야기로 말을 걸어 보았지만 냉랭했다. 돌아오는 길에도 그는 단 한 번의 눈길도 주지 않았다. 타이마로 돌아와 쓸쓸한 인사로 헤어졌다. 귀한 자료를 획득했지만 더 이상의 교류는 기대하기 힘들었다(나중에 안 일이지만 우리가 비석을 옮기는 장면을 그의 아들이 목격했다고 한다).

오후의 석양이 붉게 물들고, 집을 떠난 낙타 떼가 다시 긴 행렬을 이루며 집으로 향하고 있었다. 거기에서 지체하면 어떤 상황이 발생할지 몰라 늦은 오후였지만 239km 떨어진 케이바로 향했다.

✝ 유대인의 흔적, 케이바의 가딤 낄라

이른 아침의 닭울음 소리가 하루를 열었다. 어느덧 먼동이 트고 있었다. 여러 차례 케이바를 왕래했다. 하지만 거기는 외지 차량 감시가 심해 접근하기 힘든 곳이었다.

케이바 중심가에서 약 3km 정도 북서쪽으로 향하면, '가딤 낄라(Kadim Kila)'라는 고도시가 있다. 거기는 기원후 6세기 경 모하메드가 이슬람을 창시하기 훨씬 이전부터 수많은 유대인 정착촌이 형성되어 있었다. 하지만 이슬람 교도와 사이가 악화되면서, 유대인은 단 한 명도 남지 않고 떠나버렸다. 거기는 현재 사우디아라비아에서 유대인의 삶이 고스란히 남아 있는 유일한 곳이다. 언제부터, 어떻게 유대인들이 거기에 살았는지에 관한 자료들은 많지 않았다. 대략 2,500여 년 전부터 유대인이 정착해 살았다고 전해질 뿐이다.

유대인과 관련이 있는 지역에 대해서 정부가 아주 민감한 반응들을 보였기

케이바의 이상한 돌담 그림

때문에 거기는 아마도 집중 관리되고 있을 것이다. 거기는 메디나에서 약 112km 북서쪽에 위치하고 있으니, 메디나 주지사가 직접 관리할지도 모른다. 또한 케이바 시에서도 감시를 할 것이다.

1차 여행 때 거기를 지나면서, 유대인들의 촌락들을 돌아보기도 했다. 하지만 너무 넓어서 다 돌아보지 못했다. 기회가 주어진다면 다시 탐사하고 싶은 마음이 들었던 곳이다.

가딤 낄라를 알리는 표지판이 보였다. 좌회전을 해서 고도시로 들어섰다. 입구에서 180m를 들어가니, 넓이 60×50m 정도 되는 광장이 나타났다. 이 광장을 중심으로 고가들이 보였다. 돌로 담장을 쌓고, 기둥과 서까래는 야자나무와 그 줄기를 이용했다. 틈을 메우는 데는 진흙을 사용했다. 야자나무 기둥을 살펴보니 가는 실 같은 섬유질로 촘촘히 짜여 있었다. 일반 나무 기둥보다 강도가 훨씬 강한 것 같았다.

고가를 따라 작은 동산으로 오르면 수천 년은 되었음직한 지붕 없는 담장 터들이 보였다. 유대인의 흔적이 너무도 많이 남아 있었다. 곳곳에는 아직도

케이바 댐

종려나무들과 불탄 흔적이 역력한 집채들이 고스란히 남아 있었다. 인적이 없
어서 꼭 유령도시 같았다. 풍족한 오아시스가 많아서 대추야자 나무들이 무성
하게 자라고 있었지만, 정부는 여기에 거처하거나 농사짓는 일을 금할 뿐 아
니라 접근조차도 못하게 하고 있었다.

　잠시 차를 멈추고 비탈진 언덕을 오르자, 여러 곳에서 사슴 암각화를 볼 수
있었다. 가족들과 함께 언덕을 오르내린 지 20여 분이나 지났을까, 어디선가
자동차 소리가 났다. 순찰용 경찰차가 마을 입구로 들어선 것이다. 재빨리 사
진기를 감췄다. 아이들의 사진기도 모두 감추었다.

　우리를 발견한 경찰이 당장 내려오라는 손짓을 했다. 인사를 건넸지만, 그
의 눈빛은 적의로 가득했다.

　"증명서를 보여 주시오. 여기에 대체 왜 온 거요?"

　"지나가는 길에 보니까, 대추야자 농장이 너무 아름다워서요."

　변명 아닌 변명을 그들이 들어줄 리가 없었다. 더 이상 해를 받지 않으려면

당장 나갈 수밖에. 그는 자동차 번호와 나의 신상을 기록하고는 쫓아내듯이 밀어냈다.

구글 어스(위성 입체 지도 서비스) 프로그램으로 이곳을 상공에서 살펴보면, 땅에서는 전혀 볼 수 없고 상상할 수 없던 기하학적 모양이 나타난다. 마치 땅에 돌담으로 대형 그림이라도 그려 놓은 듯하다. 와디를 따라 돌로 증축된 특이한 모양의 그림들이 수십여 개 나타난다. 세계 7대 불가사의의 하나로 꼽히는 페루의 나즈카 문양은 그림의 길이가 100~300m라 한다면, 여기의 대형 그림들은 무려 2km에 가까운 길이다. 케이바의 돌담 그림은 드넓은 광야에, 사우디아라비아 정부의 무관심 속에 숨죽이며 나열되어 있었다.

다시 한 번 도전하리라 마음먹고 케이바 시내 쪽으로 달려갔다. 백여 미터 거리를 유지하며 경찰차가 우리를 따라오고 있었다. 우리가 시내 상가에 들를 때도, 주유소에 들를 때도 계속 우리를 감시했다. 그러더니 결국 우리를 불러 세우고 으박질렀다.

"지금 당장 이 도시를 떠나지 않으면 연행하겠소!"

아쉬움을 뒤로 한 채, 우리는 케이바를 떠날 수밖에 없었다.

케이바를 떠나 메디나 방향으로 25km 지점에서, 좌회전해서 약 1.8km 들어가니 케이바 댐이 나왔다. 이 큰 댐이 우기에 빗물을 모아 두는 와디였는지, 아니면 고대에는 강물이었는지는 알 수 없었다.

이 댐은 매우 거대하다. 길이는 약 135m, 높이는 약 20m나 되었다. 도저히 수천 년 전에 이 댐을 만들었다는 사실이 믿어지지 않았다. 사람들은 이 댐이 스바 여왕 때 만들어진 것이라고 주장하기도 하고, 또 2,500년 전 유대인이 만들었다고 주장하기도 한다. 끝 부분에 균열이 생겨 일부가 파손되었지만, 원형은 잘 보전된 셈이다. 그래서 고고학적 자료로서도 중요하지만, 건축학적 연구 자료로도 중요한 몫을 차지하고 있었다.

예멘에서 우연히 만난 모세 그림

　댐을 돌아보니 몇 해 전 예멘 출장 때 보았던 2천 년 전의 그림이 생각났다. 지난 2000년 3월 6일, 나는 2박 3일 일정으로 D건설 임원들과 함께 예멘에 출장을 다녀왔다.

　왕자 사무장과 함께 교통부 장관과의 면담을 마치고 호텔 로비에 있었다. 그때 사무장과 현지인이 무슨 긴한 이야기를 하기에 업무 차원이겠거니 했는데, 그들이 사무용 봉투를 건네받는 모습이 예사로이 보이지 않았다.

　호텔 방에 돌아와 사무장에게 그 봉투를 좀 보여 달라고 했더니, 그가 안절부절 했다. 나는 큰소리를 쳤다.

　"너 그거 당장 보여 주지 않으면 가만있지 않을 거야. 나 태권도 하는 거 알지? 이거로 콱!"

　내가 주먹을 불끈 쥐자, 그가 손사래를 쳤다.

"스텐나(잠깐만), 스텐나!"

그는 나를 진정시키더니, 작은 목소리로 속삭였다.

"혼자만 보고 절대로 입 밖에 내지 마!"

그러고는 조심스럽게 그림 한 장을 내 앞에 내놓았다. 낡디 낡은 그림이었다. 오랜 세월을 말해 주듯, 일부분은 훼손되어 있었지만, 그림의 형체는 선명했다. 그림 주위를 가만히 살펴보니 히브리어가 쓰여 있었다. 나는 더 이상 움직일 수 없었다.

'이건 모세다! 이건 십계명이다!'

모세 얼굴에는 광채 대신 두개의 뿔이 그려져 있었지만, 분명히 십계명이 쓰인 석판을 든 모세였다. 모세의 손에 들린 두 개의 계명판은 너무 사실적이었다. 머리에 난 두 개의 뿔은 힘을 상징하는 듯 용맹스러웠다. 그림의 배경은 하늘나라를 뜻하는 것 같기도 하고, 예루살렘 성전을 뜻하는 것도 같았다. 그림 주위의 히브리어 글자는 전문가들의 해석이 필요할 것이다. 이 그림은 지금까지 세상에 한 번도 공개되지 않은 귀중한 자료였다.

'아니, 이렇게 귀한 그림이 어떻게 예멘에 있단 말인가!'

이 녀석 앞에서 놀라는 기색을 보여서는 안 된다는 생각에 마음을 가라앉히며 말했다.

"이거, 무슨 그림이 이래?"

"나도 몰라. 예멘의 어떤 족장이 이걸 사우디아라비아 갑부들에게 팔아 달라고 하기에 갖고 왔어. 아무리 못되어도 2천 년은 되었나 봐."

사실 예멘에는 먼 옛날부터 유대인이 사는 도시가 있었다. 성경에는 솔로몬 왕 시대에 예멘 지역의 스바 여왕이 솔로몬 왕이 지은 궁과 그의 지혜를 들으려고 많은 황금과 보석과 향품을 갖고 찾아온 것이 기록되어 있다(열왕기상 10:10). 지금도 아랍에는 유대인이 850여 명이나 숨죽여 살고 있다고 한다. 그렇다면 유대인들이 대대로 가지고 있었던 그림인지도 모른다.

더욱 놀라운 것은 다른 한 장의 그림이었다. 최초의 제사장이요, 모세의 형인 아론의 모습이 그려진 그림이었다. 제사장 의복을 설명한 성경 말씀과 그림이 너무나 똑같았기 때문에, 나는 그 그림 속 인물이 아론이라는 것을 알아본 것이다. 그 옷은 우림과 둠밈을 넣어 둔 흉패와 띠, 옷자락에 방울과 석류가 교차해서 매달려 있었다. 너무나 사실적으로 정교하게 그려진 그림이었던 것이다.

이렇게 귀한 자료를 보다니, 그날 내가 얼마나 놀랐는지 모른다. 그 그림은 내가 스캔하여 보관 중인데, 곧 해독될 날을 기다리고 있다.

우리는 메디나를 거쳐 제다로 돌아왔다. 무사히 돌아오게 해 주신 하나님께 감사를 드렸다.

✝ 영국 대영박물관의 이집트관에서

2004년 초 나는 근사한 초청을 받았다. 사우디아라비아의 유명한 갑부와 또 다른 갑부의 딸을 중매 서기로 했는데, 신랑 측에서 나를 영국 런던으로 초청한 것이다. 런던에서 사나흘 동안 머물렀다가 신랑과 함께 기차를 타고 도버 해협을 건너 프랑스에 가서 신부를 소개시켜 주기로 한 것이다.

나는 잔뜩 기대가 됐다. 사실 프랑스 루브르박물관의 이슬람 전시관과 이집트 전시실은 그동안에도 자료 수집을 위해 10여 차례 방문했다. 하지만 대영박물관은 한 번도 가본 적이 없었기 때문이다.

영국 런던에 도착하자마자 대영박물관을 찾았다. 이집트 전시관은 2층에 있었다. 거기에는 애굽인의 샌들이 전시되어 있었는데, 이스라엘 백성이 이집트에서 노예 생활을 할 때 신었던 것으로 추측된다고 기록되어 있었다. 그것을 보고 나는 무릎을 쳤다.

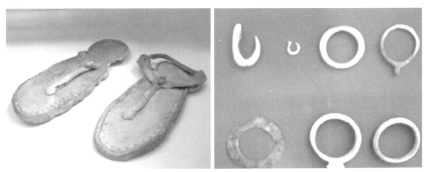

대영박물관 이집트 전시실에 전시된 샌들(좌) 조개껍질(우) 유물

'아, 저 끈 풀린 샌들은 라오즈산 근처에서 보았던 암각화의 샌들과 너무 유사하다.'

한참을 돌아보다 나는 또 깜짝 놀라고 말았다. 바로 왕 시대 때 뼈로 만든 낚시 바늘인데, 그것은 내가 지난번 꾸레이야 계곡에서 채집한 조개껍질 장식품과 같았기 때문이다.

바벨론에서 섬겼던 마루둑과 달의 신 그리고 이스타르 등에 관련된 자료를 확인할 수 있었다. 그 외에도 사우디아라비아에서는 기독교와 관련된 전화나 메일은 즉각적으로 조사를 받기 때문에, 나는 해외 출장을 나갈 때마다 고고학자들에게 전화 연락을 취해 왔다. 내가 탐험한 자료들을 함께 연구하고 싶었기 때문이다.

나는 영국의 한 호텔에서 캐나다 밴쿠버에 있는 구약학 교수에게 전화를 걸었다. 그는 흥미를 보이며 모든 자료를 가지고 캐나다로 방문해 달라고 말했다. 나는 그렇게 하기로 약속을 했다.

나는 다시 용기를 내어 미국 테네시 내슈빌(Nashville)에 있는 와이어트 박물관 관장에게 전화를 걸었다. 박물관장 리처드(Richard)는 하루 빨리 나를 보기 원했다. 모든 자료를 가지고 빠른 시일 내로 만나자는 약속을 했다.

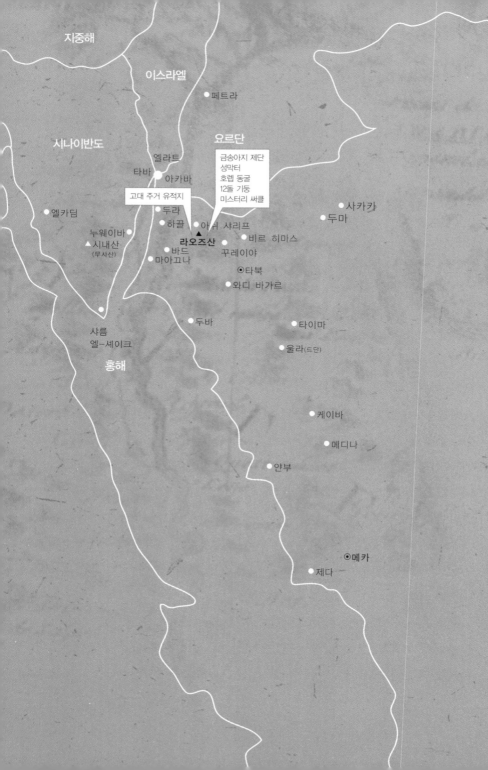

지중해

이스라엘

•페트라

시나이반도

요르단

엘라트

타바
•아카바

금송아지 제단
성막터
호렙 동굴
12돌 기둥
미스터리 써클

•엘카딤

•사카카
•두마

누웨이바
▲시내산
(무사산)

•두라
•하끌
고대 주거 유적지
•아쉬 샤리프
▲
라오즈산
•비르 히마스

•바드
•마아끄나
•꾸레이야

⊙타북
•와디 바가르

•두바

샤름
엘-세이크

•타이마

•울라(드단)

홍해

•케이바

•메디나

•얀부

⊙메카
•제다

아라비아, 아라비아

현대판
모세의 탐험

† 현대판 모세

캐나다 토론토 공항에서의 취조관을 앞에 두고, 나는 다시 말을 이었다.

"그 산이 있는 곳은 군사 지역이어서, 일반인은 접근조차도 하기 힘든 곳입니다. 그 산이 어떤 산인지 아십니까? 바로 구약성경에 등장하는 시내산입니다. 모세가 하나님의 십계명을 받았던 시내산이라는 말입니다. 마호메트는 40세가 되던 해에(기원후 610년), 그러니까 지금으로부터 1,400년 전에 히라(Hira) 동굴에서 명상을 하다가 계시를 받고 이슬람교를 창시했습니다. 그 뒤에 이슬람교도들은 아라비아에 있는 모든 기독교 관련 성지와 고고학 지역을 감추었습니다.

나는 그 사실을 알고부터, 그 지역을 틈나는 대로 정부에서 모르게, 목숨을 걸고 조사를 했습니다. 이번에 저는 '라오즈산'이 바로 진짜 시내산이라는 것을 증명할 수 있는 자료들을 가지고 홀리트리니티 대학교(Holy Trinity University) 고고학 교수님을 만나기 위해 캐나다에 온 것입니다. 이 교수님을 만나고 나서 미국 테네시 주의 와이어트 박물관 관장님과도 만날 예정입니다."

캐나다 이민국 안에서 내 이야기를 다 들은 이민국 경찰과 내무부 직원 산드라의 눈은 동그랗게 커졌다.

"원하신다면 자료를 보여 드릴 수도 있습니다. 하지만 기독교를 인정하지 않는 사우디아라비아에서 저의 신분이 공식적으로 노출되면, 나와 우리 가족은 영원히 사우디아라비아를 빠져나가지 못합니다."

그들은 대답 대신 근심 어린 얼굴로 고개를 끄덕였다.

나는 수천 년 전 이스라엘 백성의 발자취들을 담은 사진을 보여 주면서 성경의 구절을 들어가며 설명했다. 그들은 성경 말씀이 그렇게 사실적이라는 것에 놀라워했다. 우리가 베두인에게 깊은 산속으로 유인되어 목숨을 잃을 처지에서 장난감 권총으로 살아나온 소설 같은 이야기를 들려주자, 그들의 눈가에 이슬이 맺혔다.

"죄송합니다. 저희가 실수했습니다. 저희가 현대판 모세를 몰라봤습니다."

내 설명을 다 들은 그녀들은 몇 차례 내 손을 잡으며 오히려 용서를 구했다. 성령님께서 그들의 마음을 만지신 것이다.

이민국 여자 경찰은 무전으로 나의 밴쿠버 행 비행기 스케줄을 잡아 주었다. 다음날 아침 비행기가 확정되었다. 그들은 입국 스탬프를 찍고, 공항청사 밖까지 따라 나왔다. 호텔까지 안내해 주겠다고 하는 것을 내가 괜찮다고 했다.

밤 10시 50분을 넘어섰다. 며칠 만에 바깥 공기를 맡으니, 이제 좀 살 것 같았다. 피곤이 밀려왔다. 공항청사 맞은편에 있는 호텔에 방을 잡았다. 방에 들어와 하나님께 감사 기도를 드리고, 아내에게 전화를 걸었다. 아내의 첫말이 이랬다.

"여보! 당신 아무 일 없지요? 그렇죠?"

아내는 계속 악몽에 시달렸다고 했다. 내가 초췌해져서 괴로워하고 있더란다. 꿈에서 깬 뒤에 하루 종일 기도를 하면서 내 소식을 기다리고 있던 중이라고 했다.

"여보, 나 괜찮아요. 십자가 군병인걸. 힘들었는데 지금은 괜찮아요…."

다음날 아침 밴쿠버로 향했다. 홀리트리니티 대학교 고고학 교수님 몇 분과 캐리 신학대학(Carey Theological College) 학장님과 함께 상담을 했다. 우리 가족이 사우디아라비아를 벗어나면 모든 자료 연구에 함께 뜻을 모으자고 논의했다.

미국 테네시로 출발하기 위해 캐나다 공항에 도착했지만, 나는 또 이민국에 사로잡히는 신세가 됐다. 나는 캐나다 이민국에서 미국 이민국으로 옮겨졌다. 미국 이민국 경찰은 나를 성조기를 세워 둔 CCTV가 장치된 방으로 데리고 가더니 취조하기 시작했다. 미국 이민국 직원도 여권에 기재된 아랍 지역 출입 비자를 문제 삼았다. 한국인인 나도 이런데, 진짜 아랍인들의 고충은 얼마나 심할 것인가.

나는 지난번 캐나다 이민국 직원들에게 이야기한 대로, 내가 왜 미국을 가려고 하는지 그리고 이번 일에 역사하신 하나님의 놀라운 이야기를 들려주었다. 경찰은 무전기를 들더니, 출발 직전에 있던 미국 테네시 행 항공편을 탈 수 있도록 친절을 베풀어 주었다.

2시간 30여 분 뒤에 나는 테네시 주의 내슈빌에 도착할 수 있었다. 공항에는 론 와이어트 박물관장 리처드와 그의 가족, 그리고 론 와이어트의 부인이 함께마중 나와 있었다. 나중에 안 일이지만, 론 와이어트는 이미 고인이 되었다고 했다. 그의 생전의 업적을 그리스도인은 잊을 수 없을 것이다.

✝ 하단과 아브라함산

2005년 3월 25일 금요일

그동안 두차례 더 탐험을 다녀왔는데, 얼마 전 또 놀라운 소식을 들었다.

세계 최대 정유 회사인 아람코사에는 내 친구 압달라 알 말리키가 근무하고 있다. 그에게서는 베두인의 습성을 거의 찾아볼 수 없었다. 그는 미국 유학 생활을 했다는데, 그때 서구식 생활 방식과 서양문물을 몸에 익힌 모양이었다.

우리는 가끔 종교와 관련해서 열띤 토론을 벌이고는 했다. 그는 때때로 성경의 오류라며 몇몇 성경 구절들을 들추어냈다. 그 가운데서 예수님이 어떻게 하나님이 될 수 있는지를 제일 못 미더워했다. 또 그는 신약 성경에서 말하는 또 다른 보혜사가 바로 마호메트 선지자라는 이슬람의 주장을 지치지 않고 되풀이했다. 늦은 밤까지도 우리는 거리낌 없이 토론을 벌이며 진한 자스민차를 즐기곤 했다.

그러던 어느 날, 그가 내게 토종꿀 한 통을 선물로 주었다.

"이번 휴가에 고향에 갔다가 가져온 거야. 고향에서 가장 높은 산, '아브라함산'에서 채취한 꿀이야. 아 참, 그 산 꼭대기에 로스트 시티라고 부르는 고대인들의 주거 흔적들이 있는데, 거기에 아브라함이 알라신께 드린 제단이 있다지, 아마."

"뭐라고?"

나는 그 친구의 말이 믿기지가 않았다.

"산이 워낙 높고 험해서 가기가 쉽지 않대. 그 지역 사람들이 그 산의 아브라함 제단에서 살라드(이슬람의 예배)를 하자, 관할 종교국에서 헬리콥터를 타고 올라가 제단을 모두 부숴 버렸대. 인도인 고고학자가 그 지역을 탐사하다가 그만 바위에 미끄러졌는데, 아직도 시체를 찾지 못했다더군."

그 친구와 헤어진 지 한참이 지났는데도, 그 말이 자꾸만 머릿속을 맴돌았다. 나는 고대 문헌이나 대학 도서실을 다 뒤지고 다녔다. 그러나 아브라함 제단과 관련된 자료는 아무것도 없었다.

'왜 사우디아라비아 정부는 그런 귀한 자료들을 파괴하는 것일까?'

안타까운 마음이 쉽게 가시지 않았다.

그로부터 6개월이 흘렀다. 어느 날 내 친구의 고향 사람이 내게 치료를 받으러 왔다. 나는 그와 이런 저런 이야기를 주고받았는데, 그도 내 친구와 똑같은 말을 했다.

"아브라함 제단이 진짜 있었을까 궁금합니다. 거기가 어디쯤 될까요?"

"그래요? 그럼 제가 직접 안내해 드릴 수 있어요."

우리는 지금 아브라함 제단을 찾아가는 길이다. 앞으로 2박 3일 동안 어떠한 증거라도 찾기 바라는 마음으로 북부 아라비아 제8차 탐험에 올랐다.

메카에서 광야 길을 지나 해발 1,600m의 알 하다(Al Hada)에 올랐다. 길이 너무 가팔라서 현기증이 날 것만 같았다.

평지에서 급작스럽게 솟아오른 산을 굽이굽이 돌아가는데, 주위에 수많은 비비(원숭이)들이 떼를 지어 다녔다. 사우디아라비아 전역의 고산지대에 살고 있는 비비들은 약 35만여 마리나 된다고 한다. 특히 메카에서 타이프 구간에 사는 비비들은 관광객들이 던져 주는 음식에 의존해서 살아가는 탓에, 자동차 소리만 나면 대거 몰려든다. 신문에도 가끔 여기에서 일어나는 해프닝이 기사화되고는 하는데, 특히 2000년 초에 발생한 두 가지 사건은 두고두고 기억에 남는다.

어떤 사우디아라비아 젊은 부부가 타이프 알 하다(Taif Al Hada) 지역에 원숭이를 구경하려고 갔다. 한 돌이 지난 아이 손에 빵 조각을 들려주고 원숭이를 유혹하면서 사진 촬영을 하려는 순간, 원숭이 떼가 아이까지 데려가 버렸다. 헬리콥터를 동원해서 아이를 찾았으나, 아직까지도 찾지 못했다.

또 한번은 베두인이 하얀 미츠비시 픽업트럭을 타고 여기를 지나다가 원숭이 한 마리를 차에 치어 죽였다. 베두인은 아무렇지도 않게 생각하고 가던 길을 계속 갔다. 그리고 사흘이 지나서 다시 같은 길을 가는데, 며칠 전 자신의 차에 치어 죽은 원숭이 한 마리가 그대로 있더란다. 그때 갑자기 원숭이 떼가 괴성을 지르며 돌덩이를 집어던지기 시작했다. 자동차 유리창은 박살이 났고, 그 베두인은 목숨을 걸고 도망쳐야 했다는 것이다. 아마도 원숭이들은 3일 동안이나 이 베두인 차를 기다렸던 모양이다.

원숭이가 출몰하는 '알 하다' 지역을 지나, 타이프 도심을 벗어났다. 약 90km를 더 달려 우측으로 꺾어 32km를 더 가면, '하닷 바니 말리크(Hadad Bani Malik)' 라는 작은 고도시가 나타난다. 거기가 바로 내 친구의 고향이다. 마을 주위에는 투르크족의 망루가 곳곳에 몇 백 년이 지난 지금에도 그 위용을 드러내 보이고 있었다. 마을 인근에 아브라함산이 있고, 산 정상에 고도시가 있다고 했다.

나는 일단 말씀을 펴고 아브라함이 제사를 드린 곳을 찾아보기로 했다. 창세기 25장에 보면, 이스마엘의 8번째 아들 이름이 하닷이라고 나온다. 그 외에는 성경적 근거가 없었다. 아브라함이 이스마엘과 하갈을 브엘세바에 버린 뒤로, 이스마엘과 관련된 내용은 더 이상 등장하지 않는다. 그러다가 아브라함의 장사를 지내기 위해서 이삭과 이스마엘이 막벨라굴에서 다시 만나는 장면이 나온다(창세기 25:9). 이를 보면 기록된 말씀에는 없지만, 아브라함과 이삭과 이스마엘이 계속 교류하고 있었음을 알 수 있다.

하닷에 도착해서 거기를 안내해 주겠다고 했던, 내게 치료받으러 왔다가 친구 사이가 된 아하맛에게 전화를 걸었다. 우리는 다음날 만나기로 했다.

다음날, 우리는 알 바하쪽으로 십여 분 가다가, 왼쪽에 나 있는 험한 비포장 길을 타고 올랐다. 산 중턱을 가로지르다가 다시 계곡 쪽으로 내려갔다. 큰 바위 위쪽에 차를 세웠다. 계곡 너머에는 거대한 바위산이 하늘 높이 솟아 있었다. 저 높고 험한 산을 어떻게 오를 수 있을까, 엄두가 나지 않았다. 계곡으로

아브라함산의 고인돌

조심스럽게 내려서자, 사우디아라비아라고는 상상 못할 만큼 아름다운 꽃밭이 펼쳐져 있었다. 그런데 꽃에 향이 없었다. 꽃은 꽃인데, 줄기에 가시가 많았다.

계곡을 막 지나자, 고대적 주거 흔적들이 숲과 나무에 덮여 있는 것이 보였다. 산비탈을 오르는 길에 가시넝쿨에 가려진 돌기둥이 몇 개 있어서, 가시 넝쿨을 걷어내고 보았더니 고인돌이었다. 이런 거석무덤은 사우디아라비아의 어느 지역에서도 볼 수 없었던 무덤 형태였다. 아하마드는 여기에 몇 차례 왔었지만, 이런 건 처음 본다고 했다(나중에 돌아와서 사우디아라비아 고고학자들에게 문의해 보았지만, 대부분 아브라함산에 이러한 유물이 존재하고 있다는 것 자체도 모르고 있었다. 위키피디아(Wikipedia) 백과사전에 의하면, 대부분의 고인돌은 기원전 4000~3000년 신석기시대의 돌무덤 형태이며, 40% 이상이 한국에 분포되어 있다고 한다. 중동 지역에도 가끔 나타나지만 시리아의 골란고원과 요르단과 이스라엘에서도 일부가 나타난다고 한다).

험준한 산을 올랐다. 대형 바위들이 금세라도 굴러 떨어질 것 같았다. 길도 없었고 인적도 없었다. 가족들끼리 서로 잡아 주고 끌어 주면서 산을 올랐다.

몇 차례나 "주여!" "주여!" 하고 외쳤다. 그만큼 길이 험했다. 올라가다 보니 산 아래를 내려다볼 수 있는 전망 좋은 곳에 10×10m 정도의 넓은 바위 위에 깎아 세운 듯한 돌 제단이 있었다. 하지만 이것이 아브라함의 제단이라는 어떤 근거도 찾을 수 없었다.

산에 오른 지 4시간 정도 지났을 때, 우리는 거의 산 정상이 보이는 곳에 도달했다. 급격하게 솟아오른 가파른 바위가 수십 미터 정상으로 치닫고 있었다. 우리는 구름 위까지 올라온 것이다. 산 아래는 온통 구름으로 덮여 있어서 시야를 분간하기 힘들었다. 온도도 급격하게 떨어졌다. 이제는 빗방울마저 떨어져 미끄럽기까지 했다. 더 이상 오르기가 힘들었다.

"더 이상 오르기는 힘들겠어요. 이제 그만 내려갑시다."

아이들도 많이 지쳐 있었다. 가족회의를 통해 포기하고 내려가기로 결정했다. 막상 내려가려고 보니 암담했다. 이 낭떠러지 길을 어떻게 내려가야 할지, 워낙 험해서 길을 잃지 않고 내려갈 수 있을지 걱정이 되었다. 주님께 도움을 요청하는 수밖에.

미끄러운 바위를 붙잡고, 나뭇가지에 의존하며 간신히 산을 내려갔다. 그저 손으로 붙잡을 수 있는 풀뿌리만 있어도 얼마나 감사한지 몰랐다. 무사히 산을 내려와서 시계를 보았다. 산을 내려오는 데 무려 6시간 30분이나 걸렸다. 더 이상 아브라함산을 오르고 싶은 생각이 들지 않았다.

다음날, 마을을 떠나 집으로 되돌아가는 길이었다. 돌로 쌓아올린 성채 같은 집을 발견하고 잠깐 들러보기로 했다. 거기에 살고 있는 73세 노인이 우리를 기쁘게 맞이했다. 나이에 비해 아주 건강해 보였는데, 석청을 즐겨먹는다고 했다.

"이래 봬도 내가 부인 4명과 함께 살아요. 14명의 아들과 13명의 딸을 키워

냈다고."

노인은 내 손을 이끌고 옆에 있는 방으로 안내했다. 그 방에는 생후 2주일된 갓난아기가 누워 있었는데, 자기 아이라며 자랑을 했다. 그것만 해도 놀라운데, 노인은 또 이렇게 말했다.

"셋째 부인도 임신 6개월째야."

우리는 모두 기절할 뻔했다. 노인은 우리를 거실로 안내한 다음, 상석에 앉게 했다. 그리고 정성들여 준비한 씨앗들과 홍차를 무릎을 꿇고 접대했다. 나는 그런 그를 보면서 영락없는 베두인이라는 생각을 했다. 아직도 아랍인, 특히 베두인은 아브라함이 우연 중 마므레 상수리나무 아래서 만난 세 사람의 손님을 대접하다가 하나님을 만난 것을 기억하고 있었다(창세기 18장). 그래서 불시에 찾아온 낯선 손님 대접하는 일을 귀한 일로 여긴다.

"양을 잡을 테니, 꼭 점심 식사를 하고 떠나세요."

노인이 이렇게 말하더니, 진짜로 양을 잡으려고 준비하는 게 아닌가. 나는 그를 간신히 말리고 작은 선물을 주었다. 노인은 정말 기뻐했다.

헤어질 때는 나를 부둥켜안고 눈물을 글썽였다. 또 언제 만날 수 있을지 모르겠다며. 사랑이 많은 할아버지였다. 사랑은 허다한 것을 덮기도 하며, 오래오래 기억나게 한다.

사우디아라비아에서 사는 동안에 들었던 가장 아름다운 이야기 하나가 생각난다.

미국인 남성과 한국인 여성이 국제결혼을 해서 사랑스럽게 가정을 꾸려가고 있었다. 어느 날 부부가 쇼핑을 다녀오다가 집 앞 주차장에 세워진 차 밑에서 상처 입은 고양이 새끼를 발견했다.

그 새끼 고양이를 꺼내고 보니 상처가 생각보다 심했다. 다른 고양이에게 공격을 당했는지, 여러 곳에 상처가 나 있고, 골절도 있어 보이고, 심지어 두 눈은 빠져나와 있었다. 집안으로 데려와 얼른 응급조치를 취한 다음 급하게 수의사를 찾았다. 몇날 며칠을 치료해서 목숨은 건졌으나, 새끼 고양이는 실명과 골절 부상으로 거의 움직일 수 없게 되었으나 치료 후 많이 회복되었다.

그 뒤로 몇 개월이 지난 어느 날, 부부는 새끼 고양이와 함께 동물 병원을 찾아갔다. 고양이가 정기검진을 받기 위해서였다. 수의사는 이들 부부를 보더니 무척 반겼다.

"어떤 사우디아라비아 사람이 여기 동물 병원까지 찾아와 눈먼 고양이를 찾더라고요. 그래서 손님들이 생각났는데, 연락할 길이 있어야지요. 자기 딸의 수술 날짜까지 미루면서 눈먼 고양이를 찾고 있어요. 제가 연락해 볼 테니, 잠깐만 기다려 주세요."

수의사가 연락을 취하자 곧 사우디아라비아 사람이 찾아왔다.

"그 고양이를 살 수만 있다면 가격은 얼마든지 지불하겠습니다."

부부는 그 사람의 말을 이해할 수 없었다.

"아니, 이 고양이는 앞도 못 보는 불구이고 다리도 제대로 쓰지 못하는 데요. 팔기가 좀 그렇네요."

그러나 꼭 그 고양이를 사야 한다며, 이렇게 말했다.

"저희들은 공주님을 모시고 있습니다. 공주님은 열여섯 살인데, 안타깝게도 장님이십니다. 그런데 고양이를 무척 좋아하세요. 혼자 계실 때 늘 고양이를 안고 있고 싶어 하십니다. 그런데 고양이들이 어디 가만히 있나요. 그래서 저희가 생각한 것이, 눈 먼 고양이가 있으면 공주님께 참 좋은 친구가 되겠다는 것이었어요. 지금 몇 달째 동물 병원마다 연락을 해 놓고는 기다리고 있는 중이었습니다."

사연을 들은 부부는 정든 고양이를 아무 대가 없이 그들에게 건네주었다. 그날 저녁, 부부는 한 통의 전화를 받았다. 공주의 아버지인 왕자가 직접 전화를 건 것이다. 왕자는 이들 부부를 직접 만나기를 원했다.

약속한 날, 왕자는 경호원들과 함께 이들 부부를 찾아왔다.

"감사합니다. 공주의 간절한 소망이 이루어졌습니다. 고양이도 공주와 같이 앞을 보지 못하니까 공주 품을 떠나지 않더군요. 공주가 너무 좋아합니다. 혹시 선생님들 생일과 통장번호를 알려 주시겠습니까? 이 고양이를 주신 선생님께 특별 선물을 하고 싶습니다."

부부는 극구 사양했다. 하지만 왕자는 끝내 이들 부부의 통장번호와 각자의 생일과 결혼기념일 날짜를 받아갔다. 얼마 후 공주와 고양이는 전용기로 영국으로 갔고, 공주도 고양이도 한쪽 눈씩 이식 수술을 했다. 수술이 성공적으로 잘 되었다며 감사의 소식을 이들 부부에게 전해 온 것이다.

그해 이들 부부의 결혼기념일이 되었을 때, 부부는 깜짝 놀라고 말았다. 통장에 3천 달러가 입금되어 있었던 것이다. 그 뒤로부터 해마다 이들 부부의 생일과 결혼기념일과 크리스마스에는 어김없이 3천 달러가 입금되고 있다고 한다.

아라비아 서북부를 향해

<u>2005년 8월 7일 주일</u>

9차 탐험에 나섰다.

매번 북부 아라비아를 탐사하고 돌아올 때쯤 되면 나는 늘 아쉬운 생각이 들었다. 좀 더 여유롭게 시간을 가지고 광범위한 지역을 탐사해야 하는데, 탐사대원들이 늘어나다 보니 그럴 수 없었기 때문이다. 나는 탐사를 좀 더 여유롭게 하기 위해 이번에는 우리 가족들끼리만 떠나기로 했다.

5박 6일로 일정을 잡았다. 이번 여행에 우리의 눈이 되어 줄 친구는 타북 지역의 아부 아하마드이다. 그와는 벌써 몇 년째 친구로 지내고 있다. 우리가 북부 아라비아를 여행하러 갈 때면, 자진해서 며칠이고 안내를 해 주기도 하고 집으로 초대해서 만찬을 베풀어 주기도 했다.

이번 탐사 여행의 주된 목적은 이스라엘 백성들이 광야 생활을 했을 것으로 추정되는 아라비아 서북부 지역들을 살펴보고, 관련 근거들을 수집하는 것이다. 바란 광야로 추정되는 타북 인근 지역의 무덤 형태와 그림 등을 살펴보고, 할 수 있다면 도굴범들이 빠뜨린 작은 부장품들이라도 채집하기로 했다.

제다에서 타북까지 하루 종일 차를 타고 달렸다. 종일 950km를 달려 타북에 도착했다. 드넓은 광야와 험한 바위산들이 끝없이 펼쳐졌다. 길잡이가 없었다면 큰일 날 뻔했다. 여러 차례 당해 봤지만, 광야 한가운데서 방향 감각을 가지기란 보통 힘든 일이 아니다. 또 자동차 바퀴가 자꾸만 모래 속에 빠져서 자칫 잘못하면 거기에서 영원히 벗어나지 못할 수도 있다.

⭐ 아내의 사고

2005년 8월 8일 월요일

우리는 아침에 아부 아하마드와 타북에서 요르단으로 향하는 첫 번째 주유소 앞에서 만나기로 약속을 했다. 약속 시간보다 우리가 조금 먼저 도착해서, 주유소에 딸린 가게에서 간식거리를 샀다. 가게 문을 열고 나오는데, 은지가 사색이 되어 뛰어오고 있었다.

"엄마가 철근에 걸려 넘어졌어. 얼굴을 차에 부딪혀서 코를 다쳤나 봐. 코피가 철철 흐른단 말이야."

정말 아내의 하얗게 질린 얼굴을 타고 검붉은 코피가 계속 흘러내리고 있었다. 응급조치는 했지만, 병원에 들러야 할 것 같았다. 차를 돌리려 하는데, 아내가 말했다.

"조금만 더 기다려 봐요."

아내의 의견을 따르기로 했다. 그때 마침 아부 아하마드가 도착했다. 우리는 한참을 망설이다가, 일단은 출발하기로 했다. 출발한 지 얼마 지나지 않았는데, 아내가 무척 힘들어 했다. 얼굴은 더욱 창백해지고 구토 증세까지 보였다. 잠시 차를 갓길에 멈추자, 아내는 눈을 감은 채 간신히 말했다.

"여보! 사랑해요…. 아이들도…. 나, 기도 좀 해 줘요. 너무 힘들어요…."

아내의 힘겨운 숨소리를 듣는 순간, 온몸에 힘이 빠져나가는 것 같았다. 곧 회복되겠거니 하는 바람으로 무작정 출발한 내가 바보 같아 미칠 것 같았다. 콧등 주위와 눈언저리까지 벌겋게 부어올라 있었다. 나는 아내의 손을 애타게 붙잡았지만, 아내의 손은 점점 차가워졌고 얼굴엔 핏기를 잃어 갔다. 나는 아내의 손을 부여잡고 주님께 부르짖었다.

"주여! 저희들이 하는 이 일들이 단순히 개인의 영광을 위해 하는 일이 아님을 기억해 주옵소서. 도구로 쓰임받기 위해 죽음도 무릅쓰고 이제껏 달려왔습니다. 죽음이 두렵지는 않습니다. 하지만 주님이 맡기신 일을 위해, 아직도 너무나 귀한 일들을 해야 합니다. 딸을 치료해 주옵소서. 예수님의 이름으로 기도드립니다. 아멘."

예수님이 이 간절한 기도를 들으셨던 것이 분명하다. 기도를 마쳤을 때 아내의 손이 따뜻해지기 시작한 것이다! 그래도 내가 차를 돌려 병원으로 가려고 하자 아내가 다시 말했다.

"5분만 더 안정을 취해 보고요."

잠시 뒤에 아내는 입에서 검은 피를 뱉어 냈다. 나는 찬물로 아내의 이마를 씻어내고, 지압점을 찾아 후두부 언저리(아문혈)와 두정부(백회)와 손아귀(합곡혈)를 정신없이 번갈아 눌러주었다. 그제야 아내는 정신이 드는 것 같았다. 갑자

349

기 눈물이 핑 돌았다. 아내를 살려 주신 하나님께 말로 표현할 수 없이 감사했다. 하나님은 이렇게 우리에게 귀한 사명을 주셨다는 것을 다시 한 번 깨닫게 하셨다.

아내는 잠시 묵상 기도를 드렸다. 그러고 나서 가던 길을 계속 가자고 했다. 나는 아내의 얼굴을 쳐다보며, 다시 한 번 하나님께 감사 기도를 드렸다.

아부 아하마드는 잠시 자신의 농장에 들려서 새끼 양 한 마리를 차에 실었다. 우리의 목적은 수천 년 전의 광야의 흔적을 찾는 일이지만, 이 친구는 우리를 귀한 손님으로 접대하는 것이 우선인 모양이었다. 그리고 광야로 들어가려면 총기를 휴대하는 것이 좋다면서, 경찰로 일하고 있는 동생을 데려갔다. 그의 친지들과 함께 아지 제타 지역에서 우회전해서 길이 없는 사막 길을 달려가기 시작했다.

붉은 모래사막을 가로지르며 달려와서는 요르단 국경선이 멀지 않은 광야의 큰 바위산 그늘 아래 진을 쳤다. 거기 광야의 모래는 붉었다. 에서의 땅, 에돔 지역이 어디까지라고 못 박아서 말할 수는 없지만 요르단의 아카바가 멀지 않은 곳에 있으며 모래가 붉다는 것을 생각할 때, 거기는 에돔 지역의 일부일 것이다.

친구가 새끼 양을 요리하는 동안 아내는 잠시 차 안에서 휴식을 취했다. 친구는 토마토와 양파와 마늘 등을 새끼 양과 함께 넣고 오랜 시간 달이기 시작했다. 그렇게 해서 뽀얗게 우러나온 국물을 반 대접 들고 와서는 맛을 보라고 했다. 고맙다는 인사를 하고는 아내에게 마시게 했다. 뜨거운 국물을 불어 가면서 다 마신 아내는 금세 얼굴에 화색이 돌아왔다.

아내는 메스꺼움과 어지럼증이 사라졌다고 했다. 이제는 산을 오를 수도, 광야를 걸을 수 있을 것 같다고 했다. 아내의 활기찬 모습에 걱정이 한순간 없어졌다.

친구는 양고기를 달인 물에 쌀을 넣어 다시 끓였다. 그러자 국물이 졸아들면서 밥이 됐다. 뜨거운 사막의 열기와는 전혀 상관없는 바위산 아래에서 양탄자를 깔고 밥을 먹기 시작했다. 광야에서 먹는 어린 양고기 맛은 일품이었다. 흡족한 점심식사 후 비스듬히 누워서 가흐와(아랍 커피) 한 잔을 마셨다. 낭만 그 자체였다. 아부 아하마드 동생은 우리 아이들을 불러서 주머니에서 미리 준비한 듯한 목걸이를 선물로 주었다. 그 목걸이에는 오래된 새 달 장식(사사기 8:21, 26)이 달려 있었다.

나는 서둘렀다. 늘어진 몸들을 추스르며 친구들을 재촉했다. 모두들 채비를 갖추어 계곡을 누비며 곳곳에 흩어져 있는 암각화들과 도굴범들이 파헤친 무덤들에서 부장품들을 수집했다. 깨어진 도자기 조각과 은장식 귀고리며, 돌이나 뼈로 다듬어진 목걸이들을 수집할 수 있었다. 그러다가 우리는 독특한 모양의 맷돌이 자주 눈에 띄는 것을 알아차렸다.

'인적도 없는 광야에 왜 이런 형태의 맷돌이 이렇게 많이 있는 걸까? 바란 광야로 추정되는 여기 타북 일대에서 발견되는 이 작은 절구와 맷돌의 용도는 무엇일까?'

광야 여행 때마다 이 인근 지역에서 발견되는 맷돌들은 하나 같이 그 크기가 작았다. 곰곰이 생각하던 끝에 "백성이 두루 다니며 그것을 거두어 맷돌에 갈기도 하며 절구에 찧기도 하고 가마에 삶기도 하여 과자를 만들었으니 그 맛이 기름 섞은 과자 맛 같았더라"(민수기 11:8). 라는 말씀을 떠올릴 수 있었다. 이스라엘 백성들은 40년 동안 광야생활을 하면서 끼니 때마다 만나를

미디안 광야에서 발견된 맷돌

요리해서 먹어야 했다. 그러려면 휴대하기 간편하고 재질이 단단하며 쉽게 구할 수 있는 재질의 맷돌이 있어야 했다. 그렇다면 이 맷돌은 이스라엘 백성들이 사용했던 맷돌일지도 모른다.

✝ 와디 바카르와 와디 브라릭

2005년 8월 9일

사랑하는 아내도 걱정했던 것보다는 많이 회복되었지만, 콧등에는 멍이 들었다. 비강 내에 아직 부기가 있어서 그런지, 음성 변조기 목소리처럼 들렸다.

"여보~, 기도 부탁해요. 으으… 사랑해요…."

장난기가 발동할 만큼 아내는 많이 회복되었다.

"사실 어제 말이에요. 이제야 이야기지만, 정말 다시는 눈을 못 뜰 것 같더라고요. 정신이 몇 번이나 혼미해졌는지 몰라요."

이른 아침에 출발하기로 했지만, 아부 아하마드는 약속 시간보다 2시간이나 늦게 왔다. 그의 베두인 친구 2명과 함께였다.

오늘 우리는 특별히 와디 바카르와 와디 아쉬라프를 찾아가 보기로 했다. 몇 차례나 이 지역을 탐사하려 했지만, 베두인들이 안내하기를 거절해서 늘 아쉬워하던 곳이었다. 나는 사우드 왕립대학(King Saud University)의 교수이며, 사우디아라비아의 암각화를 오랫동안 연구한 무하마드 압둘 나임(Muhammed Abdul Nayeem)이 저술한 《아라비아의 바위그림》을 통해, 와디 바카르의 소 암각화들의 중요성에 대해 알고 있었다. 이 지역의 소 암각화는 이스라엘 백성들이 애굽에서 430년 동안 종살이 할 때에 섬기던 애굽의 신 하토르와 아피스라고 했다. 오늘 드디어 그 암각화들을 실제로 살펴보러 간다는 생각에 가슴이 두근거리기까지 했다.

우리는 아부 아하마드의 안내로, 타북 시내에서 남서쪽 두바 방향으로 향하다가, 경찰 검문소를 지나 3.43km를 더 달렸다. 그 지점에서 좌회전을 해서는 500m를 직진한 다음 차를 세웠다.

우측으로 보이는 바위산 위에 분명하고도 선명한 하토르 암각화가 보였다. 산 아래를 내려서니 북서쪽에서 동남쪽으로 형성된 3~4km 넓이의 와디 바카르가 나타났다. 그 와디 바카르를 따라 동남쪽으로 약 20km 달린 뒤에, 우측으로 갈라지는 또 다른 와디가 나타났다. 바로 아쉬라프 골짜기였다.

아부 아하마드와 그의 친구들은 어릴 때부터 이 지역을 돌아다녀 보았기 때문에, 길을 잘 알았다. 우리는 거기에 흩어져 있는 암각화들을 디지털 카메라와 비디오테이프에 담았다.

암각화들을 보면 볼수록 누가, 왜, 언제, 어떤 목적으로 이 그림들을 새겼는지 궁금해졌다. 그리고 수많은 베두인들이 암각화 아래를 뒤져 보물을 찾는 이유도 궁금했다. 파헤쳐진 토굴들과 무덤들은 곳곳에 수도 없이 있었다.

나는 이미 여러 차례 베두인한테서 도굴품을 사지 않겠느냐는 연락을 받았다. 이 귀한 것들이 고고학자들에게 공개되기를 바라는 마음으로, 이스라엘 백성의 흔적을 통해 성경 말씀의 사실성이 온 땅에 전해지기를 바라는 마음으로 그들한테서 몇몇 소장품을 사기도 했다.

하지만 그들은 늘 터무니없이 많은 값을 부르고는 했다. 그래서 더욱더 수집과 채집에 열을 내게 된 것이다. 뜨거운 사우디아라비아 열기는 용광로처럼 얼굴을 달구었지만, 우리는 몇 시간이나 걸었는지 모른다. 온 가족들이 조금도 지치지 않고 각자의 소명감으로 이 일들을 담당할 뿐이었다.

오후에는 아부 아하마드의 처남과, 도굴 전문범인 또 다른 베두인과 함께 와디 브라릭(W. Braric)으로 향했다. 오전에 돌아본 와디 바카르를 지나 북동쪽으로 가다가 산길을 올랐다. 무척 험한 길이었다. 베두인들은 이렇게 말했다.

"저 사람들이 아무도 모르는 깊은 광야로 우리를 안내할 겁니다."

다른 베두인들의 인상이 좋지는 않았지만, 목적을 위해서는 애써 태연한 척 해야 했다. 우리는 넓은 와디를 지나면서 보이는 암각화와 대형 절구통도 그냥 지나쳤다. 메마른 광야에는 인적뿐만 아니라, 나무 한 그루도 보이지 않았다. 황량한 자갈밭 길뿐이었다. 한참을 지나 비탈길을 다시 오르고, 계곡을 몇 개 나 지나자 또 다른 광야가 펼쳐졌다. 아부 아하마드의 처남과 친구들은 그 중 가장 높은 곳에 있는 바위 앞에 멈추어 섰다.

거기에는 거의 사람의 실물 크기와 같은 암각화가 그려져 있었다. 그는 고대인의 모습이었다. 오른손으로 도끼를 어깨에 메고 있고, 왼손으로 음부를 가린 모습이었다. 머리는 두건 같은 것으로 감싸고 허리띠를 찬 건장한 여인의 모습이었다. 그 바위에서 약 10m 맞은편에는 사자 그림이 바위에 선명하게 새겨져 있었다. 그 주위로는 황소 그림과 다양한 짐승들의 그림, 또한 고대 문자들이 각기 다른 형태로 그려져 있었다.

석양이 물들고 인적도 없는 깊은 광야에서, 베두인들은 유목민 특유의 음식을 준비하기 시작했다. 그들은 나뭇가지를 모아서 불을 지폈다. 숯불 위에 고운 모래를 덮은 후, 밀가루 반죽을 뜨거운 모래위에 넓게 펴서 올려놓았다. 그러자 밀가루 반죽은 곧 빵이 되었다. 잘 익은 빵을 몇 차례 뒤집은 다음, 두 손으로 탁탁 치면서 털어버렸다. 그랬더니 모래가 간 곳 없이 사라졌다. 뜨거운 물에 그 빵과 마른 우유 덩어리를 적당히 부으니, 걸쭉한 우유죽이 됐다.

처음에는 꺼림칙하여 서로 쳐다만 보다가, 배고픔에 이기지 못해 우리는 수저도 없이 맨손으로 먹기 시작했다. 그런데 보기와 달리 정말 맛있었다. 우리는 그릇의 밑바닥을 훑을 때까지 손을 멈추지 못했다.

돌아오는 깜깜한 광야 길 운전이 위험하기는 했지만, 이날의 야경은 두고두고 잊지 못하리라. 귀하고 감사한 밤이었다.

⊁ 디샤의 절경과 솔로몬 별장

2005년 8월 10일

이른 아침에 전화벨이 울렸다. 아부 아하마드였다.

"오늘 제대로 돌아간다고 했지? 돌아가기 전에 '와디 디샤'(W. Disha)를 구경시켜 줄게. 거기가 옛날에 솔로몬의 별장 터였다는 말이 있어."

나는 귀가 솔깃했다.

그는 손수 내 차를 운전했다. 타북에서 와디 디샤로 향하는 길은 4륜구동이 아니면 갈 수 없는 험한 산길이었다. 그 길이 아니더라도 아스팔트 포장된 도로가 있기는 하지만, 산길을 타야만 절경들을 볼 수 있다고 했다.

우리의 목적은 절경을 감상하는 데 있지 않고 이스라엘 백성의 광야생활의 흔적을 찾는 일이다. 하지만 아부 아하마드의 목적은 어떻게 하든지 나와 관계를 돈독하게 한 다음 광야에 묻혀 있는 보물들을 캐내는 것이었다. 그는 항상 말했다. 보물을 발견하면 나와 50:50으로 나누자고. 처음 만났을 때부터 그는 금속 탐지기를 손에 넣고 싶다고 했다.

그는 아직도 나한테 보물 지도가 있는 것으로 믿고 있다. 시간만 나면 1천 km 이상 이렇게 먼 길을 온 식구와 함께 달려와서, 뜨거운 광야를 종횡무진 누비고 다니며 미친 듯이 바위를 타는 걸 신기해 했다. 우리의 그런 모습이 그 친구한테는 보물을 쫓아다니는 이리처럼 보였는가 보다. 어쨌든 나는 그 친구를 통해 너무나 많은 지역들을 돌아볼 수 있었고, 그의 처남과 친구 베두인을 소개받으면서부터 타북 일대를 속속들이 돌아다닐 수 있었다.

거절할 수 없는 그의 친절을 받아들여 산등선을 타고 오르다 보니, 이제까

솔로몬 별장터로 추정되는 곳

지 세상 어느 곳에서도 보지 못한 절경들이 펼쳐지기 시작했다. 유네스코에서 이런 절경을 본다면 몇 차례이고 특별 보호 지역으로 삼았으리라. 180도의 시야에 차고도 넘쳐서, 고개를 돌리고 돌려도 다 볼 수 없는 절경들을 사진에 담고 또 담았다.

위험한 길을 돌고 돌아, 산 아래로 내려서니 오아시스와 암반 사이에서 물줄기들이 흐르고 있었다. 곳곳에서 물이 흘러나와 실개천을 이루었고 시내가 형성돼 있었다. 거기에 정부에서 고고학 지역이라는 명패를 붙여 놓고 철망으로 둘러놓은 곳이 있었다. 내 친구의 말에 따르면, 거기가 바로 솔로몬 왕의 별장이 있었던 곳이란다. 아무런 단서도 찾을 수 없는 것이 안타깝기만 했다.

웅대한 바위산들 사이로 갈대가 무성했다. 때마침 지나는 양 떼들이 바쁜 걸음으로 목동을 따라갔다. 바위산 곳곳에 일정한 높이의 깊은 구멍이 인위적으로 뚫려있었는데, 그 용도는 도무지 알 수가 없었다. 거기에서 농사짓고 있는 나이 지긋한 농부들에게 물어봤으나, 선조 때부터 이 땅을 지키며 살아왔지만 그 용도는 모른다고 했다.

내 친구는 이 마을 입구에 있는 곳도 이스마엘의 장자 느바욧의 유적이라고 말했다. 하지만 고고학 지역이라고 명패를 달아놓은 것 말고는 어떠한 설명도 없었다.

아부 아하마드에게 "고마워." 하고 말하면서 포옹을 했다. 그는 지나가는 승용차를 얻어 타고 다시 타북으로 돌아가겠다고 했다. 그는 우리와 헤어지면서 이렇게 말했다.

"인타, 마타 이지(언제 또 올 거야)?"

🌴 와디 아이누나의 애굽 마차 바위그림

<u>2005년 11월 5일</u>

아부 아하마드한테서 또 솔깃한 정보를 들었다.

"라오즈산에서 멀지 않은 곳에 '와디 아이누나(w. Inunah)'라는 곳이 있어. 거기서 내 친구들이 미라를 도굴했어. 픽업트럭에 싣다가 키가 너무 커서 다리 부분이 밖으로 한참 나왔다나 봐. 대추야자 나뭇가지로 가려서 간신히 가져왔대. 어림짐작으로 그 미라의 길이는 거의 2.3m가 넘을 것 같아. 우리 처남이 도굴범들의 신상을 받아 놓았어. 유대인의 물건일 것 같으니까 빨리 한번 와 봐."

그래서 곧 여행 날짜를 잡고 있는데, 그즈음 내게 치료를 받고 있던 함단이라는 사람과 가깝게 지내게 되었다. 그는 베테랑 다이버로, 정부의 요청으로 1999년부터 2001년까지 요르단 국경선이 있는 홍해 북쪽 해변에서부터 남쪽까지, 해변 전체와 근해의 고고학 지역 탐사를 지휘했다고 한다. 내가 정말이

357

냐고 물으니 그는 사진 자료를 보여 줄 수도 있다고 했다.

하루는 그가 우리 집에 방문해서 노트북에 담긴 사진과 자료들을 보여 주면서 자랑삼아 설명해 주었다. 자료를 다운받고 싶은 마음이 간절했지만, 그는 그것만은 허락하지 않았다. 대신 좋은 정보 하나를 얻었다.

"그런데 말이야 와디 아이누나는 어떤 곳이야?"

"해변에서 멀지 않은 곳에 와디 아이누나가 있어. 오아시스 지역이어서 예로부터 물이 풍족한 지역이었고…."

그는 설명을 하다 말고 말꼬리를 내렸다. 한동안 침묵이 흘렀다. 그러더니 조심스럽게 다시 말을 잇기 시작했다.

"…거기는 이스라엘 백성들이 출애굽한 뒤 잠시 머물렀던 곳이라고 전해지고 있어. 거기에는 아직도 고대의 주거 흔적들이 방치되어 있고, 정부에서 감시하고 있지."

우리는 그날 바로 탐사 팀을 꾸렸다. 벌써 10차 탐험이다. 뜻있는 몇 가정이 함께하기로 했다. 800km를 달려 단번에 두바에 도착, 거기에서 1박을 했다.

2005년 11월 6일

이른 아침, 아부 아하마드가 두바에 도착했다. 하지만 문제가 발생했다.

"당신 가족만 온 줄 알았더니…. 인근 마을 주민들은 내가 다 누구인 줄 안단 말이야. 외국인 여러 명과 함께 움직이면 쉽게 표가 날 텐데, 내가 부담스럽잖아."

그는 난색을 표했다. 나는 한 번도 그런 문제에 대해 생각해 보지 않았다. 지금까지 우리를 곳곳에 안내할 때도 그가 태연하게 행동해 왔다는 사실이 놀라울 뿐이었다.

"오늘은 아무래도 그 근처까지만 가서 돌아보고 오는 게 좋겠어. 나중에 당신 가족들만 오면 그때 깊은 곳까지 보여 줄게."

아부 아하마드가 말했다.

"아니야, 미안해. 나는 전혀 그런 생각을 못 했어. 전혀 부담 갖지 마. 우리는 그냥 경관을 돌아보는 것 외에 다른 목적은 없어."

정말 미안했다.

우리는 두바와 아이누나 중간 지역에 있는 무웨일라(Muwaylih)라는 작은 어촌 마을에 도착했다. 와디 수르가 끝나는 바닷가에 있는 커다란 옛 성채로 향했다. 거기는 지난번에도 여러 차례 들렀지만, 정부에서 고고학 지역이라고 철책을 둘러놓은 것 외에는 아무런 안내판도 없었다. 오스만투르크제국 때의 성채일 것 같은데, 아무런 관련 자료가 없었다. 아부 아하마드도 오스만투르크제국 때보다 훨씬 이전의 성채라고만 알고 있었다.

곧 아이누나에 도착했다. 마을 입구에 있는 모스크에서 주흐르(정오 쌀라)를 알리는 아잔소리가 애처롭게 들려오고 있었다. 아부 아하마드는 우리에게 양해를 구하고는 모스크 안으로 들어갔다. 잠시 후, 쌀라가 끝나고 그가 친구라면서 동네 이장을 소개해 주었다.

약 2km 남짓하게 들어가, 낮은 언덕을 넘어서자 넓은 계곡이 내려다 보였다. 계곡 아래는 여러 개의 야자나무가 검게 그을린 채 쓰러져 있었다. 얼마 전까지만 해도 물이 흐른 듯한 흔적들이 보였다. 계곡 곳곳이 철책으로 둘러져 있었다. 우리가 서 있는 곳에도 고대의 축성 터가 다 허물어져 있었고, 부분적으로 모래와 자갈들에 뒤덮여 있을 뿐이었다.

자동차가 다닐 수 있는 길을 제외하고 마을 전체가 철책으로 둘러싸여 있었다. 아무것도 없는 광야인데 왜 철책을 둘러놓은 것인지 궁금했지만 아무도 궁금증을 풀어 주지 못했다.

우리는 아지제타로 향했다. 거기에는 경찰 출신인 아부 아하마드의 형이 기다리고 있었다. 그는 일전에 나한테서 경추 디스크 치료를 받고 나은 뒤 나를 적극적으로 도와주고 있다. 약속 장소에는 그의 막내 동생인 역사학자도 함께 나와 있었다. 우리는 부둥켜안고 볼을 부비며 오랜만에 인사를 나누었다.

"아무리 깊은 광야 여행도 이제 문제 없어."

아부 아하마드의 형은 장총을 들어 보이며 말했다. 그는 멀리 보이는 바위산을 향해 두 발이나 총을 쏘는 시범을 보였다.

우리는 방향도 알지 못한 채로, 부지런히 광야 안으로 들어섰다. 역시 라오즈산에서 그렇게 멀지 않은 큰 바위산 아래에 차를 멈추었다. 내 짐작으로는 라오즈산의 북쪽에 해당하는 것 같았다.

곳곳에 도굴범들이 파헤쳐 놓은 무덤들이 보였고, 누군가 일부러 총으로 쏜 듯 암각화에는 총탄 자국들이 선명했다. 바위 조각들이 이리저리 떨어져 나가 있었고, 굵은 철사 줄로 누군가 바위를 묶어 놓았다.

오후 늦은 시각까지 사진 촬영을 했다.

2005년 11월 7일 월요일

"우리는 여기서 태어났잖아. 여기를 막 누비고 다니며 자라났다고."

아부 아하마드와 그의 또 다른 친구는 자랑을 감추지 않았다. 우리 일행은 그들과 함께 타북 지역의 와디 아사피르(W. Asafir)를 다시 찾았다.

와디 아사피르는 타북 지역의 남서쪽에 위치하고 있으며, 사우디아라비아 고고학 관할청에도 등록되어 있는 곳이다. 친구들의 안내를 받으며 여러 곳을 탐사했다. 곳곳에서 발견된 황소 그림과 황소 뿔 위에 올려진 샤린(태양원반)은 이집트 신의 모습 그대로였다. 황소 머리 위쪽에는 초승달도 새겨져 있었다.

와디로 방향을 틀다가, 아에란산(Jabal Aeran)을 타고 올랐다. 그다지 높지 않은 동산이 광야에서 외롭게 떨어져 있었다. 거의 중턱까지 차를 몰고 가 세워 놓고는, 대형 바위 뒤쪽으로 돌아서는 순간, 다들 입을 다물지 못했다.

　바위산에서 많은 그림과 다양한 고대어가 그려진 획기적인 암각화를 발견한 것이다. 커다란 바위는 거의 6×5m에 달했다. 거기에 고대 암각화와 고대 히브리어와 타무딕이 혼용된 글자들이 잔뜩 있었다. 내가 놀랐던 것은 특히 마차를 탄 병사들의 모습이었다. 이 마차 그림은 지난 번 이집트 국립박물관에서 보았던, 바로 왕 시대 병사들의 마차와 너무나 똑같았다. 또 말의 형태는 어떠한가. 이집트 아부 심벌(Abu Simble)의 대사원에 있는 벽화의 말 모양이나, 하노버(Hannover)의 케스트너박물관(Kestner Museum)에 소장중인 석회암 덩어리의 말의 형태와 같았다. 몹쓸 사람들이 말머리 부분에 상처를 낸 것 외에는 거의 완벽하게 보존되어 있었다.

　마차의 그림은 역동적이었다. 측면 그림을 평면에 연출하기 위해 두 개의 바퀴를 한 개만 그렸다. 바퀴살은 8개이고, 고대 애굽인의 군사용으로 사용된 마차 모양을 하고 있었다. 마차 바퀴 축 위에 사람이 설 수 있도록 고안되었고, 기수는 오른손으로는 말을 몰고 왼손으로는 채찍을 들고 있었다. 그 뒤쪽에는 또 다른 군사가 후방을 방어하기 위해 반대 방향으로 언제든지 공격할 수 있도록 화살을 장전한 상태로 서 있었다. 뒤쪽 군사는 가늘고 길게 표현되었고, 앞사람은 왼손에 채찍을 든 모습이 지휘관다운 면모를 보여 두 인물이 대조를 이루었다. 추측하건대, 군사들이 앞 사람을 수행하는 모습인 것 같았다. 앞발을 크게 그리고, 뒷발을 작게 표현한 작가의 구도를 이해할 수 있었다. 그림의 크기로 보아서는 원근감을 표현하기 위한 수단으로 생각되어졌다.

　그 외에도 여러 개의 또 다른 그림들이 있지만, 그중에 타원형 안에 고대어와 병사와 낙타를 그려놓은 그림에 관심이 갔다. 낙타는 허리 부분을 강조해서 장식을 했고, 안장과 얼굴까지도 다양한 장식을 그려 넣었다. 병사는 머리 부분이 긴 머리카락 같기도 하지만, 애굽 군사들이 머리에 쓰는 장식을 하고

애굽 군인과 마차 바위그림

있는 것 같았다. 화살을 장전한 상태에서 무엇인가를 응시하고 있었다.

바란 광야에 해당하는 북부 아라비아는 탐방할 때마다 늘 미스터리 소설을 읽는 듯하다. 아무런 보호 장치도 없이 암각화들이 훼손되어 가는 것은 안타까운 일이다. 이 소중한 인류의 문화유산들이 하루빨리 보호되기를 바라는 마음이 간절하다. 사우디아라비아 정부의 각별한 배려가 있기를 바랄 뿐이다.

나중에 자료를 통해 확인한 바에 따르면, 마차는 기원전 1500~1000년경 메소포타미아인이 사용한 것이다. 그 뒤에 수메르인이 개량하여 사용하다가, 이집트로 넘어 오면서 더 가볍고 간편하고 빠르게 달릴 수 있도록 고안되었다고 한다. 특히 투트모세 3세 때는 마차를 대량 생산해서 군사용으로 사용했다(The Oxford History of Ancient Egypt Ian Shaw).

저녁에는 우리 식구들만 아부 아하마드의 저녁 만찬에 초대되었다. 사실 그는 우리한테 그의 동서 쌀레가 가져온 도굴품들을 보여 주고 싶었던 것이다. 기대에 부풀었는데, 그의 동서는 실물은 가져오지 않고 비디오로 촬영한 CD만 건네주었다. 확인 결과 6개의 신상과 4개의 인장이었다. 신상은 각기 특유의 얼굴 모양을 하고 있었고, 뒷부분에는 고대 히브리어와 메노라(7촛대)가 새겨져 있었다. 인장은 루브르박물관이나 대영박물관 이집트관에서나 볼 수 있는 것들이었다. 하지만 그는 터무니없이 높은 가격을 불러 살 엄두가 나지 않았다.

4박 5일 동안 피곤하기는 했지만, 꽤 소득이 있었던 탐사여행이었다.

집에 돌아와 무하마드 압둘 나임이 지은 《아라비아의 바위그림(The Rock Art of Arabia)》을 들춰 보니, 내가 보았던 바위그림은 고고학 관할청의 조사를 받았으며 거기에 등록되어 있다는 것을 알 수 있었다. 와디 아사피르의 수많은 암각화 중, 특히 아에란산의 암각화는 청동기 시대로 거슬러 올라간다. 무엇보다 고대어가 선명하게 새겨져 있어서 고고학 연구에 좋은 자료가 될 것 같았다.

고대 주거 흔적

마침내 떠나야 할 때

🌱 콜로라도

<u>2006년 5월 27일 토요일</u>

잠시 한국에 들를 기회가 있었다.

전화 도청을 피하기 위해 한국에 나와서야, 미국 콜로라도 스프링스 베이스 연구소의 밥 코루눅 박사에게 전화를 걸었다. 그는 속히 만나고 싶다고 했다. 나는 사우디아라비아에 들어갔다가 다시 미국으로 가는 일정을 잡았다.

밥 코루눅 박사는 한때 미국 주정부의 SWAT(미국 FBI 등 특별기동대)팀을 지도 하던 겁 없기로 소문난 특수 경찰관 출신이었다. 그는 지난 1988년도에 라오 즈산을 탐사할 목적으로, 달에 착륙하기도 했었던 우주인 레리 윌리암스(Larry Williams)와 함께 사우디아라비아에 밀입국했다. 그들은 시내산 근처에 잠입해 서 철책 밑을 파고 들어가 숨어 지내면서 탐사를 벌였다. 경찰에 발각되었지 만, 다행스럽게도 탈출하는 데 성공했다.

덴버 국제공항에서 밥 코루눅 박사와 반갑게 만났다. 예상과는 달리 크지 않은 키에 온화한 모습이었다. 나는 그의 친구인 월트 레리모어(Walt Larimore) 박사 집에서 며칠 머물게 됐다. 월트 박사는 미국에서 가장 훌륭한 의사 명단에 올라 있는 사람이다. ABC 방송사에서 의학 관련 프로그램을 진행하기도 하며 플로리다 대학과 듀크 대학 교수로 여러 권의 책을 집필했다. 특히 《세상에서 가장 독한 엄마가 되라》는 그의 책은 한국에서도 출간되었다. 또한 NBC, CNN, FOX 등 유수의 방송매체에 출현하며 고정 방송 프로그램을 통해 상담하고 있다.

월트 박사는 20대 후반의 딸 케티와 함께 살고 있다. 그녀는 몸이 좀 부자유스러웠는데, 그녀와 대화를 나누면 마치 천사를 보는 듯했다. 너무 청순하고 티 없이 맑은 그녀는 날마다 예수님께 편지를 썼다. 나한테도 살짝 그 편지를 보여 주었는데, 문장 하나하나에 감사와 행복이 묻어났다. 주위에 자기를 사랑해 주는 많은 사람들이 있음에 감사하고 있었다. 몸이 불편하지만 모든 것을 긍정적으로 보는 그녀의 삶은 배울 점이 무척 많았다.

밥 코루눅 박사는 나를 위해 며칠 동안 만찬을 열어 주었다. 골프장의 작은 연못을 내려다보며 구워 먹는 숯불 바비큐의 맛은 최고였다. 첫 만남이라는 느낌이 전혀 들지 않을 만큼 친절한 그의 가족들과의 대화는 그야말로 충만한 것이었다. 각자가 가지고 있던 시내산 관련 자료와 우리의 시내산 탐험기를 나누며, 우리는 살아 계신 하나님을 찬양하고 또 찬양했다. 하나님의 섭리와 계획은 인간의 작은 소견으로는 도저히 알 수 없는 것이었다. 거기에서 나는 밥 코루눅 박사의 여러 지인들을 소개받았다. 우리는 함께 뜻을 모으기로 했다.

그 주일에 나는 밥 코루눅 박사와 월트 박사 가정과 함께 콜로라도 스프링스의 '통나무교회' 주일 예배에 참석했다. 예배 중에 함께 일어나 찬양하고 중간 중간 들려주시는 목사님의 말씀을 들으며 은혜를 체험했다.

예배 후에는 교회 근처 식당에서 함께 식사를 나누었다. 레스토랑 앞마당에 모두 모여 손에 손을 잡고, 내가 모든 자료를 가지고 무사히 사우디아라비아를 빠져나올 때까지 기도해 주기로 약속했다. 연세가 일흔이 훨씬 넘었을 몇몇 분들은 마치 자식을 안듯이 나를 안아 주며 말했다.

"염려하지 마세요. 당신은 주님의 일을 하고 있어요. 우리 모두 당신을 위해 기도를 아끼지 않을 겁니다. 힘내세요."

이분들의 격려는 내게 큰 용기가 되었다. 밥 코루눅 박사가 말했다.

"당신이 완전히 사우디아라비아를 빠져나오면 꼭 당신을 찾아가겠소."

우리는 아쉬운 작별을 나누었다.

ⵟ 떠나야 할 때

<u>2006년 6월 초순</u>

얼마 전부터, 더 이상 사우디아라비아에 지체하면 어떤 해를 당할지 모른다는 느낌이 자꾸만 들었다. 이미 여러 차례 아라비아 북부 지역을 탐사할 때마다 맞닥뜨린 베두인과 경찰들, 그리고 검문소는 이미 나의 차량과 움직임을 파악하고 있는 것 같았다.

그동안 알고 지내던 고고학자들과 더 이상 대화를 할 수 없었다. 그들이 의도적으로 나를 피하고 있다는 것을 눈치 챌 수 있었다. 또 가끔 전화선이 도청당하고 있다는 느낌이 들었다. 무엇보다 왕자들과 고위층 친구들이 자주 "요즘 뭐하고 지내세요?" 하고 물어오는데, 그것이 제일 불안했다.

더욱이 큰딸아이는 6월이면 사우디아라비아 주재 영국고등학교를 졸업할 예정이다. 문제는 더 이상 진학할 외국인 학교가 없다는 것이었다. 나는 에담 광야 끝 바알스본 맞은편 바다와 믹돌 사이의 비하히롯 앞에 서 있는 것 같았다. 아득하여 광야에 갇힌 것 같았다. 하지만 그때 모세는 오늘 너희가 본 애굽 사람들을 다시는 보지 못하리라고 말하지 않았는가.

367

어느 날 사우디아라비아에 사업차 잠깐 들른 중소업체 회장을 도와 드린 적이 있었다. 그는 처음 보는 나에게 이렇게 물었다.

"왜 20년이나 사우디에 계십니까?"

"회장님께서 병원을 설립하신다면 들어가지요, 들어가고 말고요!"

나도 모르게 농담 삼아 던진 말이었다. 그런데 몇 개월 지나지 않아 왕화식 회장의 전화를 받았다.

"제가 종합병원을 인수했습니다. 함께 운영해 볼 생각 없으십니까? 이사 겸 행정원장으로 와 주셨으면 합니다."

머릿속으로 이것이 하나님의 뜻인가 하는 생각이 스쳐지나갔지만, 정색을 하고 물었다.

"무슨 말씀이세요?"

그는 진지한 어투로 대답했다.

"경기도 평택시에 있는 박애병원입니다. 병상은 180 배드이고 시내 중심가에 있습니다. 이제는 한국으로 들어오세요."

"왜 병원을 인수하셨습니까?"

그의 대답은 명쾌했다.

"사회에 환원하고 봉사하고 싶습니다. 병원 수입은 절대로 한 푼도 제 주머니 속으로 가져오지 않을 겁니다. 하나님께 맹세하겠습니다."

마음이 울컥했다. 하나님께서 길을 여셨다는 생각이 든 것이다. 이제는 사우디아라비아를 떠나야 할 때라고 말씀하시는 것 같았다. 하나님은 언제나 준비된 자들을 통해 역사하셨으니까.

✝ 아듀, 북부 아라비아!

사우디아라비아 땅을 떠날 비행기 일정이 정해졌다. 2006년 8월 3일이면 우리는 여기를 떠나게 될 것이다. 1987년 1월의 어느 날, 사우디아라비아 항공에 몸을 싣고 여기에 온 지 약 20년. 돌아보면 모든 것이 하나님의 은혜였다. 이 땅에 총각의 몸으로 들어왔으나, 이제는 나이 쉰을 넘은 어엿한 중년이 되었고 사랑하는 아내와 3명의 자녀를 거느린 가장이 되었다. 논어에서는 오십의 나이를 지천명(知天命)이라 하여, "하늘의 뜻을 아는 나이"라 했다. 이 말이 내게는 '이제는 나 개인의 삶이 아니라 하나님을 위해 무엇을 해야 할지를 아는 나이'라는 뜻으로 들렸다.

그동안 모셔 왔던 왕자와 사별한 지 약 1년이 지난 2004년의 어느 날, 두바이 여행 중에 한 통의 전화를 받았다. 내가 모시던 왕자의 장남 프린스 미샬빈 마지드(제다 주지사)의 전화였다. 그는 급하게 그 당시 부왕인 크라운 프린스 압달라 빈 압둘 아지즈(2005년 8월 2일부로 사우디 국왕 자리에 올랐다)의 주치의 압둘 자팔 박사에게 빨리 전화를 하라고 지시를 내렸다.

압둘 자팔 박사는 사우디아라비아 사람으로는 가장 유명한 의사였다. 그는 리야드 페이설 왕립병원 관장직도 수행하고 있었다. 우리는 때때로 전화로 연락하며 안부를 묻는 사이였다. 나는 서둘러 압둘 박사에게 전화했다.

"사우디아라비아로 오는 즉시 이리 오시오. 당신과 만나서 급히 상의할 일이 있소."

여행에서 돌아온 뒤 압둘 자팔 박사를 찾아갔다. 그의 집은 홍해가 내려다보이는 해변의 코니치 맨션에 자리하고 있었다.

"모든 것들을 청산하고 왕궁으로 들어오시오. 함께 부왕을 모십시다."

마지드 왕자가 살아 있는 동안에 나는 몇 차례 부왕을 치료한 적이 있었다. 부왕의 장남인 칼리드 빈 압달라 왕자도 사업차 알고 지내던 차였다. 부왕이 이 나라의 왕이 되는 것은 당연한 일이니까, 내가 그 제의만 수락한다면 나는 앞으로 사우디아라비아 국왕의 주치의가 될 수 있는 것이었다. 좋은 기회였다. 마지드 왕자가 떠난 뒤로, 나는 아무런 수입원도 없이 지내오던 터였다.

'그래, 부왕의 주치의가 된다면 중고등학교에 다니는 아이들 학비와 생활비를 포함한 돈 걱정은 사라질 것이다. 마지드 왕자는 살아 계신 동안 집세에서부터 학비에 이르기까지 일체의 경비를 영수증으로 처리해 주셨고, 한국에 다녀오는 휴가 비행기 표도 가족 전체를 1등석과 2등석으로 다녀올 수 있도록 배려를 아끼지 않으셨지 않는가.'

뿌리치기 힘든 유혹이었다. 하지만, 당장 눈앞의 이익 때문에 하나님의 계획을 미룰 수는 없다는 생각이 나를 사로잡았다.

'왕실에 들어가면 더 이상 탐사할 개인적 여유가 사라질 것이다. 생활도 제약을 받을 뿐 아니라, 노출될 위험도 높아질 것이다. 이 땅에서의 제한된 삶보다 영원히 거할 그 나라에서 받을 상급을 위해 살자.'

시나이반도 인근의 철새들은 때가 되면 지중해 연안을 거쳐 스칸디나비아로 날아간다. 스칸디나비아까지 가기 위해서 새들은 지중해 연안에서 충분한 영양을 섭취한다. 하지만 가끔 지중해 연안에 나가보면 먹이에 지나치게 열중해서 미처 무리를 따라가지 못했는지 철새 몇 마리가 남아 있는 모습을 볼 수 있다. 그 철새들의 대부분은 살이 너무 많이 쪄서 얼마 못가 매의 공격을 당하기 일쑤이다. 내가 압둘 박사의 제안을 받아들인다면 나는 이런 철없는 철새의 처지가 될 것이다.

나는 그 자리에서 부왕 주치의 자리를 거절했다. 압둘 박사는 도저히 나를 이해할 수 없다는 눈초리를 보내왔다.

그 뒤로 우리 가족은 무려 9차례나 더 북부 아라비아 탐사를 할 수 있었다. 그리고 부왕 주치의 자리를 거절하면서 제일 걱정했던 아이들의 학비를 하나님은 아주 멋지게, 한 방에 해결해 주셨다. 사우디아라비아의 갑부 친구들이 앞다투어 한 학기에 1,500만 원이 넘는 학비를 몇 년째 번갈아가며 납입해 주었던 것이다.

내 젊음을 바쳤던 사우디를 떠난다는 것이 아쉬웠다. 하지만 떠나야 했다. 떠나야만 이 모든 소식을 전 세계에 전할 수 있기 때문이다. 이제 수천 년이 지나도록 감추어져 있던 귀한 비밀들이 밝혀질 때가 되었다. 택함받은 하나님의 자녀들에게 이 비밀들이 전달되어야 한다. 중요한 자료들은 이미 한국에 여러 차례에 걸쳐 옮겨 놓았다. 이삿짐을 실을 컨테이너 회사에 연락을 취해 예약을 완료했다.

사우디아라비아를 떠나기 전, 마지막으로 아라비아 지역을 탐사할 일정을 잡았다. 이제까지의 여행과 달리 마음이 든든했다. 마음속으로 이렇게 생각했기 때문이다.

'이제 잡히면 영광스럽게 추방당하리라.'

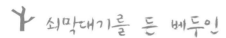

쇠막대기를 든 베두인

<u>2006년 7월 12일 수요일</u>

제12차, 마지막 탐험에 나섰다.

"아부 아하마드, 이번 여행에는 꼭 와디 아이누나를 보고 싶어."

"당신 가족만 온다면 기꺼이 함께 가 줄게."

그와 약속을 하고, 우리 가족은 라오즈산을 찾아가 므리바 반석과 광야를 한 번 더 살펴보기로 했다. 손바닥 보듯 구글 어스의 위성사진을 보면서 골짜기마다 몇 차례나 탐사 연습을 했는지 모른다. 예행연습도 하고 므리바 반석 주변 위성사진을 프린트까지 했다.

우리는 하나님께 기도를 드리고 기쁜 마음으로 출발했다.

"Are you ready?"

"Yes!"

"Are you steady?

"Yes, Let's ~ go!"

1차 탐험 때 다함께 외쳤던 구호를 오늘 12차 탐험을 출발하기 전에 다시 한 번 외쳤다. 그동안 큰딸은 18살, 둘째딸은 16살, 그리고 막내가 14살로 자랐다. 1차 탐험 때는 큰소리로 대답하더니 이제는 제법 자란 탓인지 별 호응이 없었다. 아이들이 마지못해 대답하는 소리가 얼마나 우스웠는지 모른다.

언제나 그렇듯이 사우디아라비아의 하늘은 청명했고 한여름의 무더위는 극에 달해 있었다. 대지의 열기는 아침부터 뜨거웠다. 오늘은 바드까지 940km를 달려가기로 했다.

얀부 지역을 지나 '우물루지'에 도착했다. 해변의 방갈로를 찾아가 집에서 준비해 간 점심을 먹었다. 해변 도로를 타고 오면서 바라보는 광야는 삭막하기 그지없었다. 느지막한 오후 두바항을 지나쳤다. 시리아과 요르단과 이집트와 터키로 향하던 자동차들도 뜸해졌다.

사우디아라비아 정부는 지난 2005년 9월 20일, 사우디아라비아 전역의 도로 공사와 확장 계획을 정보청(The SaudiArabia Information Resource)을 통해 발표했다. 무려 1조(兆)가 넘는 달러를 투입해 171,000km를 연장하고 확장하겠다는 것이었다. 그래서 얀부에서부터 북쪽으로 향하는 모든 길이 보수 중이었다. 지난 걸프전 중에 군수 장비들이 남서부 항구에서부터 북쪽으로 수송되면서 도로의 손상이 심해졌다. 이제는 많이 회복된 듯 보였지만 아직도 여러 곳에서 도로 공사를 벌이고 있어서 우리의 여행길을 방해하고 있었다.

두바를 지나 바드로 향하는 중에 비포장도로로 들어섰는데, 자동차 오른쪽 뒷바퀴가 펑크가 났다. 우측 갓길로 차를 서서히 이동하던 중에 공사하느라 깔아 놓은 흙에 빠져버렸다. 빠져나오려 하면 할수록 더 깊이 빠져들었다. 오후 6시 무렵에 빠졌는데, 7시 40분이 되어도 지나는 차 한 대가 없었다. 어두움이 밀려왔다. 꼼짝없이 갇힌 셈이 된 것이다. 바드까지는 아직도 35km를 더 달려야 했다. 땅을 파 보기도 하고, 이것저것 다 해 봐도 차를 도저히 움직일 수 없었다. 지칠 대로 지쳤다. 거의 자포자기의 마음이 들었을 때, 자동차 소리가 멀리서 들려왔다.

가족들 모두가 도로에 달려가 도와 달라고 요청했다. 흰 픽업 트럭 차를 세웠다. 차 안에 있는 사람의 얼굴을 분간할 수 없을 만큼 어두웠다. 물론 그도 나를 경계하기는 마찬가지일 것이다. 언뜻 보니, 눈매가 날카로운 30대 후반으로 보였다. 베두인이었다. 어둠속에서도 아내와 딸아이들을 바라보는 그의 눈빛이 마음에 걸렸지만 도와 달라고 했다.

그는 차의 라이트를 켜서 우리 쪽을 밝게 하더니, 도구함을 가지고 우리차 곁으로 왔다. 그는 나더러 뒷바퀴 쪽의 흙을 파라고 했다. 그는 긴 쇠막대기를 들고 뒤에 서 있었다. 왜 그런지 모르게 마음이 불안했다. 저 녀석이 언제 나를 후려칠지 모른다는 생각이 들었다. 아찔했다. 어쨌든 베두인을 처음 만났을 때는 조심하는 게 상책이다. 방어가 최선이다.

나는 흙을 몇 번 파다가 뒤를 돌아보고, 또 몇 번 흙을 파다가 뒤를 돌아보기를 몇 차례나 했다. 도무지 녀석의 마음을 알 수 없었다. 갑자기 녀석이 방향을 바꾸었다. 나도 반대쪽으로 방향을 틀어 앉아서 그를 응시했다. 그도 분명 긴장하고 있었다. 그의 눈은 더욱 번쩍거리기 시작했다. 나는 아이들한테 이 녀석을 조심해야 할 것 같다는 메시지를 조심스럽게 전했다.

나는 잠시 일어나 1차 탐험 때부터 가지고 다녔던 장난감 권총을 손에 쥐었다. 짧게 기도를 드렸다.

'주여! 이 위험을 잘 넘길 수 있도록 도와주소서. 응답하소서.'

갑자기 바드 지역의 부주지사 이름이 떠올랐다.

"형제여! 마수디 씨를 아십니까? 거, 있잖아요. 바드 부주지사. 그분이 나를 지금 기다리고 있을 것 같네요."

그는 무척 당황해 하는 눈초리였다. 그러더니 이렇게 말했다.

"아다마다요. 좋은 사람이지요."

그는 아는 척을 했다. 그제야 전통의상을 허리춤까지 끌어올리더니, 자신의 픽업트럭 화물칸에서 삽과 곡괭이까지 들고 와서 흙을 파내기 시작했다. 그런 지 10여 분도 지나지 않아 뒷바퀴가 흙더미에서 빠져나왔다.

가만히 살펴보니, 픽업트럭 화물칸에 아예 커다란 공구함을 만들어 놓고 삽이며 곡괭이를 비롯한 각종 공구들을 잔뜩 가지고 다녔다. 도굴범인 게 분명했다. 도굴범들은 양을 치지 못했다. 마음이 항상 일확천금을 노리기 때문이다. 약간의 사례를 하고 전화번호를 주고받았다.

바드는 작은 마을이었다. 우리는 거기에서 하룻밤을 보내고, 다음날 아침 일찍 라오즈산 뒤쪽으로 들어갈 계획이었다. 지금이라도 바드 부주지사에게 전화를 하면, 당장 우리가 거처할 집을 준비해 줄 것이다. 하지만 내일 아무도 모르게 산 주위를 돌아보기 위해서는 우리가 여기까지 온 것조차도 비밀에 붙이는 것이 유리했다.

지난번에 아파트를 빌려 숙소로 쓴 적이 있어서 거기로 찾아갔다. 하지만 그날은 여유가 없다고 했다. 돌아다니다 보니 주유소에 딸린 작은 방이 남아 있었다. 요르단이나 시리아 등으로 수송하는 대형 트레일러 운전사들이 시간당 얼마씩 지불하며 쓰는 방이었다. 신을 신은 채 방에서 잠시 눈만 붙이고 떠나는 방이다. 방과 화장실은 한참 떨어져 있어서 불편했다. 방에는 쾨쾨한 냄새가 나고 벌레가 잔뜩 있었지만, 우리는 거기에서 하룻밤을 묵기로 했다. 고마운 것은 사춘기인 우리 딸들이 불평하지 않았다는 것이다. 우리는 침낭을 펴고 깊은 잠에 빠져 들었다.

✝ 금송아지의 울음소리

<u>2006년 7월 13일 목요일</u>

'주님, 지난밤 그 위험한 상황 속에서 저희를 보호해 주시고 새로운 날을 허락하신 것을 감사합니다. 오늘 와디 무사를 따라 라오즈산 뒤쪽을 샅샅이 돌아볼 때까지 어떤 어려움도 발생하지 않도록 도와주세요. 예수님의 이름으로 기도드립니다. 아멘.'

이른 아침, 일어나자마자 주님께 기도를 드렸다.

사막과 광야는 어떤 일이 언제 어떻게 발생할지 모르는 곳이다. 우리는 물과 초코릿과 빵을 충분히 챙긴 뒤 위성사진으로 여러 차례 길을 확인했다.

와디 무사 입구에 도착한 다음, 우리는 모스크에서 손을 깨끗이 씻기로 했다. 시내산에 오르기 때문이기도 하지만, 주위에 사람이 있는지 없는지를 살피기 위한 것이기도 했다. 그런데 화장실 안으로 들어가 손을 씻으려고 물을 트는 순간, 어디서 송아지 울음소리가 들렸다.

"아들, 이거 무슨 소리야?"

"아빠! 소 울음소리인데요."

소리는 잠시 멈추었다가 다시 들려왔다. 분명히 소 울음소리였다. 한참을 살펴보고 나서야 그 까닭을 알았다. 바깥 공기는 40도 이상인데 비해 화장실 안은 그늘이 져 있어서 시원하니까, 바깥 공기와 실내온도 차이 때문에 찢어진 창틈으로 공기가 역류하면서 발생하는 소리였던 것이다.

얼마 전에 읽은 《아담으로부터 무하메드까지의 이야기(Stories of the Prophets from Adam to Muhammad)》라는 책이 생각났다. 이 책의 저자는 이렇게 주장했다. 아론은 이스라엘 백성들이 출애굽할 때 가져 온 은금패물들을 수거했다. 광야에서 이런 것은 불필요하다며 구덩이를 파고 묻어 버린 것이다. 이 장면을 지켜보던 귀금속 전문가 싸미르(Samiri)가 그 패물들을 가져다가 녹여서 애굽신 아피스를 만들어 속을 비워서 입과 항문 사이로 공기가 소통하도록, 그래서 소 울음소리가 나도록 만들었다는 것이다. 그리고 그것을 백성들에게 이스라엘의 신이라고 했다는 것이다.

와디 무사 입구에는 베두인을 위한 학교가 있으나 아무도 보이지 않았다. 우리는 주위를 살피며 조금씩 들어갔다. 그때 100여 미터 앞에 낙타를 타고 가는 베두인이 보였다. 장애물이었다. 그들이 지나갈 때까지 기다려야 할지, 아니면 가던 길을 더 빨리 지나가야 할지 판단이 안 섰다.

'그래, 뒤도 돌아보지 말고 달리자.'

우리는 위성사진을 보면서 목적지까지 무조건 차를 몰아가기로 했다. 베두인 길을 따라 산모퉁이를 돌아 10여 km를 내달렸다. 하지만 라오즈산은 나타나지 않았다. 이제까지 몇 번이나 왔었고, 오늘은 위성사진을 보면서 달려왔는데도, 제대로 찾지 못하다니 어쩐지 불안한 느낌이 들었다. 우리는 작은 골짜기에 차를 숨기고 걸어서 언덕을 올라가 보기로 했다. 콘 산의 위치를 확인하기 위해서였다.

라오즈산 아래에는 꼭 아이스크림콘을 엎어 놓은 듯한 작은 산이 있었다.

우리는 그 산에 '콘 산'이라는 별칭을 붙여 주었고, 매번 라오즈산에 올 때마다 그 '콘 산'을 지표로 삼아왔었다. 언덕 위에서 보니 콘 산의 위치가 달랐다. 길을 잘못 들었던 것이다. 위성사진으로 예행연습까지 했는데, 이번에도 또 실수를 한 것이다.

돌아 나오는 길에 차바퀴가 계곡 모래에 깊이 빠졌다. 모래밭을 지날 때 약간 주춤했는데, 그대로 빠져 버린 것이다. 속도를 내니 자동차가 이리저리 쏠리기만 했다. 간신히 모래밭을 빠져나오자, 조각목 아래 베두인 가족이 앉아 있는 게 보였다. 잠시 멈추어야 할지, 아니면 그냥 지나쳐야 할지 망설이다가, 차를 멈추었다.

베두인 아낙들은 급히 얼굴을 가리고, 남정네들은 경계 태세를 갖추었다. 나도 가족이 있음을 보이며 안심시키고 손을 펴서 머리 위로 들었다. 신의 가호를 빌며 인사를 건넸으나, 응답이 없었다. 여전히 경계하고 있었다. 사실 별로 할 말은 없었으나, 이런 때 조심해야 했다. 그냥 지나치면 의심을 받고 추적당하기 십상이었다. 그래서 우리 가족들을 소개하면서 음료수를 주었지만, 그들은 거절했다. 궁여지책으로 길을 물어보았다.

"길을 잃었습니다. 어느 쪽으로 가야 바드가 나옵니까?"

"곧장 나가서 오른쪽으로 직행하면 아스팔트를 만납니다."

그들은 친절히 알려주었다. 고맙다는 인사를 나누고 헤어졌다. 차를 몰아 약 6~7분 정도 달렸더니, 그들이 알려준 대로 아스팔트 길을 만났다. 하지만 우리는 그 반대 방향으로 차를 돌렸다. 눈에 익은 길이었다. 멀리 콘 산이 보였고, 레이더 기지가 성큼 다가왔다. 이제야 길을 제대로 찾은 것이다.

저만큼 르비딤 반석이 보였다. 르비딤 반석은 몇 년 전에 본 그대로 높이 솟아 있었다. 흥분됐다. 주위를 살피며 험한 바윗길을 따라갔다. 계곡 속에 자동차를 숨겼다. 우선 르비딤 반석을 자세히 관찰하고, 주위 지형들을 비롯해서

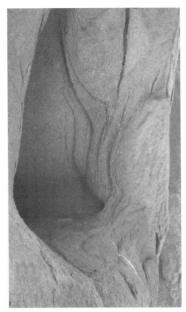
르비딤 반석의 물이 터져나온 흔적

충분한 조사를 벌여야 했다. 하지만 시간은 없고, 언제 비밀경찰들이 나타날지 몰라서 불안했다.

"내가 거기서 호렙산 반석 위에 너를 대하여 서리니 너는 반석을 치라 그것에서 물이 나리니 백성이 마시리라 모세가 이스라엘 장로들의 목전에서 그대로 행하니라"(출애굽기 17:6). 광야에 있는 사람은 누구든지 볼 수 있도록 이렇게 큰 바위에 물을 내게 하신 하나님, 그 하나님을 의지할 뿐이다.

"각자 맡은 일에 최선을 다해야 해. 큰딸 은지는 자동차 근처 바위 뒤쪽에서 숨어서 우리를 촬영하기로 해. 둘째딸 은설이는 디지털카메라를 들고 나를 따르고, 막내아들은 디지털카메라를 들고 엄마를 호위하도록. 그리고 여보, 당신은 캠코더로 주위를 촬영해 줘. 다시 한 번 말하지만 바위산은 위험하니까 조심, 또 조심해야 해. 절대 큰소리를 내면 안 돼."

우리는 검은 아바야를 입고, 물 한 통씩 차고 바위산을 오르기 시작했다. 날이 너무 더워서 땀은 나오기 전부터 말라 버리는 것 같았다. 정상에 가까워 올수록 어두운 바위와 청명한 하늘이 대조를 이루었다.

어른 한 명이 지나갈 만큼 쩍 갈라져 있는 므리바 바위틈으로 들어가 보았다. 므리바 반석은 북쪽 면은 라오즈산 쪽으로 향하고 있었고, 남쪽 면은 바드 지역으로 향하고 있었다. 바위 밑동은 물이 터져 나오면서 받은 충격 탓인지,

여러 결이 있었다. 바위 밑에는 물이 흐른 자국들이 지금도 눈에 보일 정도로 역력했다. 그 물줄기 흔적은 산 아래 바닥까지 연결되어 있었다.

그 물줄기를 타고 내려가다 보면, 인위적으로 돌을 쌓은 축대들이 보였다. 아마도 물줄기를 광야로 유도하기 위해서 만든 수로인 것 같았다. 축대 위쪽으로는 돌 제단이 있었다. 산 주위에는 마구잡이로 돌을 쌓아올린 15기 정도의 돌무덤이 있었는데, 돌무덤들과 달리 돌 제단은 공을 들여서 돌을 쌓아올린 것이 분명했다. 그 단이 론 와이어트가 주장하는, 아말렉들과 전투를 벌인 뒤에 이스라엘 백성들이 쌓은 '여호와 닛시'였다.

지나친 추측인지는 몰라도, 나머지 15개의 돌무덤은 아말렉족과의 전투에서 발생한 사상자들의 무덤이 아닐까 하는 생각이 들었다.

돌무덤의 일부가 무너져 있었는데, 오랜 세월을 견디지 못해 무너진 것인지, 아니면 도굴범들의 소행인지는 알 수 없었다.

✝ 수많은 미스터리 서클들

수로를 따라 광야 쪽으로 따라 내려가다, 우측 산모퉁이를 돌아서니 주거 흔적들을 발견할 수 있었다. 거기는 이스라엘 백성들이 광야생활을 하면서 천막을 세웠던 곳으로 추정되는 곳이다. 왜냐하면 거기에 돌멩이들이 동그라미를 그리고 있었기 때문이다.

'몇 만 개일지도, 아니 그 이상일지 모르는 그 동그라미가 왜 이렇게 광활한 광야에 펼쳐져 있는 것일까. 누가 왜 여기에 돌덩이들을 일부러 동그랗게 놓은 것일까.'

구름기둥과 불기둥이 언제 어디로 움직일지 몰랐기 때문에, 이스라엘 백성들은 광야 생활 40년 동안 천막 생활을 했을 것이다. 그렇다면 나무로 말뚝을

미스터리 서클들 몇 만 개일지도. 아니 그 이상일지 모르는 그 동그라미가 왜 이렇게 광활한 광야에 펼쳐져 있는 것일까. 누가 왜 여기에 돌덩이들을 일부러 동그랗게 놓은 것일까.

박지도 못했을 것이고, 고작해야 천막의 끝자락을 돌로 눌러서 바람에 날리지 않도록 했을 것이다. 그러다 구름기둥이 움직이면 천막만 걷어서 떠나지 않았을까. 아마도 돌은 그 자리에 그냥 내버려 두었을 것이다. 그렇다면 이스라엘 백성들이 움직이는 곳마다 충분히 이런 동그라미가 남겨질 것이다. 돌 동그라미의 지름은 6~7m 정도이고 그 이상의 것들도 있었다.

또 바위 아래에는 돌 축대를 쌓아서 사람이 살았던 흔적들도 보였다. 광야 아래쪽에서 라오즈산 쪽으로 비스듬히 오르다 보니, 또 다른 광야가 펼쳐졌다. 그 광야에는 축구공보다 조금 작은 돌멩이에서부터 훨씬 큰 돌에 이르기까지 동그라미가 그려져 있는 돌 동그라미가 수도 없이 깔려 있었다. 그것을 보면서 나는 생각에 잠기지 않을 수 없었다.

드넓은 광야에 움직이는 것이라곤 우리 가족뿐이었다. 새 한 마리도 날아가지 않았다. 우리는 깊은 산속을 부지런히 움직이며 자료를 수집했다.

오후 2시가 가까워 왔다. 한두 시간 내로 거기를 빠져나가야 했다. 지금은 오침 시간인데, 사람들이 깨어 움직이기 전에 빠져나가기 위해서였다.

반대편으로 다시 올라가 보니, 드넓은 광야가 끝나는 곳에 라오즈산과 르비딤 반석이 있는 산이 둑으로 연결되어 있었다. 둑의 길이는 약 300m 정도이고, 급경사를 이루고 있어서 자동차로 오르기에 무척 힘든 곳이었다. 우리는 여기에 벌써 세 번째 찾아왔다.

둑 위에는 여러 개의 신발 끈이 풀어진 바위 암각화가 있었다. 그러나 사우디 정부군에 의해 지워져 남아 있는 것이 많지 않았다. 우리는 그래도 아직 남아 있는 몇 개를 발견하여 촬영했다. 둑을 내려오자 르비딤 반석의 뒷부분이 보였다. 다시 산을 타고 올라가 뒷면을 촬영했다.

오후 3시가 되었다. 조금 더 지체하면 베두인과 마주칠 수도 있었다. 서둘러 다시 와디 무사를 따라 달렸다. 간간이 몇 마리의 낙타만 외로이 서 있을 뿐이었다. 지름길로 왔는지 모스크까지 오는 데 15km 주행했다.

우리는 목적을 달성했다! 생각하면 생각할수록 감사했다.

눈을 들어 산을 보니 도움 어디서 오나
천지 지은 주 여호와 나를 도와주시네
너의 발이 실족잖게 주가 깨어 지키며
택한 백성 항상 지켜 길이 보호 하시네

도우시는 하나님이 네게 그늘 되시니
낮의 해와 밤의 달이 너를 상치 않겠네
네게 화를 주지 않고 혼을 보호하시며
너의 출입 지금부터 영영 인도하시리

아부 아하마드에게 전화를 걸었다.

"오늘 늦게야 두바에 도착할 것 같아."

"그래. 디샤로 들어가는 입구에 주유소 하나가 있어. 그 앞에서 내일 아침 일찍 만나."

"디샤는 왜?"

"응, 도굴품을 갖고 있는 친구 한 명이 디샤에서 자네를 만나려고 기다리고 있어. 꼭 그렇게 해 줘."

우리는 오로지 와디 아이누나에 가고 싶은 생각뿐인데, 아부 아하마드는 그렇지 않은 모양이었다. 밤이었지만, 두바로 출발하기로 했다. 바드에서 샌드위치를 사서 달리는 차 안에서 나눠 먹었다.

✝ 미라의 동굴

디샤 입구 주유소에서 아부 아하마드와 그의 친구를 만났다. 아침 7시에 도착하려면, 적어도 새벽 5시에는 출발해야 했을 것이다. 우리는 베두인 식으로 조찬을 함께 나누어 먹었다.

아침 식사 후에 디샤 골짜기로 들어갔다. 아부 아하마드의 친구는 이 지역 비밀경찰이라고 했는데, 이름은 밝히지 않았다. 그 비밀경찰은 AK 소총을 보여 주었다.

"이 총이 말이지요, 오사마 빈 라덴이 가장 좋아하는 총입니다."

그러면서 멀리 바위산을 향해 발사했다. 총성이 메아리쳤다.

"한 번 쏴 볼래요?"

그는 내게 총을 건네주었다. 나는 군대에서 배운 거총 자세로 총을 쐈다. 그리고 한 발 더 쏴 보았다.

골짜기에 있는 대추야자 나무 아래서 진한 샤이(홍차)를 한 잔씩 마셨다. 우리는 만난 지 얼마 되지 않았지만 금세 마음을 열었다. 비밀경찰이 말했다.

"두바에 친구가 있는데, 몇 점의 골동품을 처분하려 하고 있어요. 당신을 미리 만나보고 친구를 소개시켜 줄 작정이었습니다."

그래서 우리는 두바에 있는 비밀경찰의 친구, 나드르(Nadr)의 집으로 향했다. 비밀을 지켜줄 것을 다짐시키고는 몇 점의 골동품들을 선보였다.

나드르는 우리가 여행 중이라고 하니까, 근처에 귀신 소리가 나는 모래 산이 있는데 관심 있으면 소개시켜 주겠다고 했다.

호기심이 발동한 우리는 그를 따라나섰다. 모래 속으로 발이 푹푹 빠져드는 길을 지나니, 한참 만에 거대한 모래 산이 나타났다. 마치 피라미드 형상 같았다. 자연의 신비에 혀를 내두를 뿐이었다.

모래 산 중앙에 작은 동산이 있었는데, 거기에 오르니까 우~웅 하는 무거운 베이스음이 들려왔다. 끊어졌다가 다시 이어지고는 했는데, 괴기스러운 저음이었다. 가만히 들어 보니 바람 소리였다. 사막의 바람이 삼각형의 모래 산에 부딪혀서 들려오는 소리인 것 같았다. 바람이 불지 않으니까 소리도 들리지 않았다.

그 위에는 사람들이 제를 지낸 흔적들이 남아 있었다. 거기에서도 돌로 만든 작은 유물 하나를 주웠다. 우리는 감사하다는 말을 남기고 나드르와 작별을 했다.

아부 아하마드와 함께 와디 아이누나로 향했다. 이번에는 반드시 마을 입구에서부터 둘러쳐진 고고학 지역 철조망의 미스터리를 풀고야 말겠다고 다짐했다. 지난번에 만났던 함단은 거기가 분명히 모세가 잠시 머물렀던 곳이라고 했고, 아부 아하마드 친구는 거기에서 거인 미라를 발굴했다고 했다. 의문에 의문이 꼬리를 물었다.

아부 아하마드는 그 지역 이장이라는 친구를 다시 불러냈다. 이장은 이렇게 말했다.

"여기 들어가는 입구에 우물이 있었다고. 지금은 말라버렸지만, 그게 에인 무사야. 먼 옛날 모세가 야후드(유대인)와 함께 잠시 머무르던 곳이라지. 그 외에는 나도 아는 게 없어."

철책 안으로 들어갔다. 대추야자 나무들이 쓰러져 죽어 있었다. 물이 부족한 모양이었다. 얼마 전까지만 해도 물길이 있었던 것 같았다. 아직도 살아 있는 나무들이 몇 그루 있었다. 건너편에 흩어진 주거 흔적들도 보였다.

계곡에 들어서자 아부 아하마드는 계속 두리번거리며 뭔가를 찾고 있는 듯했다. 뭘 찾느냐고 물었더니,

"어, 지난번 찾아낸 미라 동굴을 찾고 있어."

잠시 그를 내버려두고, 철웅이와 함께 산을 올랐다. 산호초 계단을 밟고 산 정상에 올랐다. 산 정상에는 엄청난 고대적 주거 흔적들이 있었다.

산에서 내려오니, 아부 아하마드는 아직도 미라 동굴을 찾고 있었다.

"홍수 때문에 지형이 변해 버렸나 봐. 도저히 못 찾겠는데."

왠지 그가 알면서 알려주지 않으려는 것 같았다.

계곡을 더 깊이 들어가자, 곳곳에 대추야자 농장들이 있었다. 그리고 또 다른 고고학 지역이 있었다. 그때 마침 젊은 청년 두 명을 만났다. 청년들은 농장 주인들이었다. 원한다면 철조망 밑으로 들어가는 길을 안내하겠다고 했다.

그 고고학 지역에도 주거 흔적들이 많았고, 산 정상을 향해 흙과 돌로 축조한 제단이 놓여 있었다. 하지만 많이 훼손되어 있었다. 우리는 그 고고학 지역에서 여러 토기 조각들을 채집했다. 젊은 청년들은 이렇게 말했다.

"야후드(히브리인)가 살았던 곳이래요."

우리는 그들과 헤어져, 더 깊은 곳으로 들어갔다. 들어가면 들어갈수록 더 많은 고고학 지역 철책들이 보였지만, 동네 이장도 그런 곳이 있었는지 몰랐다고 했다.

붉은 석양은 내일을 기약하며 기울었다. 우리는 샬마(Sharma)로 돌아와서 저녁 식사를 했다. 샬마에서 와디를 타고 가는 지름길로 타북으로 가기로 했다. 그 길은 비포장도로인데다, 공사 구간이어서 곳곳에 위험이 도사리고 있었다. 더욱이 야간 운전을 하기에는 위험이 따랐지만, 그렇다고 지름길을 포기할 수는 없었다. 아부 아하마드는 몇 차례를 주의를 주면서 조심하기를 당부했다.

샬마 마을을 떠나자마자 불빛이 하나도 없었다. 어두움이 나를 짓누르는 것 같았다. 멀리 아부 아하마드의 불빛만 보고 달린지 30여 분이 지나자, 내가 운전하는 게 아니라 끌려가는 듯한 기분이 들었다. 아스팔트길과 비포장도로가 계속 나타나서 속도를 내다가 급브레이크 밟기를 수십 차례나 했다. 모퉁이를 돌았는데 갑자기 중장비 기계가 턱 나타나는 게 아닌가. 급브레이크를 밟았지만 자동차는 거의 360도 회전했다. 아내와 내가 동시에 "주여!"라고 외쳤다. 타이어 타는 냄새가 진동을 했다. 그렇게 위급한 일을 몇 차례나 겪고 나서야 멀리 타북의 불빛이 보이기 시작했다. 도착하니 밤 10시 43분이었다.

✝ 와디 아타나에서 찾은 메노라

2006년 7월 15일 토요일

다음날, 아부 아하마드는 약속 시간보다 늦게 나타났다. 전에 만나지 못했던 베두인 두 명을 데려와 소개시켰다. 그는 내게 살짝 귀띔해 주었다.

"도굴에 베테랑이야, 골짝 골짝 모르는 데 없이 누비고 다니지. 정력제를 주면 저 친구들이 무척 행복해 할 거야."

그들에게 정력제를 몇 알씩 나눠 주었다. 아부 아하마드가 이걸 먹고 엄청 효과를 보았다는 소리를 들었다며, 그들은 나를 부둥켜안기까지 했다.

'그래, 유대인의 흔적이 있는 곳이나 잘 알려 주렴. 유대인의 흔적을 찾는 길이라면, 산 속도 좋고 바닷 속도 좋다. 불볕더위가 내리쬐는 사막에도, 방울뱀이나 전갈 밭이 있어도 나는 갈 것이다.'

사우디아라비아를 떠나기 전, 마지막 이번 여행길에는 하나님의 특별하신 은총이 있으리라 믿었다.

그들은 점심을 준비해 오겠다며, 1시간 후에 만나자고 했다. 정확히 1시간 후, 그들은 양고기는 물론이고, 각종의 주방기구와 물통까지 가져왔다.

우리는 타북을 벗어나서 달렸다. 와디 바가르와 와디 아쉬라프 분기점을 지나 북동쪽으로 달리다가 '와디 아타나'로 들어섰다. 다른 광야는 모래밭인데, 이 광야는 자갈과 돌로 뒤덮여 있었다. 그들의 뒤를 따라 한참을 들어갔다. 산모퉁이 돌기를 몇 차례나 거듭한 다음에 산 아래에 진을 쳤다. 계곡에는 제법 푸릇푸릇한 풀들과 나무들이 드문드문 보였다.

점심 시간이었다. 그들은 바위 아래 요리하기에 적당한 장소를 찾아서 주방 기구를 설치했다. 그러다 갑자기 우리를 불렀다. 가 봤더니, 근처 바위에 고대 암각화가 선명했다. 곳곳에 고대 글씨와 그림이 바위에 새겨져 있는 게 아닌가. 나는 더위와 상관없이 흥분했다. 이 넓은 자갈밭에 누가 이렇게 수많은 암각화와 글씨를 남긴 것일까.

친구들은 점심 준비에 여념이 없었다. 그때 요리를 하던 베두인이 말했다.

"아, 소금을 안 가져 왔어!"

그들은 잠시 망설이더니, 아부 아하마드와 친구 한 명이 권총을 가지고 소금을 구하러 갔다 오겠다며 떠났다. 그동안 음식을 준비하던 베두인 친구와 이런저런 이야기를 나누었다.

"우리 집안은 조상 대대로 베두인이야. 나는 아버지를 따라 여러 곳을 다녀 보았어. 수많은 이야기도 들었지. 타북 일대는 야후드 흔적이 많아. 특히 와디 아타나는 야후드가 살았던 곳이라고 해."

"그럼 라오즈산에 대해서도 잘 알겠네?"

"1980년대 이전에는 그 지역을 손바닥 보듯 돌아다녔는데, 지금은 군사 지역이라 외부인이 들어가지 못하게 됐지."

"그런데 거기에 못 들어가게 하는 이유는 대체 뭐야?"

"야후드(히브리인)와 깊은 관련이 있어서겠지, 뭐."

뜨거운 뙤약볕에 장작을 피워서 밥을 해 놓고, 양고기를 삶기 시작했다. 베두인 친구의 얼굴이 벌겋게 달아올랐다.

와디 아타나의 메노라, 일곱 등대 바위 그림

다시 암각화 수집에 나섰다. 우리는 특공대원들처럼 알아서 바쁘게 움직였다. 그때 아내가 나를 불러 세웠다.

"여보! 거기! 거기!"

뭔가 새로운 걸 발견한 것 같았다. 아내가 가리키는 곳을 쳐다보니, 작은 그림 하나가 내 눈을 사로잡았다. 메노라(일곱 등대)였다. 출애굽기 25장 31-37절에 상세하게 묘사되어 있는 바로 그 일곱 등대. 흥분된 마음으로 사진에 담았다. 등대 받침 위로 하나의 기둥이 올라가고 좌편에 세 가지 우편에 세 가지를 합하여 분명하게도 일곱 가지의 등대였다. 그 주위에는 더 많은 그림과 글자가 지천으로 널려 있었다.

소금을 구하러 간 친구들은 무려 두 시간이나 지났는데도 돌아오지 않았다. 점심 먹고 나면 암각화를 볼 수 있는 기회를 놓칠 것 같아서, 가족들과 함께 다시 암각화를 찾아 나섰다. 여러 개의 절구와 맷돌이 와디 여기저기에서 뒹

굴고 있었다. 무덤은 돌로 뒤덮여 있었다. 바위에는 그림과 고대 히브리어와 타무딕이 혼합되어 새겨져 있었다.

오후 5시가 되었다. 도대체 소금을 구하러 간 녀석들은 어디로 갔을까. 광야에서 전화는 무용지물이다. 점심을 준비하던 친구가 말했다.

"그 친구들 물 한 병도 가져가지 않았어. 혹시 자동차에 문제가 생긴 건 아닐까? 물을 싣고 함께 찾아가 보자."

"우리는 여기 있을게. 혼자 갔다 와."

어두워지기 전에 더 많이 돌아볼 욕심에서였다. 베두인 친구는 혼자 가기를 꺼려했지만 우리의 고집을 꺾지는 못했다. 그가 떠난 뒤 우리는 다시 암각화를 찾아 나섰다.

30분 후에 그들이 함께 돌아왔다. 자동차에 문제가 있었단다. 저녁 6시가 다 되어 점심을 먹었다. 소금과 함께 손으로 주물러서 먹은 양고기와 메노라 암각화는 꿈에도 잊지 못하리라.

🌱 아몬드나무

2006년 7월 16일 주일

그동안 여러 번 와디 아비얏을 지나쳐 가면서, 언젠가 한 번 와디 아비얏을 타고 라오즈산에 들어가 보는 것이 나의 바람이었다. 지난번 1차 탐험 때 죽을 뻔하다 살아나온 곳이 바로 와디 아비얏이었다. 사실 전부터 아부 아하마드에게 와디 아비얏을 타고 라오즈산까지 안내해 달라고 했지만 차일피일 미뤄왔다. 그런데 오늘 그와 함께 와디 아비얏을 타고, 라오즈산 아래까지 들어갈 수 있게 됐다. 마음이 설렜다.

약속 장소에 가 보니, 내가 가장 마음에 들어 하지 않는 그의 동생 고고학자

아몬드나무와 그 열매

와 그의 형과 아부 아하마드의 아들 5형제가 함께 나와 있었다. 모두 같이 갈 것 같은 분위기였다. 잘된 일인지, 잘못된 일인지는 두고 봐야 알 일이다.

그들을 뒤따라 우리는 와디 아비얏으로 들어섰다. 커다란 철탑이 스쳐 지나갔다. 와디 아비얏은 전체가 하얀 모래밭이었다. 그 건조한 강줄기를 따라 들어서서 모퉁이를 돌아서자 거대한 바위산 아래 베두인의 촌락이 형성되어 있었다. 마을 입구에 수백 년은 된 듯한 아몬드나무가 서 있었다. 아몬드나무를 보며 친구들이 말했다.

"라오즈라는 말이 원래 아몬드라는 뜻이야. 라오즈산 중턱부터 아몬드나무가 분포되어 있거든. 호렙산으로 여겨지는 산 정상에 커다란 바위 두 개가 있는데, 그 바위 사이에도 수천 년 묵은 아몬드나무가 자라고 있어."

사우디아라비아 어디에서도 볼 수 없는 아몬드나무가 왜 하필이면 라오즈산에서 수백 수천 년을 자라고 있는 것일까.

나중에 성경을 찾아보니, 아몬드나무라는 말은 없다. 대신 살구나무라는 말이 있다. NIV와 킹 제임스 버전 성경을 찾아보니, 살구나무가 아니라 아몬드나무라는 단어가 사용된 것이 보였다. (창세기 30:37, 출애굽기 25:33-34, 37:19-20, 민수기 17:8, 전도서 12:5, 예레미야 1:11 등 모두 8군데에 '아몬드나무'로 기록되어 있다.) 번역할 때 한국에 아몬드나무가 없어서 이렇게 엉뚱한 것으로 번역해 놓은 것인지도 모른다. 아론의 싹 난 지팡이도, 성막의 집기인 등대도 사실은 아몬드나무로 만

들어진 것이라니, 놀라운 사실에 입이 다물어지지 않았다.

우리는 좀 더 깊은 와디 아비얏으로 들어섰다. 거대한 바위산 앞에서 잠시 쉬어 가기로 했다. 그 주변 바위에도 역시 고대 히브리어와 타무딕과 그림이 새겨져 있었다. 한 쪽에는 오래된 아랍어가 바위 전면에 기록되어 있었다. 마 모가 심한 사암이었다. 아부 아하마드는 다른 곳도 돌아보고 오라고 했다.

잠시 쉬었다가 다른 바위산 아래에 있는 암각화들을 둘러보았다. 넓은 광야 인데 모래산이 앞을 가로 막고 있었다. 더 이상 갈 곳이 없었다.

나는 와디 아비얏을 따라 시내산 정면으로 들어가 보고 싶은데, 저들은 일 부러 지체하는 것만 같았다. 특히 고고학자 동생은 자꾸만 나를 의심하는 눈 초리를 보내고 있었다.

"아부 아하마드 언제 갈 거야?"

"곧 갈 거야."

그러더니 아예 점심을 먹자며, 자리를 폈다. 준비해 온 냄비와 물통들을 차 에서 내리고, 돌을 주워서 냄비를 올릴 자리를 만들었다. 초등학생부터 중학 생에 이르기까지 연령층이 너무도 다양한 아부 아하마드 아들들은 습관처럼 광야에 나가 불을 지필 나뭇가지와 말라 비틀어진 풀뿌리들을 주섬주섬 주워 왔다. 그의 동생 고고학자도 엎드려 나뭇가지를 주웠다. 그 모습을 보고 있으 려니, 1차 탐험 때 우리를 산골짜기로 유인해 놓고 한 녀석이 주섬주섬 나뭇 가지를 줍던 모습이 겹쳐 떠올랐다. 몸이 부르르 떨렸다. 나도 그들과 함께 나 뭇가지를 주우면서 그 생각에서 벗어나려고 애썼다. 그러다가 주위를 둘러보 았다. 왜 그런지 주변이 눈에 익었다. 그런데…, 나는 하마터면 소리를 지를 뻔했다. 얼굴에 경련이 일었다.

'이럴 수가! 정말 이럴 수가! 오, 주여! 왜 저희를 여기로 인도하셨습니까? 그 많은 골짜기들과 그 많은 와디들 중에서 왜 하필이면 저희를 여기로 인도

하셨습니까?

1차 탐험 때 청년들이 우리를 지름길로 데려다 주겠노라며 유혹한 다음 어린 우리 딸아이들과 아내를 겁간하려고 칼을 들고 위협하던 바로 그 현장이었다. 그때가 밤중이었지만, 도망가려다가 내 차 바퀴가 빠져서 고생을 했던 모래 언덕이며, 오른쪽에 솟아오른 바위산과 골짜기를 나는 분명히 기억하고 있었다. 바로 그 장소에서 점심을 먹기 위해 나뭇가지를 줍고 있다는 사실이 나는 놀라울 뿐이었다.

물론 아부 아하마드는 그 사실을 모른다. 우리가 시내산 앞에까지 갔던 것조차도 모른다.

'하나님! 그때 일이 생각납니다. 하나님의 도움 없이 우리가 어떻게 그 순간들을 모면할 수 있었겠습니까? 오늘 그 현장에서 이렇게 평온한 마음으로 점심 준비를 하고 있습니다.'

우리를 입히시며 기르시는 하나님께서 이렇게 말씀해 주시는 것 같았다.

"내일 없어질 들풀도 돌보거늘, 하물며 너희일까 보냐?"

나도 모르게 한 움큼의 모래를 쥐어 바람에 날려 보냈다. 이 광야에서 내가 바람에 날려 보낸 모래를 다시는 찾을 수 없을 것이다. 그래, 우리는 그렇게 죽음의 순간에서 뛰쳐나와 수많은 사람들 사이에 묻혀 다시 살아가고 있다. 그렇지만 하나님은 그 사건을 분명히 기억하고 계신다. 그 사실을 잊지 말라고 마지막 날에 우리를 다시 현장에 데려온 것인지도 모른다.

'자! 이제 보아라. 너희들이 행한 일들에 대한 보응은 너희들 몫이다. 열두 차례의 탐험 자료를 가지고 우리는 떠날 것이다.'

"너희는 옛적 일을 기억하라 나는 하나님이라 나 외에 다른 이가 없느니라 나는 하나님이라 나 같은 이가 없느니라"(이사야 46:9).

나는 하나님의 세밀하심에 감사를 드렸다. 두근거리는 가슴을 애써 쓰다듬으며 '현장' 사진을 한 컷 남겼다.

점심을 먹은 뒤 많은 시간이 흘렀다. 그림자마저 길어졌다. 저들은 시간 끌기 작전에 들어간 것 같았다. 나는 아내에게 일러 주었다.

"아부 아하마드 동생 녀석이 방해를 놓는 것 같아."

잠시 후 그들이 출발했다. 그들은 와디 아비얏을 따라 빠른 속도로 달렸다. 그리고는 오르막길을 오르기 시작했다. 가던 길을 따라 직진을 해야 할 것 같은데, 그들은 우측으로 틀어서 오르막으로 향했다.

'나쁜 친구들!'

나는 결국 그들한테 속았다는 걸 알았다. 그들은 라오즈산 정면으로 가지 않고 오히려 군사 도로로 나와 버린 것이다. 돌이켜 보니 이 길은 1차 탐험 때 죽음의 계곡에서 도망 나온 바로 그 길이다.

다시 생각해 보니, 우리는 이미 볼 것을 다 보았고 자료도 많이 가지고 있었다. 우리가 라오즈산에 가려고 하는 것은 나의 지나친 욕심이었던 것 같았다. 그 산에 들어갔다가 행여 비밀경찰들이나 특수부대 요원들에게 잡혔다가는 지난날의 수고가 물거품으로 돌아갈지도 모를 일이었다.

'하나님 오히려 감사합니다. 저의 지나친 욕심을 용서하세요.'

하나님은 지금까지 한 것으로도 충분하다며 위로해 주셨다. 차라리 저 베두인 친구들에게 고맙다는 인사를 해야겠다. 그들은 군사 도로 아스팔트 위에서 우리를 기다리고 있었다. 내가 다가가자 아부 아하마드는 머쓱한 표정을 지었다. 약속을 지키지 못했기 때문일 것이다. 나는 말했다.

"고맙다, 친구야! 오늘 정말 좋은 여행이었어. 우리는 내일 아침 일찍 제다로 돌아가려고 해."

그는 아쉬운 표정을 짓더니, 이렇게 말했다.

"내일 더 좋은 곳으로 안내할게."

미디안 광야의 암각화(위)와 맷돌(아래)

"아니야, 충분해. 고마워. 우리는 내일 돌아가야 해."

이렇게 말했는데도, 그는 우리더러 하루를 더 있으라고 강권을 했다.

"또 다른 베두인 친구가 암각화가 많이 있는 곳을 가르쳐 주었어. 내일 함께 안내하기로 했거든. 내일 하루만 더 있다가 집에 가."

오늘 지키지 못한 약속 때문에 그러는 것을 알지만, 솔깃한 마음이 드는 것은 어쩔 수 없었다. 만약에 우리가 아직 가지 않은 곳이라면 내일 하루 더 머무르기로 약속을 했다.

✝ 와디 담막의 하토르 암각화

2006년 7월 17일 월요일

우리 가족들은 이 일을 당연히 할 일을 하는 것처럼 해내고 있었다. 그늘 하나 없는 모래 폭풍 속에서도 한마디 불평도 없었다. 그것이 감사했다.

다음 날, 아부 아하마드와 경찰 출신인 그의 형, 그리고 또 다른 베두인 친구와 함께 길을 나섰다. 타북에서 두바로 향하는 경찰 검문소를 지나 15km 지점에서 우회전해서 광야로 들어갔다. 도심에서 그렇게 멀지 않은 와디 담막(W. Dammk)이라는 곳이었다. 한참 내려가다 보니 위치상으로 와디 바가르 하류 쪽에 속해 있었다.

오늘 처음 본 베두인 친구가 앞장서고, 우리는 그의 뒤를 따랐다. 그가 갑자기 멈추더니 손짓을 했다. 거기에는 고대의 주거 흔적들과 암각화가 있었다. 역시 이집트의 하토르신인 암소 그림이 그려져 있었다. 주위에는 고대 히브리어와 타무딕이 혼합되어 있었다. 차츰 아래로 내려가니, 여러 군데 암각화와 맷돌이 보였다. 와디는 라오즈산 쪽으로 향해 있었다. 몇 시간 동안 와디를 타고 내려가면서 수많은 맷돌과 그림들을 사진에 담았다. 그 중에는 황소 아피스 그림과 암소 하토르 그림이 많았고, 염소 그림들도 종종 있었다.

아쉽지만, 이제는 정말 작별해야 할 시간이었다. 아부 아하마드는 아마도 모를 것이다. 오늘이 마지막 날이라는 것을. 몇 년 동안 우리의 우정이 계속되었지만, 이 친구에게 오늘이 마지막이라는 인사는 할 수 없었다. 우리가 사우디아라비아를 무사히 빠져나가야 하기 때문이다. 그동안 너무 고마워서 돈을 좀 쥐어주려고 했더니, 그는 화를 냈다. 그래도 그와 그의 친인척들을 무료로 치료해 주기는 했었다. 우리는 부둥켜안고 볼을 부비며 작별 인사를 했다. 그는 헤어질 때마다 그랬듯이, 또 이렇게 물었다.

"너, 언제 또 올 거니?"

그동안은 "다음 연휴 때가 되어야지." 했지만, 오늘은 특별한 대답을 해야 할 것 같았다.

"인샬라(신의 뜻이면)!"

✝ 마아끄나를 향해

2006년 7월 18일 화요일

오늘은 늦잠을 잤다. 며칠 동안의 피로도 풀 겸 그리고 이제는 특별한 계획이 없기 때문이다. 다만 항상 다니던 타북에서 두바를 거치는 길이 아니라, 샬

이드로 마을의 간판

마(Sharma)로 가는 길을 택했다. 이 길은 며칠 전에 아부 아하마드와 밤길로 타북을 올 때 처음 알아낸 길이다. 오늘 낮에 그 길을 달려 '마아끄나'라는 지역을 다시 찾아가 에인 무사에 대해 더 알아보기 위해서이다.

한낮의 청명한 날씨와 오염되지 않은 계곡들이 한 폭의 그림 같았다. 마아끄나의 에인 무사에는 여전히 샘물이 솟아나오고 있었다. 마침 두 명의 해군 장교가 거기에 있었다. 그들과 인사를 나누면서 거기에 대한 유래를 다시 들었다. 역시 모세와 관련된 이야기를 들려주며 물길이 12개임을 확인 시켜주었다.

바드로 돌아오는 길에 지난번에 없던 간판이 나타났다. 이드로 집터 앞에 푸른 바탕의 간판이 세워져 있었는데, 영어와 아랍어로 쓰여 있었다.

'Shuaib Villege(이드로 마을).'

이 땅도 변하고 있는 게 분명했다. 쉬쉬하고 감추려고만 하던 정부가 어떻게 이드로의 집터라고 공공연하게 간판을 세워 놓은 것일까.

다시 샬마로 돌아오는 길에, 지난번 자동차가 빠졌을 때 쇠 파이프를 들고 도와주었던 베두인에게 전화를 했다.

"아, 반갑소. 샤이 한 잔 하고 가십시오. 꼭 들르시오."

샬마에 도착할 때쯤, 언제부터 나와 있었는지는 모르지만 그가 길거리에 서서 기다리고 있었다. 일주일만의 만남인데 7년 만에 만나는 사람보다 더 반가웠다. 길 옆에 있는 그의 형 사무실에서 함께 샤이를 마셨다.

그들은 우리를 바닷가로 안내했다. 바다 속까지 연결된 모래톱을 타고 들어가 차를 멈추었다. 저만치 옆으로 바닷물이 채 빠져나가지 못해 축구장보다 더 넓은 소금밭이 만들어져 있었다.

석양은 붉게 노을을 드리우다가, 바다에 몸을 맡겼다. 바다는 내일을 약속하며 태양을 받아들였다. 그 붉던 태양이 녹으면서 푸른 바다는 검게 변했다. 검은 태양의 그림자가 대지로 올라와 나그네를 외롭게 만들었다.

'이제 떠나자. 우리가 가야 할 곳은, 머물러야 할 곳은 이 땅이 아니다!'

사우디아라비아에서의 여행도 이제는 마지막이다. 집으로 돌아가는 길만 남았다. 우리는 열두 차례 북부 아라비아 미디안 탐사로 지구 한 바퀴와 맞먹는 33,641km를 달렸다. "그날에 모세가 맹세하여 가로되 네가 나의 하나님 여호와를 온전히 좇았은즉 네 발로 밟는 땅은 영영히 너와 네 자손의 기업이 되리라 하였나이다"(여호수아 14:9). 우리가 발로 밟은 모든 지역마다 복음의 나팔이 울려 퍼지기를, 그래서 죽어가는 뭇 영혼들이 잠에서 깨어나기를 하나님께 간절히 기도드렸다.

사우디아라비아를 출국하기로 한 날짜가 하루하루 다가왔다. 지난 20여 년 동안 여기에서 사귄 친구들을 일일이 찾아다니며 인사를 나누는 일도 쉬운 일은 아닐 것이다. 그들의 헌신적인 우정을 통해 정보를 주고받았던 스위스, 독일, 이탈리아, 미국 친구들과도 헤어지기가 힘들 것 같다.

8월 3일, 우리는 터키 이스탄불에서 잠시 쉬었다가, 한국으로 영구 귀국할 것이다.

시내산에 있어야 할 것들

- 엘리야 동굴: **열왕기상 19:9**
- 산 주위 지경: **출애굽기 19:12**
- 성막 친 장소: **출애굽기 26장**
- 12돌 기념 기둥: **출애굽기 24:4**
- 하나님이 지나가신 바위틈: **출애굽기 33:22, 시편 94:22, 열왕기상 19:11**
- 광야 산에 흐르는 물: **신명기 9:21**
- 아론의 금송아지 단: **출애굽기 32장**
- 300명 무덤터: **출애굽기 32:28**

시나이반도의 시내산이 진짜 시내산이 아닌 9가지 이유

1. 시나이반도는 당시에 애굽의 땅이었다.

시나이반도는 이스라엘에 의해 1967년 침공 당하기까지는 외부인으로부터 침략이나 점령을 한 번도 당한 적이 없는 애굽 땅이었다. 애굽에서 탈출하고자 홍해를 건넌 이스라엘 백성이 다시 애굽 영토인 그곳으로 돌아가서 11개월을 살았다는 것은 어불성설이다. 홍해는 시나이반도를 중심으로 양팔을 벌리고 있는 듯하다. 왼팔 끝은 수에즈로 연결되고 오른팔 끝은 아카바(엘라트)이다. 만약 전승되어 온 것처럼 시나이반도에 있는 무사산이 시내산이라면, 이스라엘 백성들은 홍해를 건너 미디안 땅에 왔다

가 다시 홍해를 건너오든지 아니면 아카바로 돌아와야 한다는 억지 가설을 만들어야
한다.

2. 이스라엘은 이집트에서 조상들의 흔적을 찾아내지 못했다.

시나이반도의 모양은 역삼각형으로 반도 북쪽으로는 지중해이며 서쪽 윗부분은 수에
즈만과 수에즈 운하, 그리고 아프리카를 연결하고 동쪽 윗부분은 아카바만을 사이에
두고 이집트와 이스라엘, 요르단, 사우디아라비아를 연결한다. 시나이반도는 아프리
카와 아시아를 잇는 교량 역할을 하고 있다.

시나이반도는 6일 전쟁이 일어나기 전까지는 외부인으로부터 침략이나 점령을 한 번
도 당한 적이 없었다. 그러다가 이스라엘이 석유 수입 경로를 차단한 이집트를 1967
년 침공해서 6일 전쟁을 일으켰으며, 그 이후 1982년 4월까지 15년 동안 이스라엘이
시나이반도를 다스렸다. 하지만 미국의 카터 대통령의 중재로 이집트와 이스라엘은
평화 협정을 맺음으로써 이 땅은 다시 이집트 통치하에 들어가게 되었다.

이스라엘은 그 15년 동안 시나이반도에서 여러 가지 지질 조사와 군사 훈련을 펼쳤
으나 가장 중요한 프로젝트는 조상들의 흔적을 찾는 것이었다. 시나이반도를 고고학
자와 지질학자들이 바둑판 쪼개듯 면밀히 뒤졌으나 광야생활 40년의 흔적은 하나도
발견하지 못했다. 더욱이 그들은 무사산을 시내산이 아니라고 단정 짓기에 이른다
(《The Jewish Encyclopedia》 vol.14). 만약에 시나이반도의 무사산에서 모세와 이스라엘
백성의 광야생활의 흔적을 발견했더라면, 미국의 카터 대통령이 아니라 그의 할아버
지가 찾아온다 하더라도 이스라엘 백성들은 시나이반도를 절대로 이집트에게 돌려주
지 않았을 것이다.

3. 시나이반도의 시내산은 이스라엘 백성들이 시나이반도를 지나기 3천여
년 전부터 '신(=시나)'라 불렸다.

시나이의 어원은 메소포타미아의 아카디아 말 '신(Sin)'에서 유래되었는데, 지금으로 부터 약 5,000년(기원전 3,000년경) 전부터 이 지역에서 달신(月神)을 섬긴 데서 전승되어 온 것으로 알려진다. 미국의 성경고고학자 알프레드 하워드(Alfred J. Howorth)의 저서 《고고학과 구약성경 *Archaeology and the Old Testment*》에 의하면 메소포타미아 의 주신은 '아누(Anu)' 이고, 차등에 해당하는 '달신' 은 아브라함 당시에 '우르' 지역 에서 '신(Sin)' 이라고 했다. 그 이전에는 '난나(Nana)' 라 하여 어둠, 달, 음력을 주관하 는 신이었다. 이 달신인 '신' 은 아라비아 전 지역과 시나이반도로 급속히 전파되어 갔 다. '마루둑(Marduk)' 은 태양과 마술의 신으로 추앙받다가 메소포타미아의 주신으로 등극한다. 다시 말해 이스라엘 백성들이 애굽에서 나와 시나이반도를 지나기 3,000여 년 전부터 시나이반도는 '신(=시나)' 라 불렸다.

4. 시나이반도의 시내산은 기원후 527년 순례객들을 충족시키기 위해 급조 된 성지일 뿐이다.

로마가 그리스도인을 살육하는 등 박해가 심해지자, 황제 클레오티안 시대에는 그리 스도인의 재산을 몰수하고 직업을 박탈했다. 그리스도인들이 사자 굴에서 처참하게 죽음을 맞게 되자 주로 이집트 주위의 예수 믿는 자들은 그 박해를 피해 뿔뿔이 흩어 지기 시작했다. 그들은 주로 인적이 없는 깊은 산속으로 피했다.

2세기 초부터 일부 그리스도인과 은둔자와 수도승들이 숨어서 신앙 생활을 하고 있 었다. 그런데 베두인과 이교도의 습격이 예상되자 이들은 이미 그리스도인이 된 로마 황제 콘스탄티누스의 어머니 헬레나에게 지원군을 요청했다. 헬레나는 아들을 통해 지원군을 보내어 이 수도사들을 보호했다. 콘스탄티누스는 그리스도인의 박해를 중 지시키고 기독교의 신앙을 공인했다.

지하에서 숨죽이며 신앙 생활을 하던 그리스도인은 자유를 얻자 성지를 찾아 나선다. 하지만 하나님이 직접 강림하시고 모세를 통해 십계명을 주신 성스러운 산인 시내산은 어디에도 없었다.

성경고고학의 대가였던 요세푸스는 성경 말씀에 근거(출애굽기 2:15-16, 3:1, 4:19, 18:1, 민수기 10:29, 22:4, 7, 25:6)해서 아라비아의 미디안 땅에 시내산이 있다고 주장했다. 하지만 불행하게도 로마교황청은 시내산을 순례하고자 하는 그리스도인의 성화에 못 이겨 기원 후 527년 유스티니아누스 황제 때 무사산의 북서쪽 언덕배기에 캐더린 성당을 세운다(*The Interpreter's Dictionary of the Bible*). 거기를 성지로 정하고 아무 근거도 없이 시내산으로 명명하여 공포해 버린 것이다. 순례객들의 마음을 충족시키기 위해 의도적으로 급조된 조치였다. 그때 이후로 줄곧 역사가 왜곡되어 온 것이다. 주후 5세기 이전에는 그 어느 기록에도 거기를 시내산이라 부르거나 기록한 적이 없다는 사실이 이를 입증하고 있다.

5. 출애굽해서 십계명을 받기까지 11개월 5일 동안 애굽 땅에 있었다는 것은 말이 되지 않는다.

이스라엘 백성이 유월절 밤에 출애굽해서 홍해를 건너고 엘림과 신 광야를 지나 시내 광야에 들어와서 십계명 받고 떠날 때까지의 기간은 정확히 11개월 5일이다. 애굽 군사들이 뒤쫓아 오는 상황에서 11개월 5일 동안을 애굽 땅에 있었다는 것은 어불성설이다.

6. 애굽 왕자로서 애굽 땅을 잘 아는 모세가 애굽 군인들이 많은 곳으로 이스라엘 백성들을 데리고 갔을 리는 없다.

모세는 애굽 왕자로서 40년을 살았다. 그래서 애굽에 대해서 잘 알고 있었다. 시나이 반도의 무사산에는 지금도 구리와 터키석을 비롯한 광산이 있다. 예로부터 광산이 있는 곳에는 군인들이 지키고 있기 마련이다. 그렇다면 애굽 군인들의 추적을 따돌려야 하는 모세가 일부러 무사산으로 이스라엘 백성들을 이끌고 갔을 리는 없다.

7. 시나이반도는 르비딤과 호렙산 사이가 48km나 떨어져 있어 성경과 다르다.

르비딤에 당도한 후 마실 물이 없어서 이스라엘 백성들이 모세를 돌로 쳐 죽이려 했을 때, 하나님은 모세에게 호렙산 반석을 치라고 하셨다(출애굽기 17:6). 하나님께서 그렇게 말씀하실 정도라면 르비딤과 호렙산은 아주 가까운 거리에 있어야 하는 것이다. 그런데 시나이반도의 르비딤과 호렙산 사이는 48km나 떨어져 있어서 성경과는 거리가 멀다.

8. 시나이반도의 무사산 앞에는 250만 이스라엘 백성들이 다 앉을 만한 광야가 없다.

하나님이 성산에 임재하실 때 이스라엘 백성들이 그 모습을 보며 떨었다(출애굽기 19:16-20). 그렇다면 성산 앞에는 250만 이스라엘 백성들이 다 들어앉을 수 있는 광야가 있어야 한다. 그런데 시나이반도의 성산 앞은 온통 협곡들로 가득해 눈을 씻고 찾아봐도 만 명조차 들어가 앉을 광야는 없다.

9. 기존의 출애굽 경로에 의하면 홍해를 건널 필요가 없다.

고센에서 무사산까지는 육로로 올 수 있는 길이다. 홍해를 건널 필요가 전혀 없는 것이다. 그렇다면 성경의 홍해를 건넌 사건이 거짓이란 말인가.

진짜 시내산이 미디안 광야에 있는 8가지 이유

1. 현재 사우디아라비아 북서부 땅은, 예로부터 미디안 땅이라고 불려 왔다.

미디안 땅은 수천 년이 지난 지금도 미디안이라고 불리고 있으며 고지도에도 명시되어 있다. "아브라함이 후처를 취하였으니 그 이름은 그두라라 그가 시므란과 욕산과 므단과 미디안과 이스박과 수아를 낳았고 욕산은 스바와 드단을 낳았으며 드단의 자손은 앗수르 족속과 르두시 족속과 르움미 족속이며"(창세기 25:1-3) 즉 미디안은 아브라함 후처인 그두라의 자손 가운데 한 사람이었고, 미디안 형제 가운데 한 명인 욕산이 드단을 낳았다고 기록되어 있다. 사우디아라비아 북서쪽에 알 울라라는 고대 도시가 드단이다. 알 울라에 있는 박물관과 그 지역에서 발행하는 잡지에는 알 울라의 옛 이름이 드단이라고 밝히고 있다. 여기는 지금도 수천 년 전의 나바테아인의 유적이 수도 없이 산재해 있는 곳이다. 나바테아인은 아브라함이 애굽 여인 하갈에게서 낳은 이스마엘의 장자 이름이고, 한국어 성경에 '느바욧' 이라 표기되어 있다(창세기 25:13).

2. 하나님은 구약 시대부터 이미 아라비아와 미디안에 관해서는 명명백백하게 구분해 말씀하신다.

구약 성경이든 신약 성경이든 오래 전부터 이미 아라비아나 미디안, 그리고 애굽을 분명하게 표기하고 있다(아라비아: 열왕기상 10:15, 미디안: 창세기 25:2, 출애굽기 2:15).

3. 애굽 왕자 모세가 애굽 사람을 죽이고 도망간 곳이 성경에 시나이가 아닌, 미디안이라고 분명히 명시되어 있다.

모세가 도망간 곳이 시나이가 아닌, 미디안이라고 성경에 분명히 명시되어 있음을 알아야 한다. 모세가 도망하여 40년 동안 미디안 땅에서 살았다는 구절은 있어도 시나이반도에서 살았다는 구절은 성경 어디에서도 찾아볼 수 없다. (출애굽기 2:11, 3:1-12)

4. 하나님은 모세에게 모세가 살고 있는 미디안 땅으로 이스라엘 백성들을 데려오라고 말씀하셨다.

"하나님이 가라사대 내가 정녕 너와 함께 있으리라 네가 백성을 애굽에서 인도하여 낸 후에 너희가 이 산에서 하나님을 섬기리니 이것이 내가 너를 보낸 증거니라"(출애굽기 3:12). 미디안 땅은 아라비아에 있는 것이 확실하며 시나이반도에 있을 수 없음은 자명한 일이다. 또한 시나이가 한 번도 아라비아에 포함됐거나 미디안에 포함된 적이 없었다. 이 말씀을 새겨 볼 때 시내산은 바로 미디안 땅에 있는 산인 것이다.

5. 홍해를 건너 그들이 수르 광야로 들어가 물을 찾아 사흘 길을 헤매다가 마라의 쓴 물을 달게 마시는 장면을 생각해 보라.

성경학자들은 수르 광야를 시나이반도 북부 지역 블레셋 사람 땅의 길(해변 길) 조금 아래 지역에 위치한다고 주장한다. 항상 우리는 말씀을 근거로 해석해야 하는데, 몇몇 단체나 학자들의 잘못된 주장은 우리를 미혹하게 하거나 혼동케 한다. 아라비아 홍해변에 수르라는 족장이 이 땅을 소유하고 있어서 그 지역을 수르 광야라 하며 그는 미디안 사람이었고, 미디안은 아라비아 반도에 위치하고 있다는 것을 알 수 있다. "죽임을 당한 미디안 여인의 이름은 고스비니 수르의 딸이라 수르는 미디안 백성 한 종족의 두령이었더라"(민수기 25:15)

6. 모세의 장인 이드로는 분명히 아라비아 사람이요 미디안 땅에 산다고 했지, 시나이에 산다고 한 적이 없다.

이드로의 집터는 지금도 사우디아라비아 북서쪽에 바드라고 불리는 곳에 있다. 그런데 이스트 테네시 주립대학 도서실에서 놀랄 만한 지도가 발견되었다. 바로 바드 옆에 이드로(Jethro)라 표시된 지도였다. 또한 이슬람 경전에서는 모세의 장인을 이드로(Ma'ghair Shuaib)라고 명시해 놓았다. 내가 소장하고 있는 고지도 사본에도 바드라는 지역에 모세의 장인 이름이 표시되어 있었다. 바드에서 라오즈산까지는 와디 무사를 따라 35km 정도 떨어져 있으며 와디 무사는 라오즈산에서 발원되어 바드 앞을 지나고 있다.

7. 출애굽한 이스라엘 백성이 아말렉족과 전투를 벌였다고 했는데, 아말렉족은 미디안 광야 인근에 살던 아라비아인이다.

출애굽한 이스라엘 백성과 모세가 하나님이 처음 부르셨던 곳인 호렙산에 도착한 장소가 르비딤이다. 거기에서부터 아말렉 족들이 뒤처진 약한 자들과 아녀자들을 잡아가자 아말렉과의 전투가 시작된다. 아론과 훌은 모세의 피곤한 팔을 잡아주고 여호수아가 나가서 아말렉과 싸워서 승리로 이끈다.

그런데 아말렉은 어떤 민족인가? 에서의 아들 엘리바스의 첩 딤나에게서 아말렉을 낳았다고 하고(창세기 36:12), 아말렉 족장은 에돔 땅에 있다(창세기 36:16)는 말씀을 보면 이들은 분명 에서의 후손들이요 에돔 땅 인근에 살아왔음을 알 수 있다. 에돔족들의 수도는 현재 요르단에 있는 세계 불가사의 가운데 하나이며 영화 〈인디아나 존스〉의 촬영 장소로도 널리 알려진 '페트라' 이다. '작은 페트라' 라고도 하는 미디안 땅의 '메다인 살레'에 에돔 족들의 문화유산이 아직까지도 현존하고 있는 것을 보면, 그들의 진출 방향이 애굽 땅이 아니라 아라비아 쪽이었음을 인정할 수밖에 없다.

이스라엘이 파종한 때면 미디안 사람과 아말렉 사람과 동방 사람들이 요단을 건너와서 이스라엘 골짜기에 진을 쳤다(사사기 6:3-33). 기드온이 사자를 보내어 에브라임 온 산지를 두루 행하고 내려와서 미디안 사람을 쳤다(사사기 7:24)는 말씀을 보면 아말렉 사람들은 미디안 위쪽 북쪽 지역의 에브라임 지경(사사기 12:15)에서 살았음을 알 수 있다. 이처럼 아말렉족은 아라비아인이요 미디안 광야 인근에서 살던 부족인데, 이들이 어떻게 또 그 막강한 애굽 군사들이 진치고 있는 시나이반도에 들어와 이스라엘 백성들과 싸움을 할 수 있단 말인가.

이스마엘 후손들이 하윌라에서부터 앗수르로 통하는 애굽앞 수르까지 이르러 살았고(창세기 25:18), 에덴 동산에서 흐르는 비손강이 하윌라땅을 둘렀고(창세기 2:11), 사울이 하윌라에서부터 애굽 앞 술까지 이르러 아말렉을 쳤다(사무엘상 15:7)는 기록을 보면 아말렉은 아라비아 북부에 광범위하게 분포되어 있었다는 것을 알 수 있다.

8. 사도 바울은 시내산의 위치를 아라비아에 있는 산으로 정확하게 기록했다 (갈라디아서 4:25).

"모세가 이 말을 인하여 도주하여 미디안 땅에서 나그네 되어 거기서 아들 둘을 낳으니라"(사도행전 7:29) 분명히 아라비아에 있는 시내산으로 명시되어 있음을 알 수 있다.

시내산이 미디안에 있다는 성경의 증거

1. 출애굽기 2:15, 모세가 바로의 낯을 피하여 미디안 땅에 머물며
2. 출애굽기 3:1, 미디안 제사장 이드로의 양 무리를 치더니 그 무리를 광야 서편으로 인도하여 하나님의 산 호렙에 이르매
3. 출애굽기 3:12, 네가 백성을 애굽에서 인도하여 낸 후에 너희가 이 산에서 하나님을 섬기리니
4. 출애굽기 4:18, 내가 애굽에 있는 내 형제들에게로 돌아가서
5. 출애굽기 4:19, 여호와께서 미디안에서 모세에게 이르시되 애굽으로 돌아가라 네 생명을 찾던 자가 다 죽었느니라
6. 갈라디아서 4:25, 아라비아에 있는 시내산은 지금 예루살렘과 같은 데니…

오래 전부터 전승되어 오는 것들을 그대로 믿으려는 성경학자들과 로마교황청의 일방적인 말을 무작정 따르려는 학자들의 주장은 오히려 평범하게 신앙 생활 하는 사람들을 혼란스럽게 한다. 어떤 학설이라도 하나님 말씀이 아닌 이론에 바탕을 두어서는 안 된다. 자기의 이론을 따르는 사람이 많다고 하여 그것을 사실인 양 내세우는 것은 위험하기 그지없는 일이다. 하나님의 섭리 하에 있지 않는 이론이나 학설은 마땅히 배제해야 한다. 다시 말하면 말씀에 근거하지 않는 주장은 아무리 분명한 것 같더라도 믿거나 따르지 말아야 한다.

참고문헌   References and Bibliography

1. Ahmed Bahgat, *Stories of The Prophets from Adam to Muhammad*, Translated by Sheikh Muhammad Mustafa Gemea' ah, Office of the Grand Imam, Sheikh Al-Azhar, Islamic Home Publishing and Distribution, 1997.

2. As-Sayyid Sabiq, *Fiqh us-Sunnah: Superogatory Prayer*, International Islamic Publish, 1991.

3. Bonechi, *Gods and Pharaohs of Ancient Egypt*, Grange Books, 1998.

4. Christine Ziegler, *The Louvre: Egyptian Antiquities*, Editions Scala France, 1990.

5. David Alexander, *Furusyya I, II*, General Editor, 1996.

6. Hamed M. Al Suleiman, *Pre Faced for Al Ula ruins and Madain Saleh*.

7. Henri Stierlin and Anne Stierlin, *The Pharaohs master-builders*, Vilo International, 1995.

8. Henri Stierlin, *The Gold of the Pharaoh*, Terrail, 1997.

9. Howard Blum, *The Gold Of Exodus*, Hodder Stoughton, 1998.

10. M. A. Nayeem, *The Rock Art of Arabia: SaudiArabia, Oman, Qatar, The Emirates & Yemen*, Hyderabad Publishers, 2000.

11. Majeed Khan, *Prehistoric Rock of Northern SaudiArabia*, Ministry of Education Department of Antiquities and Museums Kingdom of SaudiArabia, 1993.

12. Patric Pierard and Patrick Legros, *Off-Road in the Hejaz*, Motivate Publishing, 1997.

13. Patricia Barbor, *Desert Treks From Jeddah*, Stacey International, 1996.

14. Stacey International, *The Kingdom of SaudiArabia*, London and New Jersey, 1997.

15. Zaki M.A. Farsi, *Map and Guide Kingdom of SaudiArabia*, Tabuk,

16. 나훔 M. 사르나, 《출애굽기 탐험》, 박영호, 솔로몬, 2004.

17. 레온 우드, 《이스라엘의 역사》, 김의원, 기독교문서선교회, 1985.

18. 메릴 F. 엉거, 《엉거 성경 핸드북》, 전병두, 한국문서선교회, 1984.

19. CLP성경사전편찬위원회, 《CLP 성경사전》, 기독교문사, 1995.

20. 아바스 칼라바이, 《이집트》, Bonechi, 1997.

21. 알프레드 J. 허트, 《고고학과 구약성경》, 감대흥, 도서출판미스바, 1998.

22. 워런 W. 위어스비, 《핵심 성경 연구 1: 창세기~말라기》, 송용필, 나침반, 1985.

23. 원용국, 《구약편 최신 성서고고학》, 호석출판사, 1983.

24. 장석정, 《출애굽기의 광야생활》, 대한기독교서회, 2001.

25. 장석정, 《출애굽기의 법》, 대한기독교서회, 2002.

26. H. L. 월밍턴, 《월밍턴의 종합성경연구 1: 역사적 방법으로 본 구약》, 박광철, 생명의말씀사, 1981.

27. 헨리 H. 할레이, 《최신성서 핸드북》, 박양조, 기독교문사, 1972.